Janine Rechel

Klimaschutzrelevante Emissionsabgaben in der Russischen Föderation

Eine interdisziplinäre Untersuchung ihrer Effizienz

5

Janine Rechel

Klimaschutzrelevante Emissionsabgaben in der Russischen Föderation

Eine interdisziplinäre Untersuchung ihrer Effizienz

Schriftenreihe Umwelt-Recht-Gesellschaft
Michael Rodi (Hrsg.)

DER JURISTISCHE VERLAG
lexxion
BERLIN

Bibliografische Informationen der Deutschen Bibliothek

Die Deutsche Bibliothek verzeichnet diese Publikation in der Deutschen Nationalbibliografie; detaillierte bibliografische Daten sind im Internet über <http://dnb.ddb.de> abrufbar.

ISBN 978-3-93 98 04-28-4

www.lexxion.de

Satz: typossatz GmbH, Berlin
Umschlag: Christiane Tozman

Vorwort

Die vorliegende Arbeit wurde zum Ende des Sommersemesters 2006 der Rechts- und Staatswissenschaftlichen Fakultät der Ernst-Moritz-Arndt Universität Greifswald als Dissertation vorgelegt. Das Wintersemester 2006/2007 entspricht auch hinsichtlich der berücksichtigten Literatur und Rechtsprechung dem Stand der Arbeit.

Meinem Betreuer und Erstgutachter, Herrn Prof. Dr. Michael Rodi M.A. bin ich für die vielseitigen Hilfestellungen im Zusammenhang mit dieser Arbeit zu großem Dank verpflichtet. Vor allem sei ihm für die vielen internationalen Kontakte gedankt, die mir neben seinen Hinweisen weitere richtungsweisende Impulse gegeben haben. Bedanken möchte ich mich darüber hinaus bei Herrn Prof. Dr. Uwe Kischel, LL.M. für seine Bereitschaft zur Erstellung des Zweitgutachtens und die damit verbundenen Mühen.

Danken möchte weiterhin Herrn Prof. Dr. Jürgen Regge für seine Unterstützung und Fürsprache bei der Bewerbung um eine Promotionsförderung, wodurch die erforderlichen Auslandsaufenthalte erst ermöglicht wurden. Besonderer Dank gilt daher auch der Friedrich-Naumann-Stiftung für die Förderung der Forschungsziele mit Mitteln des Bundesministeriums für Bildung und Forschung.

Ein ganz besonders herzlicher Dank gilt meiner Mutter für die Ermutigungen beim Verfassen der Arbeit und für die große emotionale Unterstützung. Der gleiche Dank sei an meine Schwestern Andrea und Nicole gerichtet, besonders an Andrea für das mühevolle Korrekturlesen der Entwürfe.

Herzlich danken möchte ich des Weiteren auch Frau PD Dr. phil. Heidrun Peters, die mich bei den Vorbereitungen und Planungen von Forschungsbesuchen der Russischen Föderation immer unterstützte und motivierte. Ihr verdanke ich bereits frühere Studienaufenthalte und die vielen prägenden Erfahrungen in der Russischen Föderation.

Da mich in Russland die Vielseitigkeit und Einzigartigkeit der Landschaften des Baikalsees besonders tief beeindruckte, sei ihm diese Arbeit gewidmet.

Greifswald, im April 2007
Janine Rechel

Inhaltsübersicht

Inhaltsverzeichnis

Abkürzungsverzeichnis

AbwAG	Abwasserabgabengesetz (Deutschland)
APO	Arbitrageprozessordnung/Wirtschaftsprozessgesetz (Russland)
IPCC	International Panel on Climate Change
JI	Joint Implementation
KAV	Kompetenzabgrenzungsverträge (Russland)
KRK	Klimarahmenkonvention
LuftSchG	Gesetz der Russischen Föderation „Über den Schutz der atmosphärischen Luft“
MOE	Staaten Mittel- und Osteuropas
MPR	Ministerium für natürliche Ressourcen (Russland)
NGO	Non-Governmental Organisation (Nichtregierungsorganisation)
NPÖ	Neue Politische Ökonomie
OVOS	Umweltverträglichkeitsprüfung; Umweltbewertungsverfahren (Russland)
PDK	maximal zulässige Konzentration (Russland)
PDV	maximal zulässige Emissionen (Russland)
PPP	Polluter-Pays-Principle
Roshydromet	Föderaler Dienst/Bundesagentur für Hydrometeorologie und Umweltaufsicht (Russland)
Rostechnadsor	Bundesagentur für Technik- und Atomaufsicht (Russland)
SZ RF	Gesetzesblatt der Russischen Föderation
TechnRWG	Gesetz über technische Regelwerke (Russland)
THG	Treibhausgas
USG RF	Umweltschutzgesetz der Russischen Föderation
Verf RF	Verfassung der Russischen Föderation
WDV	temporär zulässige Emissionen
WHG	Wasserhaushaltsgesetz (Deutschland)
ZGB	Zivilgesetzbuch der Russischen Föderation

Einleitung

Die ökologische Steuerungswirkung von Umweltabgaben hat in Europa ihre Blütezeit eigentlich bereits hinter sich. In der juristischen wie wirtschaftswissenschaftlichen Fachliteratur hat sie eine Vielzahl an Auseinandersetzung, Kritik und Befürwortung erfahren. Mit den politischen Umbrüchen in Osteuropa hat im Zuge der ökologischen Sensibilisierung das Instrument der Umweltabgaben eine Renaissance erfahren, stößt dabei im Kontext der Rechtsreformen aber immer wieder auf Schwierigkeiten bei der juristischen Gestaltung, Umsetzung, Anpassung und Durchsetzung. Die Ursachen hierfür liegen vor allem in der Vielzahl verschiedener rechtlicher, ökonomischer und politikwissenschaftlicher Modelle und Ansätze.

Zentraler Gegenstand der vorliegenden Arbeit ist die Untersuchung der russischen Emissionsabgaben auf ihre juristische und ökonomische Funktionsweise und Einbettung in das System eines Transformationsstaates. Ausgehend von der Beschreibung der theoretischen Konstruktion der russischen Emissionsabgaben soll dabei auch eine Bewertung der tatsächlichen Wirkungsweise erfolgen, die gleichzeitig einen Beitrag zur Rechtswirkungsforschung und Rechtsfolgenanalyse mit auslandsrechtlichem Ansatz bieten kann. Den Ausgangspunkt bildet zunächst die Feststellung, dass zwischen einer Rechtsnorm im Sinne einer beabsichtigten Wirkungsweise und seiner tatsächlicher Wirkung oft große Diskrepanzen liegen. So verhält es sich auch bei den russischen Emissionsabgaben, obwohl sie eigentlich in ihrer Komplexität der Realisierung des Polluter-Pays-Principles (PPP) zumindest theoretisch näher gekommen sind als die „westlichen" Emissionsabgabenmodelle. Dies wird vor allem im ersten Kapitel der vorliegenden Arbeit deutlich werden. Der hohe theoretische Anspruch des russischen Gesetzgebers hat sich jedoch in der Rechtswirklichkeit nicht niedergeschlagen. Im Gegenteil, das Instrument der umwelt- und klimaschutzrelevanten Emissionsabgabe scheint in Russland seit der Einführung zu Zeiten der damaligen Sowjetunion nahezu in die Bedeutungslosigkeit abgedrängt worden zu sein. Welche Gründe sind dafür zu nennen und beruhen diese auf der rechtlichen Konstruktion der russischen Emissionsabgaben oder auf dem administrativen Rahmen? Wie lassen sich diese Mängel beheben und ein effektives Emissionsabgabensystem implementieren?

Aus den Erfahrungen in westlichen Umweltabgabensystemen haben sich aus rechtlicher Sicht vier Hauptproblemkreise bei der Untersuchung der Wirkungsweise von Umweltabgaben im allgemeinen Sinne herauskristallisiert, die auch der Gliederung der vorliegenden Arbeit zugrunde liegen:

1) formalrechtliche Konstruktionsfehler im nationalen Abgabensystem;
2) Überlagerungen oder Widersprüche mit sonstigen Umweltinstrumenten (Instrumentenbündel);
3) anreizhemmende oder sachgebietsfremde Aufkommensverwendung;
4) Unzulänglichkeiten in der Organisation des Verwaltungsrahmens, seiner Effizienz und der durch ihn letztendlich bewirkten tatsächlichen Durchsetzung.

Neben der rechtlichen Dimension schlagen sich diese kritischen Problemfelder auch in der ökonomischen Dimension und in den Wechselwirkungen zwischen juristischen und wirtschaftswissenschaftlichen Einflüssen nieder. Umweltabgaben und Umweltsteuern sind die klassischen Beispiele einer Schnittstelle von Rechts-, Politik- und Wirtschaftswissenschaften. Über Jahre hinweg bediente sich die Umweltpolitik zur Durchsetzung ihrer Ziele vorwiegend des „klassischen" Ordnungsrechts, das hauptsächlich mit Ge- und Verboten agiert. Ökonomische Gedanken im Sinne einer Effizienzprognose kamen in keinerlei Weise zum Tragen, weder im Hinblick auf die hohen administrativen Kosten, noch hinsichtlich der effizienteren und vorteilhaften Möglichkeiten marktwirtschaftlicher Anreizinstrumente für einen Unternehmensstandort. Die ausschließlich juristisch-technisch orientierte Praxis der 80er-Jahre führte in Westeuropa bei der Durchsetzung von Umweltabgaben in mehrfacher Hinsicht zu negativen Effekten: hohe Verwaltungskosten, eine Gesetzes- und Verordnungsflut, mangelnde Anreize für die Emittenten zur Emissionsreduktion, Vollzugsdefizite und schließlich eine unvollständige Widerspiegelung des Verursacherprinzips. Die Notwendigkeit wirtschaftswissenschaftliche Erkenntnisse in den Rechtswissenschaften zu berücksichtigen, ist gerade im Umwelt- und Verwaltungsrecht evident geworden.[1]

Solche Erkenntnisprozesse hat es auch in anderen Bereichen des Rechts gegeben, was dazu führte, dass die Anfang des 19. Jahrhunderts vollzogene Trennung der Wirtschafts- und Rechtswissenschaften rückläufig ist und der Trend zur Verbindung von „Law and Economics" anhält, insbesondere eine Betrachtung des Rechts mithilfe ökonomischer Kriterien. Zunächst betraf dies nur das Wirtschafts- und Zivilrecht, ergriff dann aber auch das öffentliche Recht, vor allem die tradierten ordnungsrechtlichen Bereiche. Ein Grund dafür ist, dass

1 Hansmeyer/Schneider, „Umweltpolitik: ihre Fortentwicklung unter marktsteuernden Aspekten", Göttingen 1990, S. 13; Hansjürgens, „Umweltpolitik und umweltökonomische Politikberatung in Deutschland", Berlin 2005.

nachweislich verschiedener wirtschaftswissenschaftlicher Analysen ausschließlich ordnungsrechtliche Instrumente und Normen ohne Berücksichtigung ökonomischer Aspekte durchweg höhere Kosten verursachen als marktwirtschaftliche Instrumente bzw. eine Kosten-Nutzen-orientierte Regelung.[2]

Das Untersuchungsziel

Das Ziel der vorliegenden Arbeit besteht zunächst darin, auf Grundlage der rechtlichen Konzeption und Ausgestaltung der russischen Emissionsabgaben zu untersuchen, ob sich ihre Wirkungs*un*fähigkeit (zwangsläufig) aus den in der Rechtsetzung aufgetretenen Mängeln ergeben muss. Vorrangig wird die Arbeit daher eine Zusammenstellung der russischen rechts- und wirtschaftswissenschaftlichen Grundlagen beinhalten. Daneben kann die Umweltrechtsvergleichung durch Erfahrungen mit geeigneten oder ungeeigneten Problemlösungen in anderen Rechtsordnungen einen unterstützenden Beitrag leisten, was in der vorliegenden Arbeit zumindest ansatzweise auch Erwähnung finden wird. Für die Bewertung soll im Schwerpunkt aber vor allem eine isolierte Betrachtung der Zusammenhänge der russischen Emissionsabgaben zur Rechtsentwicklung in der Russischen Föderation, insbesondere zur Entwicklung des russischen Finanz- und Steuerrechts, stattfinden. Nur an besonders problemrelevanten Stellen werden rechtliche Alternativen anderer Rechtsordnungen gegenübergestellt. Vorrangig wird auf die starken Ähnlichkeiten und Parallelen zu dem aus den 80er-Jahren stammenden Ansatz des deutschen Abwasserabgabenrechts eingegangen, das zeitgleich mit den ersten Entwicklungen des russischen Umweltabgabenrechts umgesetzt wurde. Daneben werden auch ökonomische Erklärungsmodelle für die konkreten Ursachen der Diskrepanz von Normanspruch und Wirklichkeit bei den russischen Umweltabgaben einfließen.

Die Emissionsabgaben der Russischen Föderation werden unter den bereits genannten vier Aspekten betrachtet: Im ersten Kapitel findet eine Auseinandersetzung mit den theoretischen Grundlagen, dem Rechtsrahmen und den konkreten formal-juristischen Probleme des russischen Emissionsabgabenmodells statt. Dabei werden ökonomische, rechtshistorische und rechtspolitische Hintergründe umrissen. Im Vordergrund steht dabei auch die in der russischen

2 S. z. B. Common/Stagl, „Ecological Economics – an introduction", Cambridge 2005; Faure/Skogh, „The economic analysis of environmental policy and law", Cheltenham 2003; Wicke, „Umweltökonomie: eine praxisorientierte Einführung", München 1993, S. 202; Weimann., „Umweltökonomik – eine theorienorientierte Einführung", Berlin 1995; Endres, „Umweltökonomie", Stuttgart 2000; ders., „Marktwirtschaftliche Instrumente des Umweltschutzes", in: Umweltschutz und Marktwirtschaft, Wirtschaftspolitische Blätter 1989, 4, S. 381-501.

Rechtswissenschaft derzeit noch umstrittene Frage, ob die Emissionsabgabe als Gebühr, Steuer oder entsprechend der jüngeren Rechtsentwicklung und Rechtsprechung als ‚Fiskalabgabe' einzuordnen ist. Darüber hinaus werden anschließend an die Erörterung der *direkten* Emissionsabgaben auch die mittelbaren, *indirekt* klimaschutzrelevanten Abgaben, die ebenfalls für das Emissionsverhalten in verschiedenen Bereichen von Bedeutung sind, beschrieben. Unter Gegenüberstellung der Besteuerung klimaschädlicher Emissionen in anderen, vorwiegend westlichen Staaten findet zum Abschluss des Kapitels eine kurze Bewertung der russischen Emissionsabgaben und ihrer Klimaschutzrelevanz statt.

Im zweiten Kapitel wird das Verhältnis der russischen Emissionsabgaben zu anderen sowohl ökonomischen als auch ordnungsrechtlichen Instrumenten des russischen Umwelt-, Wirtschafts- und Steuerrechts untersucht. Bei der Auseinandersetzung mit dem sogenannten Instrumentenbündel wird ferner kurz auf Fragen zum Verhältnis zwischen den Emissionsabgaben und den neuen Klimaschutzmechanismen, also einem möglichen Emissionszertifikatehandel und sogenannten Joint-Implementations, eingegangen. Ziel dieses Kapitels ist es, Aussagen zur Homogenität der Emissionsabgaben im Instrumentenbündel zu machen und mögliche Widersprüche im Verhältnis zu den Wirkungsmechanismen anderer (potenzieller) Klimaschutzinstrumente oder zur rechtspolitisch bezweckten Lenkungsfunktion aufzudecken.

Im dritten Kapitel wird der für die Akzeptanz von Emissionsabgaben und damit zu ihrer effektiven Durchsetzung mittelbar bedeutsame Aspekt der Aufkommensverwendung problematisiert. Diese Untersuchung orientiert sich vergleichend an der historischen und aktuelleren Entwicklung der Aufkommensverwendung im russischen Haushaltsrecht. Der russische Gesetzgeber scheint sich hier noch in einer experimentellen Phase zu befinden, was die Vielzahl der unterschiedlichen, zwischenzeitlich eingeführten Ansätze und Modelle zeigen wird. Die bisherigen Formen der Aufkommensverwendung von Umweltabgaben werden kurz erörtert und in Bezug auf ihre jeweiligen Vor- und Nachteile im russischen Rechtssystem konkretisiert. Das Kapitel schließt mit einer knappen Gegenüberstellung der Aufkommensverwendung von Umweltabgaben in westlichen Staaten und in Transformationsländern.

Das vierte Kapitel widmet sich dem für eine tatsächliche Um- und Durchsetzung des Emissionsabgabenmodells wohl wichtigsten Aspekt: dem Vollzug und dem administrativen Rahmen. Nach den einleitend zu erläuternden ökonomischen Vollzugs- und Implementationstheorien werden zwei Aspekte näher untersucht: einerseits der russische Behördenaufbau (die administrative Struktur) und die Vielzahl an Problemen, die vor allem durch die Zuständigkeitsunklarheiten und die Kompetenzüberlagerungen bestehen; andererseits der tatsächliche Vollzug der russischen Emissionsabgaben, die vorhandenen Sanktionsmechanismen und die bestehenden (potenziellen) Umgehungsanreize, etc. Den Vollzugsproblemen des russischen Systems werden kurz Vollzugsmodelle anderer Staaten gegenübergestellt.

Untersuchungsmethode und die Rolle interdisziplinärer Fragestellungen

In ihrem Untersuchungsansatz wendet die Arbeit keine klassischen rechtsvergleichenden Methoden an, sondern setzt ihren Schwerpunkt auf eine interdisziplinäre Betrachtungsweise, bei der vor allem rechtsökonomische Theorien und die aus den Politikwissenschaften stammende Implementationsforschung[3] als Grundlagen für die Schlussfolgerungen und Bewertungen der russischen klimaschutzrelevanten Emissionsabgaben bemüht werden. Aus juristischer Sicht sind bei der Beschreibung und Untersuchung eines Implementationsprozesses drei Stufen zu unterscheiden: auf erster Stufe die gesetzliche Ausgestaltung des rechtlichen Instruments; auf zweiter Stufe die organisatorischen und administrativen Voraussetzungen seiner Umsetzung; auf dritter Stufe schließlich die effektive Durchsetzung mittels behördlicher Kontroll- und Überwachungsmechanismen und formaler Sanktionssysteme.[4] Die ersten drei Kapitel dieser Arbeit bilden dabei den Inhalt der ersten Stufe. Im vierten Kapitel werden dann aufgrund der engen Verknüpfungen die zweite und dritte Stufe zusammengefasst untersucht.

Vielfach wird die Arbeit interdisziplinären Fragestellungen – vor allem aus dem Schnittstellenbereich der Rechts- und Wirtschaftswissenschaften, aber auch der Rechtssoziologie – nachgehen. Ausgehend von der Rechtssoziologie haben sich seit Beginn des 20. Jahrhunderts in der Rechtswissenschaft die Forderungen nach einer umfassenden Berücksichtigung von politischen, gesell-

3 Diese der Rechtssoziologie zuzuordnende Theorie hat in den Zivil- und Strafrechtswissenschaften lange Traditionen. Das Interesse in den Verwaltungswissenschaften und dem öffentlichen Recht entwickelte sich demgegenüber verhältnismäßig spät. Die ursprünglich aus den USA stammende Implementationsforschung fand ihren Eingang in die deutsche Verwaltungswissenschaften 1977 mit Mayntz, „Die Implementation politischer Programme: Theoretische Überlegungen zu einem neuen Forschungsgebiet", in: Die Verwaltung, 1977, S. 51 ff.; Das erste große Forschungsprojekt der Implementationsforschung bezog sich dann auch sogleich auf das Umweltrecht: Mayntz, „Vollzugsprobleme der Umweltpolitik. Empirische Untersuchung der Implementation von Gesetzen im Bereich der Luftreinhaltung und des Gewässerschutzes", Bonn 1978; siehe auch Hoch, „Die Rechtswirklichkeit des Umweltstrafrechts aus der Sicht von Umweltverwaltung und Strafverfolgung", Freiburg 1994, S. 55 f. m. w. N.

4 Mayntz, „Vollzugsprobleme der Umweltpolitik. Empirische Untersuchung der Implementation von Gesetzen im Bereich der Luftreinhaltung und des Gewässerschutzes", Bonn 1978, S. 44 f.

schaftlichen und ökonomischen Aspekten in der juristischen Forschung und Lehre verstärkt.[5] Interdisziplinarität bietet auch den Rechtswissenschaften die Möglichkeit, problematische Aspekte einer Norm mithilfe nicht nur juristischer, sondern, für die Umsetzung ebenso relevant, ökonomischer oder politischer Zusammenhänge zu betrachten, zu erklären und zu beheben. Zwischen den verschiedenen wissenschaftlichen Forschungsgebieten gibt es eine Vielzahl an Gemeinsamkeiten und Unterschieden, deren Rolle für den Aussagegehalt einer juristischen Untersuchung vielfach unterschätzt wird. So herrschen in den einzelnen Wissenschaften unabhängige, voneinander im Ansatz sehr verschiedene, in ihren Konsequenzen allerdings vergleichbare Abwägungsmechanismen. In der Ökonomie findet die Kosten-Nutzen-Analyse statt, in der Rechtswissenschaft findet sich ein ähnlicher Ansatz in dem Prinzip der Verhältnismäßigkeit, in der Umweltethik ist es die Übelabwägung.[6] Trotz der scheinbar sehr ähnlichen Abwägungsfragen unterscheiden sich die Methoden sowohl hinsichtlich der Gewichtung und Einbeziehung von Vor- und Nachteilen als auch in der Berücksichtigung beteiligter Interessengruppen teilweise erheblich. Während sich die Rechtswissenschaft vor allem am vorgegebenen gesetzlichen Rahmen orientiert, basiert die ökonomische Abwägung von Kosten und Nutzen auf den Präferenzen der Akteure. Im ökonomischen Sinne kann daher eine ökologische Maßnahme auch dann effizient sein, wenn sie juristisch betrachtet rechtswidrig ist. Ähnlich verhält es sich mit den Beurteilungskriterien in der Umweltethik, so dass schließlich die Bewertung bestimmter Umweltschutzinstrumente in den einzelnen Wissenschaftsdisziplinen sehr unterschiedlich ausfallen kann. Daher ist die Kenntnis der Grundstruktur und der Grenzen eines Bewertungsansatzes bei einer interdisziplinären Betrachtungsweise von besonderer Bedeutung. In die vorliegende Arbeit werden daher neben rechtswissenschaftlichen auch wirtschaftswissenschaftliche und rechtspolitische Disziplinen einbezogen, sofern sie für das Untersuchungsziel von Bedeutung sind.

Vor allem für die Lösung ökologischer Probleme ist letztendlich eine interdisziplinäre Betrachtung unausweichlich, da ansonsten die Gefahr besteht, dass langfristig die Umsetzungseffizienz eines Umweltinstruments entfällt. Bislang lässt die Rechtswissenschaft das Kriterium des Kosten-Nutzen-Verhältnisses – das Effizienzkriterium – nahezu unberücksichtigt, bringt es allenfalls als einen untergeordneten Teilaspekt in Abwägungsprozesse ein. Unberücksichtigt

5 Insbesondere: Bizer/Führ/Hüttig, (Hrsg.), „Responsive Regulierung – Beiträge zur interdisziplinären Institutionenanalyse und Gesetzesfolgenabschätzung", Tübingen 2002.

6 Enneking, „Ökonomische Verfahren im Naturschutz", Göttingen 1998, S. 19 f., Sachverständigenrat für Umweltfragen, „Umweltschutz: Für eine dauerhaft-umweltgerechte Entwicklung", Stuttgart 1994, S. 16.

bleibt, dass Rechtsnormen in ihrer normativen Abstraktheit eines tatsächlichen Vollzugs durch die Behörden bedürfen. Den dabei im Rahmen der Umsetzung relevanten Kostenaufwand sollte der Gesetzgeber bei Einführung oder Änderung eines rechtlichen Instruments zukünftig noch stärker berücksichtigen und grundsätzlich einer Kosten-Nutzen-Analyse unterziehen. Es bleibt abzuwarten, wie und mit welcher Gewichtung sich ökonomische Betrachtungen auch im öffentlichen Recht künftig wiederfinden. Demgegenüber können umgekehrt auch wirtschaftswissenschaftliche Auseinandersetzungen die für eine Umsetzung notwendigen rechtlichen Strukturen und Institute nicht außer Acht lassen, da nur Rechtsklarheit und Rechtssicherheit einen festen Rahmen für ökonomische Instrumente bilden können.

Aus der interdisziplinären Literatur sind vielfach die ökonomischen Grundlagen des Zivilrechts bekannt; die Literatur und Studien zu ökonomischen Theorien und Analysen des öffentlichen Rechts sind demgegenüber verhältnismäßig selten Gegenstand wissenschaftlicher Untersuchungen gewesen.[7] Die vorliegende Arbeit soll einen kleinen Beitrag zur interdisziplinären Arbeit in der Rechtswissenschaft bilden, vor allem zur ökonomischen Analyse des öffentlichen Rechts sowie zu den implementationstheoretischen Bewertungsansätzen für Rechtsnormen und Rechtsentwicklung in Transformationsstaaten, beispielhaft anhand der Russischen Föderation.

Derzeit gibt es im deutschsprachigen rechtswissenschaftlichen Raum nur sehr wenige Arbeiten, die sich mit der Entwicklung und Bewertung des russischen Umweltrechts befassen. Sie sind – vorwiegend ebenfalls als auslandsrechtliche Arbeiten – zu den Gebieten des russischen Gewässerschutzrechts,[8] Umwelthaftungsrechts[9] und Flächenschutzrechts[10] in der Russischen Föderation verfasst worden. Daneben gibt es eine Arbeit zum (alten) Umweltschutzgesetz Russlands[11] (bis 2002), die sich zwar auch mit den tatsächlichen Wirkungszusammenhängen befasst, in ihrem Erklärungsansatz jedoch die Möglichkeiten einer interdisziplinären Betrachtung und Verknüpfung rechtswissenschaftlicher mit ökonomischen und politischen Aspekten unberücksichtigt lässt. Hieran und an die Interaktion der Umweltschutzinstrumente, insbesondere der Emissionsabga-

7 Van Aaken, (Hrsg.), „Beiträge zur ökonomischen Theorie des öffentlichen Rechts", Wiesbaden 2003; dies., „Normative Grundlagen der ökonomischen Theorie im öffentlichen Recht", ebenda, S. 89-118.

8 Baller, Rechtlicher Gewässerschutz in Russland: Geschichte, Theorie und Wirklichkeit, Berlin 1995.

9 Neumüller, „Umwelthaftung in Russland: die materielle Verantwortlichkeit für Umweltschäden (Umwelthaftung) nach dem Umwelt- und Zivilrecht der Russischen Föderation unter Berücksichtigung der Rechtslage in anderen Nachfolgestaaten der UdSSR", Berlin 1997.

10 Scheuerbrandt, „Flächenschutz in Russland", Oldenburg 1999.

11 Meissner, „Rechtliche Grundlagen des Umwelt- und Naturschutzes", Berlin 2002.

ben mit anderen Rechtsgebieten, soll die vorliegende Arbeit anknüpfen. Sie ist bewusst als Mischung aus rechtsvergleichenden Elementen, eingebettet in eine auslandsrechtliche Basis, konzipiert. Daher kann sie dem Versuch einer methodischen Fortentwicklung der Untersuchungsansätze in der Rechtsvergleichung, insbesondere des ausländischen öffentlichen Rechts, dienen.

Das Effizienzraster – Eine ökonomische Bewertung des Rechtsrahmens

Die klimaschutzrelevanten Emissionsabgaben des russischen Umweltrechts werden in dieser Arbeit auf ihre Eignung als Instrument der russischen Klimaschutzpolitik untersucht und bewertet. Das Bewertungsmuster ist ein gemischt ökonomisch-juristisches[12], das sich an vier Punkten orientiert:[13]

1) der rechtlichen und tatsächlichen Wirksamkeit (Effektivität und Treffsicherheit),
2) der Kosteneffizienz,
3) der Variabilität und dynamischen Anpassungsfähigkeit sowie
4) der politischen Durchsetzungsfähigkeit und Akzeptanz.

I. Klimaschutzpolitische Wirksamkeit – Effektivität und ökologische Treffsicherheit

Auch wenn Russland keine ausschließlich dem Klimaschutz dienenden Emissionsabgaben besitzt, besteuert das allgemeine Emissionsabgabensystem auch Schadstoffgruppen und Verhaltensweisen, die gerade klimaschädigend wirken. Insofern wird vor dem klimaschützenden Hintergrund, aber auch für sämtliche durch das Schadstoffabgabenrecht erfassten Emissionen die angestrebte (ökologische) Treffsicherheit beurteilt. Es geht um die Frage der Zielerreichung – der klimapolitischen Wirksamkeit der russischen Emissionsabgaben. Dies stellt zunächst das wichtigste Bewertungskriterium dar, bei dessen negativer Beurtei-

12 Daneben wird allgemein für sämtliche Umweltschutzmaßnahmen der vom United Nations Environment Programme (UNEP) entwickelte ganzheitliche Bewertungsansatz vertreten, der sich nach den Kriterien ökologische Wirksamkeit, ökonomische Effizienz und Sozialverträglichkeit (sonstige Beurteilungskriterien) gliedert. Dieser wird vorliegend nicht angewendet, da für ökonomische Anreizinstrumente der obige Ansatz passgerecht ist, ohne dabei die UNEP-Kriterien unberücksichtigt zu lassen.

13 Kulessa, „Kompensationen als innovatives Instrument globaler Umweltschutzpolitik: Möglichkeiten einer Weiterentwicklung des Konzepts am Beispiel biologischer Vielfalt", Basel 2003, S. 174 f.; UNFCCC fordert diese Kriterien auch zum Einsatz von Klimaschutzinstrumenten: UNCED 1992a Art. 2, 3 (3).

lung die sonstigen Kriterien eine weitaus geringere Rolle spielen würden. Die vorliegende Arbeit greift für die Bewertung der ökologischen Treffsicherheit nur am Rande auf empirische Erkenntnisse von Studien und Untersuchungen zurück. Ungeachtet dessen lassen sich anhand der rechtlichen Konzeption (gesetzlich-formale Ausgestaltung, Administration und Durchsetzbarkeit, Aufkommensverteilung und -verwendung) und durch den Vergleich mit Erfahrungen in westeuropäischen Staaten Aussagen zur Treffsicherheit der russischen Emissionsabgaben machen. Ebenso ist die Betrachtung anderer Emissionsreduktionsinstrumente und ihr Verhältnis zu den Emissionsabgaben für eine Bewertung der ökologischen Treffsicherheit oder Effektivität maßgeblich. Dies ermöglicht sogar Reform-Empfehlungen für die russischen Emissionsabgaben, wodurch dem Gesetzgeber aufgezeigt werden kann, wie neben der Aufkommenserzielung auch eine auf Klimaschutz und Emissionsreduktion abzielende Lenkungswirkung verbessert werden kann.

II. Die Kosteneffizienz

Zur Beurteilung einer Emissionsabgabe gehört ebenso die Frage nach der ökonomischen Bewertung des administrativen und finanziellen Aufwands, den die russischen klimaschutzrelevanten Emissionsabgaben erzeugen. Dementsprechend wird untersucht, ob die erwarteten Kosten zum eigentlichen Lenkungsziel (Emissionsreduktion) verhältnismäßig sind. Diese Verhältnismäßigkeit liegt dann vor, wenn die bei fortgesetzter Schadstoffemission eintretenden Schäden[14] höhere volkswirtschaftliche Kosten verursachen als die Emissionsreduktions-Investitionen. Dem stehen auf der anderen Seite die Kosten der Maßnahmen zur Emissionsreduktion gegenüber. Je komplexer ein Abgabensystem, je aufwendiger die Ausbildung der in diesem Bereich öffentlichen Angestellten, je komplexer die Meßmethoden, etc., desto höher sind die gesamtvolkswirtschaftlichen Kosten der Emissionsreduktion und -vermeidung. Neben der Effektivität eines Instruments geht es also um die Frage der Effizienz seiner Ausgestaltung (Messmethoden, Verwaltungsaufwand, Durchsetzungswahrscheinlichkeit). Wird durch das politische Instrument der Emissionsabgabe das ökologische Ziel bei gegebenem Stand der Technik mit geringst möglichen Kosten erreicht?[15]

---

14 Bzw. im Sinne der Vertreter der Anpassungstheorien: die Anpassungskosten.

15 Wicke, „Umweltökonomie: eine praxisorientierte Einführung", München 1993, S. 440 f.; Gerhard, „Theorie und Praxis einer nachhaltigen Umweltpolitik mit handelbaren Emissionsrechten", Berlin 2000, S. 88 ff.

III. Variabilität oder Dynamische Effizienz

Das Merkmal der Variabilität umschreibt die Flexibilität eines umweltpolitischen Instruments, d. h. inwiefern sich die hier betrachteten Emissionsabgaben an sich ändernde Rechtsrealitäten anpassen, wie sie im Rahmen des ‚Instrumentenmixes' wirken und sich weiterentwickeln lassen. Im Kern geht es um die Umsetzbarkeit erforderlicher Änderungen bei Reformen, die auch das russische Emissionsabgabensystem direkt oder mittelbar betreffen, ob also bestimmte Regelungsformen zwingend sind, ob und welche Vertrauenstatbestände zu überwinden sind, etc. Dieses sehr dynamische Effizienzkriterium umfasst auch die Untersuchung, inwiefern das Instrument einen Anreiz zugunsten des technischen Fortschritts bieten und dabei auch mögliche betriebs- und volkswirtschaftliche Kostensenkungen bewirken kann.[16]

IV. Durchsetzbarkeit und Akzeptanz

Die Merkmale der politischen Durchsetzbarkeit und Akzeptanz werden häufig nur im politikwissenschaftlichen Diskurs berücksichtigt, spielen aber aufgrund ihrer Rückkoppelungen zum jeweiligen umweltpolitischen Instrument auch für die Frage der Um- und Durchsetzbarkeit eine grundlegende Rolle. Untersucht werden daher auch die (ökonomischen, rationalen) Umsetzungsinteressen der beteiligten Akteure. Auf einer zweiten Ebene widmet sich vor allem die sogenannte Implementationsforschung der Frage nach den tatsächlichen Umsetzungsanreizen einer Regelung, die letztendlich die Akzeptanz eines politischen Instrumentes beeinflussen (Sanktionsmechanismen, gerichtliche Durchsetzbarkeit, etc.). Die Untersuchung der politischen Durchsetzbarkeit findet vorliegend bei der Erörterung des Verwaltungsrahmens ihre Berücksichtigung, denn der jeweilige administrative Kontext ist eng mit der Wirksamkeit von Implementationsmechanismen und Akzeptanzfragen verknüpft.

16 Voß, „Konzeption eines effizienten und marktkonformen Fördermodells für erneuerbare Energien“, Gutachten im Auftrag des Wirtschaftsministeriums Baden-Würtemberg, Stuttgart, 2000, S. 19 f.

Erstes Kapitel: Russlands klimaschutzrelevante Emissionsabgaben zwischen Steuer- und Gebührenlösung

Nach einer kurzen, einleitenden Darstellung der theoretischen Zusammenhänge und rechtspolitischen Grundlagen werden in diesem Kapitel die Grundzüge der russischen Umwelt- und Klimaschutzpolitik und die rechtliche Umsetzung der russischen klimaschutzrelevanten Emissionsabgaben vorgestellt. Besonders wichtig sind die ökonomisch-historischen Hintergründe, da sie den russischen Ansatz in seinen Besonderheiten erklären. Daneben werden die aktuellen Reformvorschläge sowie die Entwicklungstendenzen in der russischen Rechtsprechung und in der rechtswissenschaftlichen Diskussion um die Emissionsabgaben, vor allem um den Steuer- und den Gebührenbegriff, dargestellt.

A. Naturwissenschaftlicher Hintergrund

Einleitend sei zunächst der naturwissenschaftliche Hintergrund des Klimaschutzproblems angerissen. Ausgangspunkt für das Verständnis ist die Erkenntnis, dass der Treibhauseffekt ursprünglich ein ausschließlich natürliches Phänomen war. Die in der Atmosphäre enthaltenen Spurengase Kohlenstoffdioxid (CO_2), Methan (CH_3), Distickstoffoxid (N_2O), SF_6, PFC, HFC[17] (aber auch Wasserdampf (H_2O)) verhindern durch Absorption die Reflexion langwelliger Wärmestrahlungen der Sonne von der Erdoberfläche. Dadurch wird eine bestimmte Temperatur auf der Erde erhalten, die zwischen durchschnittlichen −33 Grad Celsius bis +15 Grad Celsius variiert und die Existenz von Leben auf der Erde erst ermöglicht (natürlicher Treibhauseffekt). Durch die exzessive Nutzung fossiler Brennstoffe, Massentierhaltungen, Mülldeponierungen und die Rohdung riesiger Waldbestände gelangten zusätzliche Mengen der genannten Gase, vor allem CO_2 in die Atmosphäre und verstärkten deren Absorptionskraft, so dass über das natürliche Maß hinaus weniger Wärmestrahlung reflektiert wird. Das Klima änderte sich hierdurch in der Weise, dass sich die globale Durchschnittstemperatur über die ursprünglichen, natürlichen Schwankungen hinaus erhöht

17 Siehe auch Annex A des Kyoto-Protokolls.

hat.[18] Diese Entwicklung und ihr Einfluss auf sämtliche Klimaprozesse wird als anthropogener Treibhauseffekt[19] bezeichnet, dessen negative Folgen sowohl in ökologischer als auch volkswirtschaftlicher Hinsicht dramatische Ausmaße annehmen können.

Der Treibhauseffekt ist gegenwärtig zum am stärksten diskutierten globalen Umweltproblem herangewachsen. Die globalen Belastungen und Veränderungen in ihren zu erwartenden Ausmaßen konfrontieren die politischen Akteure weltweit mit Herausforderungen, die äußerst komplex und kompliziert sind, da sie mit konträren Entwicklungsinteressen der einzelnen Staaten kollidieren. Die Klimapolitik ist damit von vorneherein durch hohe Spannungen gekennzeichnet, da sie in weiten Teilen durch Akteure dominiert und gelenkt wird, die sich vielfach nur zweitrangig an einer intergenerationellen Verantwortung im Rahmen des Klimaschutzes orientieren.[20] Einige wenige Staaten erhoffen sich zwar von einer Klimaerwärmung durchaus positive Folgen. Ob aber „der Treibhauseffekt Sibirien tatsächlich in eine Kornkammer verwandeln wird, ist angesichts der Unsicherheiten, mit denen Klimamodelle nach wie vor behaftet sind (...) keineswegs ausgemacht".[21] Leider ist der vom Menschen verursachte Klimawandel zunächst mit der zunehmenden ökologischen Sensibilität seit Anfang der 80er-Jahre, besonders spürbar aber erst im vergangenen Jahrzehnt, ins öffentliche Bewusstsein gedrungen.[22] Seither wird versucht, klimapolitische Ziele und Instrumente auf

18 Nach dem momentanen naturwissenschaftlichen Erkenntnisstand ist die in der zweiten Hälfte des vergangenen Jahrhunderts gemessene globale Erwärmung mit sehr großer Wahrscheinlichkeit überwiegend durch den Menschen verursacht worden. Eine Fortsetzung dieses Trends wird im 21. Jahrhundert noch dramatischer und rascher angenommen, wobei ein weiteres Hinauszögern klimapolitischer Maßnahmen die Risiken weiter erhöhen wird. Als sicher gilt, dass der Anstieg der mittleren globalen Temperatur um 0,6° C +/- 0,2°C in den vergangenen 100 Jahren aufgrund menschlicher Einflüsse eingetreten ist. Bis etwa 1750 betrug die CO_2-Konzentration ungefähr 280 ppm; heute sind ist es ungefähr 370 ppm und langfristig wird mit einem Anstieg auf mindestens 450 ppm gerechnet. Einen der größten Unsicherheitsfaktoren in den Klimamodellen stellt die Klimasensitivität dar, also die Abschätzung der vermutlichen Erhöhung der globalen Durchschnittstemperatur bei einer Verdoppelung der atmosphärischen Treibhausgaskonzentration gegenüber dem vorindustriellen Wert von 560 ppmv. Schätzungen gehen von einer Spannbreite von 1,4°C bis 4,5°C bzw. 1,4°C bis 7,7°C aus. Je nachdem, welchem der momentan etwa 35 Szenarien die künftige Emissionsentwicklung am ehesten entsprechen wird, ist ein Anstieg der globalen Mitteltemperatur um 1,4°C bis 5,8°C bis zum Ende des Jahrhunderts zu erwarten.

19 Der Treibhauseffekt besteht aus einem natürlichen und einem anthropogenen Bestandteil, wobei allein letzterer durch das Anwachsen der weltweiten Treibhausgasemissionen in der Industrie, der Energiewirtschaft, der intensivierten Landwirtschaft und Tierproduktion sowie der Vernichtung von Senken (insbesondere die Regenwälder und borealen Waldbestände) die Störung des Klimasystems der Erde bewirkt.

20 S. dazu unten, S. 14 f.

21 Weimann, „Umweltökonomik – eine theorienorientierte Einführung", Berlin 1995, S. 132, 133.

22 Momentan werden die jährlichen Treibhausgasemissionen auf 25,7 Mrd. t CO_2-Äqivalente geschätzt, wobei Russland mit 7% hinter den USA (25%), der Europäischen Union (ebenfalls 25%) und China (14%) rangiert. Trotz des Emissionsrückganges in den Transformationsstaaten des ehemaligen Ostblockes ist weltweit insgesamt noch immer ein Anstieg der CO_2 Emissionen von 9% allein im Bereich des Energieproduktionssektors zu verzeichnen.

internationaler und nationaler Ebene zu entwickeln. Wesentliche Meilensteine bilden hier die Klimarahmenkonvention[23] und das Kyoto-Protokoll sowie dessen Umsetzungsakte in den Mitgliedsstaaten der Europäischen Union.

Der anthropogene Treibhauseffekt unterscheidet sich in einigen Punkten wesentlich von anderen Umweltproblemen. Anders als bei sonstigen Umweltschäden, die vorwiegend lokal eingrenzbar sind, ist die Treibhausproblematik global in ihren Auswirkungen. Außerdem ist der Klimawandel durch die verzögerte zeitliche Wirkung[24] der Emissionen in der Atmosphäre, durch das Fehlen wirtschaftlich vertretbarer Rückhaltetechniken[25] sowie durch die extrem großen naturwissenschaftlichen und sozioökonomischen Unsicherheiten charakterisiert. Die Folgen der Klimaveränderung treten dabei regional und temporal unterschiedlich intensiv auf. Neben den wissenschaftlichen Unsicherheiten der Klimazusammenhänge ist vor allem das Informationsdefizit in der Öffentlichkeit eine Herausforderung bei der effektiven Umsetzung von Klimaschutzzielen. Der Großteil der Bevölkerung kann bei der hochkomplexen Klimaproblematik nicht über die notwendigen Informationen um Ursachenzusammenhänge und Wirkungen von Vermeidungsmaßnahmen verfügen, was angesichts der hohen Kosten einer effektiven Vermeidung erhebliche Akzeptanzprobleme zur Folge hat. Die Akzeptanzproblematik setzt sich in dem Umstand fort, dass der Zeithorizont normale politische Planungshorizonte überschreitet, obwohl gleichzeitig jegliche Vermeidungsaktivität mit sofortigen Kosten verbunden ist, deren Nutzen nicht unmittelbar bei den Kostenträgern realisiert wird, sondern erst zeitlich und räumlich verzögert eintritt.[26] Diese Kosten stehen zudem noch in Verwendungskonkurrenz zu anderen Investitionsmöglichkeiten außerhalb von Umwelt-

23 Art. 2 der Klimarahmenkonvention (KRK) fordert eine Stabilisierung der Treibhausgase (GHG) in der Atmosphäre auf einem Niveau, das gefährlichen menschlichen Eingriffen in das Klimasystem vorbeugt, wobei das IPCC einer ausdrücklichen Festlegung eines Stabilisierungsniveaus aus politischen Gründen bisher ausgewichen ist. Unsicherheiten bestehen hinsichtlich der Frage, welche CO_2-Konzentration als gefährlich anzusehen ist. Derzeit wird von verschiedenen Kommissionen und Gremien ein Stabilisierungsniveau zwischen 450 und 560 ppmv CO_2 favorisiert. Basierend darauf ist bis 2010 bzw. 2020 eine Reduktion der globalen Emissionen von 1,9-2,6 bzw. 3,6-5,0 Gigatonnen CO_2-Äquivalent pro Jahr realistisch.

24 Stärker als bei sonstigen Umweltproblemen tritt die kumulative Wirkung in den Vordergrund: Einerseits sind die übermäßigen THG-Konzentrationen in der Atmosphäre durch ihre hohe Langlebigkeit gekennzeichnet, weshalb politische Vermeidungs- und Reduktionsmaßnahmen sich nicht an einem einzelnen Jahr orientieren können; andererseits fallen durch diesen Zeitrahmen Kosten und Nutzen(-träger) von Emissionsreduktionen sehr stark auseinander. Siehe hierzu auch: Blank/Ströbele, „Das CO_2-Problem aus umweltökonomischer Sicht", WiSt 11, 1994, 552-557.

25 Die THG-Reduktion ist daher nur durch eine Reduzierung der THG-Emissionen zu erreichen, beispielsweise durch Substitution kohlenstoffreicher Brennstoffe durch kohlenstoffärmere, die Nutzung erneuerbarer, alternativer Energiequellen, die Steigerung der Energieeffizienz.

26 Voss, „Klimapolitik und Emissionshandel: die Ökonomie im vorsorgenden Klimaschutz", Köln 2003, S.12; Blank/Ströbele, „Das CO_2-Problem aus umweltökonomischer Sicht", WiSt 11, 1994, 552, 554.

und Klimaschutz, bei denen sofort ein spürbarer Nutzen beim Zahler entsteht.[27] Klimaschutzziele sind aufgrund dieser Zusammenhänge noch weit schwieriger einzuführen und umzusetzen als „herkömmliche" Umweltprobleme.

B. Die russische Klimaschutzpolitik und die wichtigsten Akteure

I. Klimaschutzpolitik im Kontext der Transformationsprozesse

In allen ehemaligen Ostblockstaaten sind die Treibhausgase, vor allem aber die CO_2-Emissionen, in den ersten Jahren nach dem Umbruch 1989/90 – entgegen der Entwicklung in westlichen Industriestaaten – stark gefallen.[28] Dies ist neben der Schließung maroder Industrieanlagen auch auf den schon in der Sowjetunion begonnenen und sich in den Nachfolgestaaten fortsetzenden Prozess der Substitution von Kohle und Petroleum durch Erdgas zurückzuführen.[29] Ohne den Zusammenbruch der alten Systeme des Ostblockes wären aufgrund der Energieintensität dieser Staaten hier weitaus höhere CO_2-Emissionen zu verzeichnen gewesen. Trotz der ökologischen Missstände entwickeln sich wirksame ökologisch-lenkende Investitionsanreize in den Transformationsstaaten derzeit im Rahmen des hohen umweltrechtlichen Reformbedarfs nur sehr schleppend. Die gerade in Transformationsstaaten starken politischen und ökonomischen Herausforderungen beeinflussen die Rechtsentwicklung im Umweltbereich auf nationaler wie internationale Ebene maßgeblich. Die Russische Föderation gehört zu dieser Gruppe der sogenannten Transformationsstaaten, d. h. solcher Staaten, deren Rechts- und Wirtschaftssystem sich in einem Umwandlungsprozess von einer kommunistisch geprägten Normierungstradition hin zu einem durch marktwirtschaftliche, wettbewerbliche und demokratische Merkmale gekennzeichnetem Rechtssystem befindet.[30]

Klimaschutzpolitik im allgemeinen Sinne ist eng mit Fragen zu Entwicklungszielen sowie zur Güter- und Ressourcenverteilung und deren Nachhaltigkeit verknüpft. Die Verhandlungs- und Vertragserfüllungsbereitschaft eines Staates in der internationalen Klimaschutzpolitik hängt dabei maßgeblich vom Stand

27 Voss, „Klimapolitik und Emissionshandel: die Ökonomie im vorsorgenden Klimaschutz", Köln 2003, S.12.

28 Hughes/Magda, "Economic Reform and Environmental Performance in Transition Economies", World Bank Technical Paper No. 446, Eastern Europe and Central Asia Pollution Management Series, 1999, S. 12.

29 Hughes/Magda "Economic Reform and Environmental Performance in Transition Economies", World Bank Technical Paper No. 446, Eastern Europe and Central Asia Pollution Management Series, 1999, S. 12.

30 Sell/Gehle, „Reformpolitik in Transformations- und Entwicklungsländern", München 1996; Knieper/Boguslavski „Konzept zur Rechtsberatung in Transformationsstaaten", GTZ, Eschborn 2004, S. 8 f.

des Umweltbewusstseins der eigenen Bevölkerung, von den Erwartungen der nichtstaatlichen Akteure, von zukünftigen Maßnahmen und letztendlich auch von den technischen, ökonomischen und administrativen Kapazitäten zur Implementierung von Emissionsreduktionen ab.[31] Die tatsächliche Reduktion von Treibhausgasen und die dabei anfallenden Kosten werden wesentlich von den ökonomischen und technologischen Charakteristika möglicher Entwicklungsszenarien geprägt. Des Weiteren spielt für die Akzeptanz eines Klimaschutzinstrumentes sowohl die Ermittlung der Höhe einer sich klimaschädigend auswirkenden Konzentration an in der Atmosphäre vorhandenen Treibhausgasen als auch die wissenschaftliche Definition, wann ein ‚negativer' Klimawandel zu verzeichnen ist, eine Rolle.[32] Das Hauptproblem im Aushandeln effektiver Klimaschutzprogramme besteht dabei vor allem darin, dass viele Entwicklungsländer und Transformationsstaaten (wie die Russische Föderation) die gleichen ökonomischen Entwicklungschancen beanspruchen, wie sie in den westlichen Industrieländern bestanden. Aufgrund des jahrzehntelangen „Vorverhaltens" westlicher Industriestaaten wird von diesen gefordert, den Entwicklungs- und Transformationsländern höhere Emissionsmengen zuzugestehen, was insbesondere Russland in den Aushandlungsprozessen zum Kyoto-Protokoll auch in umfassender Weise erreicht hat.[33] So argumentierten russische Politiker beispielsweise gerade damit, dass die wirtschaftliche Entwicklung zur Erzielung eines den westlichen Industriestaaten vergleichbaren volkswirtschaftlichen Niveaus den Vorrang auch vor der Klimaschutzpolitik habe.[34] Das Ziel eines dauerhaft niedrigeren THG-Emissionslevels erfordert allerdings signifikante Änderungen der sozioökonomischen Politik auch solcher Staaten, in denen das Problem des Klimawandels scheinbar weit an den Rand der politischen Bühne gerückt ist und andere, vor allem soziale Probleme den politischen Alltag bestimmen.

31 Gehring/Oberthür, „Internationale Regime als Steuerungsinstrumente der Umweltpolitik", in: Internationale Umweltregime: Umweltschutz durch Verhandlungen und Verträge, 1997, S. 9-25, S. 12; Ahlert/Meyne, „Internationale Umweltprobleme spieltheoretisch betrachtet", in: Außenwirtschaft 55, Heft 4, S. 549-570, S. 566.

32 IPCC, Dritter Wissenstandsbericht, „Klimaänderung 2001: Zusammenfassung für politische Entscheidungsträger", Bern 2002; IPCC, „Summary for policymakers: Special report on emissions scenarios: Methodological and technological issues in technology transfers", 2000; S. auch: Klocke, „Klimaschutz durch ökonomische Instrumente", Baden-Baden 1995, m. w. N.

33 Buchner/Dall'Olio, „Russia: The long road to ratification. Internal institution and pressure groups in the Kyoto Protocol's adoption process", Milano 2004; Sabonis-Helf, "Catching air? Climate change policy in Russia, Ukraine and Kazakhstan", Climate Policy 2003, 3, S. 159 f.

34 Illianorov, „The Kyoto Protocoll will not let Russia double its GDP", www.lenta.ru/economy/2004/09/27/protocol.

Transformationsprozesse[35] haben damit einen grundlegenden Einfluss auf die Rahmenbedingungen für die Entwicklung von Umwelt- und Klimaschutzpolitik. Insbesondere die für eine erfolgreiche Umsetzung von ökonomischen Umweltschutzinstrumenten (wie beispielsweise auch die Emissionsabgaben) notwendigen marktwirtschaftlichen Strukturen wurden im Rahmen der Transformationsphasen grundlegend neu definiert: private Eigentumsrechte, Marktpreise und Marktmechanismen, Wettbewerb. Klimaschutzpolitik ist daneben politisch eng mit Fragen der staatlichen Entwicklungsziele, mit der Gewichtung und Verteilung der produzierten Güter und der eingesetzten Rohstoffe sowie mit der Bedeutung des Nachhaltigkeitsgedankens bei politischen Entscheidungen verknüpft.[36] Eine effektive Klimaschutzpolitik kann wirtschaftliche Vorteile kreieren, beispielsweise geringere negative Umweltbeeinträchtigungen mit entsprechend geringeren sozialen Kosten, den Schutz der Wald-, Boden- und Wassersysteme, die Reduktion zusätzlicher Steuerbelastungen und schließlich auch die Beschleunigung technologischer Entwicklung.[37] Dazu sind aber klare politische Entscheidungen wichtig, die sich auch in der tatsächlichen Umsetzung widerspiegeln müssen. Für Russland wie für sämtliche Transformationsstaaten und Entwicklungsländer ist dabei vor allem die relative Knappheit institutioneller Kapazitäten ein gravierendes Problem.[38]

---

35 Der Transformationsprozess zu einem marktwirtschaftlich orientierten System begann in Russland 1992 mit Massenprivatisierungen, der Restrukturierung öffentlicher Unternehmen, den Markt- und Handelsliberalisierungen sowie mit den ersten institutionellen Reformen. Er wurde und wird jedoch dabei durch einen starken Rückgang der Produktion, durch zeitweise hohe Inflationsraten, durch einen starken Investitionsausfall bis zur Jahrtausendwende, durch Arbeitslosigkeit und von mangelnder sozialer Absicherung begleitet. Die Transformationsphase ist durch eine hohe Fluktuation aller makroökonomischen Indikatoren gekennzeichnet, was einen negativen Rahmen für eine effektive, der Entwicklung angemessenen Umwelt- und Klimaschutzpolitik bildet. Präsident Putin hat sich für seine Präsidentschaft das ambitionierte Ziel gesteckt, das Bruttoinlandprodukt (BIP) zwischen 2000 und 2010 zu verdoppeln. Eine vergleichbar ehrgeizige Zielsetzung für die russische Umwelt- und Klimaschutzpolitik fehlt bislang, vielmehr wird diese derzeit den ökonomischen Zielen untergeordnet.

36 Insgesamt zur historisch-politischen Entwicklung der UNFCCC: Bodansky, "The emerging climate change regime, Annual Review of Energy and Environment", Vol. 20 (1995), p. 425.

37 Bashmakov, „Skol'ko stoit smichgchenie antropogennogo vozdeistviia na ismenenie klimata?" (Wie hoch sind die Kosten einer Vermeidung des anthropogen verursachten Klimawandels?), Voprosy ekonomiki (Wirtschaftsfragen), 2003, Nr. 1, S. 104 ff.

38 Sell/Gehle, „Reformpolitik in Transformations- und Entwicklungsländern", München 1996, S. 2 ff.

II. Entwicklung und Schwerpunkte der russischen Umwelt- und Klimaschutzpolitik

Zwischen 1990 und 2000 konnten in der Russischen Föderation die CO_2-Emissionen durch die Schließung vieler maroder Anlagen im Energiesektor[39] um 33% reduziert werden.[40] Dabei fiel der Emissionsrückgang jedoch schwächer aus, als es bei Proportionalität zum Absinken der Produktion und des BIP erwartet werden durfte (nur zwischen 36 und 44%[41]).[42] Dabei macht CO_2 mit 80% den Hauptanteil der Treibhausgase in der Russischen Föderation aus, wobei die Hauptemissionsquellen (zu 97%) im Bereich der Nutzung fossiler Brennstoffe, vor allem Kohle, Grubengas und Erdöl sowie in der erdölverarbeitenden Industrie liegen.[43] Trotz der schließungsbedingten Reduktionen ist Russland damit noch immer für ungefähr 17% der weltweiten Kohlenstoffdioxid-Emissionen verantwortlich und damit auf Platz zwei nach den USA.[44] Bei den für die Entwicklung von Klimaschutzstrategien durchgeführten Untersuchungen von wirtschaftlichen Faktoren und geografischer Struktur der Treibhausgasemissionen in der Russischen Föderation ergab sich, dass beispielsweise im Ural mehr als 50% der CO_2-Emissionen auf die Verbrennung von Kohle zurückzuführen sind, wohingegen sie in Moskau zu über 90% auf der Verbrennung von verkehrsbedingten Kraftstoffen

39 Der Energiesektor verursacht weltweit mehr als die Hälfte der gesamten Treibhausgasemissionen, etwa 85% der Kohlenstoffdioxidemissionen und etwa ein Viertel des Methan-Ausstoßes. Vgl. Martinot/Sinton/Haddad, "International Technology Transfer for Climate Change Mitigation and the Cases of Russia and China", in: Annual Review of Energy and the Environment 1997, Heft 22, S. 357-401.

40 Mastepanov, et. al., "Post-Kyoto Energy Strategy of the Russian Federation, outlooks and prerequisites of the Kyoto mechanisms implementation in the country" in: Climate policy 1 (2001) S. 125-133; Pluzhnikov, "Energy Strategy of Russia: Mechnisms of Kyoto Protocol and Energy Efficiency", Eco-Accord, 2001.

41 OECD, Environmental Performance Review – Russian Federation, Paris 1999, S. 159 f.

42 S. die vielfachen Studien in diesem Bereich: Dudek/Strukova, „Economics of the Kyoto Protocol for Russia", in: Climate Policy 2 (2004) 129, 133 ff.; Buchner/Dall'Olio, "Russia: The long road to ratification. Internal institution and pressure groups in the Kyoto Protocol's aoption process", Milano, 2004 m. w. N.

43 Sozialforum für Klimawandel, „Upravlenije parnikovuimi gasami v Rossii – regionalnuije projektui i initiativui bisnessa" (Die Verwaltung der Treibhausgasemissionen in Russland – regionale Projekte und Initiativen der Wirtschaft), Zentrum für Umweltpolitik Russlands; Zentrum für Umweltökonomie; Environmental defense (USA), Moskau 2004, S. 11 f.

44 Buchner/Dall'Olio, "Russia: The long road to ratification. Internal institution and pressure groups in the Kyoto Protocol's adoption process", Milano, 2004, S. 2; nach älteren Schätzungen sind es 15%, siehe Center for Energy Efficiency: CENEf-Bulletin 2002 Nr. 35 S. 8 ff., 10; in Bezug auf den Gesamttreibhausgasausstoß rangiert Russland allerdings sowohl hinter den USA als auch hinter China.

beruhen.[45] Mehr als die Hälfte der Treibhausgasemissionen werden von nur 15 der 89 Föderationssubjekten verursacht.[46] Neben den hohen CO_2-Emissionen lässt die nachfolgende Darstellung auch den hohen Emissionsanteil an Methan erkennen, das hauptsächlich im Transportsektor freigesetzt wird.

Russlands Luftverschmutzung durch den Transportsektor (ml/t per anno)

Transportart	1995	2000
Kfz und Lkw	10,955	13,581
Lufttransport	0,287	0,15
Schienenverkehr	–	0,486
Gewässertransport	0,321	0,299
Straßenbau	–	0,452
Insgesamt:	**11,563**	**14,963**

Quelle: Gordin E.V., Comprehensive dynamics of environmental pollution, in: Ekonomika Prirodopolzovaniya (Ökonomie der Umweltnutzung), 2003, Nr. 3, S. 64

Mit allmählicher Konsolidierung der Wirtschaft ist seit 2000 wieder ein wachsender Anstieg[47] der Treibhausgas- und Schadstoffemissionen im Verkehrs- und Energiesektor zu verzeichnen.[48] Die überwiegenden Modell-basierten Prognosen zur künftigen Emissionsentwicklung gehen aber davon aus, dass Russland trotz der wirtschaftlichen Erholung und der wieder ansteigenden Emissionen

45 Sozialforum für Klimawandel, „Upravlenije parnikovuimi gasami v Rossii – regionalnuije projektui i initiativui bisnessa" (Die Verwaltung der Treibhausgasemissionen in Russland – regionale Projekte und Initiativen der Wirtschaft), Zentrum für Umweltpolitik Russlands; Zentrum für Umweltökonomie; Environmental defense (USA), Moskau 2004, S.10.

46 Die Erhebungen (und Inventarisierungen) der Treibhausgasemissionen werden überwiegend durch Spezialisten des Zentrums für effektive Energienutzung (CENEf) durchgeführt.

47 Aufgrund verstärkter Kohle- und Erdölproduktion, Mastepanov, Viewpoint „Post-Kyoto energy strategy of the Russian Federation, outlooks and prerequisites of the Kyoto mechanism implementation in the country", in: Climate Policy, 2001 Nr. 1, S. 125-153 (126).

48 Wobei nach Schätzungen (im Rahmen von Anhörungen in der Duma zur Frage der Ratifizierung des Kyoto-Protokolls) bis mindestens 2005 der Basiswert des nach UN-Klimarahmenkonvention maßgeblichen Jahres 1990 nicht überschritten wird (siehe Unterlagen der Duma vom 18.6.2001; Nikitina/Kotov, "Transition in Russia. Implications on Climate Policy", S. 116, in: http://www.iges.or.jp/en/cp/policy_design/final%20report/data/pdf/FR_Transition.pdf).

vor 2012 nicht damit rechnet, dass es das CO_2-Emissionsniveau von 1990 überschreiten wird.[49]

In Zusammenarbeit mit dem UN-Klimaschutzsekretariat wurde 1996 begonnen, die wesentlichen Emissionsdaten, einen Teil der Treibhausgasemissionen und die Emissionstrends in der Russischen Föderation unter Differenzierung nach verschiedenen Regionen sowie nach Industrie- bzw. Dienstleistungssektoren zu erfassen.[50]

Entwicklung der Treibhausgasemissionen 1990 bis 1999

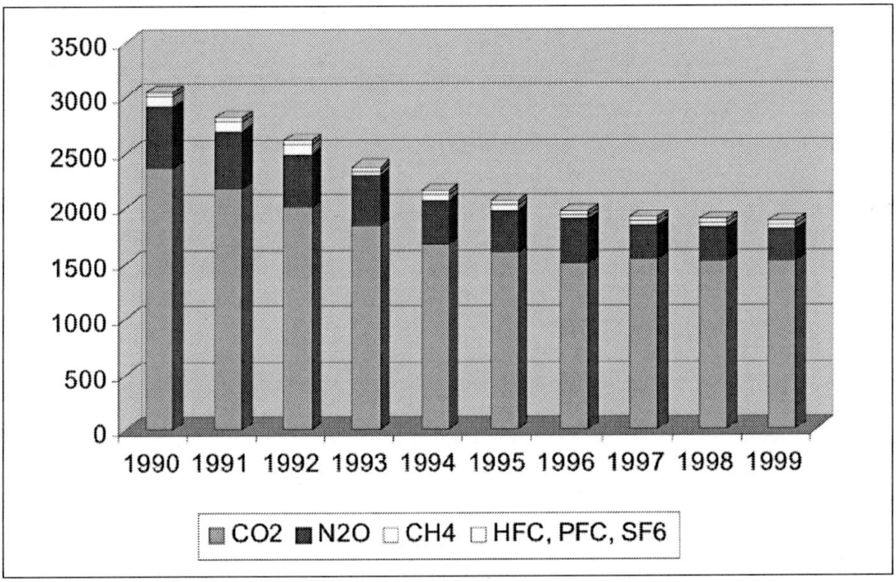

Quelle: Dritter Nationalbereicht RF der RKIK (Klimawandelkommission), 2002

Die russische Umwelt- und Klimaschutzpolitik war und ist eine der unberechenbarsten. Verwickelt in Kompetenz- und Machtstreitigkeiten spielt sie gegenüber

49 OECD Report: Renewables in Russia – From Opportunities to Reality, Paris, Moskau 2004, S. 87. Die Internationale Energie Agentur (IEA) geht in ihrem World Energy Outlook (2002) sogar davon aus, dass bei einem Beibehalten des derzeitigen Anwachsens von CO2-Emissionen Russland selbst 2010 noch weit unter dem Emissionsniveau von 1990 liegen wird.

50 Am umfassendsten ist hier der dritte Bericht von 2002 gelungen, dem bisher keine Aktualisierung mehr gefolgt ist. Der Bericht ist auf den Seiten von UNFCCC unter www.unfccc.int/resource/docs/natc/rusncr.pdf verfügbar.

ökonomischen Zielen eine erkennbar untergeordnete Rolle.[51] Nach wie vor tendiert der russische Gesetzgeber im Umweltrecht wie auch im Wirtschaftsrecht weniger zu einer marktwirtschaftlich freien Rechtskultur als vielmehr zu einer überregulierten, administrativ überladenen „command-and-control“ Rechtsetzung. Im Bereich des Klimaschutzes fehlt es bislang an dieser Entwicklung rechtlicher Strukturen. Allerdings zeigt die Regelungsbereitschaft in anderen Gebieten, dass offensichtlich der politische Wille für eine praktische und nicht nur symbolisch aktive Klimaschutzpolitik zu fehlen scheint.

Ein besonderes Charakteristikum der russischen Umweltsituation in tatsächlicher Hinsicht ist der starke Kontrast zwischen verschmutzten und übervölkerten Gebieten einerseits und riesigen, kaum besiedelten Territorien mit intakten Ökosystemen andererseits.[52] In Bezug auf die klimabeeinflussenden Rahmenbedingungen sind die riesigen Dauerfrostbodengebiete Russlands problematisch, deren Auftauen, anders als durch einige verbliebene russische Wissenschaftler noch immer vertreten, im Rahmen des Klimawandels nur bedingt vorteilhaft für Russland wäre. Die Mehrheit der neueren Studien hebt hierzu vielmehr die zunehmende Desertifizierung südlicher Regionen hervor und betont die Gefahr der Zunahme und Übertragung von Krankheiten, insbesondere durch virale oder bakterielle Überträger, deren Häufigkeit durch das bisher kalte Klima Sibiriens relativ beschränkt war. Außerdem werden durch das Auftauen der Permafrostböden weitere enorme Mengen Methan frei.[53]

Interessanterweise hat Putin selbst darauf hingewiesen, dass gerade im Energiesektor Ansatzpunkte für eine Verbesserung und Umsetzung des Nachhaltigkeitsgedankens (sustainability) in der Wirtschaftsentwicklung liegen würden, der ein besonders hohes Investitions- und Profitpotenzial enthalte.[54] Dies führte zu einer Erhöhung der Förderung des Erdgasanteils gegenüber dem Erdöl- und Kohleförderanteil. Mittlerweile hat sich die Erdöl- und Erdgasförderpolitik angesichts der globalen Ölkrise in der Weise entwickelt, dass die Russische Föderation auch die Förderung von Erdöl wieder erhöht hat und am Weltmarkt verkauft, hingegen den nationalen Energiesektor nach wie vor umfangreich mit

51 Die Verdoppelung der BIP hat im Putin'schen Regierungsprogramm oberste Priorität, gefolgt von der Restrukturierung und Liberalisierung des russischen Energiesektors.

52 Danilov-Danilyan, "Environmental Issues in the Russian Federation" // Materials of the All-Russian Congress of Nature Protection 1995, Moscow, S. 59.

53 Mit einer Vielzahl von Verweisen hierzu: Berdin/Kokorin, „Implementation of UN-Framework Convention on Climate Change in the Russian Federation", in: Climate Change: mobilising global effort, Paris 1997, S. 37-48, m. w. N.

54 Peterson/Bielke, "The Reorganization of Russia's Environmental Bureaucracy: Implications and Prospects," Post-Soviet Goegraphy and Economics, 2001, S. 65-76.

Braun- und Steinkohle speist. Klimapolitisch relevant sind im Energiesektor die Energieeffizienzprogramme,[55] mit denen vor allem der hohe Energieverlust der Wärme- und Energiekraftwerke verringert werden soll. Außerdem sollte damit im Energiesektor der Energieverbrauch bis 2005 um 13,4% gesenkt werden; mehr als die Hälfte der Einsparungen wurden aufgrund verbesserter und erneuerter Technologien erwartet.[56] Dieses Ziel konnte die Russische Föderation nicht erreichen, was zum einen daran lag, dass das russische Finanzministerium der Energiesparreform nur zwischen drei und vier Prozent der benötigten Investitionen zur Verfügung stellte,[57] andererseits aber auch daran, dass die ernsthaften Bemühungen, die vor allem das ökonomische Potenzial der Energieeinsparungen im Auge hatten, zu spät (erst 2002) einsetzten. Positiv hervorzuheben ist aber die Berücksichtigung von Klimaschutzaspekten im Städtebaukodex[58] und dessen Durchführungsverordnungen. Die technischen Baunormen sahen erstmals die zwingende Einbeziehung von Wärmedämmungsmaßnahmen für sämtliche neuerrichtete Gebäude vor. Der Gebäudesektor verfügt Schätzungen zufolge über ein Energieeinsparungspotenzial von 40% (ausgehend von 1995).[59] Das Nachhaltigkeitsprinzip wurde dabei ausdrücklich in Art. 1 Nr. 3 und Art. 2 Städtebaukodex RF zum Gesetzzweck erklärt.

Die langfristigen umwelt- und klimapolitischen Ziele, die sich die Russische Föderation im Laufe des vergangenen Jahrzehnts gesetzt hat, sind in einer Vielzahl politischer Aktionsprogramme niedergelegt worden, beispielsweise im „Konzept für den Übergang zu nachhaltiger Entwicklung in der Russischen Föderation“, im „Entwurf einer staatlichen, nachhaltigen Entwicklungsstrategie“ und in den sogenannten Aktionsplänen.[60] Hauptziele waren und sind die Verbesserung der ökonomischen Instrumente in der russischen Klimaschutzpolitik, die schrittweise Anpassung an das international übliche Emissionsgrenzwertesystem und an die anerkannten Standards für Technologien und Produktionsprozesse, eine Verbesserung der Emissionskontrolle und des Monitorings, eine

55 "Energy strategy Russia", Regierungsverordnung N 1234 vom 28.8.2003, angenommen durch die Duma und in Kraft gesetzt im Mai 2005, S. auch: Ministry for Fuel and Energy, „Energy Strategy until 2020", erhältlich auch unter: www.mte.gov.ru/docs/32/103.html.

56 Louppov, Energy Country Report, 1999, S. 107 ff., 109.

57 Mastepanov, "Viewpoint „Post-Kyoto energy strategy of the Russian Federation. Outlooks, prerequisites of the Kyoto mechanisms implementation in the country", in: Climate policy 1 (2001), S. 125 ff.

58 SZRF (Gesetzessammlung RF) vom 8.4.1998.

59 Matrosov, Centre for Energy Efficiency (CENEf), „Current status of legal base for buildings energy efficiency in Russia", www.cenef.ru/home-pg/hp-48e.htm.

60 National Environmental Action Plan of the Russian Federation (NEAP), Chapter II: The environmental polic improvement in the Russian Federation, Moscow 2002, in: www.ecocom.ru.

effizientere Energienutzung unter Einbindung erneuerbarer Energien und der Abbau der exzessiven Pestizid-Verwendung in der Landwirtschaft Russlands.[61] Schon 1997 ist (auf Drängen des UN-Klimaschutzsekretariates UNFCCC) der erste nationale Klimaschutzaktionsplan entworfen worden, der bereits 2001 in Kraft treten sollte, von der russischen Regierung 2002 aber vorerst ad acta gelegt wurde, verbunden mit der Auflösung der föderalen Umweltschutzfonds und des Waldfonds.[62] Dieser klimapolitisch negative Trend nahm 2003 wieder eine positivere Wendung und mündete im Herbst 2004 in die Ratifizierung des Kyoto-Protokolls durch Russland.

Ohne großen tatsächlichen Einfluss, aber von nicht zu unterschätzender Bedeutung sind die Aufforstungs- und Waldschutzprogramme Russlands, insbesondere da die borealen Wälder der Nordhalbkugel mehr als ein Drittel der globalen Kohlenstoffabsorption erzielen.[63] Und schließlich seien im klimapolitischen Kontext hier auch die Umweltbildungsprogramme erwähnt, mit welchen der russischen Bevölkerung von Beginn der Schulausbildung bis zum Ende der Hochschulbildung die Relevanz ökologischer Zusammenhänge vermittelt und wodurch ein ökologisches Bewusstsein gefördert werden soll.[64]

III. Russlands Einbindung ins völkerrechtliche Klimaschutzregime

Zur Vermeidung des Klimawandels müssen weltweit die THG-Emissionen verringert werden. Impulse können hier aufgrund der Globalität des Klimaschutzproblems effektiv nur vom Völkerrecht ausgehen, also mittels einer internationalen Verhandlungsbasis. Problematisch für die Errichtung eines völkerrechtlichen Regimes ist dabei, dass zwar der nationale Luftraum bis zur Grenze des Weltalls zum Territorium und Hoheitsgebiet eines Staates gehört, dass diese Regel jedoch nicht für die ihn durchströmenden Luftmassen gilt.[65] Ein weiterer, nicht nur das

61 S. so im Nationalen Aktionsplan zum Klimaschutz in der Russischen Föderation von 2002.

62 Nikitina/Kotov, "Transition in Russia. Implications on Climate Policy", Paris 2003, www.iges.or.jp/en/cp/policy_design/final%20report/data/pdf/FR_Transition.pdf; Environmental History Review, www.pbs.org/wgbh/commandingheihgts/lo/countires/ru_env.html.

63 Die Wälder der Nordhalbkugel werden als boreale Wälder bezeichnet. Russland verfügt (neben Kanada) über die größten zusammenhängenden Wälder auf der Nordhalbkugel der Erde.

64 Werschok, „Ob ekologitscheskom pravososnanii" („Über das ökologische Rechtsbewusstsein"), GiP 2003, Nr. 3, S. 42-49.

65 Ott, Global Climate 2001/2002, in: Yearbook of Environmental Law Heft 12 (2001) S. 211-221; 13 (2002); ders., „Das internationale Regime zum Schutz des Klimas", in: Gehring/Oberthür, Internationale Umweltregime: Umweltschutz durch Verhandlungen und Verträge, Opladen 1997, S. 201 f.

Umwelt-, sondern das gesamte Völkerrecht durchziehender Problemkreis liegt in der schwachen Durchsetzbarkeit völkerrechtlicher Vereinbarungen. Häufig fehlt es für ihren Vollzug an effektiven Sanktionsmechanismen, wie sie im nationalen Recht existieren. Erste Einbindungen Russlands in den allgemeinen internationalen Umweltschutz[66] erfolgten zum Ende der Sowjetära, hierbei insbesondere durch die zwischenstaatlichen Vereinbarungen zur Reduktion von Sulfat- und Nitratemissionen (LRTAP-Abkommen mit Norwegen – Long-Range Transboundary Air Pollution). 1988 trat Russland der „Wiener Konvention zur Bekämpfung des Ozonlochs" bei. Auch in anderen Bereichen des Umweltvölkerrechts wurde versucht, die Russische Föderation zu integrieren. So unterzeichnete Russland 1992 die Basler Konvention, ratifizierte sie jedoch erst 1994. Das Verursacherprinzip wurde 1992 in das russische Umweltrecht aufgenommen. Mit Inkrafttreten der neuen Verfassung der Russischen Föderation im Dezember 1993 wurde darin u.a. festgelegt, dass völkerrechtliche Abkommen gegenüber nationalem russischen Recht vorrangig gelten sollen. 1994 hat Russland im Rahmen seines sich in der ersten Entwicklungsphase befindlichen Rechtssystems sofort auch die Klimarahmenkonvention unterzeichnet. Im gleichen Jahr noch wurde eine überbehördliche Kommission für Klimaschutz eingerichtet. Da diese jedoch keine staatliche Behörde mit entsprechenden Durchsetzungsbefugnissen war, hatten ihre Empfehlungen keine legislative Kraft. Diese konnten sie nur durch einen entsprechenden Präsidentenerlass oder Erlass des Premierministers erlangen.[67]

Im Rahmen des 1997 geschlossenen Europäisch-russischen Partnerschaftsabkommens bestimmt Art. 69, dass die Parteien ihre Kooperation in Umwelt- und Gesundheitsfragen entwickeln und vertiefen werden. Dies soll im Einzelnen durch eine Verbesserung und Anpassung der russischen Umweltgesetzgebung an die Standards der Europäischen Union erfolgen.[68] Seither wird auch der Klimaschutz und seine rechtliche Umsetzung in der Russischen Föderation über

66 Akischan, "Ekologitscheskaja politika zarubeschnuich stran i Rossii" (Die internationale und russische Umweltpolitik), Wolgograd, 2003; CENEf: CENEf-Bulletin 2002 Nr. 35, S. 8 ff., 10; S. auch: http://www.cenef.ru.; Nikitina/Kotov, „Implementation and Effectiveness of the Acid Rain Regime in Russia", In Victor, G.D., Raustiala, K., Shkolnikoff, E.B., „Implementation of Environmental Agreements: Theory and Practice", S. 532.

67 Sabonis-Helf, "Catching air? Climate change policyin Russia, Ukriane and Kazakhstan", Climate Policy 3 (2003), S. 159-170; Mondshine, et al., "An Evaluation of Existing Administrative Structures for Adressing climate change and Recommendations for Strengthening these Administrative Structures", Washington, 2000; Buchner/Dall'Olio, "Russia. The Long Road to Ratification", Milano, Dezember 2004, S. 5.

68 Abkommen über Partnerschaft und Zusammenarbeit zwischen den Europäischen Gemeinschaften und ihren Mitgliedstaaten einerseits und der Russischen Föderation andererseits – ABl. L 327 vom 28.11.1997 und Bull. 10-1997.

das Partnerschaftsabkommen gefördert,[69] findet insbesondere über die TACIS-Programme der EU statt, mit denen versucht wird, stärkeren Einfluss auf die Entwicklung und Verbesserung im Bereich des russischen Umweltschutzes zu nehmen.[70] Dies trug u.a. dazu bei, dass der „neueste Stand von Wissenschaft und Technik"/"Stand der Technik" als Mindeststandard für Projektplanungen in die Neufassung des Umweltschutzgesetzes von 2002 Eingang gefunden hat. Auch eine Novellierung der Standards und Grenzwerte in den besonderen Umweltschutzgesetzen und dem Emissionsabgabensystem ist hierauf zurückzuführen. Die regelmäßigen TACIS-Berichte machen daneben auf die Vielzahl an Problemen und Widersprüchlichkeiten der russischen Umweltpolitik und deren Umsetzung aufmerksam,[71] so bereits auch bei den Umweltabgaben und den administrativen Rahmenbedingungen.

Am 11.4.2002 unterzeichnete Russland das Kyoto-Protokoll. Vom 29.9. bis 3.10.2003 wurde die Welt-Klima-Konferenz in Moskau abgehalten, was symbolisch wirken und Russland zur Ratifikation bewegen sollte. Der politische Entscheidungsfindungsprozess dauerte dann jedoch länger an und war von starken machtpolitischen Auseinandersetzungen, Aushandlungsprozessen und Unsicherheiten hinsichtlich der möglichen Auswirkung der Kyoto-Pflichten auf die Wirtschaftsentwicklung Russlands begleitet.[72] Die innerpolitische Ratifikationsentscheidung erfolgte daher erst im Oktober 2004.[73] Am 4.11.2004 ratifizierte die Russische Föderation das Kyoto-Protokoll, das daraufhin am 16.2.2005 in Kraft trat.

---

69 Kooperation Russland-Europa im Umwelt- & Klimaschutz: „9th EU-Russia summit" (29.5.2002), ausführlich unter: www.europa.eu.int/external_relations/russia/summit_05_02/state.htm.

70 TACIS-Actionsprogramm 2004 – Russland, unter: www.eu.int/comm/europeaid/projects/ tacis/publications/annual_programmes/russia_2004_de.pdf, S. 3, 12 ff.; S. auch: Krasnova, „'Euroremont' possiiskovo zakonodatelstva" (Europäische Reparatur der russischen Gesetzgebung), Ekologija i zhinzn (Ökologie und Umwelt), 5 (40) 2004, S. 24-27.

71 Unter anderem bemängelt er, dass beispielsweise das Genehmigungsverfahren für die bzw. die Form der Genehmigung von Emissionen noch immer auf einer Instruktion des Hydormeterologischen Ausschusses der UdSSR von 1989 beruht, dass von den vielen Schadstoffgenehmigungen nur jene real kontrolliert werden, die einer Emissionsabgabe unterliegen, dass es der gesamten Umweltgesetzgebung an klaren Regeln zur Förderung und Unterstützung ökologisch-technologischer Verbesserungen von Industrien und Unternehmen fehlt. Die vielfältigen Messverfahren zur Ermittlung von Emissionen und Grenzwerten fordern interessenorientierte Einmischung und Beeinflussung der Ergebnisse geradezu heraus. Das hochkomplexe System erfordert eine Vielzahl an Spezialisten, die momentan aber nicht zur Verfügung stehen. Es fehlt an der notwendigen oder sofortigen Beteiligung anderer Fachbehörden bei Planungs- und Genehmigungsverfahren. Vor allem fehlt es an Übereinstimmung zwischen dem Ministerium für Bodenschätze und Umweltschutz und dem Gesundheitsministerium. Aufsichtsbehörden haben in einem Verfahren zu einer Sachfrage verschiedene Standards, etc.

72 Hierzu ausführlich: Buchner/Dall'Olio, „Russia. The Long Road to Ratification", Milano, Dezember 2004, S. 5 ff.

73 Duma: 334 Ja- zu 4 Nein-Stimmen, Föderationsrat: 139 Ja- zu 1 Nein-Stimme.

IV. Die rechtspolitischen Akteure im russischen Klimaschutz – Aspekte unter Berücksichtigung der Neuen Politischen Ökonomie

Die Klimaschutzpolitik ist durch die Vielzahl betroffener Aspekte, durch ihre globale Reichweite und durch die Besonderheiten des Zeithorizontes anfällig für Verzerrungen durch Interessengruppen. Sie ist vor allem durch die Dualität der Positionen der Verhandlungspartner, häufig Regierungen, die gleichzeitig Regelungs- und Implementationsinstanz sind, geprägt. Darin liegt aufgrund gegenläufiger Interessen ein hohes Konfliktpotential, was letztendlich neben dem starken ökonomischen Druck auf die Volkswirtschaften eine Entwicklung der Klimaschutzpolitik nur „auf dem kleinsten gemeinsamen Nenner" zulässt. Sie basiert jedoch nicht nur auf dem völkerrechtlich relevanten Verhalten von Staaten und deren Vertretern, sondern wird auch durch nichtstaatliche Akteure maßgeblich beeinflusst. Das Hauptspannungsfeld liegt dabei im Verhältnis der Klimaschutzinteressen zu den Wirtschaftsinteressen. Ökonomen beklagen immer wieder, dass die Klimapolitik nicht ausreichend auf die Ergebnisse und Erkenntnisse der Wirtschaftstheorien zurückgreife.[74]

Bedeutsam für die rechtspolitische Entwicklung der russischen Klimaschutzpolitik ist hier vor allem die Neue Politische Ökonomie (NPÖ),[75] die überwiegend vier Akteursgruppen unterscheidet, die politische Entscheidungen prägen:[76] erstens die Politiker und Parteien, zweitens die Industrie-, Energie- und Wirtschaftslobbyisten (Emittenten) und Umweltverbände, drittens die Wähler und schließlich die Gruppe der Bürokraten und deren Administrativinteressen. Im Folgenden sollen die theoretischen Grundaussagen der NPÖ über die Rolle der einzelnen Akteursgruppen – übertragen auf die russische Klimaschutzpolitik – kurz angerissen werden, da sich hieraus Erklärungen für die rechtlichen Besonderheiten der russischen Emissionsabgaben herleiten lassen.

74 Michaelowa, „Übertragung des Demokratiemodells der Neuen Politischen Ökonomie auf die Klimapolitik", HWWA-Diskussionspapier 53, Hamburg 1998, S. 7 f.

75 Die wichtigsten Begründer und Vertreter dieser Theorie sind: Downs, „An economic theory of democracy", New York 1957, Buchanan/Tullock, "The Calculus of Consent", Ann Arbor 1962; Olson, "The logic of collective action: Public goods and the theory of groups", Cambridge 1965; Niskanen, "Bureaucracy and Representative Government", Chicago 1971. In ihrer Anwendung auf die Umweltpolitik wurde sie vor allem untersucht bei: Endres/Finus, „Umweltpolitische Zielbestimmung im Spannungsfeld gesellschaftlicher Interessengruppen – Ökonomische Theorie und Empirie", in: Siebert, Elemente einer rationalen Umweltpolitik, Tübingen 1996, S. 35-133; dies., „Zur Neuen Politischen Ökonomie der Umweltgesetzgebung – Umweltschutzinstrumente im politischen Prozess", in Gawel, Institutionelle Probleme der Umweltpolitik, Sonderheft 8 der Zeitschrift für Angewandte Umweltforschung, Berlin 1996, S. 88-103.

76 Endres, „Umweltökonomie", Berlin 2000, S. 246 ff.

1. Parteien und Politiker

Ausgehend von der Prämisse, dass Politiker und Parteien eine Nutzenmaximierung im Sinne der Maximierung ihrer Wählerstimmen anstreben, werden sie sich bei politischen Entscheidungsprozessen immer von den (mehrheitlichen) Interessen der Wählergruppen leiten lassen.[77] Die Klimapolitik wird bei diesen Akteuren nur dann Beachtung finden, wenn sie Wählerstimmen erwarten lässt. In der Russischen Föderation sind wirtschafts- und sozialpolitische Probleme, die u.a. der Transformationsprozess mit sich brachte, als auch strategische Interessen einer internationalen Vermarktung von Erdöl und -gas momentan vorrangig und bestimmen die politische Entwicklung. Dies spiegelt sich einerseits in den Interessenbekundungen der Wählergruppen und entsprechend andererseits auch in den Wahlprogrammen der Parteien wider. Von 18 Parteien und fünf Wahlblöcken, die bei den letzten (Parlaments-) Wahlen zur Duma zugelassen waren, erwähnten lediglich zehn Parteien ökologische Ziele am Rande ihrer Wahlprogramme.[78] Davon enthielten nur die Wahlprogramme der „Grünen Partei Russlands" und „Jabloko" ausführlichere umweltpolitische Ziele und Maßnahmen.[79] Leider scheiterten beide Parteien bei den Bundes- und Kommunalwahlen an der auch in Russland geltenden 5% Hürde.[80]

2. Wirtschaftslobby und Umweltverbände

a. Die Industrie- und Wirtschaftslobby

Die Industrie- und Wirtschaftslobby (klimapolitisch: die Großemittenten) hat grundsätzlich nur ein geringes Interesse an einem raschen klimaschutzfördernden Wandel der Wirtschaftspolitik. Sie wird sich daher nur in Ausnahmefällen für eine stärkere politische Gewichtung des umweltpolitischen Instrumentariums einsetzen. In vielen Staaten gelang es ihr, nur ein ihr opportunes Niveau umweltpolitischer Regulierungen durchzusetzen.[81] Auch wenn entsprechende

---

77 Ders., S. 247.

78 „Rossiiskije ‚zeljonuije' ot rassveta do zakata" (Die russischen ‚Grünen' von der Blüte bis zum Untergang), Ekologija i zhisn (Ökologie und Leben), 1 (26) 2004, S. 12 ff.

79 Dt.

80 Jabloko: 4,22%; Die Grünen: 0,42%. Beide Parteien sind an dieser Hürde auch für die Wahlen 2008 gescheitert.

81 Endres, „Umweltökonomie", Berlin 2000, S. 248.

Lobbyarbeit im allgemeinen sehr kostspielig ist, kann sie in Russland besonders durch finanzstarke Unternehmensgruppen des Energie- und Ressourcensektors geleistet werden. Der russische Industrie- und Energiesektor hat vor allem an der Erhaltung der nach wie vor stattfindenden umfangreichen staatlichen Subventionierung der Kohle- und Erdölförderung ein großes Interesse. Umwelt- und klimapolitische Aspekte standen lange im Hintergrund. Mittlerweile engagieren sich jedoch auch Vertreter der schadstoffintensiven Industrielobby für den Klimaschutz. Hinsichtlich einer aktiven Teilnahme an Klimaschutzmaßnahmen sei vor allem der Energiekonzern RAO EES genannt, der die Einrichtung eines Carbon Energy Fonds[82] organisierte und eine vollständige Inventarisierung sämtlicher THG-Emissionen in seinen Niederlassungen durch eine unabhängige Expertengruppe 2000–2001 initiierte.[83] Laut des dabei erstellten Inventory-Berichts gehen etwa 30% der russischen CO_2-Emissionen auf den Strom- und Energiesektor von RAO EES zurück.[84] Auch von Seiten des Erdgaskonzerns Gazprom sind erste Impulse zugunsten einer klimaschutzorientierten Förderpolitik zu erkennen. Dies ist von großer Bedeutung, da Gazprom 90% des russischen Gas-Outputs sowie etwa 25% der weltweiten Erdgasreserven[85] trägt und darüber hinaus enormen Einfluss auf die russische Wirtschaftspolitik nimmt. Gegenüber den „freiwilligen Maßnahmen und Verpflichtungen der Industrie“ gibt es allerdings in Bezug auf Emissionsabgaben sowohl von Seiten der Wirtschaft als auch der Industrie eine starke Opposition. RAO EES und Gazprom verweisen bei der Verweigerung der Zahlung von Emissionsabgaben vor allem auf die offenen Forderungen für Energielieferungen gegenüber dem Staat bzw. rechnen gegenüber den kommunalen und regionalen Hoheitsträgern auf. Im Jahr 2002 ergaben

82 Sabonis-Helf, "Catching air? Climate change policy in Russia, Ukraine and Kazakhstan", Climate Policy 3 (2003), 159-170.

83 Sozialforum für Klimawandel, „Upravlenije parnikovuimi gasami v Rossii – regionalnuije projektui i initiativui bisnessa“ (Die Verwaltung der Treibhausgasemissionen in Russland – regionale Projekte und Initiativen der Wirtschaft), Zentrum für Umweltpolitik Russlands; Zentrum für Umweltökonomie; Environmental defense (USA), Moskau 2004, S. 27 ff.

84 RAO UES (Russian Aktiengesellschaft Unified Energy Sector) wurde 1992 per Präsidialerlass errichtet, kontrolliert unter dem früheren Minister für Privatisierungsfragen Anatoly Chubais ungefähr 80% des staatlichen Elektrizitäts- und Energieverteilungsnetzes und beaufsichtigt die 72 regionalen Elektrizitätsunternehmen Russlands. (Näheres auf den Webseiten der IEA). Ab 2006 ist die Liquidation von RAO UES durch neue Energierechtsetzung (sechs Entwürfe und Programme seit 2003) geplant.

85 Zu Gazprom-Daten s. auf den Webseiten der International Energy Agency, u.a. dort: "Russian Energy Survey 2002" (www.iea.org/dtbw-wdp/Textbase/nppdf/stud/02/russia2002.pdf); 20% der staatlichen Steuereinnahmen stammen von Gazprom! Weiterhin sei hervorgehoben, dass der staatliche Anteil an Gazprom 38% beträgt, was zwar keine absolute Mehrheit kreiert, immerhin aber den größten Anteilseigner bildet.

Umfragen in der Wirtschaft, dass 84% der Wirtschaftsvertreter Umweltabgaben nur unter der Bedingung befürworten würden, dass diese überwiegend zur ökologischen Modernisierung der industriellen Technologien eingesetzt würden. Bereits 86,5% der russischen Unternehmen haben eigene ökologische Aktionsprogramme zur technologischen Modernisierung (zumindest) aufgestellt.[86]

b. Umweltverbände und Nichtregierungsorganisationen (NGOs)

Ökologische Interessenverbände und Organisationen verfügen über verschiedene Einflussmöglichkeiten, von denen besonders die Bereitstellung von Informationsdienstleistungen für politische Entscheidungsträger und Wählergruppen maßgeblich sind. Damit spielen Umweltschutzorganisationen eine große Rolle bei der Verbreitung der wissenschaftlichen Erkenntnisse und Zusammenhänge zum Umwelt- und Klimaschutz. In Russland hat der NGO-Sektor in den vergangenen zehn Jahren eine erhebliche Zunahme erfahren. Dominiert wird er durch NGOs, die ihren Schwerpunkt im Sozialbereich (22%) haben, gefolgt von Berufsverbänden und Gewerkschaften (18%) sowie Vereinigungen mit speziellen Einsatzbereichen.[87] Etwa 6% der NGOs sind umweltpolitisch engagierte Organisationen.[88] Von diesen zwischen 1000 und 1500 „Öko-NGOs" in Russland befassen sich nur etwa 160 überregional auf nationaler Ebene mit dem Umweltschutz.[89] Die meisten russischen Umweltorganisationen bestehen aus nicht mehr als 25 Mitgliedern und konzentrieren sich auf die Aufgabenfelder der Umweltinformation und Umweltbildung.[90] Von besonderer Konfliktträchtigkeit ist auch die Zusammenarbeit zwischen den staatlich-administrativen Institutionen und den Umwelt- und Klimaschutzorganisationen nicht verschont.[91] Zu den behördlichen oder administrativen Hindernissen der NGOs, bspw. den Komplikationen bei der Registrierung, der Anullierung von Unterschriften und anderen

86 http://RBC, vom 19.11.2003, Richter/Pukhomova, "Industrial transformation and business liability in the Russian Federation", Conference of the Human Dimensions of Global Environmental Change, Berlin 2003, S. 4.

87 Bister, „Handlungsspielräume der zivilen Gesellschaft in Russland", in: „Zur Demokratisierung Russlands – Band 2: Leadership, Parteien, Regionen und Zivilgesellschaft", Mangott, (Hrsg.), Baden-Baden 2002, S.117 ff.; CAF (Charities Aid Foundation) 2001.

88 Ebenda.

89 CCSI, "Civil Society in Central Asia", Seattle, London 1999.

90 OECD, Environmental Performance Review – Russian Federation, Paris 1999, S. 138.

91 S. vertiefter zur Rolle von NGOs im russischen Transformationsprozess: Bister, „Handlungsspielräume der zivilen Gesellschaft in Russland", in: „Zur Demokratisierung Russlands – Band 2: Leadership, Parteien, Regionen und Zivilgesellschaft", Mangott, (Hrsg.), Baden-Baden 2002, S.117 ff. (128 f., 133 f.)

Erschwernissen, tritt die parallel zu beobachtende Reduzierung oder Auflösung solcher Behörden und hoheitlicher Institutionen, die offen und konstruktiv mit Menschenrechts-, Umwelt- und Klimaschutzorganisationen zusammenarbeiteten. Hier ist vor allem die Auflösung der russischen Umweltbehörde im Jahre 2000 zu nennen, die unter dem Vorwand der Entbürokratisierung stattfand. Die staatliche Umweltbehörde wurde mit der ökologisch eher gegenläufigen Kommission für Bodenschatz- und Ressourcenförderung zum gemeinsamen ‚Ministerium für natürliche Ressourcen' umgegliedert.[92] Auch seit dem Amtsantritt Putins wird ein zunehmender Verlust an konstruktiver Zusammenarbeit zwischen den Behörden und NGOs verzeichnet. Dabei dienen vor allem die Finanzierungsprobleme der NGOs sowie neue Hürden bei der Registrierung von Organisationen als Instrumente der Eindämmung von NGOs.[93] Entweder wird einer NGO jegliche Finanzierungsbasis entzogen oder sie wird gerade durch gebundene öffentliche Finanzhilfen so weit als möglich in ihren Tätigkeiten inhaltlich festgelegt. Aus diesen Gründen überwiegt in sowohl menschenrechtlichen als auch ökologischen Bereichen die Finanzierung von NGOs durch westliche Förderprojekte.[94] Einige der wichtigsten NGO-Akteure im Bereich des aktiven Klimaschutzes sind derzeit die Klimaschutzkommission beim sogenannten Russian Regional Environmental Centre (RREC) sowie der *WorldWidelifeFund Russia*[95] und die NGO „Eco-Accord", die u.a. IPCC-Treffen organisierten und aktiv am Aufbau eines GUS-Netzwerkes zum Klimaschutz wie auch der Registrierung von AIJ-Projekte (Activities Implemented Jointly) mitwirken.

3. Staatliche Institutionen und „Bürokraten"

In der Neuen Politischen Ökonomie umfasst der Begriff der „Bürokraten" die öffentliche Verwaltung und ihre Beamten und Angestellte. Die Interessen der Verwaltung bestehen nicht nur in der Umsetzung politischer Vorgaben und Weisungen, sondern sind auch immer von persönlichen Zielen der dahinter

92 Zur Annullierung eines sich dagegen richtenden Referendums und weiteren Streitfragen s. auch unter: www.greenpeace.ch/action11/referendumhtml (vom 28.11.2001).

93 S. Änderungen vom 10.1.2006 (Nr. 18-FZ) des Gesetzes „Über die nichtkommerziellen Vereinigungen" vom 12.1.1996, Nr. 7-FZ; s. ausführlicher, teilweise auch in englisch, unter: Legislationline: http://www.legislationline.org/?tid=2&jid=42.

94 Bister, „Handlungsspielräume der zivilen Gesellschaft in Russland", in: „Zur Demokratisierung Russlands – Band 2: Leadership, Parteien, Regionen und Zivilgesellschaft", Mangott, (Hrsg.), Baden-Baden 2002, S.117 ff., 137f.

95 www.wwf.ru.

stehenden Personen geprägt, bspw. der Erweiterung von Einflussnahme oder dem Ziel der Verbesserung des Einkommens und des beruflichen Fortkommens.[96] Diese Ziele korrelieren positiv mit dem Ziel der behördlichen Budgetmaximierung.[97] Sie haben dabei eine Aufblähung der Verwaltung zur Folge und stellen damit letztendlich auch ein wesentliches Vollzugshindernis dar. Die Klimaschutzpolitik wird somit stark vom individuellen politischen Willen und den persönlichen Interessen der Bürokraten und Verwaltungsinstitutionen beeinflusst. Dabei beinhaltet eine stärkere Orientierung an liberalen politischen Zielen auch für die Umweltbürokratie die Gefahr einer Entwertung ihrer Position und Einflussnahme, weshalb diese Akteursgruppe ordnungsrechtliche Instrumentarien gegenüber ökonomischen Umweltinstrumenten favorisiert.[98]

In Russland haben die maßgeblichen „bürokratischen" Entscheidungsträger in der Umwelt- und Klimapolitik seit 1993 mehrfach gewechselt. Im Klimaschutz ist die „Überbehördliche Klimaschutzkommission" die derzeit wichtigste Institution. Sie war als zwischenbehördliches Gremium organisiert und setzte sich insbesondere aus Repräsentanten des Umweltschutzministeriums zusammen. Seit der Auflösung des Umweltschutzministeriums im Jahr 2000 und seiner Angliederung an das ‚Ministerium für natürliche Ressourcen' steht bei der Klimaschutzpolitik hauptsächlich die Energieeffizienz im Vordergrund und weniger das Ziel der Reduktion von Treibhausgasemissionen. Derzeit sitzen der Klimaschutzkommission daher Vertreter des Wirtschaftsministeriums und des Industrie- und Energieministerium bei.

Im Bereich der Emissionsabgaben ist eine ähnliche Tendenz erkennbar. Neben den Vertretern der Umweltik sind vor allem das Finanzministerium und die Steuerbehörden an der Durchsetzung beteiligt.

4. Die Wähler

Die Wähler sind in der Klimaschutzpolitik der Russischen Föderation die wohl schwächste Akteursgruppe mit den potenziell stärksten Einflussmöglichkeiten. Abhängig von Informationen und wirtschaftlichen Entwicklungen und damit einer erheblichen Beeinflussbarkeit in der Entscheidungsfindung ausgesetzt,

96 Niskanen, „Bureaucracy and Representative Government, Chicago 1971; für die Umweltpolitik s. auch bei: Endres, „Umweltökonomie", Berlin 2000, S. 248.

97 Niskanen, „Bureaucracy and Representative Government, Chicago 1971; für die Umweltpolitik s. auch bei: Endres, „Umweltökonomie", Berlin 2000, S. 248.

98 Ebenda.

entschließen sich russische Wähler nach ihren individuellen Präferenzen momentan vorrangig für jene politischen Entscheidungsträger, die – auf kurzfristige Sicht – eine Verbesserung des Lebensstandards der russischen Bevölkerung anstreben.[99] Der Klima- und Umweltschutz findet bei der Wählerentscheidung kaum die angemessene Würdigung. Die Bereitstellung privater Güter wird den Interessen der Wähler mithin (als rational entscheidende Individuen) eher gerecht als die Bereitstellung oder Sicherung öffentlicher Güter, wie es das Klima darstellt.[100] Einer stärkeren Gewichtung der russischen Umwelt- und Klimaschutzpolitik stehen die Wähler trotz des internationalen Drucks vorwiegend passiv gegenüber. Entscheidend für ihre positive Einstellung zum Klimaschutz sind häufig eher die möglichen volkswirtschaftlichen Vorteile wie sie bei einem Beitritt zur Welthandelsorganisation (WTO), durch den Verkauf freier Emissionseinheiten und Investitionen ausländischer, emissionsintensiver Unternehmen in eine Technologieerneuerung mit emissionsreduzierender Wirkung in Russland erwartet werden.

C. Allgemeines russisches Klimaschutzrecht – Grundlagen der Querschnittsmaterie

Knapp anderthalb Jahrzehnte sind seit der Unterzeichnung der Klimarahmenkonvention 1994 durch Russland vergangen. Üblicherweise sollte mittlerweile eine wirksame Rechtsbasis erarbeitet worden sein. Ein klares, abgrenzbares Klimaschutzrecht gibt es in Russland derzeit aber ebenso wenig wie in anderen Rechtskreisen. Die relativ junge Rechtsmaterie des Klimaschutzrechts stellt im Grunde eine juristische Querschnittsmaterie dar, die sich aus einer Vielzahl von Einzelregelungen aus den verschiedensten Rechtsgebieten zusammensetzt: Hauptsächlich betreffen sie das Öffentliche Recht, aber auch wirtschaftsrechtliche Bereiche. Derzeit kann das Klimaschutzrecht in Russland allenfalls als ein untergeordnetes Nebengebiet des allgemeinen Umweltrechts gelten, das auch in der entsprechenden juristischen Fachliteratur nur selten dargestellt oder wissenschaftlich aufbereitet wird. Andere Ansichten ordnen das Klimaschutzrecht im Bereich des Umweltschutzrechts als Annex des insofern spezielleren Luftschutzrechts ein. Dieser schwachen Ausprägung von Klima- und Umweltschutz steht ein hoher formalrechtlicher Stellenwert in Russland gegenüber. Anders als in Deutschland, wo der Umweltschutz in Art. 20 a GG Eingang in die Verfassung

99 Endres, „Umweltökonomie", Berlin 2000, S. 249.

100 Horbach, „Neue Politische Ökonomie und Umweltpolitik", Frankfurt 1992, S. 12.

gefunden hat, ist der verfassungsrechtliche Umweltschutz in Russland nicht nur als Staatszielbestimmung aufgenommen worden, sondern hat in Art. 42 Verf RF eine konkrete verfassungsrechtliche subjektive Rechtsposition gefunden. Ob damit in der Russischen Föderation dem Umweltschutz auch praktisch ein höherer Stellenwert zugeschrieben wird, darf stark angezweifelt werden. Vielmehr stellt diese Rechtsposition ein Relikt der Umbruchphase dar, das in der postsozialistischen Rechtsetzung dem Einzelindividuum eine möglichst starke und umfassende, wenn auch im Tatsächlichen nur symbolische Rechtsposition gegenüber dem Einfluss der staatlichen Institutionen gewährleisten sollte. Diese These bestätigt sich auch insofern, als dass eine tatsächliche Inanspruchnahme von Art. 42 Verf RF im Verhältnis zu den bestehenden ökologisch negativen Beeinträchtigungen der russischen Bevölkerung kaum stattfindet.

Die wesentliche Basis für den Aufbau eines umfassenden Klimaschutzrechts stellt momentan das Luftschutzgesetz[101] dar, das die Grundlagen zum Schutz der Luft und Atmosphäre vor Schadstoffemissionen regelt und – neben den administrativen Vorgaben – als weiteren Kontrollmechanismus eine staatliche Registrierungspflicht für sämtliche (auch potenzielle) Schadstoffemissionen der Industrieunternehmen vorsieht. Bislang bezieht sich der Anwendungsbereich des russischen Luftschutzgesetzes lediglich auf lokale Emissionen, was aber seiner Anwendung für Emissionen, die außerhalb des russischen Staatsterritoriums wirken, nicht entgegensteht.

Im Rahmen der Kyoto-Ratifikation wurde mittlerweile eine Vielzahl an Gesetzesentwürfen[102] vorgelegt, die entsprechende Änderungen des Luftschutzgesetzes vorsehen, so beispielsweise, dass – anders als bisher[103] – ausdrücklich auch Treibhausgasemissionen in den Regelungsbereich dieses Gesetzes mit aufgenommen werden sollen. Im Übrigen blieben die tatsächlichen Änderungen jedoch allgemeiner Natur und beschränkten sich auf die Aufnahme weiterer unbestimmter Rechtsbegriffe und Formulierungen. Die Mehrheit der Änderungen und Entwürfe zum Luftschutzgesetz stellten damit keinen aktiven Versuch des Gesetzgebers zur Umsetzung des Kyoto-Protokolls dar.

---

101 Bundesgesetz Nr. 96-F3 vom 4.5.1999.

102 So beispielsweise das Gesetzesprojekt Nr. 5/ Ende 2005 – „Über die Änderungen und Zusätze zum Bundesgesetz ‚Schutz der atmosphärischen Luft'".

103 Solovei, „Kioto na poroge Rossii – Osnovnui sistemui pravovovo regulirovanija vuibrosov parnikovuich gasov w Rossiijskoj Federacii" (Kyoto an der Schwelle zu Russland – Grundlagen des Systems der rechtlichen Regulierung von Treibhausgasen in der Russischen Föderation), Moskau 2003, S. 30.

Im politischen Bereich sind folgende weitere Bundesprogramme im Zusammenhang mit der russischen Klimaschutzpolitik und der Implementation des Kyoto-Protokolls von Bedeutung:

- das Bundesrahmenprogramm „Zur Vorbeugung eines gefährlichen Klimawandels und dessen negativer Folgen", in Kraft gesetzt per Regierungsverordnung Nr. 1242 am 19.10.1996,[104] auf dessen Grundlage weitere untergesetzliche Rechtsakte (überwiegend lediglich als unverbindliche Vorhabenprogramme) zur Umsetzung der Vorgaben der Klimarahmenkonvention eingeführt wurden;
- das Bundesrahmenprogramm „Eine energieeffiziente Wirtschaft 2002–2005 mit Perspektiven bis 2010", in Kraft gesetzt per Regierungsverordnung Nr. 796 vom 17.11.2001, das u.a. ein Unterkapitel zu „ökologischen Aspekten einer energieeffizienten Entwicklung des Heizkraft- und Energiesektors" enthält;
- der „Nationale Aktionsplan zum Umweltschutz in der Russischen Föderation 1999–2001", der u.a. eine stärkere Fokussierung der Treibhausgas- und Ozonproblematik enthielt;
- das Regierungsprogramm „Ökologie und natürliche Ressourcen Russlands 2002 – 2010", worin Maßnahmen zur Verringerung der Schadstoffemissionen in den Industriezweigen Metallurgie, Chemie und Bergbau (v. a. Kohleförderung) gefordert werden;
- das Bundesrahmenprogramm zur „Modernisierung des Transportsektors Russlands (2002–2010)", worin ebenfalls allgemeine Maßnahmenpakete zur Verringerung von Treibhausgasen im Transportsektor aufgezählt werden.

Problematisch und kritisch zu würdigen ist bei diesem scheinbaren Aktionismus, dass die auf diese politischen Programme folgenden Gesetzesinitiativen und -entwürfe im Umwelt- und Klimaschutzrecht immer wieder scheitern oder bis zu ihrer Umsetzung viel zu lange brauchen. Eine wesentliche Ursache dafür sind diejenigen ökonomischen Studien, die einer aktiven Klimaschutzpolitik der Russischen Föderation nachteilige Auswirkungen auf die russische Wirtschaftsentwicklung prognostizieren. Aufgrund der vor allem von wirtschaftswissenschaftlicher Seite eingebrachten Bedenken sollen im Folgenden die ökonomischen Grundlagen des Umweltschutzes und die hieraus für die Wahl der politischen Instrumente gezogenen Schlussfolgerungen sowohl in theoretischer Weise als

104 ZRT (Gesetzgebungssammlung) 28.10.1996, Nr. 44 S. 5012.

auch in Bezug auf die Besonderheiten der Russischen Föderation dargelegt werden.

D. Ökonomische Theorien[105] zum Klimaschutzproblem

Die Umweltökonomik versucht, Umweltprobleme mit ökonomischen Methoden zu erklären und Schlussfolgerungen zur Vermeidung von Umweltproblemen zu ziehen.[106] Anders formuliert handelt es sich bei der Umweltökonomik um eine ökonomische Hilfestellung zur Maximierung des gesellschaftlichen Wohlstands unter Berücksichtigung der Wohlstandskomponente „Umwelt", insbesondere hier auch „Klima".[107] Die ökonomisch-theoretischen Grundlagen des Klimaschutzes stellen dabei nur einen kleinen, sich noch entwickelnden Ausschnitt der Umweltökonomik dar. Schon in den 70er-Jahren waren ökonomische Theorien zu erschöpfbaren Ressourcen diskutiert worden. Allerdings wirft das Verhältnis von Weltwirtschaft und Klimawandel seit Ende der 90er-Jahre neue Problemdimensionen auf, die schließlich auch eine Weiterentwicklung der ökonomischen Denkansätze bewirkt haben.

I. Die atmosphärische Assimilationsfähigkeit als öffentliches Gut

Die Ökonomie der Klimaschutzpolitik ist der Ressourcenökonomik zuzuordnen. Als theoretische Grundlage zur Entwicklung möglicher Lösungsansätze setzt sie zunächst bei der Tatsache an, dass die Atmosphäre mit ihrer Assimilationskapazität eine natürliche Ressource darstellt. Natürliche Ressourcen sind alle Stoffe, Materialien und ökologischen Systeme, die ökonomische und anthropogene Aktivitäten unterstützen und durch die Eigenschaften der Irreversibilität,

105 Die Darstellung der theoretischen Grundlagen erhebt aufgrund der Fülle vorhandener Literatur bei Weitem keinen Anspruch auf Vollständigkeit, sondern beschränkt sich auf grundlegende Arbeiten und solche mit besonderem Bezug zur Klimaschutzproblematik.

106 S. Baumol/Oates: „When the ‚environmental revolution' arrived in the 1960s, economists were ready and waiting.", in: The theory of environmental policy, Cambridge 1988, S. 1.

107 So etwa: Wicke/Lutz, „Umweltökonomie", München, 1993, S. 12.

Unsicherheit und Multifunktionalität gekennzeichnet sind.[108] Prinzipiell gelten nicht nur körperliche Stoffe als Ressourcen, sondern alle Zusammenhänge, die einen positiven Nutzen für den Konsumenten erbringen.[109] Ein weiterer Ausgangspunkt der Umweltökonomie ist die These, dass Umweltgüter knappe Güter sind, die einer konkurrierenden Verwendung unterliegen und aufgrund ihrer Begrenztheit Knappheitsprobleme auslösen. Durch eine sogenannte optimale Allokation muss dieses Knappheitsproblem gelöst werden.[110] Die Ursache der Knappheit wird in der exzessiven Übernutzung einer Ressource gesehen. Knappe Umweltgüter werden in der Umweltökonomie als sogenannte „öffentliche Güter" qualifiziert. Ein öffentliches Gut ist durch seine Unteilbarkeit im Konsum charakterisiert[111] („non-rivalry of consumption"[112]), durch das Kriterium der fehlenden individuellen Zuweisbarkeit und durch das Merkmal der

108 Irreversibilität wird immer dann vorliegen, wenn eine Ressource über ihre Regenerations- und Assimilationsfähigkeit hinaus genutzt oder belastet wird. Die Assimilationsfähigkeit beschreibt hierbei, in welchem Umfang eine Ressource – vorliegend die Atmosphäre – Schadstoffe (vorliegend die Treibhausgase) absorbieren kann, ohne in dieser Fähigkeit nachhaltig eingeschränkt zu werden. Die Atmosphäre wird insofern naturwissenschaftlich als semi-erneuerbare Ressource behandelt, da sie sich in begrenztem Umfang selbst regenerieren kann. Gegenwärtig scheint sich jedoch die Begrenztheit der Assimilationskapazität der Atmosphäre für Treibhausgase an dem sich bereits einstellenden und zunehmenden Treibhauseffekt zu zeigen, auf den die zunehmend häufigen Umweltkatastrophen und die Erwärmung der Erde zurückgeführt werden. Insofern wird von negativen externen Effekten (wie Naturkatastrophen) gesprochen, auf die im Rahmen der ökonomischen Theorien noch eingegangen werden wird.
Ein weiteres Merkmal natürlicher Ressourcen ist die oben bereits genannte *Unsicherheit,* bei der das Kernproblem die Unvollkommenheit der Informationen über naturwissenschaftliche Zusammenhänge (z. B. die Erneuerungsfähigkeit) und mögliche alternative ökonomische Verhaltensweisen darstellt. Seit dem Beginn der Klimadebatte wurde mehrfach versucht, den ökonomisch optimalen Klimapfad zu berechnen. Das von William Nordhaus 1994 entwickelte DICE-Modell und die daraus abgeleiteten Empfehlungen wurden zur Grundlage klimapolitischer Positionen. Jedoch ist die Liste der ökonomischen Unsicherheiten zur optimalen Klimapolitik noch länger als die naturwissenschaftliche.
Das dritte Merkmal – die *Multifunktionalität* – besteht bei der Atmosphäre aus drei Funktionen: der Lebenserhaltungsfunktion; der Assimilationsfunktion, die als Aufnahmemedium von Schadstoffen durch die Assimilationskapazität für Treibhausgase beschränkt wird; und schließlich der Wohlfahrtsfunktion im Sinne eines Teils des ökonomischen Nutzenbündels, wonach die Mittel, die für Präventiv- oder Reaktivmaßnahmen eingesetzt werden müssen, umso geringer sind, je stabiler das Klimasystem funktioniert und nicht durch klimatisch nachteilige Phänomene gekennzeichnet ist. Vgl. Lenk/Bessau, "Das Konzept des Sustainable Development", WISU 1997, Heft 12, S. 1168-1173 (1170); ähnlich Siebert, "Economics of the Environment: Theory and Policy", 5. Aufl., Heidelberg, Berlin, New York 1998, S. 8 ff.

109 Hampicke, „Naturschutzökonomie", Stuttgart 1991, S. 82.

110 Rahmeyer, „Klimaschutz durch Steuern oder Lizenzen", Augsburg 1999, S. 6 ff.

111 Olson, "Environmental Indivisibilities and Information Costs: Fanaticism, Agnosticism, and Intellectual Progress", in: AEA Papers and Proceedings. Vol. 72, S. 262-266.

112 Musgrave, "Public Finance in Theory and Practice", 5. Auflage 1989, S. 63 f.; („Indivisibility"): Buchanan, "The Demand and Supply of Public Goods", Chicago 1968, S. 50 ff.

fehlenden Ausschließbarkeit seiner Nutzung durch Dritte.[113] Klima (und Atmosphäre) werden als solche öffentlichen Güter qualifiziert.[114] Die Knappheit der Ressource Atmosphäre ergibt sich aus ihrer begrenzten Assimilationskapazität.

Mithilfe der ökonomischen Theorien zu öffentlichen Gütern müssten dann Aussagen über ihren Wert gemacht werden. Umstritten ist dabei aber, welche Aspekte in die Wertermittlung mit einzubeziehen sind, ob beispielsweise auch ethische Werttheorien zum Umweltschutz[115] zu berücksichtigen sind. Die ökonomischen Theorien allein sind ein vollständig anthropozentrischer Betrachtungsansatz, bei dem natürliche Ressourcen ihren „Wert" erst aus ihrer aktiven oder passiven Nutzung durch und für den Menschen erhalten.[116] Daneben erkennt die ethische Werttheorie auch von menschlichen Nutzenvorstellungen unabhängige Werte an.[117] Die wertmäßige Ermittlung von Nutzen und Kosten der Handlungsoptionen im Klimaschutz wurde in vielen Modellen untersucht – mit den unterschiedlichsten Ergebnissen.[118] Einigkeit besteht zumindest bei der Unterscheidung von drei Kostenarten (in Abhängigkeit von Prognose und

113 Hennecke, „Umweltökonomik, Umweltpolitik und Marktwirtschaft", Pfaffenweiler 1999, S. 14, Endres, „Umweltökonomie: eine Einführung", Darmstadt 1994, S. 33 ff.

114 Birnie/Boyle, "International Law and the Environment", London 1992, S. 430.

115 Kolb/Esterbauer/Ruckenbauer, „Ökonomie – Ökologie – Ethik: vom Wissen zum richtigen Handeln", Innsbruck, Wien 1997; Ott, „Spektrum der Umweltethik", Marburg 2000.

116 Dies haben sowohl Smith in seiner klassischen, als auch Marx in der marxistischen Wertlehre wiederholt betont – u.a. Kolb, „Neues Welt- und Menschenbild einer ökologischen Philosophie", in: Kolb/Esterbauer/Ruckenbauer, Ökonomie – Ökologie – Ethik: vom Wissen zum richtigen Handeln, Innsbruck, Wien 1997, S. 9-47 (19); s. auch unten in dieser Arbeit Fn. 118.

117 Hierbei wird zwischen dem Eigenwert (ist etwas um seiner selbst willen wertvoll) und instrumentellen Wert (ist etwas wegen eines immanenten Zweckes wertvoll) unterschieden. Unstrittig lässt sich für die Atmosphäre und ihre Assimilationskapazität für Treibhausgase der instrumentelle Wert als Lebenserhaltungsfunktion bejahen. Fraglich ist dagegen, ob ihr auch ein Eigenwert zukommt. Dies ist teilweise für die ökonomische Wertbestimmung zu bejahen, da sich ethische Grundpositionen letztendlich in den individuellen Präferenzen widerspiegeln werden. Als wohl bekanntester Vertreter dieser Strömung kam Nordhaus als Wohlfahrtstheoretiker mit seinem DICE-Modell zu dem Ergebnis, dass die Wohlfahrt durch eine aktive Klimaschutzpolitik im Sinne einer ökonomischen Optimalität kaum zu erhöhen sei. Siehe kritisch dazu Cline, "The Economics of Global Warming", Washington: Institute for International Economics, 1992; vgl. auch Weimann, „Umweltökonomik: eine theorienorientierte Einführung", Berlin 1995, zur Anwendung der Wohlfahrtstheorie auf den Umweltschutz)

118 In diesem Bereich existieren mittlerweile eine Vielzahl von Versuchen und Ansätzen, die verschiedenen Kostengrößen der Klimapolitiken (empirisch) abzuschätzen. Hauptvertreter und wohl auch noch immer am umstrittendsten: Nordhaus, "Rolling the 'DICE': An optimal Transition Path for Controlling Greenhouse Gases", Resource and Energy Economics Nr. 15, 1993, S. 27-50; Cline, "The Economics of Global Warming", Washington: Institute for International Economics, 1992; Weyant, "Costs of Reducing Global Carbon Emissions", Journal of Economic Perspectives Nr. 7, 1993, S. 27-46; u. v. m. (s. zusammenfassende Übersicht in: Ausubel, "Mitigation and Adaptation for Climate Change: Answers and Questions", in: Kaya etal. (Hrsg.), Costs, Impacts, and Benefits of CO2 Mitigation, Luxemburg, 1993).

Modell): Vermeidungskosten,[119] Anpassungskosten[120] und Effizienzsteigerungskosten.[121] Auch im Klimaschutz ist damit zunächst Ausgangspunkt, dass sich die zu erwartenden Kosten des Klimawandels aus den Schadenskosten (oder auch Anpassungskosten genannt, jeweils in Abhängigkeit von den Treibhausgasemissionen und ihrer Konzentration in der Atmosphäre) und den Vermeidungskosten der jeweiligen Klimapolitik (Kosten der Emissionsreduzierung) ergeben. Die Vermeidung der Schadenskosten ergibt dabei gleichzeitig den Nutzen von Klimaschutzaktivitäten für die Gesellschaft.[122]

In der klimaökonomischen Forschung lassen sich darüber hinaus im Groben zwei weitere Strömungen ausmachen: eine an die Wohlfahrtstheorie[123] angelehnte Richtung, die allgemein untersucht, welche volkswirtschaftliche Bedeutung dem Klimawandel zukommt und welche Klimaschutzziele ihm entgegenzusetzen sind. Mit der Methode der ökonomischen Rationalität werden die *Ziele* der Klimapolitik untersucht.[124] Anders stehen beim zweiten Ansatz nicht die Ziele der Klimaschutzpolitik in der ökonomischen Betrachtung, sondern die *Effizienz* der eingesetzten *Instrumente.*[125] Aus der Vielzahl an Untermodellen und Hintergrundtheorien seien hier schlagwortartig das Modell des *Rational*

119 Trotz der vielen Unsicherheiten bei diesen Berechnungsansätzen ist vergleichsweise unstrittig, dass die Kosten einer Stabilisierung des Klimas hoch sind. Eine relativ große Zahl an Untersuchungen kommt zu dem Ergebnis, dass die Kosten einer CO2-Reduzierung um 20% bei etwa 2% des Welt-BSP bis zum Jahr 2040 liegen. Vgl. Nordhaus, 1993, Weyand 1993, Ausubel 1993; wobei Nordhaus darauf hinweist, dass Vermeidungsmengen bis zu einer 10%-CO2-Reduzierung noch verhältnismäßig günstig, darüber hinausgehende Reduktionen jedoch sehr teuer werden.

120 Noch schwieriger als die Ermittlung der Vermeidungskosten ist die Abschätzung der Schäden, die die Anpassungskosten prägen. Einige Studien kommen auch hier – ähnlich den Vermeidungskosten – zu dem Ergebnis, dass eine unregulierte Klimaveränderung zu Kosten i. H. v. 2% des Welt-BSP führt.

121 Weimann, „Umweltökonomik – eine theorienorientierte Einführung", Berlin 1995, S. 136 f.

122 Nordhaus, "To slow or not to slow? The Economics of the Greenhouse Effect", The Economic Journal, 1991, (Vol. 101), S. 920-937; ders., "Reflections on the Economic of Climate Change", The Journal of Economics Perspectives 1993 (Vol. 7) Nr. 4, S. 11-25.

123 Grundlegend: Baumol, „Welfare economics and the theory of the state", Cambridge, 1967; Pigou, „The economic of welfare", London 1960.

124 Bekanntester Vertreter dieser Strömung ist Nordhaus, der als Wohlfahrtstheoretiker mit seinem sogenannten DICE-Modell zu dem Ergebnis kam, dass die Wohlfahrt durch eine aktive Klimaschutzpolitik im Sinne einer ökonomischen Optimalität wohl kaum zu erhöhen sei. S. kritisch dazu Cline, „Optimal carbon emissions over time: experiments with the Nordhaus DICE modell", Washington 1992; vgl. auch Weimann, „Umweltökonomik: eine theorienorientierte Einführung", Berlin 1995.

125 Cansier, „Die Bekämpfung des Treibhauseffektes aus ökonomischer Sicht", Berlin, 1991; OECD-Bericht „International Economic Instruments and Climate Change", Paris, 1993; der Rationalitätsgedanke ist im Gegensatz zum wohlfahrtstheoretischen Ansatz sekundär. Der zweitere Ansatz lässt sich daher sowohl mit individualistischen, als auch institutionenökonomischen Ansätzen verknüpfen. S. hierzu auch: Rohner/ Edenhofe, „Ökonomie und Klimawandel: Klimapolitik und Nutzen-Kosten-Analyse", in: Brauch (Hrsg.) „Klimapolitik", Berlin 1996, S. 155 f.

Choice[126] sowie die in ihrer Bedeutung wachsenden sozialwissenschaftlichen und evolutionstheoretischen Ansätze genannt.[127] Die theoretischen Grundlagen der bedeutsamsten Instrumente für den Klimaschutz als unerlässlicher Hintergrund dieser Arbeit werden im folgenden Abschnitt noch einmal angerissen.

Neben das rein individualistische Wohlfahrtsoptimum der Wohlfahrtstheorien tritt dabei das Pareto-Optimum,[128] wonach ein mögliches ökonomisches Arrangement einem anderen bestehenden Arrangement vorzuziehen ist, wenn mindestens ein Individuum bessergestellt werden kann, ohne dass ein anderes – ökonomisch betrachtet – schlechter steht.[129] Auf die Klimaschutzpolitik angewendet bedeutet dies, dass eine emissionsreduzierende Handlungsoption einer anderen Handlungsmöglichkeit oder einem Untätigbleiben vorzuziehen ist, sofern der dadurch bewirkte Nutzen aus einem schwächeren oder ausbleibenden Klimawandel die Anpassungskosten übersteigt. Entscheidend sind hier die vorauszusetzenden bzw. zu ermittelnden individuellen Präferenzen, die dabei nicht zwangsläufig auf eine effiziente, klimaschutzfördernde Allokation abzielen.[130]

Ein weiterentwickelter Ansatz spricht von einer optimalen Allokation, sofern mindestens ein Individuum besser gestellt wird, das einem anderen schlechter gestellten Individuum mögliche Nachteile kompensieren könnte und trotzdem noch einen verbleibenden Vorteil gegenüber der ursprünglichen oder einer ande-

126 Um die Interessen an einer Umweltschutzmaßnahme formal darstellen zu können, wurde in der Ökonomik ein mathematisches Modell entwickelt, das auf bestimmten Annahmen über das Verhalten eines durchschnittlichen Konsumenten (homo oeconomicus) beruht (sehr ausführlich hierzu: van Aaken, „Rational Choice“, Baden-Baden 2002). Treffen diese Annahmen zu, kann aus dem Verhalten von Konsumenten auf die ökonomische Wertschätzung von Gütern geschlossen werden (Enneking, „Ökonomische Verfahren im Naturschutz“, Göttingen 1998). In einer Kosten-Nutzen-Analyse werden dann die volkswirtschaftlichen Nutzen der Gewinner mit den volkswirtschaftlichen Kosten der Verlierer verglichen, und nur wenn die Nutzen größer sind als die Kosten, ist die Natur- und Umweltschutzmaßnahme als effizient zu bewerten.

127 Witt, "Individualistische Grundlagen der evolutorischen Ökonomik", Tübingen 1987; Fritsch, "Evolutionsökonomische Aspekte des Energie- und Umweltproblems", Zürich 1990.

128 Nach der modernen Allokationstheorie liegt eine effiziente Allokation immer bei einem sogenannten „Walras-Gleichgewicht“ im Pareto-Optimum vor, d. h. wenn ein Preis-Gleichgewicht, bei dem alle Märkte geräumt sind, die Güter so alloziiert sind, dass keine Reallokation vorstellbar wäre, bei dem ein Individuum besser gestellt würde, ohne ein anderes schlechter zu stellen.

129 Das setzt jedoch voraus, dass die Transaktionskosten möglichst gering sind bzw. geringer als der aus der Transaktion gewonnene Vorteil. Darüber hinaus seien an dieser Stelle als differenzierende theoretische Kompensationskriterien nur erwähnt: das Kaldor-Hicks-Kriterium, das Scitovski-Kriterium, u.a., die auf eine „potenzielle“ Pareto-Verbesserung abstellen.

130 Hier spielen weitere Aspekte eine Rolle: vollständige Informationen, Rationalität der Entscheidungen, Transaktionskosten. Eine effiziente Allokation des Coaseschen Property-rights-approachs ist nur zu zwischen 40 bis 60% in den ökonomischen Experimenten nachgewiesen worden, die schließlich einen erheblichen Beitrag zur Widerlegung und zur Ablehnung des rein theoretischen Ansatzes der Verfügungsrechte nach Coase leisteten.

ren Verteilungssituation hätte (sogenanntes Kaldor-Hicks-Kriterium).[131] Übetragen auf die zwischenstaatliche Klimadebatte wäre eine Handlungsoption dann optimal, wenn diejenigen (industrialisierten) Staaten, bei denen sich die Vorteile des ausbleibenden Klimawandels generieren bzw. deren Interesse an einer Emissionsreduktion hoch ist, anderen Staaten durch Kompensationszahlungen diejenigen Nachteile ausgleichen, die diese aufgrund einer weniger schnellen (CO_2-intensiven) Entwicklung ihrer Wirtschaft und Industrie hinnehmen müssen. Umgekehrt wäre eine Handlungsoption aber auch dann optimal, wenn diejenigen intensiv emittierenden Staaten diejenigen Staaten, die ohne zusätzliche eigene THG-Emissionen besonders von den Folgen des Klimawandels betroffen sind, die volkswirtschaftlichen Schäden ersetzen würden. Im Sinne einer Klimaeffizienten Vermeidungs- und Emissionsreduktionspolitik bietet dieses Kriterium für eine *effektive* Lösung des Klimaproblems und eine Entwicklung von Instrumenten zur Emissionsreduktion und -vermeidung keinen durchsetzbaren Ansatz. Das Klador-Hicks-Kriterium wäre allenfalls auf lokal eingrenzbare Umweltprobleme anwendbar, nicht jedoch auf den globalen Klimawandel. Gerade der Kaldor-Hicks-Ansatz lässt sich daher im Rahmen der Klimaschutzdebatte aufgrund des bestehenden „Nord-Süd-Konfliktes" wohl nicht bzw. nur schwer rechtfertigen.

II. Die Internalisierungsansätze und Instrumentenwahl

Die Prämisse in den Wirtschaftswissenschaften, wonach wirtschaftliche und nichtwirtschaftliche Probleme ihrer Struktur nach Knappheitsprobleme im Marktmodell sind, begründet die Versuche, ökonomische Regeln für eine rationale Gestaltung und Lösung dieses Problems abzuleiten.[132] Leistet der Markt allgemein eine effiziente Allokation knapper Güter? Der Beitrag der Ökonomen zur Entschärfung des Knappheitsproblems besteht in den oben angedeuteten Aussagen zu einer optimalen Verteilung der knappen Güter. Zentraler Gegenstand der Untersuchungen ist folglich das ökonomische Grundprinzip der Effizienz (Kosten-Nutzen-Ausgleich). Effizienzbetrachtungen anhand von Umweltgütern

131 Lesenswert im postsozialistischen Kontext hierzu: Stringham, „Kaldor-Hicks efficiency and the problem of central planning", in: The quarterly journal of Austrian economics: the official journal of the Ludwig von Mises Institute, Bd. 4 (2001) 2, S. 41-50; allgemeiner Kurzüberblick u.a. bei Hennecke, „Umweltökonomik, Umweltpolitik und Marktwirtschaft", 1999, S. 33.

132 Weimann, „Umweltökonomik – ein theorienorientierte Einführung", 3. Auflage, Berlin u.a. 1995, S. 26 ff.

bergen dabei aber immer das oben bereits angesprochene Problem der „Wertermittlung“ der Assimilationskapazität der Atmosphäre.[133]

Grundlage der im Folgenden dargestellten ökonomischen Begründung der Instrumentenwahl im Umwelt- und Klimaschutz ist das bereits angesprochene Pareto-Optimum.[134] Ein pareto-effizienter Zustand kann nur unter bestimmten Voraussetzungen eintreten (z. B. keine Informationsdefizite, geringe Transformationskosten, etc). Das Auftreten *externer Effekte*[135] muss ausgeschlossen sein. Der von *A. C. Pigou* geprägte Terminus bezieht sich auf positive oder negative Werte, die nicht derjenigen Person zugute kommen oder zulasten fallen, die in sie investiert oder sie verursacht hat, sondern dritten, unbeteiligten Individuen.[136] Bei externen Effekten handelt es sich mithin um Einflüsse, die am Preissystem *vorbei* einen direkten Nutzen erzielen, dabei aber nicht durch den Preismechanismus koordiniert werden. „Extern“ bezieht sich also auf das Preissystem, das auf bestimmte Effekte nicht reagiert.[137] Auf den Klimaschutz angewandt, sind externe Effekte die negativen Folgen erhöhter Treibhausgasemissionen. Diese negativen Auswirkungen des Klimawandels treffen gleichermaßen Staaten, die Treibhausgase emittieren als auch solche, die nicht emittieren, wobei die unterschiedlichen, anfallenden Anpassungskosten bislang getrennt, ohne Berücksichtigung des Verursachungsbeitrags aufzubringen sind. Von Emissions-

133 Die Knappheit von Umweltgütern steht außer Zweifel, problematisch ist ihr Wert (s. oben S. 29). Entscheidend für die Bewertung von Umweltgütern in der Umweltökonomik sind im Sinne der ökonomischen Wohlfahrtstheorie die individuellen Präferenzen. S. auch: Weimann, 1995. S. 28. Der Gegensatz zur wohlfahrtstheoretischen Umweltökonomie ist die individualistische Umweltökonomie, die ein einheitliches Menschenbild des homo oeconomicus zugrunde legt. Wo die wohlfahrtstheoretische Umweltökonomie zur Durchsetzung der Umweltziele objektive unparteiische Instanzen annimmt, geht die individuelle Umweltökonomie von einem einheitlichen Menschenbild auch in diesen Instanzen aus: Individuen, welche sich auch in diesen öffentlichen Instanzen rational orientert als homines oeconomici verhalten. S. auch Manstetten/Faber, „Umweltökonomie, Nachhaltigkeitsökonomie, Ökologische Ökonomie“, in: Jahrbuch Ökologische Ökonomik, Bd 1, Zwei Sichtweisen auf das Umweltproblem: Neoklassische Umweltökonomik versus Ökologische Umweltökonomik, Marburg 1999, S.53 ff., 63 f.

134 S. S. 38.

135 Durch Marshal Anfang dieses Jahrhunderts eingeführter Begriff, der im Laufe der Zeit einer starken interpretatorischen Willkür ausgesetzt war. S. Marshall, „Principles of economics“, (Nachdruck) 1998. Angesetzt hat der Externalitätenbegriff an der für die Umweltökonomik grundlegenden Arbeit von Pigou und wurde von diesem allgemein als die Abweichung des privaten vom sozialen Nettogrenzprodukt definiert.

136 Pigou, "The Economics of Welfare", London, 1923.

137 Einige unterscheiden vier, andere zwei Externalitätenbegriffe: Konsumexternalitäten, Produktionsexternalitäten, und die Mischformen aus beiden (Konsumexternalitäten mit Einfluss auf die Produktion sowie Produktionsexternalitäten mit Einfluss auf den Konsum). Weiterhin unterscheidet man zwischen „marktmäßigen“ (pekuniären) und „nichtmarktmäßigen“ (technologischen) externen Effekten, wobei nur letztere nicht vom marktlichen Preissystem erfassten sind: z. B. Scitovsky, „Two concepts of external economies“, in: Journal of Political Economy, 1954; El-Shagi, „Die externen Effekte und ihre Wirkung auf das Marktergebnis“, in: WISU 11/ 1982, S. 137 ff.

vermeidungen und deren positiven Folgen profitieren umgekehrt auch Staaten, die sich nicht an einer aktiven Klimaschutzpolitik beiteiligen („Trittbrettfahrer-Phänomen"). Nach der Auffassung Pigous stellen solche externen Effekte die Folge eines Marktversagen dar. Zur Vermeidung sei ein Eingriff des Staates erforderlich, der die insbesondere negativen externen Effekte den tatsächlichen Verursachern anlastet und somit eine marktgerechte Lastenverteilung anstreben solle.[138] Dieser Prozess wird als Internalisierung externer Kosten bezeichnet. Problematisch ist aber auch hier wieder, dass die Internalisierung sehr hohe Anforderungen an den naturwissenschaftlichen Kenntnisstand stellt, insbesondere an den Nachweis von Kausalzusammenhängen zwischen Emissionen und ihren negativen Auswirkungen. Gerade die Klimaforschung ist hier noch von vielen Unsicherheiten und Wahrscheinlichkeitsaussagen geprägt.

1. Die Internalisierungsmodelle

Die zwei klassischen auf der Wohlfahrtstheorie basierenden Lösungsansätze der Umweltökonomik (Internalisierungsmodelle im Sinne einer *„first-best*-Lösung") sind der sogenannte Pigousche Preisansatz und der Coasesche property-rights-Ansatz.

a. Pigou und der interventionistische Ansatz

A. C. Pigou[139] hatte Anfang des vergangenen Jahrhunderts die traditionelle Sicht geprägt, dass externe Effekte ein Marktversagen verursachen, das nur durch Eingriffe des Staates behoben werden könne. Konkret schlug er vor, den Verursacher eines (negativen!) externen Effektes mit einer Steuer zu belegen. Die Höhe dieser Steuer sollte genau dem Schaden entsprechen, der durch die „Externalitätseffekte" verursacht wird, die sogenannten externen Kosten.[140] Externe Effekte wurden dementsprechend als Kosten definiert, die nur durch den lenkenden Eingriff des Staates vermeidbar, also internalisierbar und einer staatlichen Preisregulierung in Form einer Steuer zu unterwerfen seien. Diesem Ansatz wird und wurde vorgeworfen, dass er unrealistischerweise davon ausgehe, dass die Pro-

138 Hennecke, „Umweltökonomik, Umweltpolitik und Marktwirtschaft", 1999, S. 33.

139 Nach Marshall I. Goldman ließe sich Umweltzerstörung in sozialistischen Staaten in harmloseren Grenzen halten, wenn ein planwirtschaftlicher Staat die Einzelbetriebe nötige, die der Allgemeinheit aus ihrer Aktivität erwachsenden Kosten in ihre Preiskalkulation mit einzubeziehen. Die Praxis widersprach diesem theoretischen Ansatz ganz offensichtlich.

140 Pigou, "The Economics of Welfare", London 1923, S.192 ff.

duktionsfunktionen der einzelnen Unternehmungen bzw. die jeweiligen Kosten der Schadensempfänger dem Staat zu jeder Zeit bekannt sein müssten.[141] Die nicht vermeidbaren Informationsdefizite erstrecken sich dabei sowohl auf die Identifizierung, als auch auf die Zurechnung und Bewertung von Schäden oder Vorteilen.[142] Ein weiterer Aspekt des Informationsdefizits ergibt sich daraus, dass rationale Marktteilnehmer bei öffentlichen Gütern dazu neigen, ihre wahren Präferenzen nicht offenzulegen, letztendlich also keine Zahlungsbereitschaft für emissionsreduzierende Vermeidungsaktivitäten vorliegt (Präferenzenfrage für rational entscheidende Individuen). Aufgrund dieser Umsetzungsprobleme des theoretischen Modells, vor allem durch die Informationsdefizite bzw. der hiergegen erforderlichen hohen Transaktionskosten, lässt sich der Pigousche Ansatz nicht unmittelbar in die Praxis umsetzen.

Hier setzte als praktikable Lösung der von *Baumol* und *Oates* geprägte sogenannte Standard-Preis-Ansatz („*second-best*-Lösung")[143] an, bei dem über einen politischen Entscheidungsfindungsprozess eine bestimmte Emissionsmenge mit einem Preis belegt wird, der sich weniger am theoretischen Ideal der Pigou-Steuer als vielmehr an der politischen Akzeptanz, Realisierbarkeit und der Erzielung eines bestimmten Einnahmenniveaus orientiert. Entscheidend sind damit letztendlich die Präferenzen der politischen Akteure[144] und die durch sie geführte Umwelt- und Klimaschutzpolitik. Das Ziel des Standard-Preis-Ansatzes ist dabei nicht die Erreichung einer Pareto-, sondern einer Kosteneffizienz. Dabei wird versucht, einen *politisch* zu ermittelnden Umweltstandard mit dem geringst möglichen Kostenaufwand zu realisieren.

b. Das Coase-Theorem: Der property-rights-Ansatz

R. Coase hier im Rahmen einer Arbeit zum russischen Umweltrechtssystem zu erwähnen, hat nicht nur den Hintergrund, dass seine Ausführungen für umweltökonomische Grundlagen bedeutsam sind, sondern auch jenen, dass er in jungen Jahren überzeugter Anhänger der zentralisierten Planwirtschaft war. Diese ideologische Voreingenommenheit bewegte ihn zum Studium der Wirtschaftswissenschaften, wo er schließlich die „invisible hand" der Marktwirtschaft zu schät-

141 Endres, „Umweltökonomie", 2001, S. 95.

142 Klocke, „Klimaschutz durch ökonomische Instrumente", Baden-Baden 1995.

143 Baumol/Oates, „The Use of Standard and Prices for the Protection of Environment" in: The Swedish Journal of Economics, 1971, Nr. 73, S. 42-54.

144 Hier ergeben sich wiederum Probleme im Sinne der Neuen Politischen Ökonomie – s. im Grundsatz zu vier Gruppen und Akteuren die weiteren Literaturverweisen oben, S. 25 f.

zen lernte.[145] In seiner 1960 erschienen Arbeit „The Problem of Social Costs" formuliert Coase die Theorie, dass immer dann, wenn bestimmte Voraussetzungen erfüllt sind, externe Effekte im Zuge von Verhandlungen „internalisiert" werden und Pareto-effiziente Allokationen entstehen.[146] Coase lehnte dabei – anders als Pigou – die Notwendigkeit staatlicher Intervention ab und wies ihm lediglich die Aufgabe zu, ein funktionierendes System von Eigentumsrechten und Institutionen zu gewährleisten.[147] Das sogenannte *Coase-Theorem* wird derart definiert, dass die Fehlallokation nach einer ordnungspolitischen Grundsatzentscheidung des Staates durch unmittelbare Interaktion zwischen den Betroffenen beseitigt werden könne.[148] Effizienz sei dann schon durch freiwillige Verhandlungen erzielbar.

Die Idee der Anwendung dieses Theorems auf ökologische Probleme wurde nur wenige Jahre später von *Dales* vorgeschlagen.[149] Danach werden natürliche Ressourcen (öffentliche Güter)[150] in private Eigentumsrechte transformiert und der Preisbildung durch den Markt unterworfen. Externe Effekte würden dann durch Verhandlungen am Markt internalisiert. Schon Coase selbst hat jedoch (kritisch) eingeräumt, dass dieses System nur funktionieren könne, sofern (1) Transaktionskosten ausgeschlossen seien (also zusätzliche Kosten der Verhandlungen zwischen den Parteien, die den Nutzen der Allokation der Verfügungsrechte minderten) und wenn (2) eine freie Konkurrenz der Individuen untereinander durch Kommunikation und vollständige Informationen[151] vorläge.

---

145 Boettke, „Coase, Communism and the „Black Box" of Soviet-Type Economies", in Coasean Economics: law and economics in the new institutional economics, Boston 1998, S. 193 ff.; Medema, "Ronald H. Coase", New York, 1994; Coase, "The Nature of the Firm: Origin", Journal of Law, Economics & Organization 1988, Nr. 4, S. 3 ff, 5.

146 Coase, „The Problems of Social Costs", Journal of Law and Economics, 3, 1960, S. 1-44. (Zunächst ist es für den juristisch vorgeprägten Leser wichtig hervorzuheben, dass sich für Ökonomen mit Property Rights nicht die Vorstellung absoluter Sachherrschaft verbindet. Vielmehr geht es um ein Bündel an verschiedenen unterschiedlichen Verfügungsrechten, die das Verhältnis des Menschen zu knappen Ressourcen kennzeichnen und regeln.)

147 Insoweit ist vom „Nachtwächterstaat" umgangssprachlich die Rede.

148 Endres, „Umweltökonomie", Darmstadt 1993, S. 33; Das Coase-Theorem enthält mithin zwei Elemente: erstens, dass unabhängig von der Rechteverteilung in der Ausgangssituation ein Pareto-Optimum durch Markttransaktionen erreicht wird (sogenannte Effizienzthese), und zweitens, dass unabhängig von der Rechteverteilung dasselbe Optimum realisiert wird (sogenannte Invarianzthese).

149 Dales, "Pollution, Property and Prices", University of Toronto Press, Toronto, 1968; Mishan, "The Costs of Economic Growth", New York, 1967.

150 S. oben, Abschnitt D. I.

151 Informationsarten: sichere Informationen, perfekte Informationen, symmetrische Informationen, vollständige Informationen.

Eine optimale Allokation wäre mit anderen Worten dann möglich, wenn die Transaktionskosten der Verhandlungen, bestehend aus Informations-, Kontroll- und Durchsetzungskosten, gegen null strebten.

Sind die Transaktionskosten hoch, was typisch sei für die Fälle einer großen Anzahl von Schädigern und Geschädigten als Verhandlungspartner, wird angenommen, dass Verhandlungslösungen nur durch gruppiertes Verhalten der jeweiligen Verhandlungspartner zustande kommen.[152] Hierzu haben Untersuchungen von *Gresik* und *Satterthwaite*[153] gezeigt, dass bei privaten Gütern mit zunehmender Anzahl von Verhandlungsteilnehmern das Verhandlungsergebnis zu einer effizienten Lösung konvergiert. Die große Vielzahl zweiseitiger Verträge und damit verbundener Transaktionskosten können außerdem durch einen multilateralen Vertrag gesenkt werden. Bei dieser Gruppenbildung steigt dann jedoch wieder die Gefahr des Trittbrettfahrerphänomens.

Im Gegensatz zur These von Gresik and Satterthwaite zeigte die Arbeit von *Rob*,[154] dass es sich für öffentliche Güter gerade anders als für private Güter verhält: Eine zunehmende Anzahl an Verhandlungsteilnehmern führe zu einer Entfernung von einer effizienten Lösung. Die internationale Klimaschutzpolitik und die Instrumente, auf die man sich schließlich einigen konnte, belegen, dass aufgrund der hohen Zahl beteiligter Verhandlungspartner hier nur eine „Politik des kleinsten gemeinsamen Nenners" möglich ist.

Problematisch gestaltet sich die Frage der Einigung und Verhandlung eines Property Rights Ansatzes zudem dann, wenn – wie im Klimaschutz – als Verhandlungspartner Staaten auftreten.[155] In der praktischen Umsetzung muss sich daher letztendlich auch der Coasesche Ansatz einer second-best-Lösung bedienen und anstelle der Pareto-Effizienz, die aus oben genannten Gründen (Transaktionskosten, Informationsdefizite am Markt) scheitern muss, eine Kosteneffizienz anstreben, die an den Standard-Preis-Ansatz von Baumol/Oates angelehnt ist; hiernach bestimmt dann der politisch-administrative Planer die handelbare Emissions*menge* und damit das Reduktionsziel.[156]

152 Gresik/Satterthwaite, "The Rate at Which a Simple Market Converges to Efficiency as the Number of Traders Increases: An Asymptotic Result for Optimal Trade Mechanisms", Journal of Economic Theory Nr. 48, S. 304, 306.

153 Gresik/Satterthwaite, "The Rate at Which a Simple Market Converges to Efficiency as the Number of Traders Increases: An Asymptotic Result for Optimal Trade Mechanisms", Journal of Economic Theory Nr. 48, S. 304-332.

154 Rob, "Pollution Claim Settlements under Private Information", Journal of Economic Theory Nr. 47, 1989, S. 307-333.

155 Hanschel, „Verhandlungslösungen im Umweltvölkerrecht", Stuttgart 2003.

156 Weimann, „Umweltökonomik – eine theorienorientierte Einführung", Berlin 1995, S. 228.

2. Vergleich der theoretischen und praktischen Internalisierungsstrategien

Es gibt nach wie vor eine hohe Anzahl wissenschaftlicher Stimmen, die dem Modell einer CO_2-Steuer auf nationaler und internationaler Ebene den Vorzug geben.[157] Trotzdem werden bei Abwägung der positiven und negativen Kriterien beide Ansätze dem Verursacherprinzip gerecht. Beide Internalisierungsstrategien sind auch durchaus nebeneinander anwendbar. Unter welchen Voraussetzungen und Bedingungen dies aber effektiv möglich ist, wird im Rahmen der Homogenität der Emissionsabgaben im Instrumentenbündel (s. drittes Kapitel) noch erörtert werden. Eine Entscheidung zugunsten der einen oder anderen Strategie wäre an dieser Stelle zu umfangreich und ist nicht das Ziel der Untersuchung. Es sollen aber kurz die wichtigsten Aspekte beleuchtet werden, die letztendlich in Transformationsstaaten für den Pigouschen Ansatz zur Internalisierung negativer externer Effekte im Umwelt- und Klimaschutz sprechen.

Im Unterschied zum Pigouschen Ansatz, bei dem die administrativen Bedingungen vorausgesetzt werden und in der Effizienzbewertung keine Berücksichtigung finden, bezieht der property-rights-Ansatz auch die Frage der Effizienz des institutionellen Arrangements in sein Internalisierungmodell mit ein. Obwohl der Grundgedanke hinter dem Coase-Theorem gerade davon ausgeht, dass der Staat nur den gewährleistenden Rahmen setze, sich sonst aber nicht in die Marktmechanismen und die Verhandlungen um die Verfügungsrechte einmische, wird diesem Ansatz zunehmend und kritisch entgegengesetzt, dass auch er ohne staatliche Interventionen, die über die bloße staatliche Gewährleistung hinausgehen, nicht umsetzbar sei.[158] In der wirtschaftswissenschaftlichen Literatur wird von einer Gegensätzlichkeit des dezentralen Coaseschen Mengenmodells gegenüber dem staatlich gelenkten Preismodell gesprochen. Dabei wird jedoch nicht berücksichtigt, dass auch das Coasesche Modell nicht ohne staatliche Aufsicht und Sanktionsmechanismen effektiv eine Emissionsreduktion bewirken kann. Der Coasesche Ansatz erfordert gegenüber der Pigoulösung bei gleichem staatlichen Emissions-Kontrollapparat vielmehr sogar noch eine zusätzliche Aufsichtsinstanz bzgl. der definierten Eigentumsrechte an Emissionen. Dies bedeutet im Ergebnis einen höheren Transaktionskostenaufwand sowohl für den Staat als

157 Eine Übersicht bietet: Pearce, "The Role of Carbon Taxes in Adjusting to Global Warming", Economic Journal 101, 1991, S. 938-948.

158 Angefangen beim „ersten staatlichen Eingriff" mit der Definition und Zuweisung der property-rights bis hin zu den Überwachungs- und Sanktionsmechanismen, s. z. B. Balks, „Umweltpolitik aus Sicht der Neuen Institutionenökonomik", Wiesbaden 1995, S. 18f. Trotz der weitreichenden kritischen Ansätze an der Coaseschen Verhandlungslösung war diese Interpretation Anlass für eine Erweiterung umweltökonomischer Forschung um rechtliche und institutionelle Aspekte wie u.a. Transaktionskostenökonomik, Neo-Institutionalismus, Neue Politische Ökonomie, Ökonomische Analyse des Rechts, etc.

auch für die Verhandlungsteilnehmer. Zusätzlich ist die praktische Umsetzung immer mit einer systematischen Unterbewertung externer Effekte aufgrund der free-rider-Problematik konfrontiert.[159] Emissionssteuern sind jedenfalls immer dann effizienter, wenn die (marginalen) Schadenskosten relativ konstant sind, während handelbare Zertifikate vorteilig sind, wenn die (marginalen) Vermeidungskosten relativ konstant sind.[160]

Im Grunde ist ein Emittent bei Anwendung des Pigouschen Modelles bei seiner Entscheidung, ob er Emissionen reduziert oder eine entsprechende Abgabe zahlt, den gleichen Abwägungen unterworfen, als würde er entsprechend dem Coaseschen Modell am Markt gezwungen sein, Emissionszertifikate nachzukaufen, um seiner Reduktionsverpflichtung nachzukommen. Auch das eingewandte Argument der geringeren dynamischen Anreizwirkung des Preislösungsmodells greift letztendlich nicht, denn auch bei ihm werden Emissionsreduktionsinvestitionen in entsprechende Technologien mittels Steuerermäßigungen oder -befreiungen gefördert. Die Mechanismenflexibilität ist im Ergebnis bei beiden Internalisierungsstrategien nahezu gleich.

Nach m. E. zutreffender Ansicht hängt der Unterschied der Instrumente mit dem Moment der Anwendung einer Internalisierungsstrategie und von den Eigenschaften des zu schützenden Umweltgutes ab. Die Verhandlungslösung im Sinne von Coase bietet sich immer dann als effizientere Internalisierungsstrategie an, wenn das zu schützende Umweltgut sich abgrenzbar durch Eigentumsrechte definieren lässt, ohne dabei zu hohe Transaktionskosten zu verursachen. Lässt sich ein Eigentumsrecht nicht klar definieren und abgrenzen und hat das zu schützende Umweltgut den Charakter eines öffentlichen Gutes (wie beim Klima festgestellt), könnte eine Internalisierung im Sinne einer Pigouschen Abgabe eine Emissionsreduktion schneller und mit größerer Sicherheit erreichen. Demgegenüber unterliegt das property-rights-Modell einer stärkeren Marktunsicherheit, die sich vor allem bei der Wirkungsgenauigkeit und Wirkungsgeschwindigkeit zeigt. Im Ergebnis hängt die Wirkungsweise der Internalisierungsmodelle damit auch von der Entwicklung des jeweiligen nationalen Markt- und Wirtschaftssystems ab. Für Transformationsländer, die sich in der Übergangsphase von einer Planwirtschaft zu einem liberalen Markt befinden,

159 Hennecke, „Umweltökonomik, Umweltpolitik und Marktwirtschaft", 1999, S. 41, der ausdrücklich darauf hinweist, dass sich das Coase-Theorem als vollständige Lösung des Externalitätenproblems durch Verhandlungen in erster Linie auf den Ansatz von Pigou beziehe und daher zunächst lediglich als Kritik an der Pigou-Lösung aufzufassen sei, s. S. 44; ähnlich: El-Shagi, „Die externen Effekte und ihre Wirkung auf das Marktergebnis", in: WISU 11/1982, S. 143.

160 Weitzmann, "Prices versus Quantities", Review of Economic Nr.4, 1974, S. 477-491.

ist die Pigousche Steuerlösung sowohl aus ökonomischer als auch aus Sicht des Klimaschutzes in der Übergangsphase somit die effizientere Internalisierungsmethode. Einerseits sind der Markt und das Wirtschaftssystem, wie es ein Coasesches Modell erfordert, in der Russischen Föderation noch nicht etabliert, andererseits können bestehende, vormals planwirtschaftliche Traditionen in der Verwaltungsstruktur den interventionistischen Ansatz einer Pigouschen Preislösung effektiver zugunsten des Klimaschutzes und einer Einhaltung der Emissionsreduktionsziele bewirken.

III. Die Internalisierungsansätze im Kontext der russischen Transformation

Die Russische Föderation war vor dem Beginn der politischen, gesellschaftlichen und ökonomischen Umbrüche als Planwirtschaft konzipiert. Die Entstehung externer Effekte hat in einer Planwirtschaft andere Ursachen. Daher sind negative externe Effekte während der Transformationsphase gemischt sowohl auf planwirtschaftliche als auch auf marktwirtschaftliche Ursachen zurückzuführen. Aufgrund der besonderen Übergangsstrukturen bietet sich für einen noch nicht gefestigten Marktmechanismus im Ergebnis die Pigousche Internalisierungslösung als vorzugswürdig gegenüber dem Coaseschen property-rights-Ansatz an. Letzterer würde höhere Transaktionskosten verursachen, angesichts der bestehenden Unsicherheiten und fehlenden Durchsetzungsmechanismen möglicherweise zunächst völlig scheitern.

1. Externe Effekte und Planwirtschaft

Russland befindet sich nach wie vor in der Transformationsphase. In dieser Phase wirtschaftlicher Umbrüche lassen sich externe Effekte nur unter Berücksichtigung der besonderen Marktmechanismen internalisieren. Auch die Frage nach der effizienteren Internalisierungslösung muss die Transformationsphase einbeziehen. Ausgangspunkt ist zunächst, dass externe Effekte in einer Planwirtschaft andere Erklärungsansätze erfahren. Externe Effekte können in einer Planwirtschaft gerade nicht auf ein Marktversagen zurückgeführt werden, da Märkte und Preise als koordinierende Mechanismen gar nicht existieren.[161] Die Hauptursache der in einer Planwirtschaft auftretenden externen Effekte liegt darin, dass nur eine kleine Akteursgruppe (sogenannte Planer) den Großteil der Entscheidungen für den Rest der Gesellschaft trifft. Kennzeichnend ist auch, dass durch Externalitäten betroffene Dritte nicht an den Entscheidungsfindungen mitwirken. In den Wirtschaftswissenschaften wird daher sogar angenommen, dass in planwirtschaftlichen Strukturen negative externe Effekte wesentlich stärker ausfallen als in einem System freier Marktwirtschaft.[162] Dass in Russland als ehemaliger Planwirtschaft die negativen externen Effekte der Umweltverschmutzung zunächst zurückgegangen sind, ist auf die Einführung marktwirtschaftlicher Prinzipien zurückzuführen, wodurch vor allem zunächst die Schließung eines Teils der maroden, ineffizienten und stark emittierenden Industrieanlagen erreicht werden konnte. Mithin war dieses Phänomen auch in anderen Transformationsländern zu beobachten, so dass sich die These aufstellen lässt, dass bestimmte negative externe Effekte in einer ersten, besonders einschneidenden Umbruchphase während des Übergangs von einer Plan- zu einer Marktwirtschaft, durch die selektierende Wirkung der eingesetzten Marktmechanismen erheblich eingedämmt werden können. Dies gilt zumindest für den Bereich der Umweltökonomie. Mit der Transformation wurde in Russland der Markt-Preis-Mechanismus als Hauptkoordinator eingeführt.[163] Bei einer langfristigen Festigung dieser Mechanismen wird zu gegebener Zeit der Coasesche Internalisierungsansatz effizienter sein als das Pigousche Steuerlösungsmodell, so dass erst dann mit einer Einführung des property-rights-Ansatzes im russischen Umweltschutz zu rechnen ist.

In der aktuellen, sehr überschaubaren umweltökonomischen Literatur in der Russischen Föderation sind das Konzept der negativen externen Effekte und die Möglichkeiten und Ansätze ihrer Internalisierung nahezu einstimmig

161 Bell, „Der fiskalische Föderalismus in der Rußländischen Föderation – Finanzwissenschaftliche Analyse der föderalen Neuordnung in einer Transformationsökonomie“, Baden-Baden, 1998, S. 60 f.

162 Zwar kann dies teilweise auf die Umweltproblematik angewendet werden, allerdings lässt sich diese These mit Blick auf die ökologisch-politische und umweltökonomische Situation in den Vereinigten Staaten auch unschwer widerlegen. S. insgesamt hierzu: Veröffentlichungen zur Transformationsökonomie, bspw. Dietz, „From command to market economies: an exchange theoretical view“, Wien 1992, S. 104-107, konkret für Russland: Bell, „Der fiskalische Föderalismus in der Rußländischen Föderation – Finanzwissenschaftliche Analyse der föderalen Neuordnung in einer Transformationsökonomie“, Baden-Baden, 1998, S. 62 ff.

163 Dietz, „From command to market economies: an exchange theoretical view“, Wien 1992, S. 104-107.

anerkannt.[164] Dabei ist aber keine Tendenz zugunsten eines der beiden ökonomischen Instrumente erkennbar. Vielmehr werden sowohl property-rights als auch staatliche Abgabenmodelle gleichermaßen favorisiert. Vorzugswürdig erscheint für die Russische Föderation m. E. derzeit das Pigousche Steuerkonzept, da der russische Staat aufgrund der noch nicht abgeschlossenen Transformationsphase und der daher fehlenden Rechtsklarheit Coasesche „Eigentumsrechte" auf einem freien Markt nicht in der Weise gewährleisten und schützen kann, wie es für eine effektive Emissionsreduktion erforderlich wäre. Mithilfe ökologischer Steuern – auch für den Bereich des Klimaschutzes – kann dagegen in einer Transformationsphase eine Internalisierung negativer externer Effekte erreicht werden. Außerdem spricht für dieses Konzept, dass es sich weniger aufwendig in das vorhandene, stark am Ordnungsrecht orientierte Rechtssystem einfügen lässt.

Die Entscheidung für das Pigousches Steuerlösungsmodell zur Internalisierung der vorhandenen externen negativen Effekte fiel in Russland bereits vor Beginn der Transformationsphase; ihre Umsetzung wurde nahezu zeitgleich mit Beginn der Umbruchphase begonnen. Dieser Einführungszeitpunkt hatte jedoch zur Folge, dass die für ökologische Aufgaben notwendigen finanziellen Mittel mit dem Beginn des politischen und wirtschaftlichen Umbruchs nicht mehr wie ursprünglich vorgesehen eingesetzt wurden. Dies betraf vor allem die Mittel für den entsprechend erforderlichen Ausbau der Verwaltungsstrukturen. Es fehlten aber nicht nur die erforderlichen Mittel zum Umbau der Verwaltung, der Einführung der Umweltabgaben fehlte auch die gesellschaftliche Akzeptanz, da gleichzeitig mit Beginn der Transformationsphase das soziale Sicherungssystem wegbrach, Inflationen herrschten, vielfach keine Löhne ausgezahlt werden konnten.[165] Die für Umweltmaßnahmen und Umstrukturierungen vorgesehenen Finanzmittel mussten somit dem Gesundheits- und Sozialsektor zur Verfügung gestellt werden.

---

164 Golub/Safonov, „Ekonomika okruschajuschej sredui i prirodnuich resursov" (Die Ökonomie der Umwelt und der natürlichen Ressourcen), Moskau 2003; Golub, „Ruinotschnuje metodui upravlenija odkruschajuschej sredui" (Marktmethoden der Verwaltung von Umwelt), Moskau 2002; Lukjantschikov, „Prirodnaja renta i ochrana okruschajuschej sredui" (Naturabgaben und Umweltschutz), Moskau 2004; Karakejan, „Ekonomika prirodopolsovanija" (Die Ökonomie der Umweltnutzung), Moskau 1999; Kruglov, „Sovremenoje organisatiojonno-pravovuije problemui ochrana okruschajuschej sredui v promuischelnosti Rossii" (Neuere organisationsrechtliche Probleme des Umweltschutzes im Industriesektor Russlands), Ekaterinburg 2000; Gluschkova/Makar, „Ekonomika prirodopolsovanija" (Die Ökonomie der Umweltnutzung), Moskau 2005; Koschuar, „Praktikum po ekonomikje prirodopolsovanija" (Praktikum zur Ökonomie der Umweltnutzung), Moskau 2005; auch: Petrova, „Pravovuje problemui ekonomitscheskovo mechanisma ochrana okruschajuschej sredui" („Rechtsprobleme ökonomischer Instrumente des Umweltschutzes"), Moskau 2000.

165 Golub, „Environmental Financing in the Russian Federation" in OECD Proceedings, Paris 1998, S. 16.

2. Historisch-theoretische Zusammenhänge – Die Rolle der Planwirtschaft

Aus sozialistisch-ideologischer (historisch-theoretischer) Sicht wurde behauptet, dass jedes sozialistisch getragene Wirtschaftssystem wesentlich umweltfreundlicher sein müsse, als ein liberales marktwirtschaftliches System. Gründe seien die zentrale Planungs- und Gestaltungskompetenz des Staates, wodurch der Umweltschutz eben zentral geregelt und verwaltet werden könne. Auch die Abwesenheit jeglicher einzelbetrieblicher Konkurrenz schließe die Entstehung negativer externer Umwelteffekte nahezu aus.[166] Jeder staatseigene Betrieb würde in seine Preiskalkulation nach dem sozialistischen Ideal automatisch auch die Kosten einbeziehen müssen, die der Allgemeinheit durch die Industrie- oder Emissionsanlagen entstehen, also auch jene volkswirtschaftlichen Zusatzkosten der Umweltbelastung. Allerdings berücksichtigte das sowjetische *„chozrascet-Prinzip“* (Grundsätze zur wirtschaftlichen Rechnungslegung) nur die *direkten, unmittelbaren* Kosten der Konsumgüterproduktion.[167] Darüber hinaus konnten die Basissätze für Umweltabgaben als einfache Produktions-Operationskosten in Ansatz gebracht und vom Staat zurückerstattet werden. Damit waren ökologische Abgaben in Wirklichkeit Teil einer staatlichen Subventionspolitik.[168]

Entgegen den theoretisch eigentlich positiven Auswirkungen der Planwirtschaft auf den Umweltschutz wurden im Tatsächlichen die natürlichen Ressourcen der Natur, wie Luft und Wasser über Jahre hinweg als kostenlose, öffentliche Güter behandelt. Beim ständigen Streben nach Wachstum von Industrie und Wirtschaft wurde der Umweltschutz eher als hemmende unproduktive Aufwendung angesehen, dessen Mitteleinsatz letztendlich wieder im Produktionsbereich eingesetzt wurde.[169] Der daher – entgegen der Ideologie – letztendlich doch entstehende Wettbewerb unter den staatlichen Betrieben um den höchsten Produktionsanstieg förderte diesen ökologisch negativen Trend maßgeblich. Auch der sowjetische Zentralismus beschleunigte die Umweltzerstörung, da die angestrebte größtmögliche Vereinheitlichung den lokalen ökologischen Besonderheiten nicht ausreichend Rechnung tragen konnte. Die dabei zusätzlichen, durch exzessive Umweltverschmutzung herbeigeführten volkswirtschaftlichen

166 Busch-Lüty, „Umweltpolitik in sozialistischen Ländern im Überblick“, in: Schreiber, „Umweltprobleme in Mittel- und Osteuropa“, Frankfurt Main, 1989, S. 11 ff. (16)

167 Goldman, „Umweltzerstörung und Umweltvergiftung in der Sowjetunion“, in: Glagow, „Umweltgefährdung und Gesellschaftssystem“, München, 1972, S. 73 ff.

168 Vincent/Farrow, "A Survey of Pollution Charge Systems and Key Issues in Policy Design", in: Controlling pollution in transition economies: theories and methods, Cheltenham 1997, S. 29 ff, 31.

169 Goldman, „Umweltzerstörung und Umweltvergiftung in der Sowjetunion“, in: Glagow, „Umweltgefährdung und Gesellschaftssystem“, München, 1972, S. 73 ff., S. 83.

Kosten blieben bis in die späten 90er-Jahre unberücksichtigt. Auch die Behinderung der Entwicklung örtlicher Umwelt-Initiativen hat die Einführung und Förderung von energieeffizienten Industrieanlagen mit umweltfreundlicher Technologie wesentlich erschwert und verlangsamt.[170] Letztendlich lässt sich das ökologische Versagen des Sozialismus vor allem auf die Faktoren des starren Preissystems, auf die reine Produktionsorientierung ohne die Berücksichtigung des Eigenwertes natürlicher Ressourcen, auf den ausgeprägten Bürokratismus und auf den fehlenden ökologisch-technologischen Innovationsdruck zurückführen.

Als umweltökonomischer Hintergrund zunehmender Umweltschädigung soll kurz auf die theoretisch-ideologische Basis der früheren Sowjetunion eingegangen werden: die sogenannte marxistische Arbeitswertlehre.[171] Ihr zufolge wird Materialien, die unabhängig von menschlicher Arbeit existieren und entstanden sind, kein Eigenwert zugesprochen.[172] Auf dieser Grundlage ließ sich für die Wertbemessung von ökologischen Gütern bei der Einführung eines Umweltabgabensystems kein objektiver oder umweltökonomisch annehmbarer Wert ermitteln. Dies ist ein Erklärungsansatz für die auch heute noch viel zu niedrigen Umweltabgabensätze in der Russischen Föderation. Darüber hinaus wurde die Möglichkeit von Privatbesitz an natürlichen Rohstoffquellen als unzulässig betrachtet.[173] Bis 1967 waren alle Bodenschätze frei verfügbar; dann gingen sie in staatlichen „Besitz" über.[174] Dies förderte den ineffizienten Rohstoffabbau und führte besonders in der Erdölförderung zu massiven Umweltschäden. Die exzessive Rohstoffförderung ohne ökologische Rücksicht wurde schließlich zum

170 Goldman, "Umweltzerstörung und Umweltvergiftung in der Sowjetunion", in: Glagow, "Umweltgefährdung und Gesellschaftssystem", München, 1972, S. 73 ff., S. 86.

171 Auch als Natur- und Werttheorie bezeichnet. Vertiefend hierzu: Immler, „Natur in der ökonomischen Theorie", Opladen 1985, S. 251 ff.

172 Zu den ökologischen Problemen der sozialistischen Ideologie s. auch: Jänicke, „Umweltpolitisches Staatsversagen im Sozialismus", in: Schreiber, „Umweltprobleme in Mittel- und Osteuropa", 1989, S. 43 ff.; Binswanger, „Eine umweltkonforme Wirtschaftsordnung", in: Walterskirchen, Umweltschutz und Wirtschaftswachstum, München 1972; Graf, „Ökonomische Bewertungen der Naturressourcen im entwickelten Sozialismus", Berlin, 1980; Weißenburger, „Umweltprobleme und Umweltschutz in der Sowjetunion", I–III, Bundesinstitut für ostwissenschaftliche und internationale Studien 52/53-1984. Problematisch war die Internalisierungsdiskussion und die im sozialistischen System verortete Fehlallokation natürlicher Ressourcen.

173 Für die natürlichen Rohstoffe (insbesondere für die schadstoffreichen Energieträger wie Erdöl und Kohle) proklamierte die sowjetische Verfassung in Art. 11 ein umfassendes Staatseigentum, die kostenlose Nutzung der Rohstoffe galt als eine der großen Errungenschaften des Sozialismus.

174 Goldman, "Umweltzerstörung und Umweltvergiftung in der Sowjetunion", in: Glagow, "Umweltgefährdung und Gesellschaftssystem", München, 1972, S. 73 ff., S. 88.

Ausgangspunkt eines allmählich doch in das öffentliche Bewusstsein tretenden Umweltschutzes.[175]

3. Die Einführung von Umweltabgaben während der Umbruchphase

Seit 1991 ist in der Russischen Föderation neben einem umfassenden Umweltschutzgesetz auch ein System aus Umweltabgaben- und Umweltschutzverordnungen in Kraft gesetzt worden. Ohne zu übertreiben, könnte der russische Gesetzgeber durchaus behaupten, dass das russische Emissionsabgabensystem der Pigouschen „first-best-Lösung“ – im Vergleich zu westlichen Umweltabgabensystemen – wohl am nächsten gekommen ist.[176] Zwischen 1974–1975 wurden im Rahmen der sogenannten sozialistisch-ökonomischen Entwicklung erstmals staatliche Finanzmittel zum Umweltschutz und zur rationellen Ressourcennutzung bereitgestellt. Diese fielen im Verhältnis zum Ausmaß der Umweltverschmutzung viel zu gering aus. Trotzdem wurden ökologische Erwägungen in der sozialistisch-planwirtschaftlichen Ideologie – im offensichtlichen Widerspruch zur tatsächlichen Rechtslage – zweitrangig behandelt, obwohl sogar Art. 18 der sowjetischen Verfassung von 1977 den Umweltschutz als Funktion des sozialistischen Staates proklamierte. Im Vordergrund stand aber, wie bereits angesprochen, eine produktionsorientierte Ideologie der „Planerfüllung um jeden Preis“, der strategischen Konzentration auf den Ausbau der Schwerindustrie und der Notwendigkeit des kurzfristigen Konsumwachstums (und der kurzfristigen Produktionsziele).[177] Mit dem Beginn der wirtschaftlichen Stagnation reichten die verfügbaren Ressourcen für umweltschützende Investitionen schließlich nicht mehr, was zu den Überlegungen führte, „ökonomische“ Instrumente zur Generierung von Einnahmen für den Umweltschutz einzuführen.

Bereits Anfang der 70er-Jahre untersuchte das „Zentrale ökonomisch-mathematische Institut“ (CEMI) die Effektivität ökonomischer Instrumente im Umweltschutz. Diese Analyse bezog sich vor allem auf die für den Staat wirtschaftlichen Vorteile der Einführung von Abgaben auf Umweltverschmutzung

175 Auslöser dieser Entwicklung war die Errichtung eines Zellulose-Papier-Kombinates am Baikalsee in den 60er-Jahren. Obwohl die Gegner dieser Industrieanlage letztendlich erfolglos blieben, wurde landesweit eine Auseinandersetzung mit ökologischen Problemen der industriellen Umweltzerstörung durch Schadstoffemissionen angeregt. Gofman, „Ekonomika prirodopolsowanija“ (Ökonomie der Umweltnutzung), Moskau, 1998, S. 56.

176 Gofman, „Ekonomika prirodopolsowanija“ (Ökonomie der Umweltnutzung), Moskau, 1998, S. 55.

177 Slocock, „Umweltpolitik und politischer Wandel in Osteuropa“, in: Nissen, Modernisierung nach dem Sozialismus – Ökologische und ökonomische Probleme der Transformation, Marburg 1992, S. 49.

und Ressourcennutzung. Diese Untersuchung und ihre Ergebnisse wurden zwar nach ihrer Veröffentlichung nicht umgesetzt, bildeten aber als sogenanntes Gofman-Konzept die Grundlage für das später entwickelte und noch heute geltende russische Umweltabgabensystem.[178] Parallel dazu war der Grundsatzbeschluss des Ministerrates der UdSSR von 1988 „Über die grundlegende Umstrukturierung des Umweltschutzes im Lande“ ein Meilenstein auf dem Weg zur Einführung von Umweltabgaben. Aufgegriffen und erweitert wurde dieser Beschluss mithilfe des Umweltschutzgesetzes von 1991 sowie mit der Ministerrats-Verordnung der RSFSR vom 9. Januar 1991 „Über die Ausgestaltung der Abgaben für die Umweltverschmutzung und die Modalitäten ihrer Erhebung für das Jahr 1991“. Diese Verordnung führte erstmals umfangreiche Umweltabgabenpflichten ein, die für alle Betriebe unabhängig von ihrer Stellung und Besitzform obligatorisch waren. Sie differenzierte bei den Abgabensätze zwischen über 200 einzelnen Luftschadstoffe und erfasste auch Emissionen, die bei der Verbrennung von Benzin- und Dieselkraftstoffen auftreten. Daneben wurden über 350 Schadstoffe für Abwasser aufgelistet und der Abgabenpflicht unterworfen. Schließlich verankerte die Verordnung noch ein komplexes Abgabenystem für bestimmte Abfallstoffe.

Neu – im Vergleich zu früheren Ansätzen – war, dass die Ministerratsverordnung von 1991 vorschrieb, dass Umweltabgaben in den Betrieben nur noch aus dem verbleibenden Gewinn *nach* Abführung der Gewinnsteuer an den Staatshaushalt zu entrichten seien, wohingegen vormals, wie bereits angesprochen, zumindest genehmigte Emissionen noch aus dem Bilanzgewinn bestritten werden konnten.[179]

178 Gofman, „Ekonomika prirodopolsowanija“ (Ökonomie der Umweltnutzung), Moskau, 1998, S. 57.

179 Weißenburger, „Der Einsatz ökonomischer Instrumente zum Zwecke des Umweltschutzes in Russland und der Ukraine“, Berlin 1994, S. 12, 15.

E. Umsetzung des Preislösungsmodells in Russland? – Die *direkten* Emissionsabgaben

Das russische System der Umwelt- und Emissionsabgaben ist bereits mehrfach vom rein ökonomischen bzw. politischen Blickwinkel her Gegenstand von Analysen durch internationale Organisationen gewesen.[180] Die politischen und ökonomischen Aspekte und Rahmenbedingungen spielen auch bei der juristischen Analyse der russischen Emissionsabgaben eine wichtige Rolle. Ausgehend von einer im Folgenden einführenden Aufzählung der wichtigsten Rechtsgrundlagen und Kategorisierungsmöglichkeiten werden die der Entwicklung des russischen Umweltabgabenrechts zugrundeliegenden Modelle skizziert. Dem folgt eine Darstellung ihrer Einführung unter zunächst planwirtschaftlichen Bedingungen. Zwischen 1991 und 1998 wurden sie zunächst verhältnismäßig erfolgreich umgesetzt, seit der Hyperinflation von 1998 sowie mit den politischen Änderungen seit dem Regierungswechsel 2000 haben sie jedoch stark an Bedeutung verloren. Seit 2002 waren sie zudem vielfachen gerichtlichen und außergerichtlichen politischen Aufhebungsbestrebungen ausgesetzt. Auch hierauf wird eingegangen.

I. Die grundlegende Rechtsbasis der russischen Emissionsabgaben

Die Emissionsabgaben der Russischen Föderation werden im Wesentlichen durch folgende Rechtsakte geregelt:

- das Gesetz „Über den Schutz der natürlichen Umwelt“[181] (Bundesgesetz);
- das Gesetz „Über den Schutz der atmosphärischen Luft“[182] (Bundesgesetz);
- die Regierungsverordnung N 632 „Über die Festlegung des Verfahrens zur Bestimmung der Abgaben und deren Höchstsätze für die Verschmutzung der

180 Die OECD hat sowohl in Mitgliedstaaten als auch Nichtmitgliedsstaaten in den vergangenen knapp 20 Jahren vielfach marktbasierte Instrumente des Umweltschutzes untersucht. Für Russland sind dabei folgende Dokumente von tragender Bedeutung: OECD "Environmental Performance Reviews Russian Federation", Paris, 1999; dies. „Economic Instruments for Pollution Control and Natural Resource Management: The Russian Federation – draft country chapter, 2000; "Reform of pollution charges in the Russian Federation: Assessment of progress and opportunities and constraints for further improvement", 2004; Weltbank, "Environmental Management in Russia: Status, Directions and Policy Needs", 2004.

181 No. 7-FZ vom 10.1.2002.

182 Bundesgesetz Nr. 96-F3 vom 4.5.1999.

Umwelt, den Schadstoffausstoß und andere schädliche Einwirkungen"[183] und die auf ihrer Grundlage erlassenen untergesetzlichen Regelungen;

- die Regierungsverordnung N 344 „Über normative Abgaben für den Schadstoffausstoß in die Atmosphäre durch stationäre (unbewegliche) und bewegliche Emissionsquellen sowie für den Ausstoß schädlicher Stoffe in Gewässerobjekte";[184]
- hinsichtlich der Zuständigkeitszuweisung an den föderalen Dienst für technische, ökologische und Atomaufsicht die Regierungsverordnung N 401;[185]
- die Regierungsverordnung N 410 „Über die Einführung von Änderungen des Anhang 1 der Regierungsverordnung N 344".[186]

II. Kategorisierung der Umwelt- und Emissionsabgaben

Zur Wirkweise und den Bedingungen einer effektiven und effizienten Umsetzung von Umweltabgaben sind verschiedene Kategorisierungen möglich, die kurz dargestellt werden, gefolgt von der Erörterung, inwiefern diese sich auf die russischen Emissionsabgaben anwenden lassen und welche Kategorisierungen in den Rechts- und Wirtschaftswissenschaften Russlands vorgeschlagen werden. Grundlegend wird zwischen direkten und indirekten Emissionsabgaben unterschieden. Direkte Emissionsabgaben haben dabei zum Ziel, durch den Abgabensatz einen Emissionsreduktionanreiz für die Emittenten zu setzen. Indirekte Emissionsabgaben sind Abgaben, deren Abgabenzweck nicht in der Emissionsreduktion liegt, diese durch mögliche Einspar- oder Abwälzeffekte letztendlich aber trotzdem bewirken (z. B. Verbrauchssteuern).

183 N 632 vom 28.8.1992. Diese Verordnung wurde im Rahmen höchstrichterlicher Rechtsprechung teilweise außer Kraft gesetzt, worauf noch gesondert einzugehen sein wird (s. unten S. 114 ff.). Die Mehrheit der Regelungen sind jedoch nach wie vor rechtskräftig. Viele Probleme und Besonderheiten im Zusammenhang mit dieser Verordnung ergaben sich aus dem Umstand, dass es sich bei ihr um einen vorkonstitutionellen Normativakt handelt, der im Laufe der russischen Rechtsentwicklung nicht – wie andere Gesetze – angepasst wurde und seit 1999 nicht mehr den legislativen Anforderungen insbesondere des neuen Steuerrechts entsprach.

184 N 344 vom 12.6.2003, Gesetzesblatt RF 2003, Nr. 25 S. 2528.

185 N 401 vom 30.6.2004.

186 N 410 vom 1.7.2005.

1. Kategorisierung in OECD-Staaten

Es existieren verschiedene Ansätze zur Kategorisierung von Umweltabgaben. Zunächst kann hinsichtlich des tatbestandlichen Anknüpfungspunktes[187] danach unterschieden werden, ob der Abgabentatbestand an ein bestimmtes Verhalten der Individuen anknüpft (z. B. die Emission von Treibhausgasen) oder an die Verwendung eines bestimmten Stoffes oder an das Produktionsergebnis (verwendeter Rohstoff oder das Endprodukt; Objektanknüpfung). Bei der Verhaltensanknüpfung sind besonders die genaue Erfassbarkeit des jeweiligen Belastung- oder Schädigungsgrades und die Möglichkeit der hieran anknüpfenden Differenzierung der Abgabenhöhe entscheidend. Hierdurch lässt sich der Lenkungseffekt einer Abgabe besser abschätzen. Nachteilig ist der mit zunehmender Differenzierung gesteigerte Kosten- und Verwaltungsaufwand. Bei einer Objektanknüpfung sind entweder die Herstellung oder der Gebrauch eines Produktes umwelt- oder klimarelevant. Dieser Anknüpfungspunkt lag dem Ersten Aktionsprogramm der Europäischen Gemeinschaft von 1973 zugrunde (Emissionsnormen, Bauartnormen und Betriebsnormen).[188] Die Objektanknüpfung ist dabei mit einem geringeren Verwaltungsaufwand verbunden, da sie an nachvollziehbare Vorgänge im Rechtsverkehr anknüpft (bspw. Rohstoffförderlizenzen). Dem stehen nachteilig eine unvermeidbare Ungenauigkeit in der Bewertung des Grads der Umwelt- und Klimaschädlichkeit sowie die Abwälzungseffekte auf die Verbraucher gegenüber.

Differenzieren lässt sich weiterhin nach dem jeweiligen Schutzgut, also entweder einzelnen Umweltmedien oder konkreten Emissionsreduktionszielen. Das allein kennzeichnet aber eine Umweltabgabe noch nicht abschließend. Vielmehr müssen weitere Unterscheidungskriterien einbezogen werden, die sich vorliegend aus den abgabenrechtlichen, ökonomischen und finanzwissenschaftlichen Kriterien ergeben.

a. Abgabenrechtliches Zuordnungsmodell[189]

Abgabenrechtlich werden Emissions*steuern* oder (gegenleistungsbezogene) Emissions*abgaben* unterschieden. Die Steuern oder Abgaben lassen sich im

187 S. u.a. Kloepfer, Umweltrecht, § 1, München 1995, Rn. 204.

188 EG-Abl. 1973 C 112, 50.

189 Messerschmidt, „Umweltabgaben als Rechtsproblem", Berlin 1986; Hansjürgens, „Umweltabgaben im Steuersystem", Finanzarchiv 1993, S. 542 ff.; Zugmaier/Jakob, "Rechtliche Probleme von Umweltabgaben", Augsburg 1996; Ströbele, „Ökosteuern und Umweltabgaben: Versuch einer Systematisierung", in: Hansmeyer, Umweltpolitik mit hoheitlichen Zwangsabgaben", Berlin 1994, S. 107 ff.

Einzelnen weiter differenzieren: reine Steuern mit oder ohne Zweckbindung, Gebühren oder Beiträge, Verwaltungs- oder Benutzungsgebühren, Verleihungsgebühren, Sondernutzungsgebühren, Sonderabgaben, sonstige Abgaben. Je nachdem sind in den jeweiligen Rechtssystemen unterschiedliche rechtlich-formale Anforderungen an die jeweiligen Abgabenformen zu berücksichtigen und in eine Effizienzbewertung einzustellen.

b. Ökonomisches Zuordnungsmodell[190]

Ökonomen unterscheiden vier Kategorien von Umwelt- und Emissionsabgaben: *Produkt*abgaben (in Abhängigkeit der Umweltschädlichkeit der Herstellung oder des Verbrauchs eines Produktes); *Input-* oder *Rohstoff*abgaben (je nach Schädlichkeit und Emissionsintensität des eingesetzten Rohstoffs/Inputs); *Emissions-* oder *Schadstoff*abgaben (unabhängig vom Rohstoffeinsatz) und *Produktionsverfahren*sabgaben („Verfahrens- oder Technologieabgaben“).[191] Darüber hinaus werden noch Umwelt- oder Emissionsabgaben mit fixem, proportionalem, degressivem, regressivem oder progressivem Verlauf unterschieden.[192]

c. Finanzwissenschaftliches Zuordnungsmodell[193]

Hinsichtlich der Funktionen klimaschutzrelevanter Abgaben und Steuern lassen sich aus finanzwissenschaftlicher Perspektive sogenannte Umwelt-Lenkungsabgaben, fiskale Finanzierungsabgaben und ökologische zweckgebundene, lenkende Finanzierungsabgaben (als Mischinstrument aus Lenkungs- und Finanzierungsabgabe) unterscheiden. Lenkungsabgaben sind Abgaben, deren finanzieller Anreiz auf die Verminderung eines bestimmten, umweltbelastenden Verhaltens beim Abgabenschuldner gerichtet ist, vorwiegend also direkte Umweltabgaben. Fiskale Finanzierungsabgaben sind Abgaben, die erhoben werden, um mit dem Abgabenaufkommen bestimmte Umweltzwecke – beispielsweise Klimaschutz – zu verfolgen. Im Vordergrund steht dabei vorrangig die Einnah-

190 Terhart, „Umweltabgaben und betriebswirtschaftliche Entscheidung“, Trier, 1993.

191 OECD „Economic Instruments for Environmental Protection “, Paris 1989, S. 16.

192 Wünsche, „Umweltabgaben und Unternehmensbesteuerung: eine nationale und internationale Analyse der Belastungs- und Entscheidungswirkungen“, Baden-Baden 1999.

193 Ewers/Hassel„„Umweltabgaben als Lenkungs- und Finanzierungsinstrument“, in: Freiheit, Gleichheit, Effizienz 2001, S. 97 ff.; Gawel, „Zur politische Ökonomie von Umweltabgaben“, Tübingen 1995.
Im Übrigen zu den verschiedenen Kategorisierungen aus der Fülle der vorhandenen Literatur s. z. B.: Müller, „Möglichkeiten und Grenzen der indirekten Verhaltenssteuerung durch Abgaben im Umweltrecht“, Studien zum öffentlichen Wirtschaftsrecht, Bd. 29, Köln (u.a.) 1994, S. 14 f.

menerzielung, weniger der individuelle Lenkungszwecks. Schließlich kombiniert die lenkend-ökologische Finanzierungsabgabe die Eigenschaften beider Abgabenformen. Sie verfügt sowohl über staatliche Finanzierungsfunktionen als auch gleichzeitig über eine lenkende Wirkung, vorwiegend indirekter, mittelbarer Natur. Zu solchen sogenannten Mischinstrumenten lassen sich sowohl die Umweltnutzungsabgaben für die Ressourcennutzung zählen als auch die finanziellen Ausgleichsabgaben, die einer wirtschaftlichen Kompensation ökologischer Nachteile dienen.[194]

2. Kategorisierung der Abgaben im russischen Emissionsabgabensystem

In der russischen umweltpolitischen und ökonomischen Literatur werden ebenfalls direkte (prjamuij) und indirekte (kocvennuij), mittelbare Umweltabgaben unterschieden. Insoweit werden Verschmutzungs- und Ressourcennutzungsabgaben unterschieden: Erstere sind im russischen Abgabenrecht vorwiegend als direkte, reine Emissionsabgaben konzipiert worden; zweitere könnten als indirekte Emissionsabgaben dienen. Sie setzen zwar unmittelbar an der Ressourcennutzung an, können aber unter dem Gesichtspunkt einer kostengünstigen Förderung der Weiterverarbeitungsprozesse einen Anreiz zur rationalen und effizienten Produktion bilden, der mittelbar auch emissionsreduzierend wirkt. Weitere Beispiele für eine indirekte Emissionsabgabe im russischen Rechtsraum sind die Kraftstoffsteuern, die Kfz-Steuern oder die früheren Straßennutzungs- bzw. die aktuellen Transportsteuern.

Im Hinblick auf die gegenwärtige Umweltpolitik untergliedern *Gofman/ Lvovsky*[195] die existierenden Umweltabgaben in vier Kategorien:

- Steuern und Abgaben, deren primärer Zweck der Umweltschutz ist (Umweltabgaben im engeren Sinne)
- Steuern und Abgaben, die teilweise den Umweltschutz bezwecken (Waldnutzungsabgaben)

194 (Bspw. § 8 BNatSchG); umfassend zu Kategorisierungsmöglichkeiten aus deutscher Sicht vor allem: Kirchhof, „Leistungsfähigkeit und Wirkungsweisen von Umweltabgaben an ausgewählten Beispielen", DÖV 1992, 233, 234. Übergreifender Natur demgegenüber Määttä, „Environmental taxes – From an economic idea to a legal institution", Helsinki 1997.

195 Gofman/Lvovskaja, „Ekonomika Prirodopolsovanija" (Umweltökonomie), Moskau 1998.

- Steuern und Abgaben, die aus nicht-ökologischen Gründen eingeführt wurden, die jedoch ökologische Ziele sekundär unterstützen (Straßennutzungsgebühren, Transport- und Fahrzeugabgaben, Rohstoffförderabgabe)
- andere Steuern und Abgaben mit Umweltrelevanz.

Die bereits kurz dargestellte Differenzierung von Emissionsabgaben in OECD-Staaten lässt sich auch auf russische Emissionsabgaben übertragen:

a. (Abgaben-)Rechtliche Klassifizierung

Auch im russischen Rechtssystem werden verschiedene Abgabenformen unterschieden. Der Gesetzgeber verwendet die Rechtsbegriffe *„nalog"* (Steuer), *„sbor"* (Gebühr) und *„plata"* (sowohl übersetzt als „Beitrag" als auch der allgemeine Oberbegriff für alle Abgabenarten). Diese rechtliche Differenzierung findet sich zunächst in Art. 19 des Gesetzes[196] „Über die Grundlagen des Steuersystems der Russischen Föderation" (Grundlagengesetz). Art. 19 Abs. 1 Punkt „i" und „f" weisen die Kompetenz zur Erhebung von Abgaben und Gebühren auf die Förderung von Bodenschätzen (heute: Art. 342 ff. Steuerkodex) sowie von Steuern auf die Nutzung natürlicher Ressourcen der Föderation zu. Eine Kompetenzzuweisung an die Föderation entspricht der deutschen Bundeskompetenz. Gemäß Art. 20 Punkt „e" des Grundlagengesetzes fallen Abgaben im Bereich von Transport und Verkehr (heute: Art. 356 ff. Steuerkodex) in die Kompetenz der Föderationssubjekte der russischen Gliedstaaten; dies entspricht der deutschen Länderkompetenz.

Eine Legaldefinition der formal-juristischen Kriterien findet sich für Abgaben und Steuern anders als im deutschen Recht gleichermaßen im russischen Steuergesetzbuch – ihre gleichzeitige Regelung in einem Gesetz ist rechtlich tradiert. Gemäß Art. 8 Abs. 1 Steuerkodex RF versteht der russische Gesetzgeber unter „Steuern" nach der dortigen Legaldefinition „individuell einseitige (also gegenleistungsunabhängige) Zahlungspflichten, die von Organisationen/Gesellschaften oder natürlichen Personen in Form der Einziehung aus ihrem Eigentum oder aus den ihnen in Form operativer Verwaltung oder wirtschaftlicher Führung gehörenden monetären Mitteln zum Zwecke der finanziellen Absicherung der Tätigkeiten des Staates und seiner munizipalen Einrichtungen erhoben werden." (Wortlaut Art. 8 Abs. 1 Steuerkodex RF). Diese Definition entspricht in seinen wesentlichen Merkmalen der deutschen Definition der Steuer. Die Paral-

196 Gesetz Nr. 2118-1 vom 27.12.1991, zuletzt geändert am 24.7.2002.

lelen im russischen Steuerrecht lassen sich dabei auf die deutsche Unterstützung bei der Konzeptionierung des russischen Steuergesetzbuches zurückführen.[197]

Gemäß Art. 8 Abs. 2 Steuerkodex RF, der die Legaldefinition für sonstige Abgaben enthält, sind demnach *„sbori"* (sowohl als Gebühren als auch als Beiträge übersetzt) „die von Organisationen oder natürlichen Personen erhobenen Zahlungen, die als Gegenleistung für das Tätigwerden eines staatlichen Organs, eines Organs der örtlichen Selbstverwaltung oder anderer bevollmächtigter Organe oder Amtspersonen erhoben werden (...)" (Art. 8 Abs. 2 Steuerkodex RF). Trotz der formal strengen Differenzierung zwischen Steuern und Abgaben wird diese durch den russischen Gesetzgeber und auch durch die Rechtsprechung nicht konsequent durchgehalten – ein problematisches Phänomen, das durchaus auch anderen Rechtssystemen nicht fremd ist. Die dadurch entstehende Rechtsunsicherheit hinsichtlich der rechtlichen Voraussetzungen an bestimmte Abgaben, die Frage, ob sie als Steuer oder Abgabe einzuordnen sind, wird zudem dadurch verstärkt, dass sich häufig nur der Oberbegriff „Abgabe" (*plata*) in einer Rechtsnorm findet, so dass für die Rechtsanwendung dem Wortlaut der Norm nicht zu entnehmen ist, ob es sich um eine Steuer oder Abgabe handeln soll. Auch bei entsprechender Auslegung ergibt der gesetzgeberische Zweck häufig keinen verlässlichen Anhaltspunkt. Für die „richtige" Auslegung spielt die Rechtsprechung damit eine entscheidende Rolle in der Prägung des russischen Abgabenrechts.

Eine dem deutschen Rechtsinstitut der Sonderabgabe entsprechende Abgabenform kennt das geschriebene (!) russische Recht daneben nicht, erste Ansätze in die Richtung der Entwicklung einer solchen „Sonderabgabe" sind jedoch in der Rechtsprechung vorhanden. Insbesondere in Bezug auf die russischen Emissionsabgaben wurde der Begriff der „fiskalen Abgaben" in der Rechtsprechung geprägt.[198]

b. Ökonomische Klassifizierung

Das russische Abgabensystem lässt sich ähnlich den oben angesprochenen vier allgemeinen ökonomischen Klassifizierungen untergliedern (Produktabgaben, Inputabgaben, Emissionsabgaben, Produktionsverfahrensabgaben). Es verfügt über Abgaben, die direkt an ein Verhalten anknüpfen, also an die Verursachung von Schadstoffemissionen. Daneben gibt es mit den Ressourcenabgaben und

---

197 Lessova, „Die allgemeinen Besteuerungsprinzipien in der russischen Verfassung und im russischen Steuerkodex", StuW 2000, Nr. 4, S. 475.

198 S. in diesem Kapitel, Abschnitt E.III.4.d.

einigen indirekt klimaschutzrelevanten Verbrauchsteuern auch Abgaben, die stoff- und verfahrensbezogen sind. Die russischen Verbrauchsteuern sind aber nur in seltenen Ausnahmefällen zur Förderung ökologischer Lenkungsziele geeignet.[199] Eine indirekte Klimaschutzrelevanz weisen vor allem die Kraftstoffsteuern, Kfz-Steuern, und Transportsteuern (früher auch die sogenannten Straßennutzungsgebühren) auf.

c. *Finanzwissenschaftliche Klassifizierung*

Russische finanzwissenschaftliche Betrachtungen sind momentan im Umweltschutzbereich kaum anzutreffen. Im Prinzip entspricht die einleitend genannte Kategorisierung[200] von *Gofman/Lvovsky* inhaltlich der finanzwissenschaftlichen Kategorisierung, wie sie international und auch in der deutschen Umweltpolitik zu finden ist: eine Differenzierung nach Lenkungs-, Finanzierungs- und Finanzierungslenkungsabgaben. Tendenzen einer wachsenden Rolle finanzwissenschaftlicher Betrachtungen sind seit den Entscheidungen des russischen Verfassungsgerichtshofes zu den Emissionsabgaben zu erwarten, insbesondere seit der Prägung des Begriffs der „fiskalen Abgabe".

III. Das russische Emissionsabgabenkonzept – Ursprüngliche und aktuelle Ansätze für stationäre und mobile Emissionsquellen

Das Umweltabgabenkonzept[201] wurde 1988 auf Unionsebene (entspricht der dt. Bundesebene) eingeführt. Zunächst wurden Pilotversuche durchgeführt,[202] bei denen drei Methoden schließlich in die engere Auswahl gelangten.[203] Die drei Ansätze sahen Abgabensätze vor, die entweder *erstens* auf Schätzungen der durch den Schadstoffausstoß verursachten Schäden basierten (Konzept I), oder *zweitens* auf den geschätzten Kosten entsprechender aktiver Emissionsvermeidungen (Konzept II), oder sich *drittens* an einer bestimmten Staatseinnahmenerzielung orientierten (Konzept III). Letztendlich hat sich als Regelungsgrund-

199 S. in diesem Kapitel, Abschnitt F.

200 S. oben unter E.II.2.

201 Jabulganova, „Prirodnuje platjozhi" (Umweltabgaben), Moskau 2004; Dubovik, „Ekologitschekoje Pravo" (Umweltrecht), Moskau 2002, S. 128 ff.; Kjeldsen, „Financing of Environmental Protection in Russia: The Role of Charges", in: Post-Soviet Geography and Economics, 2000, 41, Nr. 1 S. 48-62.

202 Weißenburger, „Der Einsatz ökonomischer Instrumente zum Zwecke des Umweltschutzes in Russland und der Ukraine" Berlin 1994, S. 20 f.

203 Kozeltsev/Markandya „Pollution Charges in Russia: The Experience of 1990–1995", S. 130.

lage für das später umgesetzte Konzept ein Mischansatz durchgesetzt, der sowohl an den Größen angestrebter Staatseinnahmen als auch an den volkswirtschaftlichen Schätzungen der Höhe der Umweltschäden orientiert war.[204]

1. Abgabenkonzeption I – Volkswirtschaftliche Kosten der Schadstoffemissionen

Das erste Konzept orientierte sich an den volkswirtschaftlichen Kosten der Schadstoffemissionen. Problematisch an diesem Konzept war, dass sich die verwendeten Schätzungs- und Berechnungsmethoden noch an zentralwirtschaftlichen Strukturen ausrichteten und nicht mit marktwirtschaftlichen Methoden korrespondierten. Hinzutrat, dass vielerorts die Kalkulationsbasis, einzelne Umweltschäden, beeinflusst wurde. Bei der Schadenswertermittlung wurde außerdem nicht dahingehend differenziert, ob es sich um ältere, vor der Industrialisierung einer Region liegende oder neuere Umweltschäden handelte. Dieser Ansatz barg die Gefahr regionaler Überbewertungen als auch unverhältnismäßiger bzw. aus Gleichheitsgesichtspunkten ungerechter Belastungen einiger Unternehmen. Trotz dieser gewichtigen Fehler, Ungenauigkeiten und der sich daraus ergebenden Nachteile hat sich schließlich dieses Konzept am stärksten im später eingeführten Emissionsabgabensystem niedergeschlagen.[205]

2. Abgabenkonzeption II – Der Vermeidungskostenansatz

Die Orientierung an den geschätzten Vorsorge- und Vermeidungskosten zur Ermittlung von Abgabensätzen blieb von Anfang an ein rein theoretischer Ansatz.[206] Das Konzept richtete die Abgabensätze an den marginalen Kosten der Reduktion von Schadstoffemissionen aus. Dies wäre für die emittierenden Unternehmen durchaus ein Anreiz gewesen, Emissionen auf das gewünschte bzw. bezweckte niedrigere Niveau zu verringern, allerdings nur, solange zu erwarten gewesen wäre, dass die ersparten Emissionsgebühren die Vermeidungs- und Vorsorgekosten übersteigen.[207] Grundsätzlich war dieses Konzept das ökologisch

204 Ebenda.

205 Ebenda.

206 Ebenda. Außerdem: Danilov-Danilyan/Kozeltsev, "Vybrosui sa platu" (Emissionsabgaben), Moskau 1990.

207 Kozeltsev/Markandya, "Pollution Charges in Russia: The Experience of 1990–1995", S. 132.

effektivste, jedoch nur aus dem westlichen marktwirtschaftlichen Blickwinkel. Unter dem zunächst noch herrschenden zentralen Plansystem der UdSSR war es wenig praxistauglich, da zwischen den (staatlichen) Unternehmen mangels tatsächlicher Marktkonkurrenz kein ausreichendes Interesse an der Investition in Vermeidungs- und Vorsorgetechnik bestand. Aber auch nach 1990 änderte sich hieran zunächst wenig, da ein Großteil der Unternehmen noch immer im Staatseigentum bzw. unter staatlich-operativer Verwaltung verblieb. Ein effektives, konkurrenzorientiertes Gewinnmaximierungsstreben als Grundvoraussetzung einer Lenkungswirkung mithilfe dieses Konzeptes existierte noch nicht.

3. Abgabenkonzeption III – Staatseinnahmenorientierte Emissionsabgaben

Das dritte Konzept[208] („Steuer-Konzept") schließlich basierte allein auf einer Orientierung an der Erzielung von Staatseinnahmen sowie an den staatlichen Kostenaufwendungen für mögliche Umweltkompensations- oder -förderprogramme. Es wurde daher auch als „mittelbarer" Ansatz bezeichnet. Im Gegensatz zu den ersten beiden Konzepten sah nur das dritte Konzept die Einrichtung von sogenannten Umweltfonds vor, in die das Abgabenaufkommen fließen sollte. Dem Umweltfonds-Ansatz war ursprünglich eine hohe Bedeutung im Rahmen der Finanzierung des Umweltschutzes zugeschrieben worden. Nachdem die Planwirtschaft 1990 kollabierte, sollten mit außerbudgetären Umweltfonds die materiellen und immateriellen Umweltschäden kompensiert und der Umweltschutz organisiert werden.

Der schließlich auf den Erfahrungen zu Konzept I und III basierende „gemischte" Entwurf aus außerbudgetärem Umweltfonds- und Steuerkonzept diente als Grundlage für das später eingeführte russische Emissions- und Umweltabgabenkonzept. Dabei wurden die Emissionsgrenzwerte und Abgabentarife zunächst nur für eine kleine Anzahl besonders intensiver Schadstoffe in Abhängigkeit von ihrer jeweiligen Schädlichkeit für die menschliche Gesundheit und ihrem Einfluss auf volkswirtschaftliche Zusatzkosten in einem Schätzungsverfahren ermittelt. Dieses allgemeine Schätzungsverfahren wurde dann ohne weitere Modifizierungen auf sämtliche verbliebenen Schadstoffe ausgedehnt. Auf die Kritik an der Ungenauigkeit und den Fehlern bei der Ermittlung der Abgabensätze im Schätzungsverfahren wurde insofern bereits beim 1. Konzept hingewiesen.

208 Ebenda.

4. Die Berechnung der Abgabensätze[209]

1991 wurden Messungen und Schätzungen für die Emissionsabgabensätze, betreffend die einzelnen Umweltmedien Luft, Wasser und Boden vorgenommen. Dabei wurde folgende zunächst sehr einfache Formel zugrunde gelegt:

$$p = C/M$$

C sind die veranschlagten volkswirtschaftlichen Kosten der jeweiligen Schadstoffemissionen. *M* ist die geschätzte jährlich emittierte Menge eines Schadstoffes (in Tonnen). Daraus wird die Größe „p" als durchschnittliche Kostengebühr eines Schadstoffes ermittelt. Für jede einzelne Region wird *p* dann zusätzlich mit dem jeweiligen „Koeffizienten der regionalen ökologischen Kapazität" multipliziert (beispielsweise 1,0 für Fernost oder 2,0 für den Ural).[210] Zweck der Koeffizienten ist die Berücksichtigung der ökologischen Absorptionsfähigkeit verschiedener Regionen oder bestehende ökologische Vorbelastungen.[211]

Von vornherein stellte die Ermittlung der volkswirtschaftlichen Kosten (Variable C) ein Problem dar, da kaum Erfahrungswerte zu den möglichen Kosten von Umweltförder- oder Emissionsreduktionsprogrammen vorhanden waren. Auch die Emissionsschätzungen *M* beruhten auf überholten Methoden. Schon die Berechnung der Gebührensätze ließe sich damit letztendlich als unzulässige Basis für die Erhebung einer Abgabe qualifizieren, da sie dem Verdacht der Willkürlichkeit ausgesetzt ist. Vor allem hierauf beruhen auch die aktuellen Akzeptanzprobleme, die sich in den gegen Emissionsabgaben gerichteten Gerichtsverfahren, schlichten Zahlungsverweigerungen oder anderen „Umgehungen" zeigen. Trotzdem wurden auf Grundlage dieser Methode die Gebührensätze für jeden einzelnen emittierten Schadstoff ermittelt. Knapp 210 Luftschadstoffe wurden so 1991 mit Gebühren belegt. Achtzig Prozent der daraus resultierenden Staatseinnahmen stammten aus Nitrat- und Kohlenstoffmonoxid-Emissionen.

209 Ebenda, S. 133 f.

210 S. Tabelle im Anhang zu „Emissionsverordnung N 344".

211 Weißenburger, „Der Einsatz ökonomischer Instrumente zum Zwecke des Umweltschutzes in Russland und der Ukraine", Berlin 1994.

5. Das Verfahren der individuellen Emissionswertermittlung – Das Messlösungskonzept[212]

An diese Methode der Grenzwert- und Abgabensatzermittlung schließt sich das ebenfalls unter Gesichtspunkten der Umsetzbarkeit sehr problematische Verfahren der Ermittlung der jeweiligen individuellen Emissionen an. Hierbei soll zunächst jede einzelne Schadstoffemission an jeder Emissionsquelle in einer emittierenden Anlage ermittelt werden. Die Vielzahl an Einzelemissionen findet dabei aufgrund der Selbstveranlagungspflicht der Unternehmen durch eigene Messungen statt, die dann den zuständigen Behörden zu übermitteln sind. Die Kosten hierfür trägt das Unternehmen selbst. Die gegenüber der genehmigenden oder überwachenden Behörde anzugebenden Emissionswerte können jederzeit durch hoheitliche Kontrollmaßnahmen überprüft werden, Verstöße sind mit hohen finanziellen Strafen sanktioniert.[213]

Das standardisierte Emissionswertermittlungsverfahren ist in einer Vielzahl technischer Regelwerke festgelegt und lässt sich grob in fünf Stufen unterteilen: Die erste Stufe umfasst die Entscheidung für ein bestimmtes Mess- oder Untersuchungssystem für die Emissionsquellen einer Region und eine Durchführung dieser Messungen. Aufbauend auf den dabei gewonnenen Erkenntnissen werden auf zweiter Stufe sogenannte „Technologiepässe für Emissionen" für diejenigen Unternehmen der Region ausgestellt, die über entsprechende emittierende Anlagen verfügen. Diese Zertifikate enthalten eine Beschreibung jeder einzelnen Emissionsquelle des Betriebsgeländes, der vorhandenen Reinigungs- und Filteranlagen, der Einzel- und Gesamtemissionsmengen, der Emissionstemperatur und der sonstigen Wärmequellen sowie der Geschwindigkeit und des Volumens je Emissionseinheit. Die Komplexität, die Aufwendigkeit und die damit für den Unternehmer verbundenen Kosten sowie das Problem der Nachprüfbarkeit und der Fehleranfälligkeit dieser Vorgehensweise erschließen sich bereits hier. Auf dritter Stufe werden dann detailliertere Informationen über die einzelnen Arbeits- und Produktionsverfahren sowie über die verwendeten Technologien des Unternehmens (Alter, Menge und Qualität der verwendeten Rohstoffe wie Erdöl, Erdgas, Kohle, usw.) zusammengestellt. Aufbauend auf diesen Erhebungen findet auf vierter Stufe die Berechnung der zu erwartenden jährlichen Emissionen (in Tonnen) jeder einzelnen Emissionsquelle statt. In einem fünften Schritt

212 Ausführlich zu der folgenden Kurzdarstellung S. Gofman, „Ekonomika Prirodopolsovanija" (Umweltökonomie), Moskau 1998; ebenso mit weiteren Nachweisen: Weißenburger, „Der Einsatz ökonomischer Instrumente zum Zwecke des Umweltschutzes in Russland und der Ukraine", Berlin 1994.

213 Näher wird auf die öffentliche Umweltverwaltung im vierten Kapitel eingegangen.

schließlich werden die maximal zulässigen Emissionsmengen im Verhältnis zur maximalen Belastbarkeit einer Region geschätzt, um letztendlich zu vermeiden, dass trotz Einhaltung der Einzelemissionsgrenzwerte eine unverhältnismäßige Belastung der Region eintritt.

Für die Schätzungen und Berechnungen wurden ursprünglich Programme verwendet, die noch von der sowjetischen „Hydrometerologischen Kommission" entwickelt worden waren („Zephir 6", „Warrant"). Ob und wie sich diese Verfahren seither entwickelt und an neue Erkenntnisse oder internationale Standards angepasst haben, ließ sich nicht ermitteln, da dieser Bereich zu den Unternehmensinterna zählt und den Informationsanfragen verschlossen blieb. In den vergangenen zwölf Jahren wurden mit der individuellen Schätz- und Messmethode etwa 13.000 Emissionsgenehmigungen für Unternehmen aus Industrie und produzierendem Gewerbe (stationäre Emissionsquellen) erteilt.[214] Da vielen Unternehmen die Zahlung der entsprechenden Abgaben aufgrund ihrer wirtschaftlichen Lage nicht möglich war und ist, wurde im Jahr 2000 ein zusätzliches System sogenannter vorübergehender, „temporärer" Emissionsgrenzwerte und -abgabensätze eingeführt. Für eine Übergangszeit von bis zu fünf Jahren dürfen Anlagenbetreiber danach auch über die festen Emissionsgrenzwerte hinaus bis zu einem etwas höher liegenden, im Einzelfall durch die zuständige Behörde zu bestimmenden „vorübergehenden" Grenzwert emittieren. Auf diese Weise soll verhindert werden, dass allein wegen der Nichtzahlung von Emissions- und Umweltabgaben die Unternehmer in Insolvenz fallen oder bewusst die Emissionsgrenzwerte umgehen.

6. Ermittlung der Abgabensätze für mobile Emissionsquellen

Für mobile Emissionsquellen bestanden zwei theoretische Ansätze für die Erhebung von Emissionsabgaben: Entweder sollten sie sich am tatsächlichen individuellen Kraftstoffverbrauch oder am jeweiligen Kraftfahrzeug-Typ (in Abhängigkeit von der Emissionsintensität) orientieren. Letztendlich sind mit gewissen Abwandlungen beide Ansätze verfolgt worden. Die direkten Emissionsabgaben für mobile Schadstoffquellen orientieren sich heute am Kraftstoffverbrauch, differenzierend zwischen verbleitem und unverbleitem Benzin und erweitert auf Diesel und Kerosin. Die Emissionsabgaben werden allerdings bei mobilen

214 Dubovik, „Ekologitscheskoje pravo" (Umweltrecht), Moskau 2005, S. 448; OECD, „Reform of pollution charges in the Russian Federation: assessment of progress and opportunities and constraints for further improvement", Paris 2004, S. 20 f.

Emissionsquellen nur von gewerblichen Fahrzeugen erhoben. Der zweite Ansatz findet sich teilweise in der heutigen Verbrauchsteuer auf Kfz und Kraftstoffe wieder, die in Russland für sämtliche Fahrzeuge und auch für den privaten Kraftstoffverbrauch erhoben werden. Allerdings handelt es sich bei der Fahrzeugsteuer um eine reine Luxussteuer, deren Steuersätze sich nicht an der Emissionsintensität bestimmter Kfz-Motoren oder am Vorhandensein von Katalysatoren etc. orientiert.[215]

IV. Die geltenden Emissionsabgaben im russischen Rechtssystem

Um die Funktionsweise der Rechtsgrundlagen der Emissionsabgaben zu untersuchen, bedarf es zunächst einer einleitenden Erörterung der Normenhierarchien im russischen Recht. An den relevanten Stellen wird dabei das russische Umweltrecht und Emissionsabgabenrecht eingeflochten.

1. Die Normenhierarchie

a. Geltendes nachkonstitutionelles Recht

Die Normenhierarchie des russischen Rechtssystems ist wie folgt aufgebaut: An oberster Stelle steht die Verfassung der Russischen Föderation, gefolgt von den Föderationsverträgen, sofern diese noch in Kraft sind bzw. Rechtskraft entfalten. In der Normenhierarchie folgen dann die völkerrechtlichen und internationalen Verträge sowie die allgemeinen Grundsätze des Völkerrechts. Außerhalb des Verfassungsrechts nehmen Bundesgesetze einen Geltungsvorrang vor den normativen Rechtsakten des Präsidenten (ukase) ein, diese wiederum vor den normativen Rechtsakten der Regierung, welchen wiederum die normativen Rechtsakte der Bundesminister und Bundesbehörden nachgeordnet sind. Die normativen Rechtsakte der Föderationssubjekte (Gliedstaaten: Kreise, Bezirke, Republiken) kommen in der Normenhierarchie erst nach den Bundesgesetzen und den normativen Rechtsakten der Föderationsregierung und -minister. Am unteren Ende der Hierarchie folgen dann schließlich die Rechtsakte der Kommunen.

Die Gesetzeshierarchie ist ausdrücklich in Art. 76 Verf RF geregelt, wonach drei Arten von Gesetzen unterschieden werden: Bundesverfassungsgesetze (sogenannte Grundlagengesetze mit Verfassungsrang), einfache Bundesgesetze

215 S. ausführlicher hierzu in dieser Arbeit unten S. 134 ff.

und Gesetze der Föderationssubjekte. Die jeweils vorangestellte Gesetzesart beansprucht Geltungsvorrang. Förmliche Gesetze stehen in der Hierarchie über sonstigen normativen Akten.

Auch bei den Rechtsakten im Rang unter den förmlichen Gesetzen lässt sich eine Normenhierarchie ausmachen. An erster Stelle stehen hier die föderalen exekutiven Rechtsakte, die Verordnungen. Die Rechtsetzungskompetenz für die Exekutive ergibt sich dabei aus Art. 115 Abs. 1 Verf RF i. V. m. Art. 30 des Gesetzes „Über die Regierung der Russischen Föderation". Die Exekutive kann danach auf Grundlage und in Ausführung der Verfassung, der föderalen Gesetze und der Präsidialerlasse (die auch als Exekutivakte zu gelten haben, jedoch eine besondere Stellung im russischen Normensystems einnehmen, Art. 93 Abs. 3, Art. 15 Abs. 1 Verf RF) entsprechende gesetzeskonkretisierende Rechtsverordnungen erlassen. Ebenfalls zum Erlass von Verfügungen sind die mit den Ministerien auf gleicher Stufe stehenden sonstigen Bundesinstitutionen (beispielsweise die staatlichen Steuerbehörde oder der Bundesdienst für Atom- und Technikaufsicht) berechtigt, denen die Regierungsverordnungen jedoch grundsätzlich im Rang vorgehen. Kritisch lassen sich hier die vielen Bezeichnungsweisen der untergesetzlichen Rechtsakte bemängeln, da dies Rechtsunsicherheit hervorruft. Zwar sind die Hierarchien untergesetzlicher Normen zwischen verschiedenen Ebenen insofern immer eindeutig geklärt (föderal, regional, lokal). Die Hierarchien zwischen untergesetzlichen Normen einer Ebene bleiben aber oft unklar. Diese Problematik bezieht sich insbesondere auf folgende normative Regelungen: Hinweise, Instruktionen, Richtlinien, Satzungen, Anordnungen, Feststellungen.

b. Vorkonstitutionelles Recht

Aus dem deutschen Grundgesetz ist bekannt, dass vorkonstitutionelles Recht insofern anwendbar bleibt, als es der geltenden Verfassung nicht widerspricht, § 123 Abs. 1 GG.[216] Eine ähnliche Bestimmung enthält auch die russische Verfassung in Art. 2 ihrer Schluss- und Übergangsbestimmungen. Sie wird damit der rechtlichen Kontinuität während der Transformationsphase gerecht. Diesen Übergangsbestimmungen zufolge gelten vorkonstitutionelle Gesetze solange, bis ein entsprechendes nachkonstitutionelles Gesetz erlassen wird. Dabei darf das vorkonstitutionelle Recht weder der Verfassung noch sonstigem nachkonstitutionellem Bundesrecht widersprechen. Zunächst wurden während der

216 Außerdem gilt vorkonstitutionelles Recht auf dem Gebiet der konkurrierenden Gesetzgebung nach Art. 125 Nr. 1 GG als Bundesrecht fort, wenn es innerhalb einer oder mehrerer Besatzungszonen einheitlich galt.

Übergangsphase vor allem Bundesgesetze angepasst oder neu erlassen, so dass sich Kollisionsprobleme des vorkonstitutionellen Rechts heute überwiegend auf untergesetzliche Rechtsakte beschränken.[217] Bei der Kollision vorkonstitutionellen Rechts mit der russischen Verfassung oder russischem Bundesrecht erfolgt ein Außerkrafttreten der entsprechenden vorkonstitutionellen Norm nur per Gerichtsentscheidung des Verfassungsgerichts. Die bloße objektive Kollision bewirkt noch nicht das Außerkrafttreten der vorkonstitutionellen Norm. Bei einer Kollision mit einfachem Bundesrecht kann die Außerkraftsetzung auch durch die einfachen Gerichte geschehen, bei der Kollision mit der Verfassung nur durch ein entsprechendes Urteil des russischen Verfassungsgerichtshofes, Art. 125 Verf RF. Diese Kollisionsproblematik betraf auch die russischen Emissionsabgaben, die in einem vorkonstitutionellen Rechtsakt – der Regierungsverordnung N 632 – geregelt waren und nicht innerhalb der Übergangsphase angepasst wurden, somit schließlich mit dem neuen Umweltrecht und insbesondere mit dem Steuerrecht sowie mit den in der Verfassung enthaltenen Kompetenzregeln kollidierte.[218]

c. *Judikative Rechtsetzungstätigkeit*

Auch im Bereich der Judikative gibt es im russischen Normengefüge rechtsnormen-ähnliche Regelungen. Diese Form der Rechtsetzungstätigkeit soll kurz erläutert werden, da sie im russischen Emissionsabgabenrecht eine maßgebliche Rolle gespielt hat.[219] In Russland besteht eine rechtliche Bindungswirkung von Urteilen der obersten Gerichte, insbesondere des Verfassungsgerichts gegenüber niedrigeren Instanzen. Die einzelnen Kammern des Verfassungsgerichts und der Obersten Gerichte erlassen regelmäßig Erläuterungen zu Rechtsanwendungen, die nicht nur für die unteren instanzlichen Gerichte, sondern überdies für die gesamte Exekutive verbindlich sind. Dies wird als Rechtsetzungsbefugnis des höchstrichterlichen Teils der Judikative in der rechtswissenschaftlichen Literatur anerkannt, allerdings ist die rechtsstaatliche Zulässigkeit umstritten. Zwar erlangen auch nach deutschem Recht einige Entscheidungen des BVerfG Gesetzteskraft, § 31 Abs. 2 BVerfGG. Allerdings umfasst dies allein die *tragenden* Gründe der Entscheidung, wohingegen im russischen Recht auch ein orbiter

217 Da das sowjetische Rechtssystem durch eine Exekutiv- und Instruktionenfülle gekennzeichnet war, beschäftigen sich die heutigen Rechtsetzungsorgane noch immer mit der vollständigen Ersetzung des vorkonstitutionellen Rechts durch neue, angepasste Normen, insbesondere auch im Umweltverwaltungsrecht.

218 S. hierzu in diesem Kapitel Abschnitt E.III.4.d.

219 S. zur Rechtsprechung und diesen Urteilen umfassend in diesem Kapitel, Abschnitt E.III.4.d..

dictum nicht nur Rechts-, sondern auch Gesetzeskraft erringen kann. Damit ist die rechtsetzende Tätigkeit der russischen Judikative umfassender als die der deutschen.

2. Verfassungsrechtliche Grundlagen

Ausgehend von den allgemeinen Verfassungsgrundsätzen und der Rolle des Umweltschutzes in der Russischen Verfassung wird im Folgenden auf die Gesetzgebungskompetenzen der Legislative in den Bereichen „Umwelt" (implizierend Klimaschutz) sowie „Steuern und Abgaben" eingegangen. Die Entwicklung des russischen Föderalsystems mit seinen Besonderheiten spielt bei den Regelungen der Kompetenzabgrenzung und der Organzuständigkeit für die Sachgebiete „Steuern" und „Umwelt" eine besondere Rolle.

a. Gesetzesvorbehalt und Rechtsstaatsprinzip

Die Verfassung zählt zahlreiche Sachgebiete auf, zu deren Regelung sie ein föderales Gesetz (zakon) vorschreibt. Trotzdem spielt der „Gesetzesvorbehalt" als terminus technicus anders als im deutschen Recht in der russischen Rechtswissenschaft keine besondere Rolle.[220] Er wird entweder direkt aus dem Verfassungswortlaut oder aus dem Rechtsstaatsprinzip hergeleitet, das in den Artikeln 1 und 19 Verf RF niedergelegt ist. In der deutschen Dogmatik werden der einfache und der qualifizierte Gesetzesvorbehalt unterschieden. Die Differenzierung zwischen einfachem und qualifiziertem Gesetzesvorbehalt existiert in der russischen Dogmatik nicht ausdrücklich und wird in der russischen Rechtsprechung auch nicht einheitlich wahrgenommen.[221] Einen einfachen Gesetzesvorbehalt zur Sicherung der Grundrechte (Art. 19 bis 54 Verf RF) regelt Art. 55 Abs. 3 Verf RF, wonach Grundrechtseingriffe nur durch Gesetz, nicht durch untergesetzliche Regelungen vorgenommen werden dürfen. Qualifizierte Gesetzesvorbehalte zeichnen sich daneben durch bestimmte, besondere Anforderungen an den Zweck oder die Form der entsprechenden grundrechtseinschränkenden

220 Nußberger, „Die Entwicklung des russischen Rechts im Zeitalter von Rechts- und Sozialstaatsprinzip", in: JöR 46 (1998), S. 116 f.

221 S. m. w. N. bei Kutter/Schröder, „Steuerrecht in der Rechtsprechung des russischen Verfassungsgerichts seit 1995", in: Wirtschaft und Recht in Osteuropa 2001, S. 37-42, S. 40.

Gesetze aus. Für das Emissionsabgabensystem legen die Artikel 57 und 75 Abs. 3 Verf RF für sämtliche Steuern einen einfachen Gesetzesvorbehalt fest.

b. Umwelt- und Klimaschutz als Schutzgüter der russischen Verfassung

Die russische Verfassung enthält ein allgemeines Umwelt-Grundrecht verbunden mit „Grundpflichten" zum Umweltschutz, Art. 42 und Art. 57 Verf RF. Im Gegensatz zur deutschen Verfassung ist der Umweltschutz in Russland damit nicht nur Staatszielbestimmung, sondern hat – zumindest dogmatisch – den gleichen Rang wie die anderen Freiheitsgrundrechte. Weiterhin bestimmt Art. 72 Abs. 1 lit. k i. V. m. Art 76 Verf RF, dass für das Umweltschutzrecht insgesamt als auch für die jeweiligen Umweltmedien (Boden, Wasser, Wald, Luft) eine gemeinsame „konkurrierende" Gesetzgebungskompetenz der Föderation und der Föderationssubjekte (Gliedstaaten) besteht. Der Klimaschutz als besondere Rechtsmaterie ist in den Kompetenzregeln der Verfassung nicht erwähnt. Er wird von der allgemeineren Regelungskompetenz zum Umweltschutz mitumfasst.

aa. Konstitutionelle Umweltpflichten der Bürger als verfassungsimmanente Schranke

Gemäß Art. 57 Verf RF hat jeder Bürger die Pflicht, die Umwelt zu schonen und ihre Schädigung zu verhindern bzw. nach Möglichkeit zu vermeiden. Dies stellt eine verfassungsrechtliche Umschreibung der ökologischen Grundpflichten des Einzelnen im Umgang mit der Umwelt dar und ließe sich im Verhältnis zu den Grundrechten der russischen Verfassung als verfassungsimmanente Grundrechtsschranke qualifizieren. Die Aufnahme von sogenannten bürgerlichen „Grundpflichten" in die Verfassung entspringt den russisch-sowjetischen Verfassungstraditionen.[222] Praktische Bedeutung kommt solchen Verfassungsverpflichtungen des Einzelnen zum Schutz der Umwelt nicht zu.[223] Sie dienen als Schranke des korrespondierenden Grundrechts aus Art. 42, als Auslegungshilfe für das einfache Recht und ähnlich einer Staatszielbestimmung als Grundlage politischer Leitlinien.

222 S. hierzu bei: Bogoljubov, „Konstitutionnuije osnovui ochranui okruschajuschej sredui" (Verfassungsrechtliche Grundlagen des Umweltschutzes), Journal des Russischen Rechts, 2003, Nr. 11, S. 3 ff.

223 Dubovik, „Ekologitscheskoje pravo" (Umweltrecht), Moskau 2000, 33.

bb. Umweltschutz als Grundrecht in der russischen Verfassung

Ergänzend legt Art. 42 Verf RF fest, dass jeder Bürger ein Recht auf eine gesunde (blagoprijatnaja) Umwelt hat und gewährt gleichzeitig einen verfassungsrechtlichen Anspruch auf den Ersatz sämtlicher Schäden, die einer natürlichen Person an der Gesundheit oder ihrem Eigentum aufgrund einer Umweltrechtsverletzung entstehen. Darüber hinaus begründet Art. 42 Verf RF einen konstitutionellen Umweltinformationsanspruch. Damit erscheint Art. 42 Verf RF auf den ersten Blick als ein sehr fortschrittlicher Bestandteil der russischen Verfassung; ein solches Grundrecht ist in derartig umfassender Form in westlichen Verfassungen nicht bzw. nur als Staatszielbestimmung zu finden. Bereits die sowjetische Verfassung enthielt ein solches individuelles Umweltgrundrecht, das lediglich in die neue Verfassung 1993 übernommen worden ist.[224] Ob dies in tatsächlicher Hinsicht nun einen stärkeren Umweltschutz zur Folge hat, bleibt zu bezweifeln. Immerhin ist die verfassungsrechtliche Verankerung zumindest ein symbolischer Schritt in die richtige Richtung. Das Grundrecht auf eine gesunde Umwelt bezieht sich dabei auf einen Rahmen festgelegter Standards, die den „Schutz des Lebens und der Gesundheit des Menschen, der Flora und Fauna sowie den Erhalt des Genfonds“ sicherstellen sollen.[225] Der Wert der Umwelt um ihrer selbst Willen spielt hierbei jedoch keine Rolle. Vielmehr handelt es sich um eine ausschließlich anthropozentrisch geprägte Betrachtung. Anknüpfend an die früheren (sozialistischen) Verfassungstraditionen spielt das Umweltgrundrecht in der Rechtspraxis nach wie vor eine untergeordnete Rolle, was sich nicht zuletzt auch in den wenigen Klagen und Gerichtsentscheidungen, in denen Art. 42 Verf RF als Schutzrecht herangezogen wurde, widerspiegelt.

Umstritten ist die Frage, ob Art. 42 Verf RF ein subjektives, einklagbares Grundrecht begründet. Bedeutsam ist dies vor allem für die sich daraus ergebenden Schadensersatzansprüche einzelner Kläger gegen den Staat, vor allem im Rahmen möglicher Untätigkeitsklagen wegen des Unterlassenes der Wahr-

224 Art. 18 der Verfassung der UdSSR und vorübergehend auch der RSFSR lautete: „Im Interesse der gegenwärtigen und der zukünftigen Generationen werden in der Russischen Föderation die notwendigen Maßnahmen zum Schutz und zur wissenschaftlich begründeten, rationalen Nutzung des Bodens (...) der Sauberkeit von Luft (...) ergriffen.“ Zumindest aus der Formulierung lässt sich hier der im Klimaschutz grundlegende Begriff der Nachhaltigkeit erkennen, der ursprünglich ähnlich unverbindlich im internationalen Umweltrecht entstand. Eine derartig weitreichende Stellung hat er jedenfalls mit dem Inkrafttreten der neuen russischen Verfassung nicht mehr erlangt. Zur Rolle des Umweltschutzes im sowjetischen Sozialismus siehe umfassend in: Baller, „Rechtlicher Gewässerschutz in Russland: Geschichte, Theorie und Wirklichkeit“, Berlin 1995, S. 158 ff.

225 Bogoljubov, „Konstitutionnuije osnovui ochranui okruschajuschej sredui“ („Verfassungsrechtliche Grundlagen des Umweltschutzes“) Journal des Russischen Rechts, 2003, Nr. 11, S. 3-9; dies., in: Okunov, „Kommentarij k Konstitutcii RF“ (Kommentar zur Verfassung der Russischen Föderation), s. Art. 42 Verf RF.

nehmung staatlicher Umweltschutzpflichten, Art. 46 Abs. 2 Verf RF. Die Einklagbarkeit wird von der herrschenden Lehrmeinung in der russischen Rechtswissenschaft bejaht.[226] In verfassungssystematischer Auslegung wird dies damit begründet, dass sich das „Umweltgrundrecht" tatsächlich im Grundrechtskatalog der russischen Verfassung befindet. Vor allem lässt sich aber argumentativ heranziehen, dass dem russischen Verfassungsgeber die Differenzierung zwischen ‚Staatszielbestimmung' und ‚Grundrecht' bekannt war und ist, er sich also bewusst für die Grundrechtslösung entschieden hat.[227] Die Vertreter der individuellen Einklagbarkeit des Umweltgrundrechts betonen daneben, dass die subjektive Grundrechtsgarantie einerseits und die Klagebefugnis andererseits untrennbare Merkmale eines Grundrechts seien.[228] Allerdings hätte sich angesichts der realen Umweltsituation in der Russischen Föderation gestützt auf Art. 42 Verf RF eigentlich eine Klagewelle an das Verfassungsgericht richten müssen. Dies blieb in der Rechtspraxis aus. Es mehren sich die wissenschaftlichen Meinungen, die das Grundrecht auf gesunde Umwelt lediglich als allgemeine Verpflichtung des Staates auf Umweltschutz auslegen, seine individuelle gerichtliche Durchsetzbarkeit hingegen nicht als erfasst ansehen wollen.[229] Damit würde sich die russische Verfassungspraxis letztendlich an die deutsche Variante der Staatszielbestimmung annähern.

In Bezug auf den Klimaschutz kann Art. 42 Verf RF allerdings bislang kein Anspruch auf Reduktion von Treibhausgasemissionen entnommen werden. Hierzu fehlt es an der erforderlichen nachzuweisenden kausalen Betroffenheit. Allenfalls hinsichtlich der Akzeptanzverbesserung in der russischen Bevölkerung gegenüber dem sich entwickelnden Klimaschutzrecht könnte dem russischen Gesetzgeber hier eine Pflicht zur verstärkten Information erwachsen, die dieser aber bereits durch die umfangreichen Umweltbildungsprogramme als erfüllt ansicht. Ein subjektiv einklagbares Grundrecht auf THG-Emissionsreduktion lässt sich letztendlich Art. 42 Verf RF keinesfalls entnehmen.

226 Brincuk, in: Topornin: „Konstitucija Rossijskoj Federacii, Kommentarij k ctatjei 42", Moscow, 1994, S. 234; Bogoljubow, in: Okunkov, „Kommentarij k Konstitutcii RF", Moscow 1996, Art. 42, S. 139.

227 Schemschuschenko, „Pravovuije problemui ekologii" (Rechtsprobleme der Ökologie), Moskau 1989, S. 26 ff.

228 Dies., ebenda.

229 Bajsalov, in: Petrov, (Hrsg.), „Pravovaja ochrana okruschajuscheij sredui" (Rechtlicher Umweltschutz), Moskau 2000, S. 37.

cc. Grundrecht auf Umweltinformation

Art. 42 Verf RF beinhaltet auch das Grundrecht auf Umweltinformationen, ohne welches sich viele umweltrechtliche Ansprüche nicht realisieren ließen. Auch wenn Russland bisher die Aarhus Konvention nicht ratifiziert hat, verfügen die russischen Bürger (zumindest theoretisch) über umfangreiche Informations- und Beteiligungsrechte, die sich allerdings trotz des in Art. 42 Verf RF enthaltenen konstitutionellen Anspruchs auf Umweltinformationen weniger hieraus, als aus dem einfachen Recht ergeben. Art. 42 Verf RF dient damit letztendlich nur als Auslegungshilfe. Eine einheitliche gesetzliche Regelung des Umweltinformationsrechts fehlt bislang. Der russische Gesetzgeber konnte sich noch nicht zu einem eigenen Umweltinformationsgesetz durchringen, hat dieses Recht aber weit verstreut in viele gesetzliche und untergesetzliche Rechtsakte einfließen lassen (bspw. in das Gesetz über die ökologische Expertise, in die Umwelt-Audit-Verordnungen und in das Umweltschutzgesetz).[230]

c. Gesetzgebungskompetenzen

aa. Grundlagen des konstitutionellen Kompetenzgefüges – Föderative Zuständigkeitskonflikte

Bevor auf die einzelnen Gesetze und Rechtsakte zum Umwelt- und Klimaschutz eingegangen wird, sollen das Kompetenzgefüge der Verfassung und die Abgrenzungsprobleme zu den Gliedstaaten erläutert werden. Da die Russische Föderation ein föderativer Staat ist, sei zunächst die Verbandskompetenz für die Emissionsabgaben untersucht. Russland verfügt über keine historischen Föderalismustraditionen.[231] Die russische Verfassung[232] proklamiert in Art. 5 Pkt. 1 und 4 die Gleichberechtigung aller „Subjekte der Föderation“ (Gliedstaaten) sowohl untereinander als auch im Verhältnis zur Föderation. Allerdings differenziert sie hinsichtlich des Status' eines Subjektes nach Republiken, Autonomen Gebieten, Kreisen (krai) und Bezirken (oblast). Gemäß Art. 68 Pkt. 2 Verf RF haben Republiken (21 an der Zahl) – im Gegensatz zu den anderen Gliedstaaten der Föderation – das Recht auf eine eigene Staatssprache und eine eigene (zusätzliche aber zweitrangige) Verfassung, da sie im Verband der Föderation als „Staaten“ aner-

230 S. hierzu ausführlich in dieser Arbeit, Kapitel 2 Abschnitt II.3.

231 Vgl. etwa: Awakjan, „Der Status der Subjekte und die Formierung der regionalen Politiken der Russischen Föderation“, in: Traut, Verfassung und Föderalismus Russlands im internationalen Vergleich, Baden-Baden, S. 9 ff.

232 In Kraft getreten nach einem Referendum am 25.12.1993.

kannt werden (Art. 5 Pkt. 2 Verf RF). Zur Abgrenzung der Kompetenzen zwischen der Föderationsverfassung und den Verfassungen der Republiken wurden sogenannte Abgrenzungsverträge abgeschlossen, die sich auch auf Bereiche des Umweltschutzes bezogen (beispielsweise mit der Republik Baschkortostan, die sich im Bereich der Emissionsabgaben durch großen legislativen Aktionismus auszeichnete). Sämtliche übrigen Föderationssubjekte, wie die Autonomen Gebiete, die „oblasts" und „krais" verfügen gegenüber der föderalen Verfassung nur über untergeordnete „Statute", im übertragenen Sinne „Satzungen". Die gesetzgeberische Kompetenzverteilung findet in der Russischen Föderation ihre Grundlagen einerseits in den Art. 71 ff. Verf RF, andererseits gemäß Art. 11 Pkt. 3 Verf RF in den Verträgen zwischen der Föderation und den Republiken.[233]

Die üblicherweise in Föderalverfassungen anzutreffende Grundkonzeption der Kompetenzen – Rechtsetzung, Vollzug und Rechtsprechung – findet sich in dieser Weise in der russischen Verfassung nicht wieder. Vielmehr geht der russische Verfassungsgeber von einer umfassenden Kompetenz aus, bei der die mit einem Sachgebiet zusammenhängende Verwaltungs- und Vollzugskompetenz mit der Gesetzeskompetenz gekoppelt ist. Allgemein werden drei Typen von Kompetenzen unterschieden: die ausschließliche Zuständigkeit der Föderation (Art. 71 Verf), die gemeinsame Zuständigkeit von Föderation und Gliedstaaten (Art. 72 Verf) sowie die Kompetenz der Föderationssubjekte für die verbleibenden Regelungsbereiche.

Art. 73 i. V. m. Art. 76 Abs. 4 Verf RF enthält – zumindest theoretisch – eine grundsätzliche Kompetenzvermutung zugunsten der Föderationssubjekte, was durch Art. 76 Abs. 6 Verf RF dadurch unterstrichen wird, dass kompetenzgerecht erlassene Rechtsakte der Subjekte Vorrang vor kompetenzwidrig erlassenen föderativen Rechtsakten (des Bundes) haben sollen. In der Verfassungspraxis liegt die Gewichtung aber entgegen dieser Verfassungsregel und Kompetenzvermutung beim Bund. Ausschließliche und gemeinsame Kompetenz werden derart ausgelegt, dass die zugunsten der Gliedstaaten aufgestellte Regel sich bei einem Blick auf das politische Gewicht der zugewiesenen Sachgebiete umzukehren scheint. Die in Art. 71 und 72 niedergelegten Rechtsetzungskompetenzen, die sämtliche politisch und wirtschaftlich bedeutsamen Sachgebiete enthalten, sind als ausschließliche Kompetenzen dem Bund zugesprochen. Die verbleibenden Kompetenzen können durch die Föderationssubjekte geregelt werden. Die Subjekte durften ursprünglich immer erst nach der Verabschiedung der betreffenden föderalen Gesetze und nur in Ausnahmefällen bereits vorher im gleichen

233 S. umfassend zu diesem Bereich: Schneider, „Das politische System der Russischen Föderation", Opladen 1999, S. 133, der 35 Kompetenzabgrenzungsverträge zählt.

Sachgebiet gesetzgeberisch aktiv werden.[234] Dem hat sich schließlich die Rechtsprechung des russischen Verfassungsgerichtshofs entgegengestellt.[235]

Interessanterweise wurden den Föderationssubjekten über Art. 72 Verf RF Sachgebiete und Regelungsmaterien subsidiär gegenüber der Föderation zugewiesen, die nach der Natur der Sache für eine eigenständige Regelung durch einen einzelnen Gliedstaat nicht geeignet sein können (s. beispielsweise das Gesundheitswesen, die Außenwirtschaft und die Außenpolitik). Daneben stellt sich die Frage, ob die Kompetenzkataloge der Art. 71 ff. Verf RF abschließend sind oder ähnlich wie in der deutschen Verfassung durch die ungeschriebenen Kompetenzregelungen zweckmäßig erweitert werden können. Dafür sprächen zumindest die oft sehr allgemein und nur ungenau umrissenen Sachgebietsformulierungen. Dem entgegen vertritt die herrschende Ansicht in der Literatur die Auffassung, dass die Kompetenzaufzählungen trotz der ungenauen Formulierung in der Verfassung als abschließende Zuständigkeitskataloge zu verstehen seien und darüber hinaus keine Kompetenzen bestünden.[236]

Die ausschließliche Gesetzgebungskompetenz ist ohne Besonderheiten wie in anderen föderal-staatlichen Verfassungen aufgebaut.[237] Sie ist einzig für die in Art. 71 Verf RF ausdrücklich genannten Sachgebiete in abschließender Weise begründet.[238] Demgegenüber sind die „gemeinsamen Kompetenzen" des Art. 72 Verf RF nicht mit dem Verständnis der deutschen konkurrierenden Gesetzgebung vergleichbar. Vielmehr sind zwischen Art. 72 Verf RF und Art. 74 GG nur sehr eingeschränkt Parallelen zu ziehen. Entsprechend Art 74 GG können die Länder im Bereich der konkurrierenden Gesetzgebung tätig werden, solange und

234 Dieser Konflikt hätte auf zweierlei Weise frühzeitig und eindeutig gelöst werden können: erstens durch die Verabschiedung eines Gesetzes, welches das Verfahren und die Prinzipien der Kompetenzabgrenzung (hinsichtlich der föderalen Organe der Staatsgewalt und der Organe der Subjekte) regelt – oder zweitens durch Kompetenzabgrenzungsverträge zwischen der Föderation und den Subjekten, wie sie in Art. 11 Pkt. 3 Verf RF ausdrücklich vorgesehen sind. Auch die Umdeutung der gemeinsamen in eine konkurrierende Gesetzgebungskompetenz wurde vorgeschlagen, verbunden mit einer Stärkung der Kompetenzen der Gliedstaaten. Ein entsprechender Entwurf wurde am 22.12.1994 von der Duma in erster Lesung abgelehnt und seither nicht mehr erneut eingebracht.

235 Verfassungsgerichtsentscheidungen RF vom 20.5. und 21.6.1996.

236 So die herrschende russische Literaturmeinung: Kutafin/Topornin, (Hrsg.), „Konstitucija Rossijskoj Federacii – Naučno-praktičeskij Kommmentarij" (Die Verfassung der Russischen Föderation – Eine wissenschaftlich-praxisorientierte Kommentierung), Moskau 1997, Art. 73, S. 433; Mojseenko, in Karpovič, „Kommentarij k Konstitucii Rossijskoj Federacii" (Kommentar zur russischen Verfassung), Moskau 2002, zu Art. 73, S. 559.

237 In der deutschen Verfassung in Entsprechung zu Art. 73 GG, mit Ausnahme der Kompetenz kraft Sachzusammenhang oder kraft Natur der Sache.

238 Auch die Rechtsprechung geht in diese Richtung, hat darüber hinaus aber eine Tendenz, die der ausschließlichen Kompetenz der Föderation zugewiesenen Sachgebiete weit auszulegen und auch solche Materien darunter zu subsumieren, die so ausdrücklich nicht in dem Kompetenzkatalog genannt sind. S. hierzu beispielsweise die Entscheidung des Verfassungsgerichts der Russischen Föderation vom 4.3.1997, betreffend das Gesetz „Über Reklame", Vestnik Konstitucionogo Suda (Verfassungsgerichtssammlung) 1997, H.1, 54.

soweit nicht der Bund von seiner Gesetzgebungsbefugnis Gebrauch gemacht hat. Es fehlt aber im russischen Verfassungstext an einer dem deutschen Art. 72 GG entsprechenden einschränkenden Regelung (Erforderlichkeitsklausel, die auch nach der Föderalismusreform noch für einen Teil der Sachgebiete vorausgesetzt wird), wonach der Bund in einigen Bereichen der konkurrierenden Gesetzgebung nur dann eine Rechtsetzungsbefugnis hat, wenn und soweit die Herstellung gleichwertiger Lebensverhältnisse im Bundesgebiet oder die Wahrung der Rechts- oder Wirtschaftseinheit im gesamtstaatlichen Interesse eine bundesgesetzliche Regelung erforderlich machen. Demgegenüber wird in der russischen Verfassungsliteratur die konkurrierende Gesetzgebungsbefugnis im Einzelnen zugunsten einer Rechtsetzungsvorrangigkeit des Bundes ausgelegt. Jedoch fehlt dem russischen Kompetenzkatalog eine angemessene Einschränkung des Bundesgesetzgebers im Bereich der „gemeinsamen Kompetenz". „Die Konstruktion einer gemeinsamen Kompetenz von Föderation und Subjekten der Föderation weist nach deutschem Verfassungsverständnis vielmehr gewisse Elemente einer Rahmengesetzgebungskompetenz auf", wobei die konkrete materielle Ausgestaltung dieser Kompetenz eher Züge einer „ausschließlichen Föderationskompetenz mit föderalem Feigenblatt" trägt.[239]

Die höchstrichterliche Rechtsprechung der russischen Föderation hat diese uferlose Kompetenzzuweisung allerdings 1996 zugunsten der Föderationssubjekte etwas eingeschränkt. Danach können die Gliedstaaten jedenfalls so lange uneingeschränkt in einem Sachgebiet Normen erlassen, wie die Föderation noch nicht tätig geworden ist.[240] Diese „Gliedstaaten-Gesetze" müssen jedoch spätestens bei Erlass eines föderalen Gesetzes zur gemeinsamen Sachmaterie mit dem dann erlassenen Bundesgesetz in Einklang gebracht werden. Die Begründung für diese Regelung ist offensichtlich an die rechtsersetzende Dekretmacht des Präsidenten angelehnt, wonach die Regelungsbedürftigkeit bestimmter gesellschaftlicher oder wirtschaftlicher Bereiche des Staates während einer vorübergehenden Handlungsunfähigkeit durch den (auch Gliedstaaten-) Gesetzgeber vorläufig gesichert und wenigstens eine gewisse Rechtssicherheit geschaffen werden soll. Damit stützt sich die Begründung auf das Erfordernis der Regelungsbedürftigkeit während der Transformationsphase, in der der Bundesgesetzgeber nicht alle regelungsbedürftigen Fragen umgehend klären kann.

239 Baller, „Rechtlicher Gewässerschutz der Russischen Föderation: Geschichte, Theorie und Wirklichkeit", Berlin 1995, S. 157 f.; siehe auch Nachweis unter FN. 241.

240 Entscheidung des russischen Verfassungsgerichts vom 22.5. sowie vom 21.6.1996, Konstitucionnyj Sud Rossijskoj Federaci, Postanovleniia. Opredelenija, 1992–1996, Moskau 1997, S. 181 bzw. 453.

Das russische Verfassungsgericht hat im Laufe seiner Rechtsprechung zu den Kompetenzabgrenzungsregeln versucht, tendenziell die Regulierungsaktivitäten der Föderation gegenüber den Gliedstaaten im Bereich der „gemeinsamen Kompetenzen" einzuschränken. Auf dieser Grundlage wurde das Gesetz „Über die Prinzipien und das Verfahren der Abgrenzung der Gegenstände der Sachkompetenzen und der Befugnisse zwischen den Organen der Staatsgewalt der Russischen Föderation und den Organen der Staatsgewalt der Föderationssubjekte" erlassen. Darin bestimmt Art. 12 Abs. 2, dass die auf dem Gebiet der „gemeinsamen Kompetenzen" erlassenen Bundesgesetze sich nur auf drei Regelungsbereiche erstrecken dürfen: erstens auf die allgemeinen Grundprinzipien des betreffenden Sachgebiets, zweitens auf die konkrete Abgrenzung funktionaler Befugnisse föderaler oder regionaler Verfassungsorgane für ein entsprechendes Sachgebiet und drittens auf die Aus- und Durchführung des dadurch definierten föderalen Anteils des in die gemeinsame Kompetenz fallenden Sachgebietes.[241] Bei Vertiefung dieser höchstrichterlich entstandenen Abgrenzungskriterien fällt aber auf, dass die Unbestimmtheit und damit die potenzielle Auslegungs- und Beurteilungsweite dieser Kriterien keine einheitliche Orientierung und endgültige Lösung für Kompetenzstreitigkeiten auf Bund-Gliedstaaten-Ebene bietet.

Insgesamt ist die Kompetenzverteilung der russischen Verfassung letztlich Kritik ausgesetzt, dass sie eine die Interessen von Föderation und Föderationsstaaten ausgleichende Handhabung oft auszuschließen scheint.[242] Einige Kompetenzkollisionen sind aber auf die Transformationsphase und das Außerachtlassen bzw. die Änderung früherer Verfassungstraditionen zurückzuführen. Vor allem die Vermischung von Normensetzungs- und Vollzugskompetenzen – im Gegensatz zu der klaren Unterscheidung zwischen den sich in der deutschen Verfassung aus Art. 70 ff. GG und Art. 84 ff. GG ergebenden Kompetenzen – ist für die russische Verfassung negativ kennzeichnend. Sie beeinflusst die Flexibilität der Exekutive und führt zu Vermischungen zwischen Legislative und Exekutive.[243] Hinzutritt, dass die Bestimmungen der ausschließlichen Kompetenzen der Föderation (Art. 71 Verf RF) weitgehend tautologisch aufgebaut und

241 Zu weiteren Entscheidungen des Russischen Verfassungsgerichts; s. näher in: Luchterhandt, „Russlands Finanzverfassung zwischen Unitarismus und Budgetföderalismus", in: Staat, Wirtschaft, Finanzverfassung, Festschrift für Selmer, 2004, S. 798.

242 Luchterhandt, „Zum Entwicklungsstand des Föderalismus in Russland", in: Kappeler, (Hg.), Regionalismus und Nationalismus in Russland, Baden-Baden 1996, S. 243, 249 f.

243 Beispielsweise Art. 71 lit. g Verf RF: Bestimmung der Rechtsgrundlagen eines einheitlichen Marktes; Finanz-, Währungs-, Kredit- und Zollregelungen), der nur auf Normensetzung abzielt; demgegenüber Art. 72 lit. h Verf RF: Verwirklichung von Maßnahmen zur Bekämpfung von Katastrophen...), der offenkundig nur den Vollzug meint.

formuliert sind.[244] Dies hatte zusätzlich zur Folge, dass die Föderation gleichzeitig Funktionen der Legislative als auch der Exekutive wahrnahm und ihre Zuständigkeiten zudem dadurch erweiterte, dass sie schlicht eine Sachmaterie als „föderal" deklarierte.[245]

Anlass von Kompetenzstreitigkeiten ergeben sich weiterhin dadurch, dass einige Sachgebiete gleichzeitig der ausschließlichen und gemeinsamen Kompetenz zugeteilt sind, beispielsweise die für die vorliegende Arbeit relevante Steuer- und Abgabengesetzgebung in Art. 71 Pkt. „z" (ausschließliche Kompetenz) und Art. 72 Pkt. „i" (gemeinsame Kompetenz) Verf RF. Die problematische Vermischung wird auch nicht durch die Unterscheidung „allgemeine Grundlagen" (dann Bundeskompetenz) und „konkrete Einzelregelungen" (dann Zuständigkeit der Föderationssubjekte) entschärft. Das Verfassungsgericht, das in diesem Bereich bereits einige Entscheidungen getroffen hat, ist selbst von Widersprüchen nicht frei und hat bisher keine handhabbaren Abgrenzungsmerkmale für „allgemeine Grundlagen" gegenüber detaillierten regionalen Einzelregelungen aufgestellt. Insofern bleibt es wohl auch in der Verfassungsrechtsprechung zukünftig tendenziell bei einer Einzelfallentscheidung in Kompetenzabgrenzungsfragen.[246]

bb. Die Rolle von Kompetenzabgrenzungsverträgen

Gemäß Art. 76 Abs. 4 und 5 Verf RF dürfen die Föderationssubjekte außerhalb der föderalen Zuständigkeiten ihre eigenen rechtlichen Regelungen treffen (Abs. 4), die aber der Verfassung und den föderalen Gesetzen nicht widersprechen dürfen (Abs. 5), vor allem was die exekutiven Befugnisse betrifft. Insoweit bestanden Unklarheiten bei der Kompetenzabgrenzung zwischen den sogenannten Kompetenzabgrenzungsverträgen (KAV), den eigenständigen Republiken und der Verfassung. Hier hatten durch die Separationsbestrebungen einzelne Regionen während der Aushandlung der KAV mit der Föderation einige Besonderheiten gegenüber der allgemeinen verfassungsrechtlichen Kompetenzordnung vereinbaren können. Einzelne Kompetenzkollisionen zwischen der Föderation und den entsprechenden Republiken wurden so bis ins Jahr 2000 durch die KAV kompensiert. Aus dieser Praxis ergab sich einerseits die Frage nach der Rechts-

244 Art. 71 lit. e) das föderale Eigentum und seine Verwaltung; lit. h) der föderale Haushalt, die föderalen Steuern; lit. i) die föderalen Energiesysteme usw.

245 Luchterhandt spricht von einer verborgenen Kompetenzkompetenz: „Zum Entwicklungsstand des Föderalismus in Russland", in: Kappeler, (Hrsg.), Regionalismus und Nationalismus in Russland, Baden-Baden 1996, S. 243, 250.

246 Auf diese Weise gewinnt das Verfassungsgericht nicht nur zunehmende Bedeutung im Rechtsetzungsverfahren, sondern wird auch stark politisiert.

grundlage für diese KAV, andererseits die Frage nach der Stellung der auf Grundlage der KAV auf Gliedstaatenebene erlassenen Verfassungen und Gesetze in der Normenhierarchie der Föderation. Die Abgrenzungsverträge erstreckten sich vorwiegend auf Sachgebiete der wirtschaftlichen Zusammenarbeit, der Kriminalitätsbekämpfung und auf Fragen des Eigentums an natürlichen Ressourcen, insbesondere Erdgas und Erdöl. Teilweise wurde vertreten, dass die Republiken auf Grundlage der Regelung des Art. 11 Abs. 3 Verf RF die Möglichkeit hatten, KAV zu vereinbaren,[247] die gegenüber der Föderationsverfassung vollkommen eigenständig sein könnten. Dies würde jedoch zu der Auslegung führen, dass die Kompetenzregeln der Art. 71 ff. Verf RF eben nicht abschließend wären, denn Art. 11 Verf RF würde dann als allgemeinere Grundlagenregelung den Kompetenzregeln vorgehen.[248] Dies entspricht nicht der herrschenden Auslegung.

Ein 1999 erlassenes föderales Kompetenzabgrenzungsgesetz regelte schließlich, auch unter Einbeziehung der KAV, einen großen Teil der strittigen Kompetenzfragen. Die Frage nach dem Verhältnis der KAV zur Föderationsverfassung wurde darin letztendlich zugunsten der föderalen Verfassung entschieden. Die KAV, und damit auch die Verfassungen der Republiken, wurden in der Normenhierarchie der Bundesverfassung untergeordnet.[249] Im Rahmen der Rezentralisierung unter Präsident Putin wurden die KAV durch Einsetzung einer Sonderkommission bis Ende 2003 zumindest in weiten Teilen revidiert, so dass auch sämtliche (mittelbar „klimaschutzrelevanten“) Vereinbarungen über Erdöl- und Erdgasnutzungsrechte, Produktionsweisen und unabhängige Emissionsabgabenerhebungsrechte (wie sie vor allem durch die Republik Baschkortostan,[250] insbesondere dort für den Verkehrssektor mit guten Ansätzen wahrgenommen wurden) wirkungs- und bedeutungslos geworden sind. Parallel zur Auflösung der KAV wurde die Unabhängigkeit der Föderationssubjekte durch eine zusätzliche Neugliederung der Föderation in sieben „Föderalbezirke“ (Großver-

247 Zwischen 1994 und 1998 hat Moskau 42 Kompetenzabgrenzungsverträge mit 46 Föderationssubjekten geschlossen: zehn Republiken und 36 Gebiete, Autonome Gebiete und die zwei Föderalen Städte. Unter Putin wurde ein Teil dieser Verträge bis Ende Mai 2002 annulliert und bisher durch 27 neue Kompetenzabgrenzungsverträge ersetzt (die auch Kündigungsverträge genannt werden). S. eingehender: Schneider, „Die Kompetenzabgrenzungsverträge“, in: Brunner (Hrsg.), Der russische Föderalismus, Münster 2004, S. 61 ff.

248 Giesecke, „Die auswärtige Gewalt in der Russischen Föderation und die Rolle des Völkerrechts in der russländischen Rechtsordnung“, Frankfurt a. M. 2004, mit vielen Verweisen auf die verfassungsrechtliche Rechtsprechung zur Rolle und Stellung der Kompetenzabgrenzungsverträge im russischen Normengefüge, hier insbesondere S. 45 ff.

249 So auch das Verfassungsgericht: in VKS (Verfassungsgerichtsjournal) 2000, Nr. 5, Urteil vom 7.6.2000, S. 2 (sogenannte Altai-Entscheidung) sowie VKS 2000 Nr. 5, S. 59 (sogenannter Adygeja-Beschluss).

250 Einer der wenigen Gliedstaaten, die ihre „Unabhängigkeit“ trotz der Kommissionstätigkeit halten konnte.

waltungseinheiten), durch die Ernennung bevollmächtigter Vertreter durch die Föderation und durch kompetenzrechtliche Degradierung bzw. Aufhebung der Funktionen der bisherigen Gliedstaatenrepräsentanten und des Föderationsrates stark eingeschränkt und geschwächt.[251] Die KAV sind damit auch im Rahmen umweltrechtlicher Betrachtungen heute nicht mehr von Bedeutung.

cc. Kompetenzen zu den Sachgebieten „Steuern und Abgaben" und „Umwelt"

aaa. Umwelt- und Klimaschutzkompetenzen

Der Umweltschutz fällt gemäß Art. 72 Verf RF in die „gemeinsame Kompetenz" von Föderation und Föderationssubjekten. Der Klimaschutz wird dabei als spezieller Regelungsbereich von der Sachmaterie des „Umweltschutzes" mitumfasst. Die Föderationssubjekte sind wie oben gezeigt praktisch nur subsidiär zuständig. Teilweise ließe sich die Umweltsachkompetenz auch durch einen anderweitigen Sachzusammenhang begründen, so beispielsweise für Umweltabgaben aus der steuerrechtlichen Sachkompetenz des Bundes. Daneben weist Art. 71 Verf RF die Regelung von Bundesumweltprogrammen sowie die Regulierung der Energieressourcen und des Energiesystems (lit. „n") als ausschließliche Kompetenz dem Bund zu. Die ausschließliche Föderationskompetenz für den russischen Luftraum, festgelegt in Art. 71 lit. „i" Verf RF, wird demgegenüber nicht als Kompetenzgrundlage für Legislativakte zur Reduktion von Treibhausgasemissionen herangezogen, sondern dient lediglich der einheitlichen Regelung von Verkehr und Sicherheit im russischen Luftraum.

bbb. Steuer- und Abgaben im Kompetenzgefüge

Steuerrechtliche Kompetenzregelungen ergeben sich aus den Art. 71, 72, 76 und 132 der Verf RF. Daneben enthält die russische Verfassung aber keine der deutschen Finanzverfassung entsprechende differenzierende Regelung, sondern weist diese Materie vollständig und ohne Differenzierungen dem Bundesgesetzgeber nach den allgemeinen Kompetenzregeln zu. In Art. 71 lit. „z" Verf RF ist die Steuer- und Abgabengesetzgebung der ausschließlichen Gesetzgebungskompetenz der Föderation zugewiesen. Gemäß Art. 71 lit. „h" Verf RF ist die Föderation ausschließlich zur Festlegung und Verwaltung der föderalen Steuern und Abgaben sowie deren Kontrolle ermächtigt. In die „gemeinsame" Kompetenz

251 Ukaz vom 31.5.2000, abgedruckt in SZRF 2000, Nr. 20, Pos. 2112.

nach Art. 72 Abs. 1 lit. „i" i. V. m. Art. 76 Abs. 2 Verf RF fällt lediglich die Regelung der „allgemeinen Prinzipien der Besteuerung". Problematisch ist allerdings, dass daneben Art. 75 Abs. 3 Verf RF die Regelung der „allgemeinen Grundlagen des Steuersystems" nur durch ein *Bundesgesetz* zulässt. Art. 75 Abs. 3 Verf RF entzieht den Gliedstaaten damit theoretisch jegliche Steuerkompetenz.

In der Rechtsetzungspraxis wurden Kompetenzkonflikte zwischen der Föderation und den Föderationssubjekten für Steuern und Abgaben dadurch umgangen, dass eine Abgabenart schlicht als Einnahme für den *föderalen* Haushalt deklariert wurde und damit als föderale Abgabe der vorrangigen Regelungszuständigkeit des Bundes zugewiesen wurde. Die Deklaration als Bundessteuer oder -abgabe hatte quasi konstitutive Wirkung, wurde aber schließlich durch die Rechtsprechung des Verfassungsgerichts RF dahingehend eingeschränkt, dass die bloße formale Einnahmenzuteilung an den föderalen Haushalt kein Abgrenzungs- bzw. auch kein Tatbestandsmerkmal für die Bestimmung der Kompetenz sein könne.[252] Danach geht nun die Kompetenz der Föderation gegenüber den Föderationssubjekten im Bereich der Steuern nur so weit, als dass die Föderation die wesentlichen Grundlagen und Prinzipien regelt, die Föderationssubjekte hingegen die ausfüllende Zuständigkeit für Detailregelungen besitzen. Letztendlich stellt dies keine der konkurrierenden, sondern der früheren deutschen Rahmengesetzgebung ähnliche Kompetenzregelung dar.

Bei kompetenzrechtlichen Abgrenzungsfragen war zudem weiterhin lange umstritten, welche verfassungsrechtlichen Anforderungen an untergesetzliche Steuervorschriften und an deren Ermächtigungsgrundlagen zu stellen sind. Da die Art. 57 und 75 Verf RF keinen Aufschluss darüber geben, ob der Gesetzgeber durch „Blankettvorschriften" die Exekutive zum Erlass neuer Steuern und Abgaben ermächtigen darf (seine Zuständigkeit also vollständig uneingeschränkt delegieren kann), hatte die russische Rechtsprechung zu entscheiden, ob der Gesetzgeber noch weitere Regelungen zur Ausgestaltung treffen muss oder dies allein einem Verordnungsgeber überlassen werden kann. Ähnlich der deutschen Wesentlichkeitstheorie bestimmte das russische Verfassungsgericht, dass eine umfassende Regelungsdelegation unzulässig sei und der Gesetzgeber alle wesentlichen Elemente einer Steuer selbst regeln müsse und dies nicht der Exekutive überlassen dürfe.[253] Art. 75 Abs. 3 Verf RF sei insoweit ausdrücklich am Wortlaut orientiert auszulegen, wonach der Gesetzgeber die allgemeinen Prinzipien der Besteuerung selbst durch ein föderales Gesetz regeln müsse.

252 S. dazu später unter „höchstrichterliche Rechtsprechung", S. 114 f.

253 Urteil des Verfassungsgerichts 3-P vom 18.2.1997, Absatz 4 der Entscheidungsbegründung.

In der Rechtsprechung über die Emissionsabgaben[254] wurde die ursprünglich grundlegende Emissionsabgabenverordnung N 632 gerade mit dem Argument angegriffen, dass durch sie eine vollständige Steuer- bzw. Abgabenregelung per Exekutivnormierung stattgefunden habe und damit gegen die verfassungsrechtliche Regelungspflicht des Gesetzgebers verstoßen worden sei. Nach anderer Ansicht einiger Verfassungsrichter[255] in einem früheren Verfahren sei dem Wortlaut des Art. 75 Abs. 3 Verf RF aber gerade nicht zu entnehmen, wie weit die Bestimmtheit der föderalen Steuerregelung gehen müsse. Es sei im Wortlaut nur von „föderalen Gesetzen" die Rede, worunter auch das Haushaltsgesetz falle. Einer weitergehenden Regelung durch die Exekutive stehe damit nichts im Wege. Die Aufstellung eines Einnahmenpostens aus Emissionsabgaben im Haushaltsgesetz sei ausreichend.

Dieser Ansicht sind jedoch neben den bereits genannten Bedenken vor allem aus Sicht des Gewaltenteilungsgrundsatzes und des Rechtsstaatsgebots Einwände entgegenzuhalten, weil sie indirekt eine Umgehungsmöglichkeit der in der Verfassung aus guten Gründen vorgenommenen Kompetenzabgrenzungen der Art. 71 ff. Verf RF eröffnet. Der Gesetzgeber hat die wesentlichen Aspekte der Emissionsabgaben selbst zu regeln.

Neben der Föderation haben auch die Organe der örtlichen Selbstverwaltung das Recht, örtliche Steuern selbst zu bestimmen (Art. 132 Abs. 1 Verf RF). Ein Steuerfindungsrecht sieht die Verfassung hingegen weder für die Gliedstaaten noch für die Kommunen vor.

In den vergangenen Jahren hat es einige – mehr oder weniger halbherzige – Versuche gegeben, Prinzipien eines Budgetföderalismus im russischen Finanzrecht einzuführen. Im August 2001 hat die Regierung ein Reformprogramm verabschiedet, welches darauf abzielte, den Regionen und kommunalen Selbstverwaltungskörperschaften eine ausreichende, eigenständige Steuer- und Haushaltspolitik zu ermöglichen und in diesem Rahmen auch ihre Abgabenkompetenzen zu stärken.[256] Eine von Juni 2001 bis Ende 2003 durch Präsident Putin eingesetzte Sonderkommission[257] im Bereich der Kompetenzfragen zwischen Föderation, Gliedstaaten und Selbstverwaltungseinheiten unternahm im Organisationsgesetz vom 4.7.2003 sogar den Versuch, die Verteilung der Sachgebiete

254 S. eingehender dazu unten, S. 114 f.

255 Sondervotum der Verfassungsrichterin Marschchakova zum Urteil des Verfassungsgerichts 3-P vom 18.2.1997.

256 Reformprogramm „Über die Entwicklung eines Budgetföderalismus der Russischen Föderation bis 2005", s. auch Regierungsverordnung in SZRF 2001, Nr. 34, Pos. 3503.

257 Ukaz vom 21.6.2001, SZRF Nr. 26 Pos. 2652 und Ukaz 1395 vom 27.11.2003.

und Aufgaben im Bereich Steuern und Abgaben sowie deren Finanzierung zwischen der Föderation und den Gliedstaaten neu und klar zu gliedern. Jedoch ist auch dieser Reformversuch nur oberflächlich gelungen. Art. 26.15 bis 26.19 des OrgG zählen lediglich die allgemeinen Einnahmequellen der Subjekte auf, ohne bestimmte Steuern aufzuschlüsseln. Jüngst befasste sich eine weitere durch Präsident Putin Anfang 2005 eingesetzte Sonderkommission wieder mit der Erarbeitung und Umsetzung von Reformmaßnahmen,[258] die in die gleiche Richtung gehen wie 2001–2003. Letztendlich wird lediglich solchen Rechtsnormen eine Erfolgsaussicht zugesprochen, welche die zentrale Abgabenadministration für Entlastungen des Föderalhaushaltes auf die Regionen abwälzen wollen.

dd. Rechtsetzungskompetenzen des Präsidenten – Der Ukas im russischen Umweltrecht

Aufgrund der großen Bedeutung der Präsidialdekrete in der russischen Normenhierarchie seien kurz die wichtigsten Verfassungsfragen hierzu angesprochen. Dem Präsidenten kommt im russischen Verfassungssystem eine Sonderstellung zu. Einerseits besitzt er gemäß Art. 80 Abs. 3 Verf RF (wie auch in der amerikanischen Verfassung) die Richtlinienkompetenz in der Innen- und Außenpolitik. Im Unterschied zur amerikanischen Verfassung ist der russische Präsident nicht „Bestandteil" der Regierung, sondern steht *neben* ihr und wirkt lediglich in einigen Bereichen mit ihr zusammen.[259] Weiterhin gewährt Art. 104 Abs. 1 Verf RF dem Präsidenten ein Gesetzesinitiativrecht sowie ein Vetorecht, mit dem er das Inkrafttreten von Gesetzen verhindern kann, sofern das Veto nicht wiederum mit einer 2/3-Mehrheit der Duma-Abgeordneten überstimmt wird, Art. 107 Abs. 3 Verf RF.

Die wichtigste Kompetenz – vor allem auch aus machtpolitischer Sicht – ist jedoch die rechtsetzende Befugnis aus Art. 90 Abs. 1 Verf RF. Der Präsident ist

258 Regierungsverordnung Nr. 100 vom 2.3.2005.

259 So zeigt sich die Eigenständigkeit des Präsidenten an verschiedenen Stellen der Verfassungsordnung: Die Regierung macht dem Präsidenten, der eine umfassende Richtlinienkompetenz besitzt, lediglich Vorschläge für den Aufbau der Vollzugsorgane der Exekutive, Art. 112 Abs. 1 Verf RF; und während der Präsident für die Einheitlichkeit der staatlichen Verwaltung verantwortlich ist, garantiert die Regierung die Umsetzung der politischen Leitlinien. Teilweise wird dieses Modell der russischen Präsidialverfassung mit der französischen fünften Republik verglichen: s. Giesecke, „Die auswärtige Gewalt in der Russischen Föderation und die Rolle des Völkerrechts in der russländischen Rechtsordnung", Frankfurt a. M. 2004, S. 130 f. Insgesamt zu dieser interessanten verfassungsrechtlichen Problematik s.: Kozlova/Kutafin, „Konstitucionnoje pravo Rossii" (Verfassungsrecht Russlands) Moskau 1999, S. 342 f.; Okunkov u.a. (Hrsg.), Verfassungskommentar, Moskau 1996, zu Art. 80, S. 359 ff.

danach zum Erlass von Dekreten – die sogenannten Ukase – berechtigt. Der Ukas ist im russischen Umweltverwaltungsrecht vor allem im Bereich des Vollzugs anzutreffen;[260] vor allem findet man ihn bei der Aufhebung von umweltrechtlichen Normen sowie bei der Regelung der Verwaltungsorganisation, vorliegend relevant bei Einzelfragen bezüglich des Aufbaus der Steuerbehörden, Emissionskontrollbehörden und sonstigen Verwaltungsorganen. Aufgrund seiner Bedeutsamkeit seien im Folgenden einige dogmatische Probleme des Ukases im russischen Verfassungsrecht näher erläutert. Er stellt eine traditionelle, auf die Zarenzeit zurückzuführende Handlungsform des russischen Staatsoberhauptes dar.[261] Die Kompetenz zum Erlass eines Ukases besitzt allein der Präsident der Föderation. Allgemein anerkannt ist, dass Präsidialdekrete keine grundrechtseinschränkende Wirkung entfalten dürfen, da Art. 55 Abs. 3 Verf RF dies nur für Gesetze zulasse.[262] Teilweise wird aus dieser Norm ein Gesetzesvorbehalt für Grundrechtseingriffe hergeleitet.[263]

In der Normenhierarchie steht der Ukas zwischen den förmlichen Gesetzen und den Verordnungen der Exekutive. Einerseits ergibt sich dies Art. 93 Abs. 3 Verf RF, wonach Ukase den föderalen Gesetzen nicht widersprechen dürfen, andererseits lässt sich dies aus Art. 115 Abs. 1 Verf RF schlussfolgern, wonach die Regierung ihre Verordnungen in Ausführung auch der Ukase erlässt.[264]

Trotz der ihm umfangreich zugewiesenen, gegenüber anderen Organen der Exekutive, Judikative und Legislative nahezu unabhängigen Befugnisse wird der Präsident, wie einleitend bereits angedeutet, in Art. 10 Abs. 1 Verf RF nicht als eine der drei Gewalten im Gewaltenteilungssystem aufgezählt. Seine Kompetenzen sind mit Blick auf seine Dekretmacht (Rechtsetzungsbefugnis) als eine

260 S. Kapitel 4.

261 Schaich, „Der Ukaz im russischen Recht", Osteuroparecht 2000, S. 354 ff.; Schmoll, "Die Dekretmacht des russischen Präsidenten", Berlin 2003.

262 Dies ist leider in der russischen verfassungsrechtlichen Literatur ein nicht erörterter Aspekt. Vielmehr zitieren namhafte Verfassungskommentare als Beispiele zulässiger Grundrechtsbeschränkungen auch Präsidialdekrete, s. beispielsweise Topornin, Kommentierung zu Art. 55 Verf RF, in: Konstitucija Rossijskoj Federacii. Naučno-praktičeskij kommentraij [Die Verfassung der Russischen Föderation. Ein wissenschaftlich praktiscer Kommentar], Moskau 1997.

263 Schmoll, „Die Dekretmacht des russischen Präsidenten", Berlin 2003.

264 So auch bei Baller, „Rechtlicher Gewässerschutz in Russland: Geschichte, Theorie und Wirklichkeit", Berlin 1995, S. 216 ff.

Durchbrechung der horizontalen Gewaltenteilung zu werten.[265] Fraglich ist, inwiefern dies auch eine Verletzung des Gewaltenteilungsgrundsatzes darstellt; eine ursprünglich hochumstrittene Frage im russischen Verfassungsrecht. Nach einer Ansicht werde die Dekretmacht durch den Abgrenzungskatalog der Kompetenzen in Art. 71 bis 73 Verf RF eingeschränkt, sei also nur dann im Bereich der föderalen Zuständigkeiten von Art. 71 bis 73 zulässig, sofern zur entsprechenden Materie nicht bereits ein Gesetz erlassen wurde, Art. 90 Abs. 3 Verf RF.[266] Offen war dabei die Weite dieser sogenannten Sperrwirkung, da unklar war, ob auch gesetzes*konkretisierende* Dekrete ausgeschlossen sein sollten, insbesondere in den Fällen, wo ein bereits existierendes Gesetz eine Materie nicht abschließend oder ausreichend regelte.[267] Eine Mindermeinung will demgegenüber die Dekretmacht des Präsidenten auch im Falle eines noch fehlenden Gesetzes nicht auf Art. 71-73 Verf RF ausgeweitet sehen, sondern als allein auf Art. 83 bis 89 Verf RF beschränkte Vollmachten verstehen. Dies aber widerspricht dem Wortlaut von Art. 83 bis 89 Verf RF, die lediglich die Stellung des Präsidenten zu anderen Verfassungsorganen sowie seine grundsätzlichen Aufgaben regeln sollen.[268]

Unterschieden werden gesetzesvorwegnehmende und gesetzeskonkretisierende sowie normative und nicht-normative Ukaze. Nicht-normative Dekrete sind keine abstrakt-generellen Regelungen, sondern dienen der Einzelfallentscheidung.[269] Im deutschen Recht wären sie mithin in Abhängigkeit von der Außenwirkung als Verwaltungsakte oder verwaltungsinterne Maßnahmen zu qualifizieren. Der nichtnormative Ukaz wird auch als Einzelakt mit administrativem Verfügungscharakter bezeichnet.[270]

---

265 Das Verfassungsgericht hat eine hiergegen eingereichte Klage abweisend dahingehend begründet, dass den Präsidenten in Zeiten der Transformation die Aufgabe treffe, die Zusammenarbeit der Staatsorgane sicherzustellen und in dringenden Fällen vorübergehend rechtsetzend Rechtsklarheit und -sicherheit zu schaffen. S. VerfGE RF vom 30.4.1997, in: SZRF 1997, Nr. 20 Pos. 2383. Kritisch muss vor allem das Argument gesehen werden, dass Ukase jederzeit per Föderationsgesetz aufhebbar seien, denn dem Aufhebungsgesetz steht das oben erwähnte Vetorecht des Präsidenten gegenüber. Ausführlich hierzu wiederum: Schaich, „Der Ukaz im russischen Recht, Jahrbuch für Osteuroparecht 2000, S. 355 f.; Schmoll, "Die Dekretmacht des russischen Präsidenten", Berlin 2003.

266 Tichomirov, „Konstitucija, zakon, podzakonnyi akt" [Verfassung, Gesetz, untergesetzlicher Akt], Moskau 1997, S. 57; Lazarev, „Zakony v perechondyj period: Opyt sovremennoj Rossii" [Gesetze in der Übergangsperiode: Die Erfahrung des heutigen Russland] in: GiP (Staat und Recht) 10/1995, S. 42 f.

267 Zwar sprechen Art. 76 Abs. 1 und 2 Verf RF als Konkretisierung der Kompetenzordnung ausdrücklich nur von „Gesetzen", was nach herrschender Meinung jedoch untechnisch als „normative Akte" zu verstehen ist und somit folglich den Ukaz miteinschließt.

268 Lučin, in seinem Sondervotum zum sog. Tschetschenien-Urteil des Russischen Verfassungsgerichts: SZRF Nr. 33/1995, Pos. 3424.

269 Schmoll, "Die Dekretmacht des russischen Präsidenten", Berlin 2003.

270 Schaich, „Der Ukaz im russischen Recht", Osteuroparecht 2000, S. 354 f.

Demgegenüber stellen gesetzes*ersetzende* Ukaze ein Hauptproblem im Verhältnis zwischen Präsident und Parlament hinsichtlich des Gewaltenteilungsgrundsatzes dar. Durch das gleichzeitige Vetorecht des Präsidenten aus Art. 107 Abs. 3 Verf RF sind Fälle denkbar, in denen der Präsident die Verabschiedung von Gesetzen mit der Einlegung eines Vetos verhindert und einstweilig die Materie per Dekret nach seiner Rechtsauffassung regelt.[271] Nach einer Ansicht, die auf den Wortlaut von Art. 90 Abs. 3 Verf RF hinweist, der lediglich ein Widerspruchsverbot enthalte, seien gesetzesersetzende Dekrete unproblematisch zuzulassen. Dies würde durch die starke Position des Präsidenten in der russischen Verfassung bestätigt.[272] Außerdem könne sich ein Ukaz einem – aus welchen Gründen auch immer – nichtvorhandenen Gesetz nicht unterordnen. Auf Grundlage dieser Argumentationsmuster erscheint der Ukaz nicht als „untergesetzlicher", sondern vielmehr als „weiterer gesetzlicher Akt", der neben die Gesetze und die untergesetzlichen Rechtsakte zu treten scheint.[273]

Das Verfassungsgericht[274] der RF hat seine Position zu der gesetzesersetzenden Funktion von Präsidialdekreten seit 1995 in einer Reihe von Entscheidungen ausformuliert. Zusammengefasst vertritt es ebenfalls den Standpunkt, dass gesetzesersetzende (normsetzende) Präsidialdekrete grundsätzlich zulässig seien. Dies begründet es auf Grundlage von Art. 80 Abs. 2 Verf RF mit der Garantenstellung des Präsidenten für die Grundrechte und die Verfassung insgesamt, für die Fälle, in denen in einem regelungsbedürftigen Bereich ein entsprechendes Gesetz fehle und die Gültigkeit des jeweiligen Dekrets auf den Zeitpunkt des Inkrafttretens des diese Rechtsmaterie zukünftig regelnden Gesetzes befristet sei.[275] In seinen weiteren Entscheidungen geht der russische Verfassungs-

271 Holmes, „Superpresidentialism and ist problems", East Europen Constitutional Review (EECR) 1993/94, S. 123 ff.; ausführlich zur Dekretmacht: Schmoll, „Die Dekretmacht des russischen Präsidenten", Berlin, 2003.

272 Tichomirov, „Konstitucija, zakon, podzakonnyi akt" [Verfassung, Gesetz, untergesetzlicher Akt], Moskau 1997, S. 54; Kudrajvcev, „Kommentarij k Konstitucii Rossijskoj Federacii" [Kommentar zur Verfassung der Russischen Föderation], Moskau 1996, Kommentierung zu Art. 90.

273 Četvernin, „Konstitucija Rossijskoj Federacii – Problemnyj kommentarij" [Die Verfassung der Russischen Föderation – Problemorientierter Kommentar], Moskau 1997, S. 406; andere Ansicht: Schaich, „Der Ukaz im russischen Recht", JöR 2000, S. 354 ff., 365, der kritisiert, dass ein, unter bedenklicher Missachtung rechtsstaatlicher Verfahrensgrundsätze, Rückschluss von der Aufgabe eines Rechtsaktes auf seine hierarchische Stellung durch diese Argumentationen vorgenommen würde.

274 Das 1991 eingerichete Verfassungsgericht musste seine Tätigkeit während des Verfassungskonflikts 1993 auf Grundlage eines Präsidialdekrets (Nr. 1400) einstellen. Erst 1995 trat es wieder in Erscheinung, allerdings durch das neue VerfGG vom 23.7.1994 mit deutlichen Kompetenzeinbußen. Vor allem das vormalige Recht der VerfG, aus eigener Initiative die Verfassungsmäßigkeit der Rechtsakte von Präsident, Parlament oder Staatsorganen zu beurteilen, wurde durch die Einführung eines unbedingten Antragserfordernisses beseitigt.

275 VerfG-Entscheidungen vom 3.10.1994, Nr. 1969 (SZRF 1994, Nr. 24 Pos. 2598) und vom 30.4.1996 (Nr. 11-P), VKS (Verfassungsgerichtsjournal) 1996 Nr. 3 S. 15-28.

gerichtshof sogar so weit, dass nicht mehr darauf abgestellt wird, dass zu einem bestimmten Regelungsbereich kein Gesetz vorhanden sei, sondern dass der Präsident auch dann Dekrete erlassen dürfe, wenn es zwar ein Gesetz gebe, dieses aber die fragliche Materie nicht ausreichend regele.[276] Problematisch ist hieran, aus wessen Sicht sich die Regelungsbedürftigkeit dann zu ergeben hat, welche Kriterien für die Lückenhaftigkeit eines Gesetzes anzusetzen sind und wann diese durch den parlamentarischen Gesetzgeber selbst zu füllen sind. Der weiten Rechtsauffassung hat sich aber mittlerweile auch die herrschende Meinung der russischen Rechtswissenschaft angeschlossen.[277] Zusammenfassend lässt sich festhalten, dass die präsidialen Exekutiv- und Normensetzungskompetenzen aus verfassungstheoretischer Sicht durch Gesetzesvorbehalte eingeschränkt werden, gesetzesvorwegnehmende Präsidialdekrete aufgrund der praktischen Notwendigkeit im Transformationsprozess aber als zulässig erachtet werden.

Weiterhin kommt dem Präsidenten gemäß Art. 85 Abs. 2 Verf RF die Kompetenz zu, Akte der Verwaltungsbehörden, die er für unvereinbar mit föderalem Recht, verfassungs- oder völkerrechtswidrig hält, auszusetzen, bis das zuständige Gericht darüber entscheidet. Es ist unschwer zu erkennen, welchen Machteinfluss der Präsident damit auch auf die regionale Gesetzgebung nehmen kann. Entscheidend ist seine Rechtsauffassung, teilweise selbst dann, wenn eine spätere Gerichtsentscheidung das Gegenteil feststellt.[278]

276 VerfG-Entscheidung vom 27.9.2000 (Nr. 1709), SZRF 2000 Nr. 40 Pos. 3936; und Entscheidung vom 21.6.2001 (Nr. 9-P).

277 Chabrieva, „Tolkovanie konstitutcii RF, teoria i praktika" [Die Auslegung der Verfassung der RF: Theorie und Praxis], 1998, S. 59, 75; Kičalok, „Akty Presidenta Rossijskoj Federacii. Konstitutcionny-pravovoj aspekt" [Akte des Präsidenten der RF. Der verfassungsrechtliche Aspekt], 1999, S. 16; Kozlova/Kutafin, „Konstitutcionnoe pravo Rossii" [Das Verfassungsrecht Russlands], 1999, S. 342 ff.; Kubataev, „Pravotvorčeskaja dejatel´nost´ Presidenta RF" [Die rechtssetzende Tätigkeit des Präsidenten der RF], Jurist 2000, Heft 5, S. 2 ff., 3; Mitjukov, in: Tichomirov, „Konstitutcija, zakon, podzakonnyj akt" [Verfassung, Gesetz, untergesetzlicher Akt], Moskau, 1994, S. 86 f.; Okunov, „President Rossijskoj Federacii. Konstitutcija i političeskoj sistem" [Der Präsident der RF. Verfassung und politisches System], Moskau 1996, S. 92 ff.; Topornin, „Konstitutcija Rossijskoj Federacii. Naučno-praktičeskij kommentari" [Wisschenschaftlich-praktischer Kommentar zur Verfassung der RF], 2. Auflage, Moskau 1997, S. 133.

278 Diesen Anschein erweckt zumindest die hinsichtlich der Rechtsprechung zu den Emissionsabgaben gewählte Vorgehensweise, wo nach der Feststellung deren Rechtswidrigkeit der Präsident die weitere Gültigkeit aufgrund der drohenden hohen Rückzahlungsansprüche anordnete.

ee. Rechtsetzungskompetenzen der föderalen Exekutive

Wie bereits angesprochen, unterscheidet die Kompetenzverteilung der russischen Verfassung nicht zwischen Gesetzgebungskompetenzen und Verwaltungskompetenzen. Vielmehr liegt ihr das Konzept zugrunde, dass sich die Verwaltungskompetenz aus der jeweiligen Gesetzgebungskompetenz ergibt, ihr also als Annex anhaftet. Dies hat sich mangels verfassungsrechtlicher Regelung in der Rechtspraxis auch durchgesetzt, wo die Verwaltungsfragen und die administrativen Umsetzungsvoraussetzungen gleichzeitig in dem jeweils neu erlassenen Gesetz unmittelbar mitgeregelt werden. In der Praxis delegiert der Gesetzgeber aber auch viele regelungsbedürftige Bereiche an die Exekutive. Diese Delegationspraxis ist eine der Ursachen für die bestehende Rechtsunsicherheit, da trotz der Delegation auch auf exekutiver Ebene keine weitergehende Regelung der Verwaltungs- und Umsetzungsfragen stattfindet.[279] Sofern eine Delegation von Rechtsetzungskompetenzen an die Exekutive stattgefunden hat, kann diese im Rahmen der ihr zugewiesenen Handlungsformen selbst rechtsetzend tätig werden. Die Rechtsetzungskompetenzen erstrecken sich vor allem auf zwei Bereiche: erstens auf die untergesetzlichen Rechtsakte der Ministerien (vorwiegend Verordnungen), die im Umweltrecht vorwiegend durch das Ministerium für natürliche Ressourcen erlassen werden; zweitens auf die exekutiven Normenauslegungsanweisungen und Normenkonkretisierungen. Letztere spielen in der Russischen Föderation traditionell eine große Rolle.[280] In der russischen Umweltrechtsliteratur werden bezüglich des Regelungsgegenstandes ganze zehn Gruppen exekutiver untergesetzlicher Rechtsakte unterschieden, von denen hier im Kontext des Umweltschutzrechts lediglich folgende genannt werden sollen: Rechtsakte, die normativ-rechtlichen Dokumenten Rechtskraft verleihen; Exekutivakte zur Konkretisierung der Abgaben auf Ressourcennutzung und Umweltverschmutzung (Schadstoffemissionen); Konkretisierungen von Rechtsakten über die behördlichen Verwaltungskompetenzen im Umweltschutzbereich; Konkretisierungen zur Erteilung von Nutzungs- oder Emissionsgenehmigungen, etc.[281]

279 In diesem Zusammenhang wird häufig auch von sogenannter „Sackgassenverweisung" gesprochen.

280 Dubovik/Kremer/Lübbe-Wolff, „Ekologitscheskoje pravo" (Umweltrecht), Moskau 2005, S. 341.

281 Ebenda.

3. Einfachgesetzliche Rechtsgrundlagen

a. Emissions- und Umweltabgaben im russischen Steuerrecht[282]

aa. Die Entwicklung des Steuerrechts aus rechtspolitischer Sicht

Bei der Einführung der ersten Steuern im russischen Rechtsraum zu Beginn der 80er-Jahre waren die entsprechenden Kompetenzen ganz im Sinne der Planwirtschaft rein zentral verteilt. Es galt das sogenannte „Ein-Kanal-System" (von der niedrigeren an die höhere Ebene), das allerdings durch eine hohe Zahl regionaler Verweigerungen von Steuerüberweisungen gekennzeichnet war.[283] Die ersten Steuergesetze (nach westlichem Verständnis) sind in Russland Ende 1991 in Kraft gesetzt worden.[284] Seither hat es eine enorme, kaum überschaubare Reformfülle im Steuerrecht gegeben. Während der nach den politischen Umbrüchen erfolgten ersten Reformen 1991–1993 änderte sich am Kompetenzgefüge im Steuerrecht zunächst sehr wenig. Die Kompetenzen zur Steuergesetzgebung verblieben zentral. Allerdings wurde die Ertragshoheit durch die Einführung von sub-nationalen und lokalen Steuern geteilt. Kennzeichnend für diese Phase war die hohe Instabilität der regionalen Steuereinnahmen aufgrund der intransparenten Festlegungen, der regional-individuellen Arrangements und der Vielzahl an außerbudgetären Fonds (zu denen auch die früheren staatlichen Umweltfonds zählten).[285] Maßgeblich einflussreiche Veränderungen traten durch die Zentralisierung der Verwaltung und durch die Schaffung einer Steuerpolizei ein. Die Umweltabgaben wurden ursprünglich durch die Umweltbehörden erhoben und eingezogen. Im Rahmen der Verselbständigung der regionalen Steuerverwaltung war durch zunehmende Kollusion von regionaler Politik und Wirtschaft eine wachsende Korruption zu verzeichnen.

---

282 Dazu, mit gleichzeitigen Ausführungen zu Emissionsabgaben, s.: Semlin, „Nalogovoje Pravo" (Steuerrecht), Moskau 2003, S. 13 ff., 228 ff.

283 Ausgangspunkt: Herderer/Herrmann-Pilath, „Fiskalischer Föderalismus", in: Brunner (Hrsg.), Der russische Föderalismus, Darmstadt 2004, S. 77 ff., 96; Bell, „Der fiskalische Föderalismus in der Rußländischen Föderation – Finanzwissenschaftliche Analyse der föderalen Neuordnung in einer Transformationsökonomie", Baden-Baden, 1998, S. 62 ff.

284 Einen Überblick über die Entstehung des russischen Steuersystems bieten: Romanovski/Vrublovskaja (Hrsg.), „Nalogi i nalogooblozhenie. Toerija i praktika nalogooblozhenija, nalogovoe pravo, nalogovoe planirovanie i kontrol" (Steuern und Steuererhebung. Theorie und Praxis der Besteuerung, Steuerrecht, Steuerplanung und Kontrolle), St. Petersburg, 2000, S. 76 ff.
Beiträge in dt. Sprache bei: Mössner/Koslow, „Steuersystem der Russischen Föderation", in: Internationale Wirtschaftsbriefe, F. 5, Gr. 2, S. 1 ff., Lessova, „Die allgemeinen Besteuerungsprinzipien in der russischen Verfassung und im russischen Steuerkodex", StuW 200, Nr. 4, S. 475 f.

285 Herderer/Herrmann-Pilath, „Fiskalischer Föderalismus", in: Brunner (Hrsg.), Der russische Föderalismus, Darmstadt 2004, S. 77 ff.

Mit der zweiten großen Reformwelle von 1993 bis 1996 erhielten die regionalen und lokalen Ebenen (allerdings auch nur während dieser Periode) ein eigenes, von der föderalen Ebene unabhängiges Steuerfindungsrecht. Gekennzeichnet durch starke Dezentralisierungsbestrebungen wurde auch die regionale Teilautonomie bei der Festlegung von Steuersätzen erweitert. Zunehmend spielten im Rahmen der ökonomischen Krise Naturalsteuern und Geldsurrogate in den Regionen eine wichtige Rolle. Dies und die regionalen „buzines"-Verflechtungen trugen zu einer starken Schwächung des sich entwickelnden Steuersystems bei. Deshalb wurde die den Regionen zugestandene Teilautonomie im Bereich der Steuerfindung und der Bestimmung der Steuersätze in der folgenden Reformphase (1996–1999) wieder zurückgenommen. Der Trend der zunehmenden Korruption und regionalen Wirtschaftsverflechtungen setzte sich trotzdem fort und führte zu erheblichen Steuerrückständen und Problemen bei der regionalen Budgetfinanzierung. Bis 1999 war das gesamte russische Steuerrecht aufgrund der Vielzahl der Übergangs- und Zwischenregelungen durch wachsende Rechtsunsicherheit geprägt.

Zwischen 1999 und 2002 wurde zunächst der erste, später der zweite Teil des neuen Steuerkodexes eingeführt und damit die Rechtssicherheit im Bereich des Steuerrechts zumindest teilweise wiederhergestellt. Die neue Steuergesetzgebung war von Anfang an durch Zentralisierungstendenzen und durch eine starke Reduzierung der regionalen und lokalen Steuern gekennzeichnet. Die in diesem Bereich mit den Föderationssubjekten abgeschlossenen Kompetenzabgrenzungsverträge wurden erneuert, aufgehoben und insgesamt stark vereinheitlicht. Es wird von einer Phase der Rezentralisierung der Steuereinnahmen gesprochen. Parallel dazu wurde das System föderaler (Förder-)Fonds reformiert. Unter anderem fielen die Abschaffung des staatlichen Umweltfonds und des Waldfonds in diese Zeit. Der Übergang zu einem zentralisierten „Staatskassensystem" wurde vollzogen und die Rezentralisierung damit vollendet. Zusätzlich wurden aber die Verantwortlichkeiten für öffentliche Güter (Umweltschutz) auf die lokale und regionale Ebene „ausgelagert", ohne ein entsprechendes angemessenes und effektives Steuerfindungsrecht zu gewähren.

2002 wurde ein striktes Trennungsprinzip für die Haushalte von Föderation und Föderationssubjekten (Gliedstaaten) eingeführt. Aufgrund starker Finanzierungsprobleme auf der lokalen Ebene wurde eine leichte Erweiterung der lokalen Steuerautonomie (in föderal vorgegebenen Grenzen) zugestanden. Insbesondere die Bemühungen des Gesetzgebers um eine klare Abgrenzung der Kompetenzen der Regionen und Kommunen und die Anpassung des allgemeinen Verwaltungsapparates an die neuen Steuerstrukturen sind als positiv zu bewerten. Die Steuereinziehung und -vollstreckung wurde nun ausdrücklich per Gesetz rechtsstaatlichen Prinzipien unterworfen, was aus westeuropäischer Sicht banal erscheinen mag, im Rahmen der Transformation für Russlands Rechtsentwicklung jedoch ein maßgeblicher Schritt in Richtung Transparenz und Rechtssicherheit war.

bb. Die Entstehung des modernen russischen Steuerrechts

Ausgangspunkt der Entwicklung des russischen Steuerrechtsystems war das mittlerweile bis auf wenige Abschnitte außer Kraft gesetzte föderale Grundlagengesetz „Über die grundlegenden Prinzipien der Besteuerung in der Russischen Föderation" von 1992. Dieses Gesetz differenzierte zwischen föderalen, regionalen und lokalen Steuern. Unter den föderalen Steuern waren die Mehrwertsteuer (MwSt), die Verbrauchssteuern, die Unternehmensumsatzsteuer und die Einkommenssteuer die wichtigsten Steuern. Regionale Abgaben und Steuern umfassten u.a. die Körperschaftssteuer, Industrieabgaben für den Wasserverbrauch und Waldnutzungsabgaben. Zu den über zwanzig lokalen Steuern zählten Landsteuern, Gesundheitssystemsteuern, besondere Steuersätze auf Industrieanlagen in Erholungsgebieten, Hundesteuern und Umweltreinigungsabgaben. Im Rahmen der Einführung des Steuergesetzbuches, insbesondere des zweiten Teils, wurden die lokalen Steuern in ihrem Umfang stark verringert.

Auf der Suche nach einer russischen Steuerrechtsordnung haben sich die russischen Steuerrechts- und Finanzwissenschaftler bis 1998/99 vorwiegend mit der Aufarbeitung der russischen Steuerrechtsgeschichte und mit den Steuersystemen anderer Staaten auseinandergesetzt.[286] Im Übrigen ist die Entwicklung und Konzeption des Steuerrechts – anders als ein Großteil der sonstigen russischen Gesetze, die ihre Grundlagen und Vorbilder im römischen Rechtskreis haben[287] – trotz der Rechtsberatung von europäischer und deutscher Seite maßgeblich auch vom anglo-amerikanischen Steuerrecht mitgeprägt worden.[288]

Am 31.7.1998 wurde der Entwurf des Allgemeinen Teils des Steuergesetzbuches von der Duma schließlich angenommen und trat am 1.1.1999 in Kraft.

286 Zur Entwicklung der wissenschaftstheoretischen Auseinandersetzung russischer Steuer- und Finanzwissenschaftler s.: Budilov-Nettelmann, „Nalogooblozhenie mezhdunarodnoj predprinimatelskoj dejatelnosti kak objekt issledovanija v FRG i Rossij" (Die Besteuerung internationaler Geschäftstätigkeit als Objekt der Wissenschaft in Deutschland und Russland), St. Petersburg 2000, S. 99 ff. Dieser Prozess der Entwicklung des modernen russischen Steuerrechts wurde von deutscher Seite mit einem „Entwurf eines Steuergesetzbuches" von Prof. Lang unterstützt. S.: Lang, „Entwurf eines Steuergesetzbuches," Schriftenreihe des Bundesministeriums für Finanzen, Heft 49, S. 1 ff.

287 So beispielsweise das russische Zivilrecht und weite Teile des russischen Wirtschaftsrechts.

288 Martinez-Vazquez/Wallace, "The Ups and Downs of Comprehensive Tax Reform in Russia", in: Kenyon, (Hrsg.), "92nd Annual Conference on Taxation 1999, S. 6.

cc. Abgrenzungsprobleme von Steuern und Abgaben

Problematisch ist nach wie vor, dass sowohl der Gesetzgeber als auch die Steuerbehörden die Rechtsbegriffe „Steuer“ und „Abgabe“ nicht eindeutig voneinander abgrenzen. Anders als im deutschen Recht hat Russland sämtliche fiskalen Abgaben in *einem* Steuergesetzbuch geregelt und keine gesonderten Regelwerke für Abgaben geschaffen. Dies ist auf eine gesetzgeberische Tradition in Russland zurückzuführen.[289] Zudem sind die allgemeinen Steuerbehörden für die Durchsetzung sowohl der Steuern als auch der allgemeinen Abgaben zuständig. Ebenso wie in anderen Rechtssystemen führt die russische Rechtswissenschaft seit Entwicklung des Steuerrechts eine rege Diskussion zu den Abgrenzungsmerkmalen von Steuern und Abgaben. Dies belegt auch die Vielzahl an Urteilen der Hohen Gerichtshöfe und des Verfassungsgerichts. Dem Streitstand um die Abgrenzung von Steuern und Abgaben[290] wird zu Recht große Bedeutung beigemessen, da beiden Abgabenformen verschiedene Anforderungen an die Kompetenzen und formellen Regelungsvoraussetzungen zugrunde liegen.

Die umweltschutzbezogenen Emissionsabgaben stellen im Rahmen dieser Definitions- und Abgrenzungsproblematik in der russischen Rechtsliteratur (ähnlich wie früher auch in den deutschen Finanzwissenschaften) einen dogmatischen Grenzfall dar.[291] Das Vorliegen von sowohl Steuer- als auch Abgabenmerkmalen hat sogar zu widersprüchlichen Zuordnungen der Emissionsabgaben in den Entscheidungen der Hohen Gerichte geführt.[292] Der Kern des sich hierum rankenden Meinungsstreites ist das Kriterium der Gegenleistungs-Unabhängigkeit von Steuern, also die Frage, ob die Emissionsabgabe im Sinne einer Steuer ohne eine direkte staatliche Gegenleistung erhoben wird, oder ob in der staatlichen Emissionsgenehmigung eine Gegenleistung zu sehen ist.[293]

---

289 Allgemein dazu s.: Lessova, „Die allgemeinen Besteuerungsprinzipien in der russischen Verfassung und im russischen Steuerkodex“, StuW 2000, Nr. 4, S. 475 ff., 477.

290 S. insbesondere: Pepljajeva, (Hrsg.), „Fiskalnuje sbori – pravovuje prisnaki i porjadok regulirovanja“ (Fiskalabgaben – Tatbestandsmerkmale und Regelungsformen), Moskau, 2003; Winnitzki, „Nalogi i sbori“ (Steuern und Abgaben), Moskau 2002.

291 Evdokimov, „Individualnaja vosmesdnostch kak prisnak sbora – na primerje platui za zagrjaznenije okruzhajuscheij prirodnoj sreduj“ (Individuelle Gegenseitigkeit (Äquivalenz) als Merkmal von Abgaben – am Beispiel der Umweltemissionsabgaben), in: Pepljajeva, (Hrsg.), Fiskalnuje sbori – pravovuje prisnaki i porjadok regulirovanja (Fiskalabgaben – Tatbestandsmerkmale und Regelungsformen), Moskau, 2003, S. 102 ff.

292 S. in dieser Arbeit unten, S. 114 ff.

293 Die Darstellung dieser Rechtsprechung und die Ansichten für und gegen die Einordnung von Emissionsabgaben als Steuern oder Ressourcennutzungsgebühren erfolgt in diesem Kapitel ausführlich unter III.4.d.

dd. Die besondere Stellung des Steuerrechts in der russischen Normenhierarchie

Die russische Verfassung sieht allgemein den Grundsatz des Vorrangs der Verfassung vor sämtlichen anderen Rechtsakten vor, Art. 15 Abs. 1 Verf RF („höchste und unmittelbare Geltung, der andere Rechtsakte nicht widersprechen dürfen"). Darüber hinaus wird auch föderalen Verfassungsgesetzen grundsätzlich Vorrang vor sämtlichen sonstigen föderalen Gesetzen eingeräumt, Art. 76 Abs. 3 Verf RF (s. o.). Im Bereich des Steuerrechts sowie des Umwelt- und Klimaschutzrechts lassen sich solche föderalen Verfassungsgesetze zwar nicht ausmachen. Das Steuerrecht wird allerdings an verschiedenen Stellen in der Verfassung allgemein erwähnt, nimmt vor allem wegen seiner grundrechtseinschränkenden Wirkungen eine besondere Stellung ein. Gleichzeitig weisen Art. 1 Abs. 1 und 4 SteuerGB dem Steuerkodex einen grundsätzlichen Vorrang vor sämtlichen anderen föderalen Gesetzen zu. Nach überwiegender Meinung besteht damit für den russischen Steuerkodex ein besonderer Geltungsvorrang.[294] Dieser Ansicht zufolge hat der Gesetzgeber dem Steuerkodex ausdrücklich eine übergeordnete Stellung in der Steuerrechtshierarchie zuerkannt.[295]

ee. Allgemeine Besteuerungsprinzipien im russischen Verfassungs- und Steuerrecht

Die wesentlichen Prinzipien der Steuergesetzgebung wurden bereits vor Inkrafttreten des Steuergesetzbuches durch höchstrichterliche Rechtsprechung entwickelt und haben im Rahmen der Beratungen und des Gesetzgebungsverfahrens Eingang in den Steuerkodex gefunden.[296] Seit der Wiederaufnahme der Tätigkeit durch das Verfassungsgericht Anfang 1995 wurden auch einige Grundsatzentscheidungen zum Steuerrecht gefällt. 2002 und 2003 betraf dies u.a. auch die Umweltabgaben, worauf aber noch später in diesem Kapitel eingegangen wird.[297] Gemäß Art. 57 Verf RF hat jedermann die *gesetzlich* festgelegten Steuern und Abgaben zu entrichten. Aus Satz 1 dieses Artikels ergibt sich damit für sämtliche Steuern der Grundsatz der Allgemeinheit und der Grundsatz der Ge-

294 Dies ist eine verbreitete Regelungstechnik für nach russischer Rechtsansicht grundlegende Gesetze, wie beispielsweise auch das Zivilgesetzbuch. Siehe ausführlicher hierzu: Winnitzki, „Nalogi i sbori" (Steuern und Abgaben), Moskau 2002.

295 Winnitzki, „Nalogi i sbori" (Steuern und Abgaben), Moskau 2002.

296 Kutter/Schröder, „Die Rechtsprechung des russischen Verfassungsgerichts 1995–1999", Berlin 2000; dies. Steuerrecht in der Rechtsprechung des russischen Verfassungsgerichts seit 1995, WiRO 2001, Heft 2, S. 37 ff.

297 S. in diesem Kapitel Abschnitt III.4.d.

setzmäßigkeit der Besteuerung.[298] Außerdem hat das Rückwirkungsverbot für Steuergesetze (Art. 57 S. 2 Verf RF) große praktische Bedeutung erlangt. Art. 57 Verf RF (als auf das Steuer- und Abgabenrecht bezogenes Rückwirkungsverbot mit zusätzlich enthaltenem speziellen Gleichheitssatz) ist damit eine steuerrechtliche Spezialregelung *in der Verfassung*. Das Eigentumsgrundrecht (Art. 35 Verf RF: Schutz des Privateigentums) und der allgemeine Gleichheitssatz (Art. 19 Verf RF)[299] haben trotz des problematischen Zustands des Steuerrechts bisher keine bedeutende Rolle gespielt, wie es in westlichen Staaten unter ähnlichen rechtlichen Voraussetzungen zu erwarten gewesen wäre. Zwar war die Betroffenheit von Eigentum und Vermögen durch steuerrechtliche Akte (weite Definition im russischen Verfassungsrecht) bereits mehrfach Gegenstand verfassungsrechtlicher Rechtsstreitigkeiten. Diese bezogen sich jedoch auf kompetenzrechtliche Widersprüchlichkeiten und fehlende formelle Anforderungen an die Steuererhebung, nicht auf einen unverhältnismäßigen Eingriff in das verfassungsrechtlich geschützte Eigentum.

Im Übrigen sind die rechtsstaatlichen Prinzipien und Grundlagen der Besteuerung in der Russischen Föderation – entsprechend der Vorschläge der deutschen Rechtsberatung zum russischen Steuergesetzentwurf – in den Art. 3 bis 7 des SteuerGB RF geregelt worden.[300] Diese Normen wiederholen im Grunde lediglich bereits in der Verfassung enthaltene Prinzipien, wie das Rückwirkungsverbot, den Gleichheitsgrundsatz, das Gesetzmäßigkeitsprinzip (Art. 3 Abs. 1 S. 1, 2 SteuerGB RF). Des Weiteren findet sich in Art. 3 SteuerGB RF das Leistungsfähigkeitsprinzip, das steuer- und abgabenrechtliche Bestimmtheitsgebot, das Verbot diskriminierender Besteuerung sowie das Gebot des wirtschaftlichen Bezugspunktes jeder Steuer oder Abgabe.

II. Das Steuerfindungsrecht

Das Steuerfindungsrecht ist in den Art. 12 bis 15 SteuerGB abschließend geregelt und wird ausschließlich der Föderation zugewiesen. Damit sollen eine bundeseinheitliche Steuerpolitik und ein einheitliches Steuersystem gewährleistet werden. Zusätzlich bestimmt Art. 50 des Haushaltsgesetzes RF, dass sämtliche föderalen Steuern, Abgaben und Gebühren durch die Gesetzgebung der Födera-

298 Topornin, Konstitucija RF, naučno-practičeskij kommentrij (Die Verfassung der Russischen Föderation, ein wissenschaftlich-praktischer Kommentar), Moskau 1997, S. 359 f.

299 Das Verfassungsgericht leitet den Gleichheitsgrundsatz einerseits aus Art. 19 Abs. 1 Verf RF und zusätzlich auch aus Art. 1 Verf RF, dem Bestimmtheitsgebot, her.

300 Lessova, „Die allgemeinen Besteuerungsprinzipien in der russischen Verfassung und im russischen Steuerkodex", StuW 2000, Nr. 4, S. 475 ff., 477.

tion festgelegt werden. Lange war umstritten, ob und in welchem Umfang den Föderationssubjekten nach der Verfassung ein paralleles Steuerfindungsrecht bzw. ein Recht auf Erhebung bestimmter regionaler eigener Steuern erhalten bleiben muss. Auch wenn das Verfassungsgericht in diesem Bereich durch die Feststellung, dass Unklarheiten hier durch eine Abwägungsentscheidung zu lösen seien,[301] keinen handhabbaren Maßstab setzte, gilt das Steuerfindungsrecht weiterhin ausschließlich zugunsten der Föderation.

Auch die wesentlichen Modalitäten der Besteuerung sind gemäß Art. 17 Ziff. 1 SteuerGB (Teil 1) von der Föderation zu regeln. Dies umfasst die Festlegung des Besteuerungsobjekts, die Grundlagen der Steuerberechnung, die Höchststeuersätze sowie die Art der Berechnung der föderalen, regionalen und lokalen Steuern. Demgegenüber haben die Föderationssubjekte und die örtlichen Selbstverwaltungen lediglich – und nur ausnahmsweise bei einigen Steuern oder entsprechender Ermächtigung – das Recht, zu entscheiden, ob diese bereits durch den föderalen Steuergesetzgeber im SteuerGB RF vorgesehenen Steuern oder Abgaben per regionaler Steuergesetzgebung eingeführt werden sollten oder nicht.[302] Daneben sind die Gliedstaaten gemäß Art. 12 Ziff. 3 SteuerGB (Teil 1) befugt, Steuervergünstigungen, Verfahren und Fristen der Steuerzahlung sowie die Steuersätze für regionale Steuern in bestimmtem Umfang selbst zu regeln.

gg. Das russische Umweltabgbensystem im Überblick

Art. 12 Steuerkodex unterscheidet *föderale* Steuern und Abgaben, Steuern und Abgaben der *Föderationssubjekte* sowie *örtliche* (Selbstverwaltung) Steuern und Abgaben. Die föderalen Abgaben und Steuern sind in Art. 13 Steuerkodex abschließend aufgezählt. Es werden direkte (prjamuije) und mittelbare (kosvennuije) Umweltabgaben und -steuern unterschieden.[303] Die Emissionsabgaben werden dabei zu den direkten Umweltabgaben gezählt, da sie die Emittenten direkt zu einer Schadstoffreduktion anreizen können. Die Abgaben auf ökologisch negative Produktionsprozesse oder auf Produkte, die während ihres Verbrauchs umweltbelastende Emissionen freisetzen, werden hingegen als mittelbare bzw. indirekte Emissionsabgaben qualifiziert, da sie entweder den Produktionspro-

301 Urteil 5-P vom 21.3.1997, Pkt. 3 Abs. 9 der Urteilbegründung.

302 Winnitzki, „Nalogi i sbori“ (Steuern und Abgaben), Moskau 2002, Semlin, „Nalogovoje Pravo“ (Steuerrecht), Moskau 2003.

303 Raschin, „Prjamuije i kossvennuije nalogi kak elementui nalogovoij sistemui“ (Direkte und indirekte Besteuerung als Element des Steuersystems), Gosudarstvo i pravo (Staat und Recht) 2003, Nr. 3 S. 92 ff.;

zess an sich oder das Produkt verteuern.[304] Mittelbare Emissionsabgaben, die Einsatzstoffe besteuern, deren Emissionspotenzial besonders hoch oder negativ ist, finden sich eigentlich in den russischen Ressourcenabgaben wieder. Allerdings haben diese eher den Charakter von Nutzungsabgaben, die sich nicht bzw. kaum an einer ökologischen Relevanz der eingesetzten Stoffe orientieren. Ob direkte oder indirekte Emissionsabgaben ökologisch effektiver sind, ist zumindest in der russischen Umweltökonomie umstritten.[305] Vor allem die Besteuerung von ökologisch schädlichen Produktionsverfahren oder Verbrauchsformen stellt sich aufgrund des geringen administrativen Aufwands zumindest finanziell als günstiger und bei entsprechender Treffsicherheit als effizienter dar.[306] Berücksichtigung haben diese Aspekte bisher in der Regelung der Umweltabgaben nicht gefunden.

Ökologisch relevante Abgaben und Steuern, die in die Bundeskompetenz fallen, sind: die Steuer auf die Rohstoffförderung, Art. 13 Nr. 12 Steuerkodex RF (vorliegend als mittelbare Emissionsabgabe relevant), die Abgaben für die Verschmutzung der Umwelt, Art. 13 Nr. 15 Steuerkodex RF (hier werden Kompetenzen stark delegiert) und bis vor Kurzem auch die Straßennutzungsgebühren, Art. 14 Nr. 3 Steuerkodex RF. Demgegenüber fallen Transportsteuern (Art. 14 Nr. 4 Steuerkodex RF), Kfz-Abgaben sowie Abgaben auf Schadstoffeinbringung in den Boden in die Kompetenz der Föderationssubjekte (Gliedstaaten). Auf regionaler Ebene sind in ökologischer Hinsicht nochmals die Abgaben für das Transportwesen zu nennen, die allerdings nicht aus ökologischen Gründen erhoben werden, sondern der Finanzierung des Ausbaus der verkehrstechnischen Infrastruktur in der Russischen Föderation dienen. Am Rande seien als regionale Abgaben schließlich noch die Waldnutzungsabgaben (Waldkodex und Regierungsverordnung No. 127 vom 19.2.2001) genannt.

304 Insgesamt so: Golub/Safonova, „Ekonomika okruzhajuschej sredui i prirodnuich resursov" (Ökonomie der Umwelt und der natürlichen Ressourcen), Moskau 200, S. 47 f.

305 Die direkten Emissionssteuern werden überwiegend als die vom ökologischen Standpunkt effektiveren Abgaben betrachtet, ohne dass die russischen Wirtschaftswissenschaftler die formelle Differenzierung von Steuern und Abgaben hierbei berücksichtigen. Diejenigen, die in der ökonomischen Literatur jedoch auch die Kosten der Umweltverwaltung und des Monitorings mit einbeziehen, sprechen einheitlich den indirekten, an Verbrauch oder Produktion ansetzenden Abgaben eine höhere Effektivität und Effizienz zu. S. hierzu: Golub/Safonova, „Ekonomika okruzhajuschej sredui i prirodnuich resursov" (Ökonomie der Umwelt und der natürlichen Ressourcen), Moskau 200, S. 47 f.

306 Dies., S. 51, die als Beispiel die Besteuerung von CO_2-Ausstoß anführen, wobei der faktische Kohlenstoffausstoß in Abhängigkeit von der Qualität des Energieträgers geschätzt und anhand dessen dann der Abgabensatz ermittelt werden könne. Die Autoren schlagen sogar eine auf dieser Grundlage beruhende Wärme- und Energiebesteuerung für das russische Umwelt- und Klimaschutzregime vor.

Umwelt- und klimapolitische Steuern und Abgaben der Russischen Föderation

Steuerkategorie	Steuerart
1. Direkte Umweltsteuern (Umweltabgaben)	– Luftverschmutzung (Fiskalabgabe) – Abwasser/Schmutzwasser (Steuer) – Abfälle, Müll (Gebühr)
2. Partielle Umweltsteuern (Umweltabgaben)	– Ressourcennutzungsrechte – Rohstoffförderabgaben – Landsteuer – Waldabgabe – Abgabe für industrielle Abwässer
3. Steuern und Abgaben mit nicht-ökologischer Zielrichtung, aber potentiell positiven ökologischen Effekten:	– Gewerbesteuer – Verbrauchsteuern (Benzin, Kfz, fossile Brennstoffe) – Straßennutzungsabgaben – Transportabgaben

b. Emissionsabgaben im Umweltrecht

aa. Die umweltrechtliche Basis und die Einbettung von Klimaschutzzielen

Ausgangspunkte der Untersuchung der Einbettung des Klimaschutzes in das russische Umweltrecht ist zunächst allgemein das Bundesgesetz „Über den Schutz der natürlichen Umwelt" (USG) ursprünglich von 1992, novelliert mit Wirkung vom 10.1.2002. Anders als Deutschland hat sich die Russische Föderation damit frühzeitig für ein eigenständiges Umweltschutzgesetz entschieden, das als Rahmengesetz gilt und auf dessen Grundlage eine Vielzahl speziellerer Rechtsakte erlassen wurden.

Die Novellierung des USG von 2002 ist dabei unter Umweltwissenschaftlern sehr umstritten, da sie kaum strukturelle oder prinzipielle Neuerungen enthielt. Der Abschnitt zur Regelung der ökonomischen Instrumente wurde gekürzt und besteht zu einem Großteil aus Verweisungen auf noch nicht existente, sondern zukünftig erst noch zu erlassende Rechtsakte („Sackgassenrecht"). Die Klimaschutzproblematik hat trotz ihrer Brisanz im neuen USG 2002 keinerlei Berücksichtigung gefunden. Der Klimaschutz wird nach wie vor lediglich als programmatische Zielbestimmung genannt. Als rückschrittlich werden auch die Änderungen zum Umwelt-Monitoring und zur Umwelthaftung kritisiert. Ein Großteil der änderungsbedürftigen Normen wurde außerdem nahezu wortgleich übernommen, lediglich einige neue Legaldefinitionen und Umformulierungen fanden Eingang. Die Einführung neuer, allgemein formulierter und sehr weit auslegungsfähiger Normen und Begriffe kann dabei aber durchaus auch positiv bewertet werden: Die schnell voranschreitende Rechtsentwicklung hat gezeigt, dass allgemein formulierte Normen durch weite Auslegungsmöglichkeiten wesentlich anpassungsfähiger an Änderungen der Rechtswirklichkeit sein können. Hierin könnte ein Grund für die wenig konkreten Formulierungen in der Neufassung des russischen USG liegen.

bb. Klimaschutz- und abgabenrelevante Grundprinzipien des USG

Betrachtet man die in Art. 3 USG aufgezählten Grundprinzipien des russischen Umweltschutzes, die den *Schutz des Lebens und der Gesundheit des Menschen sowie die Gewährleistung günstiger Umweltbedingungen für Leben, Arbeit und Erholung* zur obersten Priorität erklären, wird der rein anthropozentrische Ansatz des russischen Umwelt- und Naturschutzrechts deutlich. Die durch die vor allem in westlichen Staaten geführten umweltethischen Diskussionen um eine Einbeziehung der Umwelt immanenter Eigenexistenzwerte ist bislang im russischen Umwelt- und Klimaschutz nicht bzw. kaum öffentlich problematisiert und diskutiert worden. Die Möglichkeit von Umwelt- und Klimaschutz unabhängig von einer unmittelbaren Betroffenheit und unter Einbeziehung des Nachhaltigkeitsgedankens schlägt sich derzeit noch nicht in dem am Gesundheitsschutz orientierten russischen Umweltschutzrecht nieder.

Trotzdem ist im Hinblick auf die Einführung oder Forschung zu ökonomischen Instrumenten ein wichtiger Grundsatz in Art. 3 USG festgehalten worden: die *wissenschaftliche Verknüpfung von ökologischen und ökonomischen Interessen der Gesellschaft (...)*. In dieser Formulierung spiegelt sich zunächst der traditionell hohe Stellenwert der Wissenschaft im russischen Gesellschafsbild wider; sie eröffnet aber auch Raum für die Förderung von wirtschaftswissenschaftlichen Forschungen zu ökonomischen Umweltinstrumenten und eine stärkere Berücksichtigung der Klimaschutzforschung. Einige russische Wirtschaftswissenschaftler wiesen allerdings ökologische Zielsetzungen des Klimaschutzes als ökonomisch nicht oder nur schwer erreichbar nach.[307] Damit ist die Bedeutung von Art. 3 USG für den Klimaschutz momentan noch ohne Gewicht. Auf seiner Grundlage ließen sich aber zukünftig sowohl neue Programme als auch Gesetze zur Umsetzung oder Förderung von Klimaschutzmaßnahmen durch-

307 S. hierzu kritisch bei Bashmakov, "Strengthening the Russian economy through climate change policy", Moscow Cenef, 1998 m. w. N.

führen. Zusätzlich lassen sich weitere Ermächtigungen und Zielsetzungen aus der Präambel des USG herleiten.

Eine besondere Rolle könnte vor dem Hintergrund der Gefahren und Kosten des Treibhauseffektes der häufig im USG auftauchenden Formulierung „ökologische Sicherheit" zukommen. Eine gefestigte Legaldefinition der Bezeichnung „ökologische Sicherheit" fehlt bislang noch, und lediglich untergesetzliche Rechtsakte können hier hinweisgebend sein. In der Umweltrechtsliteratur zum alten USG wurde unter ökologischer Sicherheit ein durch rechtliche, ökonomische, wissenschaftlich-technische und andere Mittel gewährleisteter Zustand verstanden, in dem der Mensch, die Gesellschaft, der Staat und die Umwelt vor negativen natürlichen und technologischen Auswirkungen geschützt sind. Das neue USG definiert ökologische Sicherheit als „Zustand, in dem die Umwelt und die lebenswichtigen menschlichen Interessen vor möglichen negativen Einwirkungen infolge wirtschaftlicher oder sonstiger Tätigkeiten (...) geschützt sind", Art. 1 USG n. F. Diese allgemeine Definition lässt eine Subsumtion des Klimaschutzes unter den Aspekt der „öffentlichen Sicherheit" im Grunde zu. Diese Gedanken wurden aber so bisher weder von der Rechtsprechung noch von rechtspolitischer Seite her bestätigt, noch überhaupt in Betracht gezogen.

cc. Luftschutzrecht

aaa. Klimaschutz im Luftschutzgesetz?

Auch das für den Schutz vor schädlichen Emissionen als lex specialis einzuordnende Luftschutzgesetz[308] (LuftSchG) ist hinsichtlich seiner Regelungsziele ausschließlich am unmittelbaren Schutz der menschlichen Gesundheit orientiert.[309] Dabei ist die Bezeichnung „atmosfernui vosduch" (atmosphärische Luft) zunächst irreführend, da man in der direkten Übersetzung darauf schließen könnte, es gehe um den Schutz der Atmosphäre. Tatsächlich jedoch ist allgemein der Schutz der Luft vor Schadstoffemissionen gemeint. Das russische LuftSchG hat damit entfernte Ähnlichkeit mit dem deutschen Bundesimmissionsschutzgesetz (BImSchG). So enthält es auch nicht unmittelbar die maßgeblichen Grenzwerte, sondern verweist, ähnlich wiederum dem deutschen BImSchG, auf untergesetzliche Rechtsakte.

Zwar hat der Klimaschutz auch in das LuftSchG keinen ausdrücklichen Eingang gefunden, allerdings bestimmt Art. 33 LuftSchG, dass internationale Ver-

308 Vom 4.5. 1999, Bundesgesetzsammlung der Russischen Föderation 1999, Nr. 18 S. 2222.

309 Zur Entwicklung des Luftschutzrechts s. Brintschuk, „Rasvitije pravovoi ochranui atmosfernovo vosducha" (Die Entwicklung des Luftschutzrechts), Ekologitscheskoje pravo (Umweltrecht) 2002, Heft 4, S. 3-9.

träge zum Luftschutz, sollten sie andere Regeln als das russische LuftSchG vorsehen, vorrangige Geltung haben sollen. Damit könnte nach der Ratifizierung des Kyoto-Protokolls im Grunde eine unmittelbare Geltung des internationalen Klimaschutzrechts hergeleitet werden – allerdings ersetzt diese Norm nicht die notwendigen tatsächlichen Umsetzungsakte. Hieran wirkt der russische Gesetzgeber nunmehr (Stand: 2007).

bbb. Differenzierung nach Emissionen und Immissionen?

Das LuftSchG stellt hinsichtlich der Grenzwertermittlung unmittelbar auf die Schädlichkeit der Emissionen für die menschliche Gesundheit ab. Bezüglich der negativen Einwirkungen findet sowohl in diesem als auch in sämtlichen anderen Umweltschutzregelungen Russlands keine ausdrückliche Differenzierung zwischen Emissionen und Immissionen statt. Es fehlt eine dem deutschen § 3 BImSchG entsprechende Regelung, wonach Emissionen auf die Schadstoffquelle bezogen sind, Immissionen dagegen die Einwirkung auf ein Schutzobjekt zum Gegenstand haben. Im russischen Emissionsrecht erfolgt mithin keine ausdrückliche Orientierung an einem Emissions- oder einem Immissionsmodell im Umweltrecht.[310] Sowohl das USG als auch das LuftSchG gehen lediglich allgemein von einer Orientierung der Immissionen und Emissionen an der menschlichen Gesundheit aus. Schadstoffgrenzwerte wurden nur hinsichtlich ihrer Schädlichkeit für die menschliche Gesundheit ermittelt. Auch wenn generalklauselartig in sämtlichen umweltrelevanten Rechtsakten die Notwendigkeit der technischen Entwicklung und Anpassung an die ökologischen Anforderungen erwähnt wird, bildet die Technikbezogenheit einen noch völlig untergeordneten Ansatz im russischen Umweltschutz. Dies zeigt sich letztlich in der Komplexität und Differenziertheit der Grenzwertbestimmungen, die die realen Möglichkeiten von technischen Emissionsvermeidungen oder -reduktionen überwiegend unberücksichtigt lassen.

Trotzdem umfasst das russische Schadstoffgrenzwertesystem aber die hinter der Differenzierung nach Emissionen und Immissionen stehenden Aspekte, bildet eine Art Mischsystem aus sowohl technikorientierten *Emissions*- als auch gesundheitsorientierten *Immissions*grenzwerten. So sind die Grenzwerte am Vorsorgeprinzip orientiert und sollen dabei ein bestimmtes *Immissions*niveau

310 Grundlegend und allgemein rechtsvergleichend hierzu: Meinken, „Emissions- versus Immissionsorientierung", Bielefeld 2001, S. 23 ff. – Das deutsche Recht hat sich insoweit zu einem kumulativen Schadstoffrecht entwickelt, in dem sich sowohl eine technikbezogene Orientierung (Stand der Technik; emissionsorientierter Ansatz) als auch, basierend auf dem obligatorischen Schutzgrundsatz und fakultativen Immissionswerten, eine schutzgutbezogene Orientierung (immissionsorientierter Ansatz) wiederfindet.

verhindern. Durch ein kompliziertes System höchstzulässiger Schadstoffgesamtbelastungen wird unter Einbeziehung der ökologischen Gebietskoeffizienten (orientiert am ökologischen Zustand einer Region) gewährleistet, dass die so ermittelte *Immissions*schwelle nicht überschritten wird, die dabei auch den Gesamtschadstoffausstoß einer Region berücksichtigt, also sämtliche stationären und beweglichen *Emissions*quellen. Damit bietet das russische Schadstoffrecht in seiner theoretischen Konzeption ein gleichzeitig auf Gefahrenabwehr *und* -prävention ausgerichtetes Grenzwertesystem, ohne dass dies ausdrücklich gesetzlich festgelegt wurde.

dd. Das russische Emissionsabgabenrecht – Schnittstelle von Umwelt- und Steuerrecht

Ein Emissionsabgaben*gesetz* existiert in der Russischen Föderation nicht, auch wenn Steuern und Abgaben einem Gesetzesvorbehalt unterliegen.[311] Das neue USG von 2002 weist allgemein die Regelungskompetenz für Umweltabgaben dem Bundesgesetzgeber zu, ohne dabei zwischen legislativen oder exekutiven Befugnissen zu differenzieren. Der Gesetzgeber hätte entsprechend der vorrangigen Verfassungsregelung die Emissionsabgaben nur in Form eines formalen und föderalen Gesetzes erlassen dürfen. Dieser Anforderung genügt das bestehende Recht nicht: Die Luftschadstoffemissionsabgaben sind in einer Rechtsverordnung geregelt (Verordnung N 344). Auch der Umstand, dass die ursprüngliche Emissionsabgabenverordnung N 632 eine vorkonstitutionelle Regelung darstellte, ändert nunmehr nichts daran, dass die Novellierung in Form eines Gesetzes hätte ergehen müssen – vorausgesetzt die Emissionsabgaben werden als Steuern qualifiziert. Die Verordnung als Rechtsgrundlage wäre dann zulässig, wenn Emissionsabgaben rechtlich nicht als Steuern, sondern als Abgaben einzuordnen wären. Bevor diese umstrittene Frage des russischen Steuer- und Umweltrechts erläutert wird, müssen noch die wichtigsten untergesetzlichen Rechtsakte zu Emissionsabgaben umrissen werden.

aaa. Föderale Verordnungen und andere untergesetzlichen Handlungsformen auf Bundesebene

Die erste Emissionsabgabenverordnung N 632 (Regierungsverordnung) entsprach im Wesentlichen einer bereits früheren Regelung der Ministerratsver-

311 S. oben Abschnitt E.III.3. c. ee.

ordnung von 1991 zu Emissionsabgaben. Zwischenzeitlich wurden die Vorgaben durch die Regierungsverordnung Nr. 1 „Über Zahlungen für die Nutzung natürlicher Ressourcen" vom 4.1.2000 modifiziert. Aktuell sind Emissionsabgaben seit August 2003 in der Regierungsverordnung **N 344** vom 30.6.2003 geregelt („Über normative Abgaben für den Schadstoffausstoß in die Atmosphäre durch stationäre (unbewegliche) und bewegliche Emissionsquellen sowie für den Ausstoß schädlicher Stoffe in Gewässerobjekte"). Entsprechend der Anlage 1 zur Regierungsverordnung N 344 wurden zu 210 Stoffen aus stationären Emissionsquelle sowie für fünf Schadstoffe aus beweglichen Emissionsquellen (insbesondere die Kraftstoffe: Benzin, Diesel und *Kerosin* für Inlandsflüge) maximale Konzentrations-/Emissionsgrenzwerte festgelegt und diesen jeweils ein bestimmter Abgabensatz zugeordnet. Hervorgehoben sei hier nochmals die Differenzierung zwischen *stationären* Emissionsquellen, beispielsweise Industrieanlagen, und *beweglichen* Emissionsquellen, die sich entsprechend auf den Verkehrs- und Transportsektor beziehen.

Die Schadstoffe werden in fünf „Schädlichkeitsstufen" eingeordnet. Insgesamt übernahm die Verordnung N 344 aus der Verordnung N 632 nahezu sämtliche Grenzwerte, enthielt aber keine weitergehenden Regelungen zur Erhebung, Durchsetzung und regionalen Modifizierung der Abgaben. Aus diesem Grund gilt im Prinzip der Großteil der überholten Emissionsverordnung N 632 auch heute noch fort – wenn auch unter anderer Bezeichnung. Anlage 2 der Verordnung N 344 bestimmt die Koeffizienten der jeweiligen Region.[312] Die Regionen sind dabei nicht die einzelnen Föderationssubjekte (Gliedstaaten), sondern übergreifende Großterritorien (Verwaltungseinheiten). Die Koeffizienten variieren zwischen 1,0 (für die Region Fernost) und 2,0 (für die Region Ural). Nicht nachvollziehbar ist, mit Blick auf die gefährdete Fauna und Flora, dass hochbelastete Regionen wie Sibirien lediglich mit den niedrigen Koeffizienten 1,2 (Westsibirien) und 1,3 (Ostsibirien) belegt wurden. Klimaschutz- und andere langfristige Nachhaltigkeitsaspekte haben bei der Ermittlung dieser Koeffizienten keine Rolle gespielt.

Bei der Ermittlung der Emissionsabgabensätze auf Grundlage des bereits im Zusammenhang mit der historischen Entwicklung darstellten Verfahrens gab es zudem bis Anfang 2006 keinen abgabenfreien Emissionssockel, sondern es wurde grundsätzlich für jede emittierte Schadstoffeinheit ein fester Abgaben-

312 Die Rolle der Territorialkoeffizienten wurde bereits oben erklärt, s. Abschnitt E.II.4.

satz gefordert. Erst Anfang 2006 wurde dies geändert und ein fester abgabenfreier Emissionssockel in das Emissionsgenehmigungsverfahren integriert. [313]

Nach wie vor ist die formelle Rechtmäßigkeit der Emissionsabgaben (i. w. S.) umstritten, da sie durch die Regelung in einer Verordnung nicht dem in Verfassung und Steuerkodex vorgeschriebenen Gesetzesvorbehalt für *Steuern* gerecht werden. Bis zum Inkrafttreten des 1. Teils des Steuerkodexes 1999 war die Regelung von Umweltabgaben i. w. S. in Form einer Verordnung unproblematisch zulässig. Die Verordnung galt insofern als regelungsersetzend. Ursprünglich wurde lediglich die Zuständigkeit der Regierung zum Erlass einer abgabenrechtlichen Verordnung (N 632) angezweifelt.

Seit 1999 sieht neben der Verfassung auch der in Kraft getretene Steuerkodex RF ausdrücklich vor, dass sämtliche Steuern allein aufgrund eines *Gesetz*es erhoben werden dürfen. Damit ist die Qualifizierung der Emissionsabgaben als einfache Abgaben oder als Steuern entscheidend für die Frage der Rechtmäßigkeit der geltenden Emissionsabgabenverordnung. Da Art. 57 Verf RF dem Einzelnen nur die Zahlung der gesetzlichen Steuern aufgibt, müsste der russische Staat im Falle der formellen Rechtswidrigkeit sämtliche Emissionsabgaben, die seit 1999 in die Staatskassen geflossen sind, zurückzahlen.[314] Daneben wurde kritisiert, dass die neue Regierungsverordnung N 344 hinsichtlich der Abgabenadressaten nicht hinreichend bestimmt sei. Nach der alten Emissionsabgabenverordnung N 632, die nur teilweise für ungültig erklärt wurde und nach wie vor in einigen Teilen in Kraft ist,[315] werden als Abgabenadressaten russische juristische Personen (Vereine, Unternehmen, Organisationen) sowie ausländische natürliche und juristische Personen genannt, die natürliche Ressourcen nutzen oder Schadstoffe emittieren. Diese Adressatenregelung wurde zwar wegen des Verstoßes gegen den Gleichbehandlungsgrundsatz angegriffen, allerdings erscheint die Differenzierung und der Ausschluss der Abgabenbelastung von Privatpersonen mit der wirtschaftlichen Schwäche der meisten Privathaushalte momentan noch gerechtfertigt. Die letzte Änderung der Emissionsabgabenverordnung N 344 und N 632 wurde am 1.7.2005 durch die Regierungsverordnung N 410 „Über die Einführung von Änderungen des Anhang 1 der Regierungsverordnung N 344 vom 12.5.2003" vorgenommen.

313 S. entsprechende Presseerklärung der russischen Bundesbehörde für Atom- und Technikaufsicht vom März 2005.

314 Eingehend dazu unten, Abschnitt E.III.4.d.

315 S. Urteile des Verfassungsgerichtshofes N 284 vom 10.12.2002; Urteil des Hohen Gerichts GPKI 03-49 vom 12.2.2003, anerkannt durch Entscheidung des Kassationsgericht KAS 03-167 vom 15.5.2003. Näheres s. unten S. 1147 ff.

Neben den direkten Emissionsabgabenverordnungen gibt es noch eine Vielzahl weiterer Regierungsverordnungen für den Bereich der Emissionsabgaben, so beispielsweise die Verordnung „Über die Verstärkung der Mittel staatlicher Regulierung von Produktion und Verbrauch ozonschädlicher Stoffe in der RF" vom 5.5.1999; die Verordnung „Über die Verstärkung der Maßnahmen staatlicher Regulierung der Ein- und Ausfuhr ozonschädlicher Stoffe und diese enthaltende Produkte in und aus der Russischen Föderation" vom 9.12.1999; die Verordnung „Über die Aufstellung von „Richtlinien"/„Bestimmungen" zur staatlichen Kontrolle der atmosphärischen Luft" vom 15.1.2001; usw. Des Weiteren wurden durch die einzelnen Ministerien sogenannte Anordnungen (prikas) erlassen, die ebenfalls, sofern kompetenzgerecht erlassen, Bindungswirkung für die Rechtsetzung der Föderationssubjekte (Gliedstaaten) entfalten können.

bbb. Gesetze der Föderationssubjekte – Das Moskauer Emissionsabgabengesetz N 57 von 1997

Wie eingangs erläutert, müssen sich die Gliedstaaten bei ihrer Rechtsetzung im Rahmen des bestehenden Bundesrechts halten. Dies umfasst nach herrschender Meinung[316] auch eine Übereinstimmung mit den föderalen Verordnungen und Ministerialerlassen. Nicht viele Föderationssubjekte haben von der Möglichkeit zum Erlass von eigenen Umweltgesetzen Gebrauch gemacht. Überwiegend gilt dann das Bundesrecht trotz Regelungsermächtigungen unmittelbar oder es wurden Föderationsgesetze erlassen, die den Wortlaut des Bundesrechts nahezu identisch übernommen haben. Als Beispiel einer eigenen einfachgesetzlichen Regelung auf Ebene eines Föderationssubjektes sei das mittlerweile außer Kraft gesetzte örtliche Gesetz N 57 der Stadt Moskau „Über die Abgaben auf den Schadstoffausstoß durch bewegliche Emissionsquellen auf dem Territorium der Stadt Moskau" vom 24.12.1997 genannt. Dieses Gesetz wurde mit Urteil vom 20. Dezember 2000 wegen des Verstoßes gegen den neu in Kraft getretenen Steuerkodex für rückwirkend unwirksam und nicht anwendbar erklärt[317] und anschließend entsprechend russischer Tradition durch Gesetz (N 44) außer Kraft gesetzt. Das Moskauer Abgabengesetz N 57 bestimmte, dass auch Privatpersonen als Abgabenadressaten für Schadstoffemissionen, vor allem aus beweglichen Emissionsquellen des Straßenverkehrs, herangezogen werden konnten. Mit dem Argument des Kompetenzverstoßes (der regionale Gesetzgeber sei über den neben dem „Wesentlichen" verbleibenden Regelungsrahmen hinausgegangen) wurde

316 S. oben, S. 54 ff.

317 Moskauer Stadtgericht vom 19.1.1999, Hoher Gerichtshof der Russischen Föderation vom 17.11.2000.

dieses sowohl allgemein ökologisch als auch aus Klimaschutzgesichtspunkten fortschrittliche Gesetz aufgehoben.

Aber auch die auf Grundlage eines Kompetenzabgrenzungsvertrages erlassenen Emissionsabgabengesetze der Republik Baschkortostan waren sehr fortschrittlich, betonten vor allem die Emissionsprobleme des Straßenverkehrs- und Transportsektors.[318] Ihre Ausgestaltung war an das Moskauer Gesetz angelehnt. Mit der Rezentralisierung und der Auflösung der Kompetenzabgrenzungsverträge 2003 wurde das föderale Abgabenrecht wieder vorrangig und verdrängte die regionalen Emissionsabgabengesetze.

ccc. Instruktionen, Richtlinien, Anordnungen

Hinsichtlich der einzelnen Grenzwerte, Schadstoffe, technischen Auflagen, Bemessungsrichtlinien und Standards etc. werden in Russland eine Vielzahl untergesetzlicher sogenannter „Instruktionsregelwerke" normiert. Aus der vorhandenen Zahl dieser Instruktionsregelwerke, mit den aus dem deutschen Recht bekannten technischen Anlagen (TA) vergleichbar, sei zunächst die am 13.3.2000 außer Kraft gesetzte Instruktion des Umweltministerium der UdSSR vom 11.9.1989 Nr. 09-2-7/1573 „Zum Verfahren der Bestimmung der Abgabensätze für den Schadstoffausstoß in die Atmosphäre und in Gewässer", genannt. Sie wurde durch eine sogenannte „Methodische Instruktionsrichtlinie" vom 17.12.1998 mit gleichem Titel aber ohne wesentliche inhaltliche Änderungen ersetzt.

Hinsichtlich Standards und technischer Vorschriften galten früher sogenannte GOST (staatliche technische Standards) und OST (allgemeine Standards), die eine große Vielzahl technischer Regelwerke für verschiedene Produktions-, Herstellungs- und sonstige technische Verfahren als allgemein verbindlich festlegten. Mit Inkrafttreten des Bundesgesetzes „Über die technischen Regelwerke" (TechnRWG) wurden sie etwas übersichtlicher in einem mehrstufigen Verfahrenssystem zusammengefasst, das sowohl allgemeine als auch besondere Standards, Normen und Empfehlungen, Richtlinien, Produktanforderungen, internationale Standards und nationale Klassifikationen, etc. beinhaltet.[319] Sie dienen vorwiegend als ordnungsrechtliches Präventiv (Gesundheits- und Eigentumsschutz), umfassen aber auch Aspekte des Verbraucher- und Umweltschutzes, so beispielsweise Art. 6 Abs. 1 TechnRWG. Standards sind gemäß

318 Gabitov, „Vosduchoochrannoje pravo" (Luftschutzgesetz), Ufa 1999, S. 220 f.

319 Ausführlich hierzu: Dubovik, „Ekologitscheskoje pravo" (Umweltrecht), Moskau 2005, S. 494 ff.

Art. 2 TechnRWG feste Vorschriften zu Produktionsprozessen, Industrieverfahren, Sicherheitsanforderungen etc.

Weiterhin gehören zu den untergesetzlichen Regelwerken sogenannte Anweisungen und Anordnungen. Durch eine Anordnung des Umwelt- und Ressourcenministeriums wurde die „Methodische Instruktionsregelung N 77“[320] zur Erhebung von Emissionsabgaben in Kraft gesetzt, erlassen auf Grundlage der Regierungsverordnung N 632. Sie regelt inhaltlich die Ermittlung der Abgabensätze, legt den Abgabenschuldner und das Verfahren der Einziehung sowie die Ermäßigungs- und Befreiungstatbestände fest. Solche sogenannten Anweisungen und Anordnungen finden im deutschen Recht in den normenkonkretisierenden verwaltungsinternen Regelwerken ihr Pendant.

ee. Das System der Emissionsgrenzwerte

Die Grundlage der Emissionsbesteuerung sind die Umweltstandards und Emissionsgrenzwerte. Die Höhe der Abgaben und Steuern hängt jeweils davon ab, ob und wie stark bestimmte Grenzwerte überstiegen werden. In den Betriebs- und Emissionserlaubnissen sind die zulässigen Höchstwerte der Schadstoffemissionen *individuell* für die einzelnen Emissionsquellen einer Gesamtanlage festgelegt. Es werden dabei folgende Standards und Grenzwertarten unterschieden:[321]

a) **PDV-Grenzwerte** (*p*redjelno *d*opustimuije *v*uibrosui i sbrosui), Art. 22 Abs. 1 Nr.1, 23 USG – *maximal zulässige Emissionen* – sogenannte Maximalgrenzwerte, die für jede Emissionsquelle in einer Anlage einzeln festgelegt werden.[322] Diese Einzelschadstoffgrenzwerte gelten für die Einzelemissionsquellen innerhalb der gesamten komplexen Betriebsanlage (*Einzelemissionsgrenzwerte*). Sie dürfen unter der Berücksichtigung von regionalen Vorbelastungen und der voraussicht-

320 Anordnung vom 26.1.1993; die Methodische Instruktionsregel ist in Form der letzten Änderungen vom 15.12.2000 in Kraft.

321 Dubovik, „Ekologitscheskoje pravo w woprosach i otwetach“ (Umweltrecht in Fragen und Antworten), Moskau 2005, S. 168 f.

322 Die Einzelemissionsgrenzwerte (PDV) werden wie folgt ermittelt: Die konkret über einen durchschnittlich 20-minütigen Zeitraum gemessene Emission eines Schadstoffes darf in einer auf das Jahr hochgerechneten Konzentration den PDK-Wert nicht überschreiten. Dabei findet die Messung in einer Höhe zwischen 1,5 m und 2,5 m über dem Erdboden statt. Beispielsweise wird auf diese Weise für Methan ein PDK von 50 mg/m3 für einen Zeitraum von 20 Minuten ermittelt, dies wird auf 24 h bezogen und ergibt dann den konkret zulässigen Grenzwert. S. hierzu: Kuraev/Strukova, „Domestic Regulation of Greenhouse Gases and Problems of Initial Allocation of Emission Quotas“, Russian Academy of Sciences, Moskau 1998.

lichen Emissionsentwicklung die sogenannten PDK-Werte (*Gesamtemissionsgrenzwerte*) nicht überschreiten.[323]

b) **PDK-Grenzwerte** (*p*redjelno *d*opustimaja *k*onzentratia) – höchstzulässige Schadstoffkonzentrationswerte. Sie stellen die Gesamtemissionsgrenzwerte eines Schadstoffs für das gesamte Betriebsgelände oder eine Region dar. Die PDK-Werte sind unabhängig von den Einzelemissionen und legen ein bestimmtes Gesamtkonzentrationsniveau einer Anlage fest, in dessen Rahmen die individuellen Emissionsgrenzwerte variieren können. Die PDK-Werte werden grundsätzlich einheitlich für das gesamte Staatsgebiet Russlands festgelegt und orientieren sich an den Belangen des Natur- und Gesundheitsschutzes. Diese Grenzwerte können lediglich für ökologisch empfindliche Gebiete, z. B. für Naturschutzgebiete, strenger festgelegt werden. Anders formuliert, sind die PDK-Werte allgemeine Rahmengrenzwerte, an denen sich die Verwaltungsbehörden ähnlich interner Verwaltungsvorschriften bei der Ermittlung und Erteilung der individuellen Emissionsgenehmigungen orientieren.[324]

c) **WDV-Grenzwerte** (*w*remenoje *d*opustimuije *v*uibrosui) – temporäre bzw. vorläufig zulässige Emissionslimits.[325] Sie sind ein Phänomen der Transformationsphase und ermöglichen vor allem sanierungsbedürftigen Altbetrieben einen realistischen Übergangszeitraum, in dem eine stufenweise Anpassung von Technologien und Produktionsverfahren an die gesetzlichen ökologischen Maßstäbe stattfinden kann. Während dieses Übergangszeitraumes von durchschnittlich fünf Jahren werden individuell höhere Grenzwerte für die entsprechende Anlage ermittelt. Die Idee der vorläufigen zulässigen Grenzwerte stammt aus dem sowjetischen Immissionsschutzrecht,[326] wo sie im Rahmen des planwirtschaftlichen Produktionsziels ausgehandelt und festgelegt wurden, um die ansonsten zusätzlichen produktionshemmenden Einwirkungen strengerer Emissionsgrenzwerte abzufedern. Heute dienen sie der Vermeidung von Anlagenschließungen

323 Brincuk/Kaverin/Kolbasov, "Zakonodatelstvo ob ochrane atmosfernovo vosducha", (Der gesetzliche Schutz der Luft) Moskau 1985, S. 32; Vorfolomeev/Petrov, "Ochrana okruschajuschej prirodnoi sredui: Postajanui kommentarij k Zakonu Rossii" (Der Schutz der natürlichen Umwelt: Aktuelle Kommentierungen zum Gesetz), Moskau, Anm. zu Art. 27, S. 68-71.

324 Die dazu erfolgenden Ausführungen basieren auf: Kuraev/Markin/Strukova „Domestic Regulation of Greenhouse Gases and Problems of Initial Allocation of Emission Quotas", Russian Academy of Sciences, Moskau 1998.

325 Kozeltsev/Markandya, "Pollution Charges in Russia: The Experience of 1990–1995", S. 133 f.

326 Ziff. 3 des Beschlusses des Obersten Sowjets vom 2.6.1980 "Über den Schutz der atmosphärischen Luft" sowie 1982 „Über die Inkraftsetung des Gesetztes der RSFSR ‚Über den Schutz der atmosphärischen Luft'".

und damit verbundenen Entlassungen. Insoweit kann man hier unter rechtsvergleichenden Gesichtspunkten auch von einer unter Auflagen zulässigen behördlichen Duldung einer an sich vermeidbaren, grenzwertüberschreitenden Emission sprechen.[327]

ff. Anlagenbegriff, schädliche Umwelteinwirkungen und Emissionsgenehmigung

Das Genehmigungserfordernis besteht generell für alle umweltrelevanten emittierenden Anlagen und ist gleichzeitig als präventive ökologische Eröffnungskontrolle zu verstehen. Der Anlagenbegriff ist dabei nicht besonders gesetzlich konkretisiert worden. Es fehlt im russischen Luft- und Umweltschutzrecht mithin an einer dem deutschen § 3 Abs. 5 BImSchG entsprechenden Legaldefinition der „Anlage". Vielmehr knüpft das russische Emissionsrecht an die mit der Anlage verfolgten gewerblichen Eigenschaften an und erhebt Emissionsabgaben von demjenigen Inhaber der Anlage, der diese zu kaufmännischen oder Produktionszwecken betreibt. In den für das LuftSchG RF geltenden allgemeinen Regeln des USG RF findet sich bei den Begriffsbestimmungen ebenfalls keine Definition zum Anlagenbegriff. Lediglich in Art 3 Abs. 6 USG RF wird das „antropogene Objekt" definiert, worunter alle vom Menschen errichteten Objekte verstanden werden, die der Sicherung der menschlichen Bedürfnisse dienen. Dieses Objekt ist ausweislich des Wortlauts des USG zu den ökonomischen Umweltschutzinstrumenten und auch gemäß der Emissionsabgabenverordnung nicht unmittelbarer Anknüpfungspunkt von Emissionsgenehmigungen. Allerdings enthält Art. 3 Abs. 13 USG RF wie auch der deutsche § 3 Abs. 1 BImSchG eine Definition der „schädlichen Umwelteinwirkungen". Entgegen § 3 Abs. 1 BImSchG, der auf Immissionen abstellt, die nach Art, Ausmaß oder Dauer geeignet sind, Gefahren, erhebliche Nachteile oder erhebliche Belästigungen für die Allgemeinheit oder die Nachbarschaft herbeizuführen, definiert Art. 3 Abs. 13 USG schädliche Umwelteinwirkungen als „jede Einwirkung wirtschaftlicher oder sonstiger Tätigkeiten, die zu einer negativen Veränderung der Qualität der natürlichen Umwelt führt". Damit ist vom Gesetzeswortlaut her im russischen Umweltrecht der Begriff der schädlichen Umwelteinwirkungen umfassender und weiter als nach deutschem Recht. Allerdings finden sie eine letztendlich dem deutschen Recht entsprechende Einschränkung darin, dass es für die Frage der Erlaubnis solcher Umwelteinwirkungen allein auf die Einhaltung der an der menschlichen Gesundheit orientierten Grenzwerte und Standards ankommt. Die russische De-

327 S. auch Baller, „Gewässerschutzrecht in Russland: Geschichte, Theorie und Wirklichkeit", Berlin 1995, S. 347.

finition der schädlichen Umwelteinwirkungen belegt durch ihre Orientierung an den „wirtschaftlichen Tätigkeiten" die untergeordnete Bedeutung privater Tätigkeiten. Vorrangig soll das russische Umwelt- und Luftschutzrecht damit zunächst der ökologischen Ausrichtung der Wirtschaft und Industrie dienen. Dies zeigt sich letztendlich auch daran, dass für die Frage der Emissionsgenehmigung nicht auf den Anlagenbegriff, sondern vielmehr auf (kaufmännische) Eigenschaften des Anlagenbetreibers oder -inhabers abgestellt wird.

Früher wurde die Genehmigungspflichtigkeit in Art. 45 Abs. 3 USG a. F. RF geregelt, verbunden mit der Rechtsfolge für nicht eingeholte Genehmigungen bei bestimmten Umweltnutzungen und Emissionen. Der Grundsatz der Genehmigungsbedürftigkeit von Emissionen gilt auch im neuen USG RF (2002) fort, wurde teilweise aber durch die Normierung in spezielleren Einzelgesetzen ersetzt oder durch sogenannte Lizensierungspflichten (Art. 30 USG) und Zertifizierungspflichten (Art. 31 USG) für bestimmte ökologisch relevante oder gefährliche Tätigkeiten konkretisiert. Im neuem USG ist die Genehmigungspflichtigkeit allerdings nicht mehr ausdrücklich geregelt, sondern ergibt sich mittelbar aus den Normen über die umweltverträgliche Planung von Objekten oder Vorhaben, Art. 34 ff. USG. Im Rahmen des Genehmigungsverfahrens findet dabei die aus dem europäischen Umweltrecht bekannte Umweltverträglichkeitsprüfung (Art. 32 USG), teilweise auch eine ökologische Expertise statt (Art. 33 USG i. V. m. dem Bundesgesetz „Über die ökologische Expertise").[328]

Die Emissionsgenehmigung besteht aus zwei Teilen: erstens aus der eigentlichen *Genehmigung* der Behörde für eine bestimmte Emissionsmenge, sofern sich der Emittent an die Grenzwerte hält und zweitens aus dem Anhang. Für den Emittenten und Antragsteller von eigentlicher Bedeutung ist vor allem der Anhang, denn er enthält sämtliche Daten zu den aktuellen Emissionsmengen und -werten sowie die entsprechenden PDV-, PDK- und WDV-Werte, die von der Genehmigung erfasst sein sollen. Die Emissionsgenehmigung kann aufgehoben werden (ausdrücklich noch Art. 40 Abs. 3 USG a. F., mittelbar nunmehr in Art. 66 Abs.1 a. E. USG 2002) und schließlich der weitere Betrieb der Anlage untersagt werden (Art. 66 Abs. 1 USG 2002), sofern Vorsorge- und Vermeidungsmaßnahmen in Bezug auf Schadstoffemissionen nicht ergriffen werden. Im Falle der Entziehung oder beim Fehlen einer Emissionsgenehmigung werden sämtliche Emissionen als grenzwertüberschreitend behandelt und eine Strafe in Höhe des je 25-fachen Abgabensatzes für jeden einzelnen Schadstoff pro Emissionseinheit festgesetzt.

328 Ausführlicher hierzu unten, Kapitel 2.

gg. Emissionsabgaben aus beweglichen Emissionsquellen

Die derzeit geltende Emissionsabgabenverordnung N 344 differenziert, wie bereits erwähnt, zwischen der Besteuerung von stationären und beweglichen Emissionsquellen. Gerade letztere sind angesichts des explosionsartig wachsenden Verkehrssektors, vor allem auch im Bereich der privaten Mobilität, in Russland von zunehmender Bedeutung. Bisher sind von den in Anlage 1 der Verordnung N 344 erfassten Emissionsabgaben für mobile Emissionsquellen aber nur handelsrechtliche Unternehmen und Organisationen erfasst. Aus Sicht des Klimaschutzes und im Vergleich zur europäischen Debatte muss allerdings fürsprechend für die Russische Föderation angemerkt werden, dass dort bereits auf Inlandflügen auch Kerosin – wenn auch gering – „besteuert" wird. Insgesamt liegt bei den Emissionsabgaben auf bewegliche Emissionsquellen ein sehr hohes, erweiterungsfähiges Potenzial für klimaschutzrelevante Lenkungswirkungen vor.

Abgaben für Schadstoffemissionen aus beweglichen Emissionsquellen

Schadstoff	Tarif pro Einheit in Rubel
Benzin	1,3 pro Tonne
Diesel	2,5 pro Tonne
Kerosin	2,5 pro Tonne
Flüssiggas	1,2 pro Tonne

Quelle: Auszug aus Anlage 1 der Emissionsabgabenverordnung N 344

Darüber hinaus gilt für sämtliche Neufahrzeuge, die in der Russischen Föderation produziert werden, obligatorisch die Berücksichtigung schadstoffarmer bzw. emissionsreduzierender Technik nach der EURO-Norm.[329] Neben der Erhebung von Verbrauchsteuern auf Benzin und Diesel (s. unten S. 132 f.) ist dies die einzige Regelung, die auch für die Privathaushalte emissionsreduzierende, klimaschutzrelevante Einschränkungen und Anreize enthält.

329 S. beispielsweise die Regierungsverordnung vom 6.2.2002 N 83 „O provedenii reguljarnuich proverok transportnuich i inuich peredvischimuich sredstv na sootvetstvije technitscheskim normativam vuibrosuich vrednuich (zagrajsnjajuschich) vetschestv v atmosfernui vosduch" („Über die Einführung einer regulierenden Kontrolle von Transport- und anderen Fortbewegungsmitteln auf entsprechende technische Standards gegen Schadstoffemissionen in die Luft"), Gesetzesblatt RF 2002, Nr. 6, S. 586.

4. Verfassungs- und Rechtmäßigkeit der Emissionsabgaben

Das wohl größte Konfliktfeld besteht, ähnlich wie auch in westlichen Industriestaaten, im Verhältnis zwischen Emissionsabgaben mit Umwelt- und Klimaschutzzielen einerseits und dem Eigentumsgrundrecht andererseits. Auch wenn es im russischen Umweltrecht und der wissenschaftlichen Literatur nur wenige vertiefte Erörterungen zum Verhältnis zwischen Emissionsabgaben und Grundrechten gibt, soll dieses potenzielle Konfliktfeld hier zumindest kurz rechtlich beurteilt werden.

a. Verhältnis zum Eigentumsgrundrecht

Das Eigentumsgrundrecht ist in Art. 35 Verf RF geregelt und schützt in Pkt. 1 und 2 das Eigentum, in Pkt. 3 auch das Vermögen. Eine Entziehung von Eigentum und Vermögens ist dabei nur durch Gerichtsurteil zulässig, Art. 35 Pkt. 3 Verf RF. Der russische Verfassungsgeber hat die Begrifflichkeiten „Vermögen" und „Eigentum" nicht streng getrennt, wie es nach deutschem Recht üblich ist, sondern eher vermischt, so dass im Ergebnis vom Verfassungswortlaut her alle wertmäßigen Positionen verfassungsrechtlich geschützt sein müssten.[330] Ausdrücklich geht auch die herrschende Meinung in der russischen rechtswissenschaftlichen Literatur davon aus, dass Eigentum und Vermögen gleichermaßen geschützt sein sollen.[331] Die Erhebung von Abgaben oder Steuern stellt dabei aber keinen Eingriff in Art. 35 Verf RF dar, denn Art. 57 S. 2 Verf RF bestimmt, dass jedermann verpflichtet ist, die gesetzlichen Steuern und Abgaben zu zahlen. Damit wirkt Art. 57 Verf RF als konstitutionelles Korrektiv des weiten Vermögensschutzes in Art. 35 Verf RF. Das Verfassungsgericht legt Art. 57 Verf RF dahingehend aus, dass es einen abstrakten Teil des privaten Vermögens des Steuerzahlers in Höhe der zu zahlenden Steuer nicht als vom Schutzbereich des Art. 35 Verf RF umfasst ansieht.[332] Es sei nur der darüber hinausgehende Vermögensteil vor einem erneuten steuerrechtlichen Zugriff geschützt.[333] Art. 57 S. 2 Verf RF soll dabei für neu eingeführte Steuern oder Abgaben auch ein Rückwirkungsverbot enthalten.

330 Ebenda.

331 Torponin, "Konstitutcija Rossijskoj Federacii. Naučno-praktičeskij kommentraij" [Die Verfassung der Russischen Föderation. Ein wissenschaftlich praktischer Kommentar], Moskau 1997, siehe Kommentar zu Art. 35 Verf RF; Rachmilovitsch, in Okunov (Hrsg.), „Kommentarij k Konstitucii Rossijskoj Federacii" [Kommentar zur Verfassung der Russischen Föderation], S. 150.

332 Urteil vom 12.10.1998, P-24, Pkt. 3, Abs. 8, 10 der Entscheidungsgründe.

333 Urteil des Verfassungsgerichts vom 28.10.1999, P-14, Absatz 4 der Entscheidungsgründe.

Im Übrigen unterliegen Einschränkungen des Eigentumsgrundrechts dem Gesetzesvorbehalt und dem auch nach russischem Verfassungsrecht geltenden Verhältnismäßigkeitsprinzip. Letzteres ist zwar nicht ausdrücklich in der russischen Verfassung festgeschrieben, ergibt sich aber aus Art. 55 Pkt. 3 Verf RF, wonach Eingriffe in die Eigentumsfreiheit zum Schutz der Grundlagen der Verfassungsordnung, der Moral, der Gesundheit, der Rechte und gesetzlichen Interessen dritter Personen, usw. zulässig sind. Ausdrücklich wurde dieser Maßstab auch in die verfassungsgerichtliche Entscheidungspraxis aufgenommen.[334] Allerdings ist die Prüfung einer Verhältnismäßigkeit zwischen Eingriffs- und Schutzobjekt, auch wenn sie bereits als fester Prüfungsbestandteil vorzunehmen ist, noch einer starken Einzelfallrechtsprechung unterworfen.

b. Verhältnis zur Berufsfreiheit

Mittelbar könnte die Pflicht zur Zahlung von Emissionsabgaben auch gegen die Berufsfreiheit verstoßen, die in Art. 37 Abs. 1 Verf RF geregelt ist. Dabei können vor allem die Sanktionen, die bis hin zur Betriebsschließung bei Nichtzahlung der Emissionsabgaben reichen können, durch die dadurch zu befürchtenden Entlassungen einen Eingriff in die Berufsfreiheit darstellen. Einschränkungen, wie sie aus der deutschen Verfassungsdogmatik bekannt sind, beispielsweise die berufsregelnde Tendenz einer einschränkenden Regelung oder eine Abstufung der Rechtfertigungsvoraussetzung für qualitativ unterschiedlich wirkende Eingriffe, sind in dieser Weise dem russischen Verfassungsrecht bisher nicht bekannt. An dieser Stelle kann allein eine Prognose dahingehend gemacht werden, dass ein Eingriff in die Berufsfreiheit durch die Sanktionsmaßnahmen im Falle einer unterlassenen Zahlung von Emissionsabgaben nicht anzunehmen ist, da dieser Eingriff lediglich mittelbarer Natur ist und keine berufsregelnde Tendenz aufweist. Selbst wenn die russische Verfassungsrechtsprechung die Eingriffsqualität hier bejahen würde, wären die Emissions- und Sanktionsabgaben wiederum über Art. 57 Abs. 2 Verf RF gedeckt, zumindest solange sie dem Gesetzesvorbehalt und dem Verhältnismäßigkeitsprinzip genügen.

c. Verhältnis zum allgemeinen Gleichheitssatz

Das Verhältnis von Emissionsabgaben zum Gleichheitssatz dürfte im Gegensatz zu den genannten Grundrechten zukünftig von wachsender Brisanz sein. Mit

334 Erstmals im Grundsatzurteil des russischen Verfassungsgerichtshofs vom 11.3.1998, SZ RF 1998 Nr. 12, Pos. 1242, dabei in Bezug auf die Zulässigkeit einer Konfiskation im administrativen Verfahren.

dem verfassungsrechtlichen Gleichheitssatz, geregelt in Art. 19 Verf RF, könnte gegen die derzeitige Emissionsabgabenerhebung sowohl wegen der Regelung der Abgabenermäßigungen und Abgabenbefreiungen, als auch hinsichtlich der Nichtberücksichtigung von Besonderheiten bei zwangsläufig emissionsintensiven Industrieanlagen argumentiert werden. Bei Emissionsabgaben auf bewegliche Emissionsquellen ergibt sich ebenfalls eine ungerechtfertigte Ungleichbehandlung von gewerblichen (Transport-)Unternehmen mit den Privathaushalten. Abhilfe ließe sich hier allein durch eine Einführung von Kfz-Emissionsabgaben für Private, die über die Verbrauchssteuern hinausgehen, schaffen. Allerdings hat sich in Russland eine dem deutschen Art. 3 Abs. 1 GG entsprechende Differenzierung zwischen gerechtfertigter und ungerechtfertigter Gleich- oder Ungleichbehandlung noch nicht entwickelt. Zumindest den Entscheidungsgründen der höchstrichterlichen Urteile zu Umweltsteuern, auf die im Folgenden eingegangen wird, ist eine Argumentation orientiert am Gleichheitssatz nicht zu entnehmen.

d. *Höchstrichterliche Rechtsprechung zur Verfassungsmäßigkeit von Umweltsteuern*

Umweltsteuern waren in Russland zwar seit ihrer Einführung und vor allem unter den Bedingungen der ökonomischen Transformation aufgrund der wirtschaftlichen Aspekte stark umstritten, in rechtlicher Hinsicht jedoch zumindest formell nicht angreifbar gewesen. Zwar war gemäß Art. 55 Abs. 3 Verf RF für Grundrechtseingriffe ein Gesetzesvorbehalt festlegt, dem die frühere Emissionsabgabenverordnung N 632 nicht genügte. Allerdings wirkte N 632 als vorkonstitutionelles Recht fort und sollte zumindest in der Übergangsphase bis zum Inkrafttreten des Steuergesetzbuchs Anwendung finden. Mit dem Inkrafttreten des 1. Teils des Steuergesetzbuches Anfang 1999, der nun für Steuern einen ausdrücklichen Gesetzesvorbehalt einführte, änderte sich die rechtliche Situation der Emissionsabgaben, da diese bislang als Steuern galten, dabei aber nunmehr unzureichend durch eine Regierungsverordnung geregelt waren. Die damaligen „Emissionssteuern" entsprachen damit nicht mehr den Anforderungen der Art. 1, 3 und 17 Steuerkodex RF und waren somit formell rechtswidrig. Die auf dieses Argument gestützten Klagen durchliefen mehrere Instanzen. Gestritten wurde einerseits um die Frage der formellen Rechtmäßigkeit, andererseits um die Zuordnung von Emissionsabgaben zu den Steuern oder Abgaben. Außerdem wurde die Ermächtigung der Regierung (anstelle des Parlaments) zur Regelung dieses Sachgebietes „Steuern und Abgaben" bestritten.

Im Folgenden soll die in den wichtigsten Entscheidungen ergangene Argumentation der Rechtsprechung kurz nachgezeichnet werden, da sie aufgrund ihrer Einzelfallbezogenheit einen teilweise politischen Willen zur Erhaltung und gesetzlichen Weiterentwicklung von Umweltsteuern in der Russischen Föderation erkennen lässt, auch wenn letztendlich die fiskalen Interessen entscheidend waren.

aa. Die Entscheidung zum Moskauer Gesetz N 57

Als Ausgangspunkt der gesamten Rechtsprechungsentwicklung zu den Emissionsabgaben dient erneut das bereits erwähnte Gliedstaaten-Gesetz N 57[335] der Stadt Moskau „Über Emissionsabgaben für bewegliche Schadstoffquellen", das per Urteil vom 17.11.2000[336] für rechtwidrig und damit rückwirkend bis zum Zeitpunkt des Inkrafttretens für nichtig erklärt wurde. Begründet wurde diese Entscheidung damit, dass dieses Gesetz der zum Zeitpunkt der Entscheidung noch gültigen alten Emissionsabgabenverordnung (N 632[337]) widersprach: gemäß Punkt 2 der Regierungsverordnung N 632 (die aufgrund der Normenhierarchie den Föderationsgesetzen vorging) war ein bestimmtes Verfahren zur Ermittlung der Basisabgabensätze für Schadstoffemissionen festgelegt worden, das den Föderationssubjekten nur eine in engen Grenzen zulässige legislative Abwandlung der vorgeschriebenen Koeffizienten gestattete. Das Moskauer Gesetz N 57 setzte – wahrscheinlich aufgrund der hohen Schadstoffbelastung der städtischen Luft – darüber hinausgehende, höhere Koeffizienten fest. Dies stellte einen Kompetenzverstoß gegen Art. 72 Verf RF dar und hatte somit die verfassungsrechtliche Nichtigkeit des Gliedstaatengesetzes zur Folge. Außerdem bestimmte Art. 20 USG a. F. (vor 2002) i. V. m. der Verordnung N 632, dass Emissionsabgaben nur von handels- und gesellschaftsrechtlichen Subjekten (Unternehmen, Gesellschaften, juristischen Personen und ausländischen Privatpersonen) erhoben werden durften. Das Moskauer Gesetz N 57 erfasste hingegen ausdrücklich auch russische Privatpersonen als Abgabenadressaten.[338]

335 Gesetz der Stadt Moskau N 57 vom 24.12.1997

336 „Zakon – Ekolgija i Business" (Gesetz – Ökologie und Wirtschaft), 2002, Nr. 5, S. 94 f.

337 Rechtsverordnung der Regierung der Russischen Föderation N 632 vom 28.8.1992.

338 Dies war der letztendlich entscheidende Urteilsgrund. Die Klägerin, welche sich gegen die Erhebung einer Abgabe auf eines der besonders schadstoffreichen Mineralöle in der Moskauer Region wandte, hatte sich zu Beginn des Verfahrens 1997 nur auf den Verstoß gegen N 632 und erst seit dem Inkrafttreten der Novelle des Umweltschutzgesetzes am 10.1.2000 auf die neuen Kompetenzregelungen gestützt.

bb. Die alte Emissionsabgabenverordnung N 632

Kurz vor Abschluss des Verfahrens um die „Landesverordnung N 57" sah sich jedoch die föderale Rechtsverordnung N 632 seinerseits durch eine Klage[339] infrage gestellt. Diese Klage durchlief sämtliche Instanzen bis zum Obersten Arbitragegerichtshof und dem Verfassungsgericht. Unter anderem wurde durch Letzteres in einem orbiter dictum zum Verhältnis zwischen Steuern und Abgaben und deren wesentlichen Definitionsmerkmalen Stellung genommen.

Die obersten Arbitragegerichte erklärten die Verordnung N 632 wegen des Verstoßes gegen den für Steuern geltenden Gesetzesvorbehalt zunächst für (teil-) rechtswidrig. Dabei fand der Schwerpunkt der Auslegung des Emissionsabgabenrechts nicht anhand des Umwelt-, sondern des Steuerrechts statt. Die Richter stellten zudem Verstöße der Verordnung N 632 gegen die im neuen russischen Steuerrecht geltenden formellen Anforderungen fest.[340] Die Rechtsfolge des Arbitragegerichtsurteils hätte darin bestanden, dass sämtliche in den Staatshaushalt geflossenen Emissionsabgaben seit der Rechtswidrigkeit der Verordnung mit Inkrafttreten des Steuerkodexes 1999 rückwirkend hätten zurückerstattet werden müssen.

Ohne bestehende gesetzliche Zuständigkeit befasste sich auf Anfrage der Regierung schließlich der russische Verfassungsgerichtshof[341] mit dieser Frage und dem zugrundeliegenden Rechtsstreit. Zunächst entschied er mit Beschluss vom 4.10.2001 und vom 4.7.2002,[342] dass der Gesetzesvorbehalt für die Verordnung N 632 nicht gelte, da er gemäß Art. 17 SteuerGB nur solche Steuern und Abgaben erfassen könne, die nach dem 1.1.1999 – dem Inkrafttreten des neuen SteuerGB – eingeführt wurden. Die Verordnung N 632 stelle eine vorkonstitutionelle Regelung dar, die auch nach Inkrafttreten der russischen Verfassung wirksam Rechts-

339 Ein Teil der öffentlichen Medien spricht hier von erfolgreichem Lobbyismus durch russische Energiekonzerne, denen es mithilfe des Verfahrens gelang, die Emissionsabgaben für über ein Jahr außer Vollzug zu setzen, s. auch: Richter/Pakhomova, "Industrial transformation and business liability in the Russian Federation", Conference of the Human Dimensions of Global Environmental Change, Berlin 2003, S. 4 f.

340 Hohes Gericht, Rs. GKPI 2002-178.

341 Art. 125 Abs. 4 Verf RF bestimmt die Zuständigkeit des Verfassungsgerichts für sämtliche Beschwerden über die Verletzung von Grundrechten und -pflichten der Bürger sowie für die Prüfung der Verfassungsmäßigkeit von Gesetzen oder deren Anwendung in konkreten Sachentscheidungen. Diese Zuständigkeitsregel erstreckt sich nicht auf untergesetzliche Rechtsakte wie Rechtsverordnungen. Außerdem waren keine Verfassungsrechte im engen Sinne betroffen, was ansonsten eine Legitimation des Verfassungsgerichts gemäß Art. 85 des VerfassungsgerichtsG bedeutet hätte. Eine weitere Kompetenzgrundlage für das Verfassungsgericht hätte sich aus Kap. 36 der russischen Zivilprozessrechtsordnung ergeben können, wonach im Rahmen der Aufsicht im Gerichtsaufbau/Instanzenzug eine Aufsichtsbeschwerde des Präsidenten beim Verfassungsgericht gegen ein tieferstehendes Urteil (hier des Hohen Gerichts) die Initiative des VerfG in diesem Verfahren legitimiert hätte.

342 Entscheidung No. 183 – O und No. 200 – O.

kraft entfalte. In einer weiteren Entscheidung verfügte der Verfassungsgerichtshof[343] daher, dass weder ein Verfassungsverstoß im Sinne einer Kompetenzüberschreitung des Verordnungsgebers, noch ein Verstoß gegen Umweltschutz- oder Steuerrecht vorliegen könne. Dieses Urteil ist seitdem hochumstritten, da seine Begründung auch eine starke politische Motivation erkennen lässt.

cc. Kritische Würdigung der Rechtsprechung des russischen Verfassungsgerichtshofs

Der russische Verfassungsgerichtshof äußerte sich in seinem Urteil in besonderer Weise zur Abgrenzungsfrage von Steuern und Abgaben. Er äußerte sich dahingehend, dass zwar Steuern und Abgaben im Grunde verschieden zu behandeln seien, unabhängig von der rechtlichen Qualifikation im vorliegenden Verfahren aber eine Klärung der Rechtsnatur von Emissionsabgaben gerade nicht ausschlaggebend sei, da die Abgaben mithin unabhängig von ihrer Rechtsform jedenfalls verfassungsmäßig seien.[344] Entsprechend scharf fiel die Kritik aus, da andere russische Rechtswissenschaftler die Differenzierung zwischen Steuern und Abgaben in diesem Verfahren gerade für rechtlich entscheidend hielten.[345] Trotzdem hat der Oberste Arbitragegerichtshof, an den das Verfahren zurückverwiesen wurde, Emissionsabgaben seitdem nicht mehr als Steuern, sondern als Abgaben qualifiziert. Allenfalls im Sinne von Rechtssicherheit war dies zu begrüßen. Erstmals wurden Emissionsabgaben im nachfolgenden Verfahren als sogenannte fiskale Abgaben eingeordnet. Diese Rechtsprechung lässt sich mit Recht als Ausgangspunkt der Entwicklung der sogenannten „Fiskalabgaben“ in Russland einordnen. Die Mehrheit der Bundesrichter des Arbitragegerichtshofes schloss sich der Meinung des Verfassungsgerichtes an, wonach die Emissionsabgaben einerseits nicht Bestandteil des Steuersystems seien, andererseits aber auch keine einfachen Abgaben darstellten. Hieraus wurde wiederum geschlussfolgert, dass die Normen des Steuerkodex RF auf Emissionsabgaben nur eingeschränkt anwendbar seien. Damit gewährleiste die Regierungsverordnung N 632 zumindest bis zu einer gesetzlichen Neuregelung der Emissionsabgaben Rechtssicher-

343 Entscheidung des VerfGH RF vom 10.12.2002, No. 284 – O; Entscheidungssammlung des russischen Verfassungsgerichts Nr. 5290, S. 12801 ff.

344 Ebenda. Jalbulganova, „Prirodoresursnuije platjeschi“ (Umweltabgaben), Moskau 2004, S. 206 ff.

345 Sasov, „Konstitutcionnui cud RF i plata sa zagrjasnenije okruzhschjuschej sredui“ (Das Verfassungsgericht der Russischen Föderation und die Emissionsabgaben), Nalogovuije spori (Steuerstreitverfahren), 2004, Heft 7, S. 7-11.

heit.[346] Eine für die Praxis wichtige Konsequenz dieser Rechtsprechung war und ist, dass Emissionsabgaben aufgrund der Qualifizierung als einfache Abgaben nicht mehr der Pflicht der Steuerdeklarierung unterliegen, sondern einfacheren Erhebungsanforderungen.[347]

Die Auseinandersetzung um die Rechtmäßigkeit der Emissionsabgabenverordnung wurde (vorübergehend) durch die Aufhebung der Verordnung N 632 und den Erlass einer neuen, heute noch gültigen Verordnung N 344 unterbrochen. Die Verordnung N 344 sollte eine zulässige Übergangsregelung darstellen und langfristig durch ein Emissionsabgaben*gesetz* ersetzt werden. Ein solches scheint sich aber trotz entsprechender Initiativen von Seiten des Umwelt- und Ressourcenministeriums bzw. der Umweltschutzkommission der Duma seither in den Weiten des Gesetzgebungsverfahrens verloren zu haben. Seit Mai 2005 ist wiederum ein neuer Gesetzesentwurf in der Debatte, der sich aber bislang nicht durchsetzen konnte.

dd. Weitere Beispiele aus der Rechtsprechung zur Abgrenzungsproblematik

Bei der Durchsicht früherer Entscheidungen des Verfassungsgerichts und der Hohen Gerichte fallen weitere Verfahren zur Abgrenzungsproblematik von Steuern und Abgaben ins Auge, bei denen die Entscheidungslage der vorliegenden sehr ähnlich war, deren Tenor mithin einerseits auch ein besseres Verständnis zum Emissionsabgaben-Urteil bringt, gleichzeitig aber auch zeigt, dass hier trotz der Unzuständigkeit des Verfassungsgerichts keine (ausschließlich) willkürliche, rechtpolitische Entscheidung getroffen wurde. Vielmehr zeichnet sich trotz Widersprüchlichkeiten eine gewisse Kontinuität und einheitliche Entwicklungstendenz der Rechtsprechung ab.

Das Verfassungsgericht stellte schon 1997 in einem Urteil über eine Verordnung, welche die Einführung einer Stromnutzungsabgabe vorsah, fest, dass die Einführung von Steuern *und* Abgaben nach der Verfassung *nur im Grundsatz* durch ein föderales *Gesetz* zulässig sei.[348] Bei der Verhandlung über die Rechtsform einer Abgabe für die Benutzung föderaler Straßen durch Schwerlasttransporte wurde dann erstmals das Problem der Abgrenzung von Steuern und Abga-

346 Föderales Arbitragegericht (FAG) der Westsibirischen Region vom 5.2.2003 N F04/462-11/A70-2003; FAG der Moskauer Region vom 2.12.2003 N KA-A41/7837-02; FAG der Uralregion vom 4.1.2003 N F09-243/02-AK.

347 Föderales Arbitragegericht (FAG) der westsibirischen Region vom 1.4.2003 N A56-26266/02; ebenso vom 25.4.2003 N A56-38036/02.

348 Urteil 6-P vom 1.4.1997.

ben ausführlicher behandelt,[349] eine Unterscheidung für grundsätzlich erforderlich gehalten und daraus folgende Schlussfolgerung gezogen: Die für Steuerverpflichtungsnormen entwickelten Anforderungen der Art. 57, 75 Verf RF gelten in ihrer Strenge nur für Steuern, nicht für Abgaben. Für Abgaben wird seither die Bindung an ein föderales Gesetz nicht mehr in der Strenge wie für Steuern gefordert. Deshalb wurde u.a. auch bei den Emissionsabgaben die Regelungsform der Exekutivverordnung nicht als Kompetenzverletzung und damit nicht als Verfassungsverstoß eingeordnet (auch wenn sicherheitshalber entsprechende gesetzliche Regelungen auf den Weg gebracht wurden). Das Transportabgaben-Urteil bietet aber auch hinsichtlich der Abgrenzungsproblematik einige Ansätze, auf die, wenn auch ohne direkte, ausdrückliche Bezugnahme, im Emissionsabgabenurteil aber erkennbar zurückgegriffen wurde: Einerseits seien Abgaben durch eine „individuelle Äquivalenz" gekennzeichnet und andererseits durch die Möglichkeit für den Abgabenadressaten, im Rahmen einer individuellen Wahlentscheidung bei anderem Verhalten die Abgabenzahlungspflicht zu vermeiden. Beide Merkmale seien einer Steuer nicht immanent, da sie unabhängig von einer Gegenleistung ohne Individualisierung erhoben und eingezogen werden. Diese Argumentation wurde sowohl zu den Abgaben für Schwerlasttransporte als auch zu den Emissionsabgaben vertreten.

Ursprünglich war höchstrichterlich stark umstritten, ob für die Abgrenzung von Abgaben oder Steuern das Merkmal der Zweckbindung eine Rolle spiele. In einem Urteil zu den Straßenbenutzungsgebühren wurde dies zunächst bejaht.[350] Eine bestimmte Zweckbindung weise auf eine Gegenleistungsbezogenheit hin und könne demnach als Kriterium für die Einordnung als Abgabe herangezogen werden. Das russische Verfassungsgericht hat das Merkmal der Zweckbindung später aber nicht als Abgrenzungskriterium für Abgaben und Steuern anerkannt, sondern betonte, dass auch Steuerzahlungen zweckgebunden sein könnten. Die Zweckbindung korreliere gerade nicht mit einem Gegenleistungsmerkmal. Vielmehr argumentierte die Rechtsprechung damit, dass gerade keine konkrete, „echte" Bemessung nach dem eigentlichen, tatsächlichen Umfang der Benutzung erfolge, eine „pauschale" Gegenleistungsbezogenheit aber gleichfalls nicht existiere.[351]

Im Übrigen sei an dieser Stelle auf die russische Abwasserabgabe hingewiesen, die anders als die ansonsten mittlerweile üblichen Umwelt*abgaben* ausdrücklich in eine Steuer „umgewandelt" wurde, obwohl gerade hier an eine

349 Urteil des Verfassungsgerichtshofes RF 22-P vom 17. 7.1998.

350 Urteil 22-P vom 17.7.1998, SZRF 1998.

351 Urteil 22-P vom 17.7.1998, SZRF 1998.

Gegenleistungsbezogenheit zu denken wäre. Den Gesetzesmaterialien lässt sich zwar kein ausdrücklicher legislativer Grund entnehmen, allerdings spielten die stärkere Fühlbarkeit der Schadstoffbetroffenheit von Wasserressourcen sowie die nicht umsetzbare Einzelmessung der Abwasser je Haushalt wohl eine ausschlaggebende Rolle bei der Entscheidung für die „pauschale", nicht an detaillierte Messungen gebundene Steuer.

e. *Die Kernstreitfrage: Lenkungssteuer oder Fiskalabgabe?*

aa. Stand der wissenschaftlichen Diskussion

Wie bereits angedeutet, hat sich aufgrund der Zuordnungsprobleme der Emissionsabgaben zu den Steuern oder Abgaben in Russland in der finanzwissenschaftlichen Literatur und teilweise auch in der Rechtsprechung die Mischform der „Fiskalabgabe" etabliert.[352] Die Fiskalabgabe unterliegt der Rechtsprechung des Verfassungsgerichts zufolge gerade nicht den strengen formalen Anforderungen, die für die Steuern gelten. Nach mittlerweile wohl herrschender Auffassung sind bei Emissionsabgaben die Merkmale der Steuer nicht erfüllt, da sie auf einem für Abgaben typischen Gegenleistungsverhältnis beruhen. Nach dieser Ansicht sei das staatliche Dulden von (Treibhausgas-)Emissionen als hoheitliche Gegenleistung im Sinne der Duldung einer Ressourcennutzung zu qualifizieren. Damit vollzieht sich momentan in Russland eine ähnliche Diskussion, wie sie in Deutschland um die dogmatische Qualifizierung der sogenannten „Verleihungsgebühr" stattfand. Die russische Rechtsprechung und mittlerweile auch einige Autoren scheinen diese Diskussion bei Umweltsteuern in Russland – im Gegenteil zu Deutschland – eher zugunsten der Verleihungsgebühr und damit der Abgabe zu entscheiden.[353] Dies ist dann mit Blick auf die russische Gesetzgebung zur Boden*steuer* aber wiederum inkonsequent, da auch diese eine Ressourcennutzungsabgabe darstellt und daher als Verleihungsgebühr zu qualifizieren wäre. Sie gilt jedoch im russischen Recht unstreitig als Steuer.[354] Dieser Vergleich zeigt, dass die Frage der steuerrechtlichen Zuordnung in der russischen Gesetz-

352 S. bei Gerasimenko, „Nalogovuje sporui v sfere prirodopolsovanija" (Steuerrechtsstreitigkeiten auf dem Gebiet der Umweltnutzung), in: Nalogovuje sporui: teorija i praktika (Steuerstreitigkeiten: Theorie und Praxis), Nr. 3, 2004, S. 24 ff.; m. w. N.

353 U. a. bei: Gerasimenko, „Nalogovuje sporui v sfere prirodopolsovanija" (Steuerrechtsstreitigkeiten auf dem Gebiet der Umweltnutzung), in: Nalogovuje sporui: teorija i praktika (Steuerstreitigkeiten: Theorie und Praxis), Nr. 3, 2004, S. 24 (26).

354 Jalbulganova, „Prirodoresursnuije platjeschui" (Umweltressourcenabgaben), Moskau 2004.

gebung nach wie vor eine Einzelfallentscheidung bleibt und sich feste Maßstäbe für eine einheitliche Einordnung noch in der Entwicklung befinden.

Innerhalb der Befürworter des Abgabenmodells ist in der rechtswissenschaftlichen Diskussion Russlands zu den Emissionsabgaben umstritten, ob das für Abgaben erforderliche Merkmal der Gegenleistungsbezogenheit notwendig voraussetzt, dass dem Staat durch das „Gewähren einer Nutzung“ bezifferbare Kosten verursacht werden müssen, ob das Äquivalenzkriterium also über hoheitliche Kosten nachgewiesen werden muss.[355] Argumentiert man mit den volkswirtschaftlichen Zusatzkosten des Staates, die durch Emissionen im Sinne von negativen externen Effekten verursacht werden, dann lässt sich eine Gegenleistungsbezogenheit durchaus konstruieren.[356] Sieht man die Emission als reine Ressourcennutzung, sind dem Staat – abgesehen von geringen Verwaltungskosten – allerdings keine zusätzlichen Kosten entstanden, so dass das Merkmal der Gegenleistung nicht bejaht werden kann. Dies spräche wiederum für eine Qualifizierung der Emissionsabgaben als Steuern.

Neben dem Kriterium der Äquivalenz hat die russische Rechtsprechung zur Abgrenzung von Steuern und Abgaben als weiteres Abgrenzungsmerkmal herangezogen, dass der Abgabenpflichtige sich anders als bei Steuern durch ein seiner freien unternehmerischen Entscheidung unterliegendes Alternativverhalten der Abgabenpflicht entziehen kann.[357] Diese Möglichkeit bestünde jedoch auch dann, wenn die Emissionen besteuert würden, so dass die Anknüpfung an die Möglichkeit eines Alternativverhaltens als effektives Abgrenzungskriterium ausscheidet. Daneben schlagen Literatur und Rechtsprechung als Differenzierungsmerkmal die Einmaligkeit der Erhebung von Abgaben und Gebühren für ein bestimmtes Verhalten oder einen bestimmten Sachverhalt vor. So wird vertreten, dass die regelmäßig wiederkehrende Zahlungspflicht, die unabhängig von einer bestimmten Verhaltensweise oder einem bestimmten Sachverhalt besteht, ein Indiz für das Vorliegen einer Steuer sei. Auch nach dieser Ansicht sind Emissionsabgaben nicht als Steuern, sondern dann als (Fiskal-)Abgaben zu qualifizieren. Innerhalb dieser Ansicht existieren dabei zwei Untermeinungen. Erstere ordnet Fiskalabgaben den allgemeinen Abgaben des Art. 8 Abs. 2 Steuerkodex RF zu.[358] Demgegenüber vertreten andere den Standpunkt, dass Fiskalabgaben,

---

355 S. u.a. Pepljajeva, (Hrsg.), „Fiskalnuje sbori – pravovuje prisnaki i porjadok regulirovanja" (Fiskalabgaben – Tatbestandsmerkmale und Regelungsformen), Moskau, 2003.

356 Ebenda.

357 S. zum Urteil des Verfassungsgerichtshofes RF P-22 vom 17.7.1998.

358 Verfügung des Föderalen Arbitragegerichts (FAG) der nordwestlichen Region vom 28.2.2003 N A21-5149/02-C1; ebenso vom 5.3.2003 N A56-25523/02.

insbesondere Emissionsabgaben, eine Abgabenform eigener, völlig selbständiger, nichtsteuerlicher Art (sui generis) darstellen, für die eigene Regeln gelten würden.[359] Eine weitere Abgrenzung, die sich an der Art der Mittelverwendung orientiert, wird demgegenüber nicht diskutiert.

bb. Die Sonderabgabentheorie des deutschen Rechts

An dieser Stelle bietet sich ein Vergleich zur deutschen Rechtslage und Rechtsprechung an. Nach der deutschen Steuerrechtsdogmatik ist die Finanzierungsfunktion für die allgemeinen Staatsaufgaben die wesentlichste Funktion von Steuern und Gebühren.[360] Demgegenüber haben Umweltsonderabgaben vornehmlich die Erfüllung einer Lenkungsfunktion zum Ziel.[361] Grundsätzlich darf der Gesetzgeber eine öffentliche Aufgabe nicht nach seiner Wahl im Wege der Besteuerung oder durch Erhebung einer „parafiskalischen" Sonderabgabe finanzieren. Dies widerspräche der objektiven Ordnungsfunktion der bundesstaatlichen Finanzverfassung.[362] Daher bestehen einerseits strenge Kriterien für die ausnahmsweise Erhebung von Sonderabgaben, andererseits ist die Abgrenzung von Steuern und Sonderabgaben erforderlich, die auch nach deutschem Recht umstritten ist.[363] Dies liegt an den Überschneidungsmöglichkeiten der Abgabenarten. So muss der Zweck der Einnahmenerzielung nicht der alleinige Zweck einer Steuer sein, er muss nicht einmal ihr Hauptzweck sein (vgl. § 3 Abs. 1 AO).[364] Teilweise wird zwar nach Finanzierungszweck und Interventionszweck unterschieden,[365] teilweise sei ein Finanzierungszweck von mindestens 50% als

359 Verfügung des Föderalen Arbitragegerichts (FAG) der westsibirischen Region vom 27.1.2003 N F04/357-1641/A27-2002; Petrova, „Pravovuje problemui ekonomitscheskovo mechanisma ochrana okruschajuschej sredui" (Rechtliche Probleme umweltökonomischer Mechanismen), Moskau 2000, S. 115 f.

360 Rahmeyer, „Klimaschutz durch Steuern oder Lizenzen", Augsburg 1999, S. 20.

361 Kirchhof, „Verfassungsrechtlich Grenzen von Umweltabgaben", in: Kirchhof, (Hrsg.), Umweltschutz im Abgaben- und Steuerrecht", Köln 1993, S. 12 ff.; Wicke, „Umweltökonomie. Eine praxisorientierte Einführung", München 1993, S. 395 f.

362 BVerfGE 55, 274, 300 f. (zur Ausbildungsplatzförderung); BVerfGE 67, 256, 288 f. (zum Investitionshilfegesetz).

363 Allgemein zu dieser Problematik: Scholz, „Verfassungsfragen zur Lenkungsabgabe am Beispiel der „Automatenbesteuerung", BB, 1991, 73 ff.; bezogen auf Umweltabgaben und -steuern s. Kloepfer, „Umweltrecht", 3. Aufl. 2004, § 5 Rn. 264 ff.; Hendler, „Ökonomische Instrumente des Umweltrechts unter besonderer Berücksichtigung der Umweltabgaben", in: Dolde (Hrsg.), Umweltrecht im Wandel, 2001, S. 285 ff., 294 ff., 303 f.;

364 Vertiefend hierzu Waldhoff, „Die Zwecksteuer", StuW 2002, 285 ff.; s. ferner Weber-Grellet, „Lenkungssteuern im Rechtssystem", NJW 2001, 3657, 3661 f.; BVerfGE 110, 274, 292 (zur Ökosteuer).

365 Scholz, „Verfassungsfragen zur Lenkungsabgabe am Beispiel der „Automatenbesteuerung", BB, 1991, 73 ff. m. w. N.

absoluter fiskalischer Hauptzweck für die Einstufung als Steuer oder (Sonder-) Abgabe vonnöten.[366] Insofern besteht aber Einigkeit darüber, dass sowohl die vom Gesetzgeber für die Abgabe gewählte Bezeichnung als auch ihre Einstufung im Haushalt für die Qualifizierung als Steuer oder Sonderabgabe nicht entscheidend sein sollen.

Nach den früheren vom BVerfG entwickelten Kriterien kommt es für die Qualifikation einer Abgabe als Steuer oder Sonderabgabe auf die Konkretheit der vom zugrundeliegenden Gesetz angeordneten Zweckbindung des Abgabeaufkommens an.[367] Sofern die Zweckbindung überwiegend einen allgemeinen Charakter habe, handele es sich um eine Steuer, bei einer darüber hinausgehenden Spezifizierung der Mittelverwendung bzw. des Zwecks liege eine Sonderabgabe vor, die nach deutschem Recht besondere Rechtfertigungsvoraussetzungen erfordert. Andererseits ließe sich auch danach differenzieren, ob das Abgabenaufkommen einer Gebietskörperschaft zufließt (Steuer) oder zu einer rechtlich selbständigen Vermögensmasse zusammengefasst wird (Sonderabgabe).[368]

Hinsichtlich der Anforderungen an eine Sonderabgabe hat sich in der Rechtsprechung und Dogmatik eine Differenzierung zwischen Sonderabgaben mit Finanzierungsfunktion und Sonderabgaben mit Lenkungsfunktion durchgesetzt. Die Sonderabgaben mit Finanzierungsfunktion[369] sind dabei an engere Voraussetzungen geknüpft als Sonderabgaben mit Lenkungsfunktion: Die Abgabenpflichtigen müssen einer homogenen Gruppe zugeordnet werden können (Gruppenhomogenität), die Abgabe muss aus der besonderen Sachnähe zwischen Abgabepflicht und Abgabenzweck folgen (besonderer Sachzweck) sowie in einer besonderen Verantwortung der Gruppe für die zu erfüllende Aufgabe bestehen (Gruppenverantwortung); dabei muss das Abgabenaufkommen gruppennützig verwendet werden (Gruppennützigkeit).[370] Insbesondere der Sachzweck muss über die bloße Mittelbeschaffung hinausgehen. Außerdem muss der jeweilige Gesetzgeber in angemessenen Abständen überprüfen, ob der Einsatz der Sonderabgabe (mit Finanzierungsfunktion) nicht wegen geänderter Umstände an-

366 Ossenbühl, „Zur Rechtfertigung von Sonderabgaben mit Finanzierungszweck", DVBl 2005, 667.

367 BVerfGE 67, 256, 279 (zum Investitionshilfegesetz); Jarass „Verfassungsrechtliche Grenzen für die Erhebung nichtsteuerlicher Abgaben", DÖV 1989, 1013 ff.

368 Heun, „Die Sonderabgabe als verfassungsrechtlicher Abgabetypus", DVBl. 1990, 666 ff.

369 Insgesamt zu Sonderabgaben mit Finanzierungsfunktion vor allem: Ossenbühl, „Zur Rechtfertigung von Sonderabgaben mit Finanzierungszweck", DVBl 2005, 667.

370 S. beispielsweise: BVerfGE 75, 108, 147 (zur Künstlersozialversicherung); BVerfGE 110, 370 ff. (zu Klärschlamm-Enschädigungsfonds); BVerfG, Beschluss vom 10.12.1981, DVBl. 1981, 139; erstmals in BVerfGE 55, 274 ff. (zur Berufsausbildungsabgabe).

zupassen oder aufzuheben ist, wobei den Prüfungs- und Anpassungspflichten mittels haushaltsrechtlicher Informations- und Dokumentationspflichten nachzukommen ist.[371]

Diese engen Voraussetzungen wurden demgegenüber für Sonderabgaben mit Lenkungscharakter wesentlich gelockert.[372] Insbesondere gilt für diese Sonderabgaben nicht die Bedingung einer strengen gruppennützigen Verwendung des Abgabenaufkommens.[373]

cc. Die russische „Fiskalabgabe" – Übertragbarkeit der deutschen Sonderabgabentheorie?

Aus der deutschen Konstruktion der Sonderabgabe lassen sich einige Parallelen zu den Ansätzen der Einordnung der russischen umweltrechtlichen „Fiskalabgabe" erkennen. Möglicherweise ist die strenge Trennung zwischen Steuer und Abgabe auch für den russischen Rechtsraum nicht ausreichend und es entwickelt sich im Rahmen der höchstrichterlichen Rechtsfortbildung rund um den Begriff der „Fiskalabgabe" eine dem deutschen Finanzrecht ähnliche Sonderabgabentheorie. Fraglich ist daher, ob eine Anwendung der im deutschen Rechtsraum entwickelten Grundsätze zu Sonderabgaben auch im russischen Steuerrechtsraum möglich ist. Durch die dogmatischen Grundsätze zu „Sonderabgaben" ließe sich auch für die russischen Emissionsabgaben eine klare Einordnung und Rechtfertigung sowohl der Abgabenform als auch ihrer Regelungsform von „Fiskalabgaben" erreichen.

Dabei ist die Ausgangssituation der russischen Rechtslage ansatzweise mit der Ausgangslage in Deutschland bei Entstehung der Sonderabgabenrechtsprechung vergleichbar. Auch in Russland kann der Gesetzgeber nicht beliebig das Abgabenrecht zur staatlichen Mittelbeschaffung bemühen. Unterschiede ergeben sich allerdings zwischen „Sonderabgabe und Fiskalabgabe" dahingehend, dass die deutsche Sonderabgabe ein der Finanzverfassung entspringendes „Phänomen" ist, wohingegen die russische Fiskalabgabe zwar die gleichen oder ähnliche Diskussionen hervorruft, dies allerdings auf steuerrechtlicher Ebene. Die rechtliche Argumentation zur deutschen Sonderabgabe ließe sich trotzdem übertragen: Zunächst müssten die russischen Emissionsabgaben dahingehend untersucht werden, ob bei ihnen die Finanzierungsfunktion oder die Lenkungs-

371 Diese letztgenannte Pflicht ergibt sich jedoch erst für Sonderabgaben, die nach dem 31.12.2003 eingeführt wurden, da sie erst 2003 durch das BVerfG festgelegt wurde.

372 BVerfG, Beschluss vom 26.5.1981, DVBl. 1981, 763, BVerfGE 57, 139, 166 ff.

373 BVerwG, NVwZ 2005, 215, 217; BVerfGE 57, 139, 166 ff.

funktion überwiegt. Für ihre Einordnung als „Sonderabgabe mit Finanzierungsfunktion" spricht die Entwicklung der Steuer-Abgaben-Problematik in Russland, ausgehend von der Mittelverwendung zugunsten von Umweltfonds und direkten Investitionen in ökologisch geschädigte Gebiete bis hin zu einer zweck*un*gebundenen Einbeziehung des Abgabenaufkommens in die Budgets der verschiedenen gebietskörperschaftlichen Ebenen, wie es in den vergangenen Jahren seit der Auflösung der Umweltfonds geregelt war. Damit die grundlegende Differenzierung im russischen Recht zwischen Steuern und Abgaben durch die Einführung einer „fiskalen Abgabe" nicht ausgehöhlt wird, könnte man die im deutschen Recht geltenden Kriterien der Gruppenhomogenität, der spezifischen Sachnähe bzw. der Finanzierungsverantwortung, des besonderen Sachzwecks und der Gruppennützigkeit übertragen.

Gruppenhomogenität meint die Abgabenerhebung von einer Gruppe, deren Interessenlage von der Allgemeinheit abgrenzbar ist.[374] Die spezifische Sachnähe der Sonderabgabe meint, dass die mit der Abgabe belastete Gruppe dem durch die Abgabenerhebung verfolgten Zweck evident näher stehen muss als jede andere Gruppe oder die Allgemeinheit der Steuerzahler.[375] Hier ließen sich in Anwendung auf das russische Abgabenrecht die industriellen und gewerblich betriebenen Emissionsanlagen bzw. deren Inhaber und Betreiber als eine abgrenzbare Gruppe einordnen, die einem mit der Abgabe verfolgten Zweck – der Treibhausgas- und Schadstoffemissionsreduktion – evident näher steht und damit auch von der Allgemeinheit abgrenzbar wäre. Die besondere Sachnähe ist somit ebenfalls für die russischen Emissionsabgaben zu bejahen, da die anlagenbetreibenden Unternehmen aufgrund ihrer „Sachgewalt" über die Emissionsanlagen dem mit der Abgabe theoretisch verfolgten Zweck der Emissionsreduktion näher stehen als die Allgemeinheit. Aufgrund der Nähe der russischen (Emissions-)Fiskalabgaben zu den Sonderabgaben mit Finanzierungsfunktion (Emissionsabgaben fließen in öffentliche Fonds und Haushalte) erscheint das im deutschen Recht erforderliche Merkmal der Gruppennützigkeit problematisch, wonach die finanziellen Mittel überwiegend im Interesse der Gruppe verwendet werden sollen. An diesem Merkmal fehlt es, wenn das Aufkommen der russischen Emissionsabgaben teilweise zweckungebunden in den Staatshaushalt einfließt, teilweise für Umweltkompensations- und Klimaschutzprogramme verwendet wird, die der Allgemeinheit und nicht spezifisch der Gruppe nützen. Allerdings reicht hinsichtlich der Finanzierungsverantwortung und der Gruppennützigkeit nach der deutschen Dogmatik der Gesichtspunkt der Verursachung der schädlichen

374 BVerfGE 82, 159, 180.

375 BVerfGE 91, 186, 206

Emissionen als Rechtfertigungsgrund für eine Finanzierungsverantwortung aus, ohne dass eine positive Gruppennützigkeit gefordert würde.[376] Insoweit ist auch von Schadensausgleichsabgaben[377] die Rede.[378] Dem allgemeinen, auch im russischen Umweltrecht geltenden Verursacherprinzip käme dann die Funktion eines Zurechnungsgrundes zu. *Letztendlich ist damit die Entwicklung einer Sonderabgabentheorie in abgewandelter Weise ebenso für das russische Finanzrecht möglich und bietet in restriktiver Anwendung der obigen Kriterien eine zulässige Durchbrechung der starren Abgrenzung von Steuern und Abgaben.* Folge dieser Anwendbarkeit wäre, dass der russische Bundesgesetzgeber neben dem strengen Kompetenzkatalog in Bezug auf Steuern und Abgaben nach dem Steuerkodex auch aus einer bestehenden Sachkompetenz die Befugnis zur Einführung von Abgaben für diese Sachmaterie regeln dürfte. Darüber hinaus bleibt aber in der russischen Rechtsprechung noch zu klären, ob für „Fiskalabgaben" immer uneingeschränkt der gegenüber Steuern geringere formell-rechtliche Maßstab gelten soll.

5. Das Einziehungsverfahren bei Emissionsabgaben

Für die russischen Emissionsabgaben gelten bei ihrer Einziehung die allgemeinen Vorschriften zur Gewinnbesteuerung für Unternehmen, Art. 254 Steuerkodex RF. Danach können Emissionsabgaben als Teil der Gewinnsteuer im Rahmen des vereinfachten Steuererhebungsverfahren gezahlt werden.[379] Im Übrigen sind die Regelungen der Abgabenerhebung durch die Anordnung N 77[380] festgelegt. Nur für Regelungslücken gilt auch weiterhin der Steuerkodex RF, unabhängig von der formalen Rechtsnatur der zu zahlenden Abgabe, unabhängig davon, dass sie per verfassungsgerichtlichem Urteil zu Abgaben nichtsteuerlicher Natur erklärt worden sind.[381] Unternehmen haben die entsprechenden Abgaben

376 Ossenbühl, „Zur Rechtfertigung von Sonderabgaben mit Finanzierungszweck", DVBl. 2005, S. 667 ff., 672.

377 So insbesondere bei der dem russischen Emissionsabgabenmodell sehr ähnlichen Abwassereinleitungsabgabe, geregelt im Abwasserabgabengesetz.

378 Waechter, „Sonderabgaben sind normale Abgaben", Zeitschrift für Gesetzgebung 2005, S. 97 ff., 99.

379 Allgemein und sehr knapp zu den Zahlungsmodalitäten der Emissionsabgabe: Komova, Vorsitzender Direktor der Abteilung für Steuer- und Zolltarifpolitik im Finanzministerium, „Brief des Finanzministeriums der Russischen Föderation" vom 17.5.2005 N 03-07-03-04/20.

380 Anordnung vom 26.1.1993; das Methodische Instruktionsregelwerk ist in der Fassung vom 15.12.2000 in Kraft.

381 Beschluss des Verfassungsgerichtshofes vom 10.12.2002 N 284; s. dazu auch oben, S. 93 ff.

ohne behördliche Aufforderung selbst zu veranlagen, ausländische Privatpersonen erst auf Grundlage eines entsprechenden behördlichen Bescheides. Im Falle von Konzernstrukturen, in denen Filialen oder andere Untergliederungsformen nicht in Form der juristischen Person geführt werden, trifft die Abgabenpflicht das Mutterunternehmen, siehe Punkt 1.6 der Anordnung N 77. Die Emissionsabgaben sind entsprechend N 77 quartalsmäßig zum jeweils 20. des letzten Monates zu zahlen.

Wie in Deutschland auch, können die Abgaben, wenn sie nicht zur vorgeschriebenen Frist eingezahlt wurden, im unstreitigen Verfahren durch die zuständige Behörde eingezogen werden. Allerdings bedeutet die Begrifflichkeit des „nichtstreitigen Verfahrens" nach russischem Recht nicht nur die sofortige Vollziehbarkeit von Abgaben- oder Steuerbescheiden, sondern meint auch, dass die zuständigen Behörden befugt sind, ohne Einverständnis des Steuerschuldners von dessen Konten die entsprechenden *Steuern* abzubuchen. Diese Praxis wurde vom Verfassungsgericht der Russischen Föderation ausschließlich bezüglich juristischer Personen für zulässig erachtet.[382] Inwiefern diese Praxis nunmehr entsprechend auch auf die *Abgaben*pflicht anwendbar ist, ließ sich nicht ermitteln, dürfte jedoch angesichts der neuen Zuständigkeitsverteilung ohne die Beteiligung von Steuerbehörden anders ablaufen. Seit der Neustrukturierung der für Emissionsabgaben zuständigen Behörden 2005 ist nicht mehr unmittelbar die Steuerbehörde, sondern die Bundesbehörde für Atom- und technische Aufsicht in der Russischen Föderation (Rostechnadsor) für Emissionsabgaben zuständig.[383]

6. Exkurs: Ökologische Steuerreform – Die gescheiterten Entwürfe?

Das russische Steuerrecht wird hinsichtlich seiner schwachen ökologischen Anreize stark kritisiert. Vor allem wird bemängelt, dass die vorhandenen Emissionsabgaben ausschließlich fiskalen Zwecken dienen und keinen Anreiz zu emissionsreduzierendem Verhalten bieten.[384] Die Reformvorschläge reichen hier von der bloßen Erhöhung der momentanen Abgabensätze oder der Einführung eines eigenen Kapitels für Umweltsteuern in das Steuergesetzbuch bis hin zu

382 Urteil des Verfassungsgerichts vom 17.12.1996, P-20.

383 Hierzu ausführlich in dieser Arbeit im 4. Kapitel über den administrativen Aufbau, s. S. 158 ff.

384 Lukjantschikov, „Prirodnaja renta i ochrana okruschajuscheij sredui" (Naturschutzabgaben und Umweltschutz), Moskau 2004, S. 111.

einer Ökologisierung des gesamten Steuerrechts unter Einführung von ökologisch motivierten Steuern auf den Energieverbrauch.[385]

a. Ökologisierung des Steuerrechts

Das Steuerrecht der Russischen Föderation befindet sich noch immer in der Entwicklung. Nachdem 1998 und 2002 die einzelnen Teile des Steuerkodexes in Kraft gesetzt wurden, bleibt seither abzuwarten, wie sich die gesetzgeberischen Nachbesserungen, die Homogenität mit dem sonstigen Recht, die richterliche Auslegung und die praktische Anwendung entwickeln werden. Dabei wird von Seiten des Umwelt- und Klimaschutzes auch über eine Einbindung dieser Aspekte in das Steuerrecht diskutiert. Zur Ökologisierung des Steuerrechts und zur Neuregelung der Emissionsabgaben in einem Gesetz (anstelle einer Verordnung) existieren zwei verschiedene Ansätze: einerseits die separate Regelung in einem eigenständigen Emissionsabgabengesetz; andererseits die Einführung eines weiteren eigenen Kapitels in den Steuerkodex RF, („ökologische Steuern"). Beide Ansätze konkurrieren miteinander.

aa. Versuch der Einführung einer Umweltsteuer im Steuergesetzbuch

In den Entwürfen zum Steuerkodex war ursprünglich 1998 auch die Einführung sogenannter ökologischer Steuern im 25. Kapitel des Zweiten Buches diskutiert worden. Dieser Reformansatz[386] wird wiederholt diskutiert, mittlerweile als 31. Kapitel des SteuerGB. Gegenstand der Besteuerung sollen entsprechend dem vorgelegten Entwurf die Verschmutzung von Luft und Gewässern durch Schadstoffemissionen sowie durch die Produktion und den Verbrauch von Industrieabfällen und Gefahrstoffen sein. Allerdings ist dieser Entwurf schon hinsichtlich der besteuerten Emissionsquellen unvollständig, da er beispielsweise bei den erfassten Luftschadstoffemissionen nur stationäre Emissionsquellen einbezieht (Art. 3 Abs. 1 Upkt.1 i. V. m. Abs. 2 Ökosteuer-Entwurf), obwohl im Rahmen wachsender Mobilität und wirtschaftlicher Entwicklung in Russland ein sehr hohes Emissionsniveau des Straßenverkehrs besteht. Als positiv sind demgegenüber die Vorschläge zu bewerten, wonach die jeweiligen Steuersätze für die einzelnen Schadstoffemissionen stärker an den „Stand der Technik" geknüpft werden sollen. Auch zielt der Entwurf darauf, die ausufernde Vielzahl besteu-

385 Ders., S. 112 f.

386 Dieser Ansatz wurde vor allem von der Umweltkommission der Duma gestützt und ist auf den Webseiten der Duma bei den Gesetzentwürfen bis Ende 2005 einsehbar gewesen.

erter Schadstoffe übersichtlicher umzugestalten. Die derzeitigen Abgabensätze sind an etwa 210 Luftemissionsgrenzwerte und über 1000 temporäre, vorläufige Ausnahmegrenzwerte gebunden. Die Reformvorschläge ordnen sie neu in drei bis fünf Schädlichkeitsgruppen (in Abhängigkeit von der Toxizität), denen ein Schädlichkeitskoeffizient zugeordnet wird. Für jede Umweltkomponente soll dann nur ein Abgabensatz festgelegt werden, der einzig durch den Toxizitätskoeffizienten individualisiert wird (Luftverschmutzung: 40 Rubel/t).

Es wurde errechnet, dass durch diese neuen Emissionssteuern im Ergebnis der Umweltsteueranteil von zwischen 0,05-0,5% der Produktionskosten auf einen Anteil von 1% an den Gesamtproduktionskosten steigen würde.[387] Trotz der bestehenden Vorteile dieses Emissionsabgabenentwurfes (effizientere Administrierbarkeit, Übersichtlichkeit, verstärkte Rechtssicherheit, etc.) ist die ökologische Anreizwirkung damit nahezu unerheblich. Die Abgabensätze des Entwurfes sind weiterhin zu niedrig angesetzt, als dass sie ein Unternehmen zu einer technischen Modernisierung anreizen könnten. Aufgrund der fehlenden tatsächlichen Lenkungswirkung ist der Umweltsteuer-Entwurf daher ein zu zaghafter Reformansatz und kein erfolgsversprechendes Konzept für einen effektiveren Umwelt- und Klimaschutz.

bb. Die Emissionsabgabennovelle

Als zweiter Reformansatz im Emissions*abgaben*recht ist die vom Steuerkodex RF getrennte Novellierung der Emissionsverordnung von Bedeutung, bei der noch nicht absehbar ist, ob lediglich die geltende Verordnung N 344 reformiert wird oder ob eine in Gesetzesform gegossene Neuregelung in Kraft gesetzt werden soll. Der zugrundeliegende Gesetzesentwurf ist seit Anfang 2005 im Parlament eingebracht, wo er in 1. Lesung im Mai 2005 diskutiert wurde. Weitere Lesungen fanden im Sommer- und Winterquartal 2006 statt. Inhaltlich ist der Entwurf ähnlich wie die im Steuerkodex RF geplante Umweltsteuer hauptsächlich auf eine Straffung des zu komplexen Abgabensystems mit dem Ziel einer effizienteren Administrierbarkeit ausgerichtet. Zusätzlich werden aber auch behördliche Kompetenzänderungen, die Erhöhungen der Abgabensätze und Möglichkeiten der Einbeziehung von Privathaushalten diskutiert. Umgesetzt wurde Anfang 2006 lediglich eine Erhöhung einiger Emissionsabgabensätze, darunter auch für das Treibhausgas Methan.

387 Ebenda.

cc. Die Ökologisierungsansätze für das russische Steuerrecht

Weiterhin hat es in den russischen Rechts- und Wirtschaftswissenschaften Ansätze gegeben, die – anstelle einer Sonderregelung von Ökosteuern in einem einzelnen Kapitel des Steuerkodex RF – eine ökologische Ausrichtung des gesamten russischen Steuerrechts, also der Verbrauch-, Gewinn- und Sozialsteuern anstrebten. Bei den ersten Beratungen und Entwürfen zum Steuerkodex RF sei hier vor allem auf die von *Gofman*[388] schon 1994, also weit vor der Einführung des aktuellen Steuerkodex, geforderten ökologischen Aspekte hingewiesen. Gofman hatte einen Katalog von Grundforderungen an das neue Steuerrecht erhoben, die gleichzeitig auch dem Bedürfnis nach finanzieller Stabilisierung und Marktliberalisierung Russlands sowie den Anforderungen an eine ökologische Rehabilitation gerecht werden sollten. Vorrangig sollte diesem Ansatz zufolge der Steueranteil für die Nutzung und Förderung natürlicher Ressourcen schrittweise erhöht werden und das Aufkommen daraus direkt sowohl in den Staatshaushalt als auch in lokale Budgets fließen. Dieser Input-orientierte Besteuerungsansatz wurde nur teilweise umgesetzt. Das Potenzial an Lenkungsfunktionen zugunsten des Klima- und Umweltschutzes, das gerade dieser Ansatz enthält, wird dabei nicht ausgeschöpft.

Außerdem wurden ökologisch motivierte zusätzliche Steuern und Abgaben auf Waren und Dienstleistungen vorgeschlagen, die bei Produktion oder Verbrauch besondere Klima- und Umweltschädlichkeit aufweisen. Bezweckt war also eine ökologischere Ausrichtung der Verbrauchsteuern, ein Ansatz, der ebenfalls in westlichen Industriestaaten verfolgt wird. Daneben sollten Steuervergünstigungs- und -befreiungstatbestände für Unternehmen und Organisationen eingeführt werden, die ökologisch sicher oder nachhaltig produzieren, indem sie beispielsweise besonders umweltfreundliche Technologien verwenden. Ungewöhnlich – im Vergleich zum überwiegend in der russischen Politik praktizierten Ansatz – forderte Gofman bereits frühzeitig, dass der russische Gesetzgeber zurückhaltender mit der Zusage von Subventionen an die schadstoffintensiven Industriezweige und die Rohstoffförderung umgehen solle. Er forderte eine restriktivere Subventionierung (direkte und indirekte) aller Arten wirtschaftlichen Handelns, das ressourcenintensiv und umweltgefährdend ist.[389] Auch dieser Forderung ist der Gesetzgeber bisher nicht nachgekommen. Vielmehr ist die

388 Gofman, „Transition to the Market and the Ecologization of Russia´s Tax System" („Perekhod k rynku i ekologizatsiia nalogovoi sistemy"), EMM, vol 30, no. 4 (1994), S. 22-34.

389 Ebenda.

staatliche Subventionierung ohne Berücksichtigung ökologischer Bedürfnisse angesichts volkswirtschaftlicher Krisen nach wie vor ein übliches Instrument der russischen Wirtschaftsförderung und -lenkung.

b. Zusammenfassung

Das russische Emissionsabgabensystem ist in seiner Konzeption noch immer der ehrgeizige Versuch, das Verursacherprinzip direkt umzusetzen. Allerdings sind seit seiner Einführung auch die damit verbundenen Schwierigkeiten offensichtlich geworden. Die Fülle an Klagen hat schließlich die legislativen Fehler des Umweltabgabenrechts offenbart, die seine zumindest teilweise Novellierung unumgänglich machen werden. Diese verläuft bislang sehr schleppend und nicht mit der nötigen Orientierung an anderen nationalen Lösungsmodellen. Auch wenn insgesamt der Eindruck eines sehr starken Regelungs- und Umsetzungsbedürfnisses des Gesetzgebers im Umweltrecht entsteht, bezeugt die hohe Komplexität und Unüberschaubarkeit an rechtlichen Regelungen in diesem Gebiet gleichzeitig das Gegenteil. Die fehlende oder nicht verhältnismäßige Anpassung der Abgabensätze an die Inflationsindizes seit 1998 haben die Emissionsabgaben schließlich zu einer rein symbolischen Abgabe degradiert, die nahezu keine Lenkungswirkung erzeugen kann. Auch die Dauer und der Gang von Novellierungsbestrebungen oder Ökologisierungsansätzen zum russischen Steuerkodex belegen die untergeordnete Rolle von Umwelt- und Klimaschutz in der Gesetzgebung und in der politischen Gewichtung.

F. Die mittelbar klimaschutzrelevanten Abgaben

Neben den direkten Emissionsabgaben gibt es in Russland auch eine Vielzahl an Steuern und Abgaben, deren Zweck zwar nicht direkt ökologisch ausgerichtet ist, die aber eine mittelbar ökologische bzw. klimaschutzrelevante Wirkung entfalten. Zu solchen indirekt ökologisch anreizenden Emissionsabgaben zählen in westlichen Industrieländern insbesondere Produktabgaben, die jedoch in der Russischen Föderation wie in den meisten Transformationsstaaten Mittel- und Osteuropas bisher noch mit sehr geringer ökologischer Wirkung entwickelt oder verbunden sind. Trotz der in den vergangenen Jahren diskutierten Ökologisierung des Steuerrechts, haben ökologische Aspekte bislang kaum Einzug bei den Verbrauchsteuern gehalten. Ebenso wurden steuerrechtlich-ökologische Anreize wie beispielsweise Abschreibungen und Steuerermäßigungen[390] sehr zurückhaltend eingeführt. Mittelbare klimaschutzrelevante Steuern finden sich in der Russischen Föderation bei den Verbrauchsteuern, vor allem bei der Besteuerung von Fahrzeugen, Mineralölen und Kraftstoffen, bei den Transportsteuern, den Straßennutzungsabgaben sowie bei der Ressourcenbesteuerung im Rahmen der Förderung fossiler Brennstoffe.

I. Mineralöl- und Kraftstoffabgaben

Die Besteuerung von Kraftstoffen und Schmiermitteln wurde im Dezember 1991 eingeführt und die Einnahmen zur Verbesserung des russischen Straßennetzes genutzt.[391] Die von den Produzenten und Exporteuren zu entrichtenden Steuern flossen zu 18% in den damals noch existierenden föderalen Straßenfonds und zu 7% in entsprechende regionale Straßenfonds. Im April 1994 wurde die Verbrauchsteuer für Mineralöle, insbesondere Benzin, gesetzlich eingeführt, zunächst in einem eigenständigen Gesetz, das schließlich 2001 in das Steuergesetzbuch der Russischen Föderation integriert wurde. Sie wurde zunächst auf 10% des Verkaufspreises der Raffinerien festgesetzt, im Laufe desselben Jahres aber auf 20% des zugrundeliegenden Einzelhandelspreises angehoben. Unternehmen der weiterverarbeitenden Erdölindustrie können dabei die Verbrauchssteuern in Vorleistung mit der Verbrauchsteuer für Endprodukte verrechnen.

Im Rahmen der Mehrwert- und Verbrauchsteuern finden sich in Kapitel 21 und 22 des Steuerkodex RF entsprechende Kraftstoffsteuern. Die *Mehrwertsteuer* auf Kraftstoffe beträgt heute effektiv (d. h., nicht am gesetzlich festgesetzten Steuersatz, sondern an realen Größen orientiert) lediglich zwischen 3-5% des Rohölförderpreises.[392] Auch hier wurden die Tarife und Abgabensätze nicht an die Inflationsindizes von 1998 angepasst, obwohl dies dem Gesetzgeber im Rahmen der Eingliederung der Normen über die Kraftstoffsteuern in den neuen Steuerkodex 1999 und 2002 möglich gewesen wäre. Die *Verbrauchsteuer*sätze (sogenannte Akzisen) liegen höher, sind somit spürbarer. Die Mehrwertsteuer und die Verbrauchsteuer auf Kraftstoffe dienen ausschließlich der hoheitlichen Einnahmenerzielung und entfalten keine Lenkungswirkung zugunsten eines

390 S. unten Kapitel 2 zu ökologisch relevanten Steuervergünstigungen und -befreiungen des russischen Steuerrechts.

391 Vgl. hierzu das Gesetz „Über die Verbrauchsteuern" vom 5.12.1991.

392 Metschies, „GTZ-Studie zu internationalen Kraftstoffpreisen", Eschborn, 2004 unter: www.International-Fuel-Prices.com.

rationaleren, nachhaltigeren Verbraucherverhaltens. Eine ökologisch motivierte Mineralölsteuer nach deutschem Vorbild ist bisher in Russland nicht eingeführt worden und auch nicht beabsichtigt. Klimapolitische Differenzierungen verschiedener Mineralölsteuerschuldner fehlen vollständig. Im Verhältnis zum gesamten russischen Steuersystem liegen die Kraftstoffsteuern damit weit auf den hinteren Rängen. Nicht zuletzt ökonomische Gründe sind die Ursache dafür.

Zusätzlich lässt sich aber bei einem Vergleich der bereits niedrigen Verbrauchsteuern mit den Emissionsabgaben deutlich erkennen, wie wirkungsschwach und unbedeutend die Emissionsabgabenlast für die Emittenten ist. Dies zeigt den bloßen Symbolcharakter von Emissionsabgaben, die jeglicher Lenkungswirkung entbehren.

Gegenüberstellung der Abgabensätze auf Benzin und Diesel[393]

Kraftstoffart	Akzisen	Emissionsabgabe
Benzin	2190 bzw. 3000 Rubel je t*	1,3 Rubel je Tonne
Diesel	890 Rubel je t	2,5 Rubel je Tonne

* erstere: Benzin mit 80er Oktanzahl; zweitere: Benzin anderer Oktanzahl

© S. Verbrauchsteuersätze, Art. 191 SteuerGB der Russischen Föderation und die Abgabensätze für bewegliche Emissionsquellen aus der Regierungsverordnung N 344; Gegenüberstellung durch die Autorin

Aus klimaschutzpolitischer Sicht ist vor dem Hintergrund der Steuerreform 2002 einzig positiv hervorzuheben, dass die Verbrauchsteuern bei den Mineralölen stärker zwischen einfachem Benzin, Diesel, Motoröl und Kraftstoffen für Leichtkraftfahrzeuge differenzieren. Allerdings erfolgt die Differenzierung nicht nach dem Kohlenstoffgehalt der Kraftstoffe. Auffällig ist dabei, dass der Steuersatz der Akzise für Diesel wesentlich geringer ist als für Benzin, hingegen der Emissionsabgabensatz für Diesel höher ist als für Benzin und damit dessen höhere Klimaschädlichkeit berücksichtigt.

393 Laut GTZ-Studie von November 2004 liegen die Marktpreise für Diesel bei 45 Rubel pro Liter (2000 waren es noch 39 Rubel/l) und für Benzin bei 55 Rubel pro Liter (2000 waren es noch 33 Rubel/l). S. auch: www.International-Fuel-Prices.com.

II. Kfz-Steuern und Abgaben

Im russischen Steuerrecht wurden Kraftfahrzeugsteuern, wie ursprünglich auch in Deutschland,[394] als Luxusaufwandsteuer eingeführt. Mittlerweile werden sie als Konsumsteuer qualifiziert. Sowohl auf Personenkraftfahrzeuge als auch auf Lastkraftwagen werden in Russland eine Fahrzeugerwerbsteuer und eine allgemeine Fahrzeugsteuer erhoben. Wie seit 1922 in Deutschland findet im russischen Steuerrecht ebenfalls eine besondere Besteuerung der dem gewerblichen Einsatz dienenden Kraftfahrzeuge statt. Trotz der schrittweisen Anpassung der Kraftfahrzeugtechnologien an internationale ökologische Standards (nur noch die Produktion von Fahrzeugen mit Katalysator: hierzu eingeführte Euro-Normen: Euro-1, Euro-2; ab 2010: Euro-3-Norm)[395] findet über die Fahrzeugsteuern derzeit (Stand: Mitte 2006) noch keine ökologische Differenzierung beispielsweise nach dem Kraftstoffverbrauch eines Fahrzeugs statt. Im Folgenden werden die allgemeinen Besteuerungsgrundsätze und mögliche Ansatzpunkte für eine klimaschutzrelevante Lenkungswirkung bei der Fahrzeugerwerbsteuer und der allgemeinen Fahrzeugsteuer dargestellt.

1. Fahrzeugerwerbsteuer

Die Fahrzeugerwerbsteuer wurde in Russland eingeführt, als noch keine rechtliche Regelung einer Umsatzsteuer existierte. In Deutschland ist der Erwerb von Fahrzeugen im Rahmen der Umsatzsteuer geregelt. Der russische Gesetzgeber verfolgte diesen Ansatz später ebenfalls, allerdings im Rahmen des spezielleren StraßenfondG. Steuerschuldner der Fahrzeugerwerbsteuer waren ausschließlich gewerbliche Unternehmen und Organisationen, Art. 7 StraßenfondsG. Besteuerungsansatz war der Erwerb eines Fahrzeugs, wobei nicht nur der kaufrechtliche Erwerb, sondern auch Leasing und Miete Erwerbstatbestände darstellen sollten. Der Steuersatz betrug 20% des Erwerbspreises, war innerhalb von fünf Tagen nach dem Erwerb des Fahrzeugs zu entrichten und galt als obligatorisch für die Registrierung des Fahrzeugs. Das Gesetz regelte keine Steuerbegünstigungstatbestände. Diese konnten über die allgemeinen steuerrechtlichen Regeln, die

394 Die Kraftfahrzeugsteuer ist in Deutschland bereits 1906 als Luxusaufwandsteuer eingeführt worden.

395 S. u.a. Gabitov, „Vosduchoochrannoje pravo" (Luftschutzgesetz), Ufa 1999; Golub, „Ruinotschnuje Metodui Upravlenija Okruzhajuschtschaja Sreda" (Marktwirtschaftliche Methoden der Umweltverwaltung), Moskau 2002.

seit 1999 im 1. Teil des Steuerkodex RF festgelegt wurden, in Ansatz gebracht werden.

Die Fahrzeugerwerbsteuer enthielt keine klimaschutzrelevanten Differenzierungsansätze, auch wenn hierdurch eine wirksame Lenkungswirkung hätte erzeugt werden können. Das Einnahmenaufkommen wurde keiner ökologischen Verwendung zugeführt, sondern zwischen den föderalen Straßenfonds und den Straßenfonds der Föderationssubjekte zu gleichen Anteilen verteilt. Auf kommunaler Ebene wurden keine Fonds zur Instandsetzung der Straßen eingerichtet – hier waren vielmehr die übergeordneten Gebietskörperschaften zuständig, die vorrangig jedoch den Ausbau überregionaler Verkehrswege subventionierten. Die Förderung des Straßenbaus findet in Russland aufgrund des mangelhaften Infrastrukturnetzes statt. Aufgrund der Vielzahl alter Fahrzeuge, deren weitere Nutzung durch den Straßenbau noch gefördert wird, entfaltete die Fahrzeugerwerbsteuer letztendlich unter Umwelt- wie Klimaschutzaspekten keine Wirkung. Nimmt man trotzdem einen, wenn auch geringen ökologischen Lenkungseffekt durch die bloße Tatsache der Erhebung einer Abgabe an, ist dieser jedenfalls mit Inkrafttreten des 2. Teils des Steuerkodex RF durch die ersatzlose Streichung der Fahrzeugerwerbssteuer entfallen.

2. Fahrzeugsteuer

Fahrzeugsteuern sind auch in Russland Verbrauchsteuern. Vor Inkrafttreten des Steuerkodexes RF wurden sie zunächst in einem eigenen Gesetz[396] geregelt. Sein Anwendungsbereich bezog sich auf Personenkraftwagen, die einen Hubraum von mindestens 2500 ccm hatten. Ursprünglich betrug die allgemeine Verbrauchsteuer für alle Kfz 10% des Verkaufswertes. Da keinerlei weitere Differenzierungen vorgesehen waren, weder nach Schadstoffbelastung durch das Fahrzeug, noch nach dem Vorhandensein eines Katalysators, diente diese Verbrauchsteuer allein der staatlichen Einnahmenerzielung. Später wurden die Fahrzeugsteuern als besondere Verbrauchsteuern in einem speziellen Bundesgesetz „Über die Steuer auf einzelne Fahrzeugarten“[397] (FahrzeugStG) geregelt, das jedoch ebenfalls keine ökologischen Differenzierungsansätze enthielt. In Art. 1 FahrzeugsStG war festgelegt, dass die Steuer nicht für Fahrzeuge erhoben

396 Gesetz über die Verbrauchsteuern vom 5.12.1991; letztmalig geändert am 7.3.1996; 2001 ins Steuergesetzbuch integriert.

397 Gesetz vom 8.7.1999, Gesetzessammlung der Russischen Föderation (Sobranie zakonodatelstva Rossijskoj Federacii) SZRF 1999, Nr. 28, Pos. 3474.

werden sollte, die am Tag des Inkrafttretens des FahrzeugStG älter als 25 Jahre waren. Doch gerade diese in Transformationsstaaten verbreiteten, alten und schadstoffintensiven Altfahrzeuge müssten aus Sicht eines effektiven Klimaschutzes mit einem hohen Abgabensatz belastet werden, um ihre Umrüstung auf emissionsreduzierende Technik oder die vollständige Aufgabe solcher Fahrzeuge zu erreichen. Der Gesetzgeber ging demgegenüber davon aus, dass gerade Eigentümer sehr alter Fahrzeuge finanziell weniger belastbar seien.

Auch wenn die Fahrzeugsteuer in Russland formal als Steuer qualifiziert wurde, war – ähnlich wie bei den Emissionsabgaben – umstritten, ob aufgrund der Zweckbindung des Kfz-Steueraufkommens für Straßenerhaltungsmaßnahmen nicht vielmehr eine gegenleistungsbezogene Abgabe vorlag. Im Gegensatz zu den Emissionsabgaben/-steuern kamen die Gerichte bei den Fahrzeugsteuern jedoch zu dem Ergebnis, dass trotz der Zweckbindung, das Fahrzeugsteueraufkommen zum Ausgleich für die Beanspruchung öffentlicher Straßen zu verwenden, formal eine Steuer vorliege. Das Vorliegen des Gegenleistungsmerkmals wurde verneint.[398] Hervorgehoben sei, dass das russische Verfassungsgericht das Merkmal der Zweckbindung später nicht als Abgrenzungskriterium für Abgaben und Steuern ausreichen ließ, sondern betonte, dass auch Steuerzahlungen zweckgebunden sein könnten. Die Zweckbindung korreliere nicht mit einem Gegenleistungsmerkmal. Vielmehr argumentierte die Rechtsprechung damit, dass gerade keine konkrete, „echte" Bemessung nach dem eigentlichen, tatsächlichen Umfang der Benutzung erfolge und eine „pauschale" Gegenleistungsbezogenheit nicht existiere.[399] In ähnlicher Weise wird auch die Einordnung der deutschen Kfz-Steuer im Sinne des § 3 AO damit begründet, dass die Bereitstellung öffentlicher Straßen zum Verkehr keine Gegenleistung der öffentlichen Hand darstellt.[400]

Die Fahrzeugsteuer richtete sich an Gesellschaften, Organisationen, Unternehmen und natürliche Personen, in deren Eigentum sich ein Kraftfahrzeug befand (Art. 2 FahrzeugStG). Adressat der Steuer war der Fahrzeughalter. Die Steuersätze wurden allein nach der Hubraumgröße differenziert (Art. 4 FahrzeugStG) und waren für den Zeitraum von einem Jahr zu entrichten (Art. 5 FahrzeugStG). Die Höhe der Steuersätze betrug bei Inkrafttreten in Abhängigkeit von Motorstärke und Hubraum für ein Kfz mit zwischen 2300 ccm bis 3000 ccm etwa 2 Rubel je Hubraumeinheit, für Kraftfahrzeuge mit über 3000 ccm 3 Rubel je Hubraumeinheit. Diese Steuersätze wurden dann mit einem Koeffi-

398 Urteil 22-P vom 17.7.1998, SZRF 1998.

399 Urteil 22-P vom 17.7.1998, SZRF 1998.

400 Heinz/Kopp/Meier, „Verkehrssteuern", 1998, S. 185.

zienten von 0,4 multipliziert, wenn die Fahrzeuge bei Fälligkeit der Steuer älter als zehn Jahre waren bzw. mit 0,7, wenn das Alter zwischen fünf und zehn Jahre lag. Waren sie jünger als fünf Jahre, musste die Steuer in voller Höhe entrichtet werden. Dies war unter ökologischen Gesichtspunkten zu kritisieren: Es lag eine Begünstigung der älteren, ökologisch schädlicheren Fahrzeuge vor, da neuere Fahrzeuge nicht mit einem geringeren Koeffizienten verrechnet wurden (1,0). Unter Berücksichtigung der bei neueren Wagen vorhandenen ökologischen Standards hätte eine ökologisch orientierte Differenzierung genau umgekehrt ausfallen müssen. Auch hätten Steuervergünstigungen zugunsten schadstoffreduzierender Technologien einfließen können. Allerdings waren weder theoretische Ansätze noch ein gesetzgeberischer Wille in diese Richtung erkennbar. Dem ursprünglichen FahrzeugStG war damit jegliche ökologische oder klimaschutzrelevante Lenkungsfunktion abzusprechen. Seine Aufhebung erfolgte mit Einführung des zweiten Teils des Steuerkodex RF 2001. Anders als die Erwerbsteuer auf gewerblich genutzte Kfz wurde die Fahrzeugsteuer jedoch nicht ersatzlos aufgehoben, sondern findet sich in abgewandelter Form nun als sogenannte Transportsteuer im Kapitel 28 des Steuerkodex RF wieder.

III. Transportabgaben

Per Änderungsgesetz vom 24.7.2002 wurde der russische Steuerkodex um ein 28. Kapitel, die sogenannte Transport-, frühere Fahrzeugsteuer erweitert. Ihr Anteil an den jährlichen staatlichen Steuereinnahmen wird auf etwa 1% geschätzt.[401] Die Transportsteuer (transportnui nalog) entspricht inhaltlich im Wesentlichen weiterhin der oben dargestellten Fahrzeugsteuer. Auch das Transportsteueraufkommen fließt zweckgebunden zugunsten der Instandsetzung des Straßennetzes in entsprechende Fonds. Allerdings sind die legislativen Kompetenzen zur Einführung der Transportsteuer als föderale Steuer, die sie als Bestandteil des föderalen Steuergesetzbuches nun darstellt, problematisch: Gemäß Art. 14 Nr. 4 SteuerGB ist sie ausdrücklich als *regionale* Steuer vorgesehen, fällt also eigentlich in die Kompetenz der *Föderationssubjekte*. Für eine zulässige Regelung der Transportsteuer durch die Föderation im Steuerkodex RF ließe sich daher nur noch auf eine entsprechende Sachkompetenz in der Verfassung zurückgreifen. Aber auch eine solche findet sich im Zuständigkeitskatalog der Verfassung nicht (allenfalls im weitesten Sinne in Art. 71 lit. „g" Verf RF zum Verkehrswesen).

401 Ermilova/Chramova, „Steuern und Abgaben der Russischen Föderation 2002" in: Steuervestnik, Januar 2002, S. 8 f.

Diese Unklarheit hat der föderale Gesetzgeber mithin zu einer Rahmenregelung der Transportsteuern in seinem Interesse genutzt.

Gemäß Art. 357 Steuerkodex RF sind sämtliche Personen, auf die ein Fahrzeug zugelassen ist (Fahrzeughalter) zur Zahlung der Transportsteuer verpflichtet. Von Unternehmen und Organisationen ist die Transportsteuer selbständig zu veranlagen, Art. 362 Steuerkodex RF. Entscheidend ist die Zulassung (Registrierung) des Fahrzeugs auf eine bestimmte Person – der Erwerbstatbestand ist zweitrangig, Art. 357 Abs. 2 Steuerkodex RF. Die Transportsteuer bezieht sich dabei jeweils auf ein Kalenderjahr (Art. 360 Steuerkodex RF). Die Zulassungsbehörden für die Fahrzeuge sind berechtigt, die Zulassung von der rechtzeitigen Einzahlung der Steuer nach Registrierung des neuen Fahrzeughalters abhängig zu machen.

Steuerobjekt ist das zu besteuernde Kraftfahrzeug. Dazu enthält Art. 358 Steuerkodex RF eine nicht abschließende Aufzählung, ergänzt um sämtliche von der Besteuerung ausgenommenen Fahrzeuge. Daneben bestimmt Art. 361 Steuerkodex RF, dass die Föderationssubjekte die konkreten Steuersätze selbst bestimmen können, gibt dafür allerdings einen Korridor vor, in dessen Rahmen die Gliedstaaten die Steuersätze regeln können, den sie aber nicht verlassen dürfen. Danach dürfen die Rahmensätze um höchstens das 5-fache über- oder unterschritten werden. Die Rahmensätze, die sich auf bestimmte Fahrzeugkategorien beziehen, können außerdem von den regionalen Gesetzgebern noch weiter differenziert und kategorisiert werden, Art. 358 Abs. 3 Steuerkodex RF. Die Differenzierung der föderalen Steuersätze orientiert sich an der Leistung und dem Hubraum eines Fahrzeugs, § 361 Steuerkodex RF. Eine Steuersatzdifferenzierung nach dem Schadstoffausstoß fehlt allerdings vollständig. Diese Berücksichtigung ökologischer Aspekte könnte durch den regionalen Gesetzgeber im Rahmen seiner ausfüllenden Regelungskompetenz nachgeholt werden. Eine klimaschutzorientierte Differenzierung und die damit zu erzielende Lenkungswirkung ließe sich vor allem mithilfe einer am Kohlenstoffdioxidausstoß orientierten Steuersatzdifferenzierung oder mit Steuervergünstigungen für verbrauchs- und schadstoffarme Fahrzeuge erreichen. Insoweit ist dem russischen Gesetzgeber auch eine Orientierung an den im deutschen Recht der Kraftfahrzeugbesteuerung vorgesehenen Steuerbefreiungs- und -begünstigungskriterien zu empfehlen, wie beispielsweise der Umfang des Schadstoffausstoßes, der Kraftstoffverbrauch, die Ausrüstung mit bestimmten Katalysatoren, die Motorantriebsart, etc. Eine Begünstigung für Fahrzeuge im Linienverkehr ist jedoch auch im russischen Transportsteuerrecht vorgesehen.

IV. Straßenbenutzungsgebühr

Der Steuerkodex sieht bei den regionalen Steuern, die durch die Föderationssubjekte erhoben werden, in Art. 14 Nr. 3 eine sogenannte „Straßensteuer" vor. Aufgrund des CO_2-Gehalts der Kraftstoffemissionen können Straßennutzungssteuern einen ökonomischen Anreiz darstellen, weniger zu fahren und verstärkt alternative, öffentliche Verkehrsmittel zu benutzen.[402] Damit könnten sie eine lenkende, emissionsreduzierende Wirkung entfalten. Die russische Straßensteuer ist bislang nicht in einer föderalen Rahmenregelung wie die Transportsteuer eingeführt worden. Die Gesetzesinitiativen in diesem Bereich sind vorerst gescheitert.

Die Straßennutzungssteuer wurde in der Variante der Schwerlasttransport-Steuer nach dem Inkrafttreten der neuen Verfassung 1993 per Regierungsverordnung[403] vom 26.9.1995 „Über die Erhebung von Gebühren von Besitzern und Nutzern von Kfz, die Schwerlastgüter auf allgemeinen Autostraßen transportieren" eingeführt. Gemäß des sogenannten Straßenfondsgesetzes sollten durch diese Straßennutzungssteuer – neben den zu jener Zeit noch geltenden oben genannten Fahrzeugserwerbssteuern – die insbesondere durch Schwerlasttransport anfallenden Kosten der Instandhaltung und Renovierung aber auch der Bau von Autostraßen finanziert werden. Ökologische Lenkungsziele spielten hierbei zu keiner Zeit eine Rolle. Die Schwerlasttransportsteuer wurde ausschließlich von Unternehmen und Organisationen erhoben. Die Steuereinnahmen flossen aufgeschlüsselt in einen föderalen und regionalen Straßenfonds. Der Steuersatz betrug 2,5% und orientierte sich am durch das Unternehmen erzielten Umsatz. Außerdem war die gezahlte Schwerlaststeuer bei der Ermittlung des zu versteuernden Gewinns am Jahresende *abzugsfähig.*[404] Insbesondere Letzteres hat die ökologische Intention dieser Steuer jeglicher Lenkungsfunktion beraubt. Dass die Straßennutzungssteuer nur von Unternehmen erhoben wurde, verstieß nach umstrittener Ansicht gegen den verfassungsrechtlich gesicherten Gleichheitsgrundsatz. Aus diesem Grund wurde die Straßennutzungssteuer mit Wirkung zum 1.1.2003 aufgehoben. Sie sollte als Teil der Transportsteuer in das Steuerrecht einfließen, was allerdings gegen die föderale Kompetenzordnung verstoßen hätte. Weitere Entwicklungen in diesem Bereich bleiben abzuwarten.

402 Das Modell der road tolls ist ein vor allem in Europa diskutierter und umgesetzter Ansatz der Klimaschutzpolitik.

403 Verordnung Nr. 962, SZRF 1995, Nr. 40 Pos. 3817, geändert durch VO 1513 im Dezember 1997, SZRF 1997, Nr. 49, Pos. 5601.

404 Dmitrieva, „Das russische Bilanz- und Steuerrecht", FOWI, Wien 1999, S. 49.

Insbesondere eine Berücksichtigung von Klimaschutzaspekten ist weiteren Gesetzesinitiativen vorbehalten.

Zusammenfassung:

Insgesamt lässt sich für alle Fahrzeugsteuern und Verkehrsabgaben zusammenfassen, dass ihnen derzeit jegliche ökologische Lenkungswirkung fehlt und bisher klimaschutzrelevante Aspekte unberücksichtigt geblieben sind, dass aber diese vorhandenen Abgaben nur weniger Änderungen und Differenzierung durch den Gesetzgeber bedürften, um eine ökologische Anreizwirkung schließlich doch noch zu entfalten. Positive Lenkungswirkungen ließen sich dabei durch eine schrittweise ökologische Umwidmung der Transportabgaben und durch eine stärkere Orientierung an Emissionswerten erreichen. Insbesondere in langfristiger Sicht erscheint eine zu starke Konzentration von Transport- und Emissionsabgaben auf den gewerblichen Bereich und eine anhaltende schwache Einbeziehung des rasant wachsenden privaten Personenkraftverkehrs als nicht sachgerecht.

V. Exkurs: Ressourcenbesteuerung im Energiefördersektor

Die Besteuerung von fossilen Brennstoffen, insbesondere Kohle, Erdöl und Erdgas, ist ebenfalls eine mittelbare Möglichkeit, den Nachhaltigkeitsgedanken, vor allem im Hinblick auf den Klimaschutz, durchzusetzen. Im Folgenden wird ihre Behandlung bei der Verbrauchsteuer, der Mehrwertsteuer und den besonderen Rohstofffördersteuern dargestellt.

1. Ressourcenförderungsabgaben vor der Steuerreform 2001/2002

Ursprünglich, vor Beginn der Transformationsprozesse in der Russischen Föderation, legte Art. 11 der sowjetischen Verfassung das ausschließliche Staatseigentum an sämtlichen natürlichen Rohstoffen fest. Die Nutzung der Rohstoffe war kostenlos, was der sozialistischen Idee und dem Staatsmonopol entsprach und als eine der großen Errungenschaften der UdSSR galt.[405] Vor dem Inkrafttreten des neuen Steuerkodexes in Russland wurden Erdöl und Erdgas durch

405 Goldman, "Umweltzerstörung und Umweltvergiftung in der Sowjetunion", in: Glagow, "Umweltgefährdung und Gesellschaftssystem", München, 1972, S. 73 ff.

das Gesetz der Russischen Föderation „Über die Verbrauchsteuern“[406] geregelt. Art. 1 bestimmte darin, dass Erdöl, Erdgas, Kohle und Fahrzeugbenzin mit einer Verbrauchsteuer zu belegen seien. Die Verbrauchsteuersätze für Erdöl und Erdgas lagen bei 55 Rubeln je Tonne. Bei Fahrzeugbenzin wurde differenziert zwischen einer Oktanzahl bis einschließlich 80 (455 Rubel je Tonne) und darüber (dann 585 Rubel je Tonne). Einen ökonomischen Anreiz mit ökologischer Lenkungswirkung zeigten diese Steuern jedoch nicht, denn erstens war der Verbrauchsteuerkatalog hinsichtlich der besteuerten Kraftstoffe nicht vollständig, wie beispielsweise das Fehlen von Diesel und Kerosin zeigten. Zweitens waren die Verbrauchsteuersätze viel zu niedrig, um zu einem sparsameren Umgang anzuregen und drittens wurden sie schließlich allein zur Erzielung von Staatseinnahmen erhoben.

Die auf Erdöl, Erdgas und Kohle erhobenen Verbrauchsteuern (Akzisen) betrugen ursprünglich 18% des Verkaufswertes. Bei der Besteuerung der daraus hergestellten Produkte wurden die Verbrauchsteuern wie folgt differenziert: Bei hohen Produktionskosten entfiel die Verbrauchsteuer vollständig, bei mittleren Produktionskosten betrug sie 24% des Preises und sogar 42% bei niedrigen Produktionskosten. Dieses Besteuerungsverfahren berücksichtigte in keiner Weise ökologische Interessen. Aus dem Wortlaut des Art. 46 RohstoffförderG RF ergab sich, dass jegliche Besteuerung mineraler und fossiler Ressourcen lediglich die ökonomischen und geografischen Konditionen des geförderten Rohstoffes widerspiegeln sollten. Ökologische Erwägungen waren weder ausdrücklich noch indirekt durch eine erweiternde Auslegung nach Sinn und Zweck der Norm einbezogen.

Gleichzeitig wurde 1995 das Bundesgesetz „Über die Sätze der Abgaben für die Reproduktion der mineralischen Rohstoffbasis“[407] in Kraft gesetzt, wonach für die Reproduktion mineralischer Rohstoffe, wie Erdöl, Erdgas und Kondensate (Art. 1 Nr. 1), aber auch Kohle (Nr. 2) und Torf (Nr. 3) zählten, ein je nach Rohstoff differierender Prozentsatz vom Wert des Primärerzeugnisses an den Bundeshaushalt zu zahlen war. Für Erdöl, Erdgas und Kondensate waren dies 10%, für Kohle 5% und für Torf (der aufgrund seines Methangehaltes klimarelevant ist) 3%. Bei diesen Zahlungen handelte es sich nicht um Steuern, sondern um Abgaben, die als Gegenleistung dafür gesehen wurden, dass der Staat die Förderrechte vergab.[408]

406 Ursprünglich vom 6.12.1991; dann Stand 7.3.1996.

407 Gesetz vom 30.12.1995.

408 Heinrich/Pleines, „Steuerlast und Steuerverhalten russischer Wirtschaftsbranchen. Teil II – Besteuerung der russischen Öl- und Gasindustrie“, Forschungsstelle Osteuropa an der Uni Bremen, 2001, S. 12.

2. Ressourcenbesteuerung nach der Steuerreform 2002

Die Ressourcensteuern gelten in der rechtswissenschaftlichen Literatur als ein Teil der Umweltabgaben und stehen eigenständig neben den Emissionsabgaben und sonstigen Schadstoffsteuern.[409] Seit der Steuerreform und der Einführung des neuen Steuerkodex RF 2002 sind sowohl die Ressourcen- oder Rohstoffsteuer (Kapitel 26) als auch die Verbrauchsteuern auf Ressourcen und deren Produkte (Akzisen, Kapitel 22) im Steuergesetzbuch gemeinsam geregelt. Die neue einheitliche Rohstoffsteuer umfasst jetzt sowohl die Lizenzgebühren als auch die Rohstoffentnahmesteuern, was auch bei den Erdölunternehmen auf Zustimmung gestoßen ist. 2002 machten die Verbrauchsteuersätze für Erdgas etwa 15% des Binnenmarkt-Verkaufswertes aus, für exportiertes Erdgas galt ein erhöhter Satz von 30%.[410] Der Abgabensatz richtet sich weiterhin nach dem Wert und der Menge der geförderten Ressource. Seit Ende Dezember 2004 richtet sich die Besteuerung der Förderung von Erdgas und Erdöl nach dem Wert des Rohöl und Rohgases (Naturalzustand).[411] Gemäß Art. 342 Abs. 2 Steuerkodex RF werden Erdöl und Erdgas mit einem Prozentsatz von 16,5% besteuert. Die Einnahmen aus dieser Steuer werden im Verhältnis von 80:20 zwischen dem Bund und den Föderationssubjekten aufgeteilt.[412] Allerdings zeigen Untersuchungen des Internationalen Währungsfonds, dass die Steuerbelastung des russischen Energiesektors im Vergleich zu anderen erdölproduzierenden Ländern deutlich niedriger ausfällt.[413] Aus der Sicht des Klimaschutzes nachteilig ist, dass nicht zwischen dem Kohlenstoffgehalt der Rohstoffe differenziert wird. Außerdem fällt die Besteuerung von Kohle niedriger aus als von Erdöl und -gas. Als klimaschutzpolitisch positiv ist allerdings anzumerken, dass gemäß Art. 342 Abs. 2 Steuerkodex RF auch Torf mit einem Steuersatz von 4% besteuert wird, der für Methanemissionen verantwortlich ist.

Die Rohstoffsteuern sind monatlich in Abhängigkeit vom Tag der Lizenzerteilung zur Ressourcenförderung zu zahlen (30-Tages-Frist), Art. 341 Steuerkodex RF. Die Abgabensätze können regional in einem vorgegebenen Korridor variieren, was mit den jeweiligen regionalen Behörden abgestimmt wird. Die Differenzierung erfolgt dabei nicht aufgrund ökologischer, klimarelevanter As-

409 Jalbulganova, „Prirodoresursnuije plateschui" (Umweltressourcenabgaben), Moskau 2004.

410 Bosquet, "The role of natural resources in fundamental tax reform in the Russian Federation", Washington 2002, S. 9-11, m. w. N.

411 Kosuirina (Hrsg.), „Sistema nalogov i sporov Rossii" (Das System der Steuern und Abgaben in Russland), Moskau 2004, S. 185.

412 Ebenda.

413 Gray, "Evaluation of Taxes and Revenues from the Energy Sector in the Baltics, Russia and other Former Soviet Union Countries", IMF: Washington DC, 1998.

pekte, wie beispielsweise anhand der Emissions- oder Energieintensität des geförderten Rohstoffes, sondern ausschließlich orientiert an seiner Qualität, den Kosten seiner Förderung, seinen Transportkosten und -bedingungen, usw.[414] Die Abgabensätze richten sich hinsichtlich der besteuerten Menge nicht nach dem Umfang der später tatsächlich genutzten, weiterverarbeiteten Rohstoffe, sondern nach der tatsächlich geförderten Menge. Das ist unter ökologischen Gesichtspunkten einerseits als positiv zu bewerten, da der gesamte emissionsintensive Rohstoff besteuert wird. Diese Methode hat jedoch auch einen ökologisch nachteiligen Effekt: Die Rohstoffsteuer allein bietet noch keinen Anreiz für die produzierenden und weiterverarbeitenden Industriezweige, die geförderten Rohstoffe möglichst effizient weiterzuverarbeiten. Diese Anreize könnten wesentlich durch die direkten Emissionsabgaben verstärkt werden. Nachteilig sei angemerkt, dass gerade im Rohstoffsektor eine starke, staatliche Subventionierung der Rohstoffförderung stattfindet, die sich als klima- und umweltschädlich negativ auswirken, da sie Effizienz- und Emissionsreduktionskriterien nicht erfassen.

In Art. 181 i. V. m. Art. 193 Steuerkodex RF sind die Verbrauchsteuern geregelt, die neben Erdöl, Erdgas und Kohle auch für Kfz (siehe oben) und Motorräder, Benzin, Diesel und Kerosin erhoben werden. Gemäß Art. 192 sind die Akzisen monatlich vom Produzenten direkt an den Staat abzuführen. Gegenüber Erdöl, Erdgas – den sogenannten direkten Akzisen werden Abgaben für Kraftstoffe in Art. 181 Abs. 1 Nr. 6 bis 10 Steuerkodex RF in Art. 181 Abs. 2 Steuerkodex RF als „untergeordnete Akzisen" bezeichnet, was kennzeichnen soll, dass die Verbrauchsteuerbelastung weiterverarbeiteter Rohstoffe anders ausfällt als die Akzisen auf Rohstoffe. Die Zuordnung kann dabei im Detail problematisch sein. Im Rahmen der Mehrwertsteuer (Kapitel 21) gilt, dass alle für den Export bestimmten Güter von ihr befreit sind. Dies gilt nicht für Erdöl und Erdgas, das an andere GUS-Staaten geliefert wird. Besondere reduzierte Mehrwertsteuersätze gelten außerdem für Öle und Flüssiggasgemische, die an Tankstellen verkauft werden. Letzteres erweckt wiederum den Anschein, dass eine unter Gesichtspunkten des Klimaschutzes nachteilige Weitergabe der MwSt-reduzierten Kraftstoffe einer potenziellen mittelbar ökologischen Lenkungswirkung den Boden entzieht. Gegen diese Vermutung kann jedoch eingewandt werden, dass Steuerermäßigungen erfahrungsgemäß aus steuerkulturellen Gründen nicht an den Endverbraucher weitergegeben werden.[415]

414 Ebenda.

415 Anders als Steuererhöhungen; s. etwa über russische Erfahrungen bei Shalatov, „Reform of the Tax System", IWF-Konferenz vom April 2004, www.imf.org/external/pubs/ft/seminar/2000/invest; Ders., „Kommentarij k Nalogovomu Kodeksu Rossijskoj Federacii tschasti vtoroj (Kommentar zum Steuergesetzbuch Teil 2), Moskau 2001.

Zusammenfassung:
Trotz des hohen Lenkungspotenzials hat der russische Gesetzgeber bei den mittelbar klimaschutzrelevanten Steuern und Abgaben nahezu ausschließlich das Ziel der staatlichen Aufkommenserzielung in den Vordergrund gestellt. Eine emissionsreduzierende Orientierung von Kraftstoffsteuern, Fahrzeugsteuern und Ressourcenabgaben wird vielmehr den ökonomischen Zielen eines stärkeren Wirtschaftswachstums untergeordnet. Dies spiegelt sich auch in der insgesamt geringen Berücksichtigung ökologischer Aspekte im russischen Steuergesetzbuch wider. Auch findet nur in schwachen Ansätzen eine Einbeziehung privater Verbraucher statt, deren Anteil an den CO_2-Emissionen vor allem im Verkehrssektor rasant wächst. Die Steuerlast des gewerblichen Emittenten ist daher als symbolisch zu bewerten. Kritisch ist ebenso die mangelnde Differenzierung nach verschiedenen Produktions- und Wirtschaftszweigen zu beurteilen, wodurch die unterschiedliche Emissionsintensität verschiedener Sektoren unberücksichtigt bleibt.

G. Vergleichbare klimarelevante Umweltabgaben und -steuern im Ausland

I. Allgemeine Ansätze

Die Einführung sogenannter Umweltabgaben und -steuern in westlichen OECD-Staaten lässt sich auf Empfehlungen, Studien und Konferenzen der OECD zurückführen.[416] In den OECD-Berichten sind Umweltsteuern solche Abgaben, die *„as any compulsory, unrequited payment to general government levied on tax-base deemed to be of particular environmental relevance."*[417] Insbesondere die drei skandinavischen Länder, die Niederlande und Dänemark führten in den frühen 90ern CO_2-Steuern ein. Deutschland trat 1999 mit einer indirekten Steuer dazu, 2001 Frankreich und seit April 2001 gibt es in Großbritannien die sogenannte Klimaschutzabgabe (climate change levy). Italien plante die Einführung von Steuern für fossile Brennstoffe in Form einer Mineralölsteuer ab 2005. Gemeinsam ist diesen CO_2-Steueransätzen die Aufkommensneutralität und ihre

416 OECD, "The Polluter-Pays-Principle", Paris, 1975; "Pollution Charges in Practice", 1980; "Environment and Economics", 1985; "Economic Instruments for Environmental Protection", 1989; "Environmental Taxes in OECD Countries", Paris 1995; Jean-Philippe Barde, "Environmental Taxes in OECD-Countries: an overview", 1998; "Economic Instruments for Pollution Control and Natural Resources Managament in OECD Countries: A Survey", 1999; "Environmentally related Taxes in OECD Countries – Issues and Strategies", 2001.

417 OECD, "Environmentally related Taxes in OECD Countries – Issues and Stratgies", Paris 2001, S. 15.

Verwendung zur Verringerung der Sozialversicherungskosten. Klimaschutzrelevante Steuern und Abgaben mit Lenkungswirkung zeugen im europäischen Rechtsraum besonders im Bereich von Mineralölsteuern, Energiesteuern wie bspw. der Stromsteuer oder Erdgasabgaben, verschiedenen Fahrzeugsteuern, Autobahn- oder Straßennutzungsgebühren etc. von einer umfassenden Auseinandersetzung der nationalen Steuergesetzgebung mit der Klimaschutzproblematik, auch wenn die verzeichneten Emissionsreduktionen noch nicht den angestrebten Zielen entsprechen. Im Vergleich zu den russischen Abgabensätzen sind die in westeuropäischen Staaten bestimmten Abgabensätze im Verhältnis weitaus höher und damit eher geeignet, die angestrebte Lenkungswirkung zu erzeugen. Die – zumindest mittelbare – Einbeziehung der privaten Verbraucher hat in den klimaschutzrelevanten steuerrechtlichen Bereichen dabei mittlerweile genauso starkes Gewicht erlangt, wie die Besteuerung gewerblicher Emittenten. Problematisch gestaltet sich in westlichen Staaten noch die steuerrechtliche Einbeziehung des klimaschädlichen Flugverkehrs. Die im russischen Emissionsabgabenrecht bereits vorgesehene Kerosinabgabe hat zwar allenfalls symbolischen Charakter, ist als Instrument des Steuerrechts aber existent, wohingegen in europäischen Staaten noch kontroverse Debatten über die steuerrechtliche Anknüpfung an die klimaschützende Berücksichtigung des Flugverkehrs geführt werden.

Anhand obiger Aufzählung von klimaschutzrelevanten Steuern und Abgaben fällt auf, dass eine Konzentration auf ausgewählte Emissionsschadstoffe vorgenommen wurde. Detaillierte Messlösungskonzepte sind im Bereich der klimaschutzrelevanten Besteuerung demgegenüber in westlichen Industriestaaten die Ausnahme. Aufgrund der Wirkungsschwäche und der Kosten des Verwaltungsaufwands von Messlösungskonzepten hat sich schließlich insbesondere bei der europäischen Energiebesteuerung ein „inputorientierter Konzentrationsansatz" herausgebildet. Insgesamt findet in Europa zudem eine weitaus stärkere Anbindung an den Stand der Technik statt. Gerade die Technikorientierung findet im gesamten russischen Umwelt- und Klimaschutzrecht noch viel zu wenig Berücksichtigung.

II. Die Abwasserabgabe in Deutschland

Als Beispiel eines dem russischen Ansatz sehr ähnlichen Messlösungskonzeptes lässt sich das deutsche Abwasserabgabenrecht anführen. Trotz der Konzentration des Abwasserabgabenrechts auf bestimmte Schadstoffe besteht eine Vergleichbarkeit einerseits hinsichtlich der ursprünglich beabsichtigten Wirkungsweise des Abwasserabgabenrechts, andererseits wegen des angewandten Messlösungskonzepts, das sich letztendlich als ineffizient erwiesen hat.

Gemeinsam ist dem Abwasserabgabengesetz mit dem russischen Emissionsabgabenrecht zunächst, dass es etwa zeitgleich entstand. Das Abwasserabgabengesetz trat nach kontroverser Diskussion am 1.1.1978 in Kraft, die Abgabenregelung allerdings erst mit dem 1.1.1981. Hintergrund war die Vorbereitung eines effektiven Vollzugssystems und die Absicht des Gesetzgebers, den Abwassereinleitern eine rechtzeitige und umfassende Einstellung auf die neue Abgabe zu ermöglichen.[418] Am Gesetzgebungsprozess waren vorwiegend Fachleute beteiligt, da er als komplexe Materie spezielle Fachkenntnisse und Vollzugserfahrungen voraussetzte. Das Abwasserabgabengesetz hat mehrere Novellierungen gefunden. Der kritische Vorwurf, der dem Abwasserabgabengesetz gemacht wird, ist seine komplizierte technische Durchsetzung, die häufig nur Fachleuten verständlich sei.[419] Da sich die Kompetenz für die Abwasserabgabe als Sonderabgabe aus der Sachkompetenz ergibt (was vor der Föderalismusreform Art. 75 Nr. 4 GG war), beschränkte sich das Abwasserabgabengesetz auf Rahmenvorschriften. Der Abgabentatbestand knüpft an die unmittelbare Einleitung von Abwässern in ein Gewässer, § 1 S. 1 AbwAG. Die Schädlichkeitsermittlung findet anhand der gesetzlich festgelegten Berechungsmethoden gemäß §§ 3 Abs. 1 S. 1; 4 Abs. 1 sowie §§ 6, 7 AbwAG i.V.m. Anhang A zu § 3 statt. Die sich hieraus ergebende Schädlichkeit wird in sogenannten Schadeinheiten ausgedrückt. Die Abwassereinleitung ist genehmigungspflichtig. Da das sogenannte Bescheidsystem zugrunde liegt, richtet sich die Zahl der Schadeinheiten jeweils nach den Festlegungen des zulassenden Abwassereinleitungsbescheids. Weitere Möglichkeiten der Schädlichkeitsermittlung sind Erklärungen des jeweiligen Einleiters und behördliche Überwachung oder Schätzungen.

Die ursprünglich generell vorgesehene Messmethode (§ 5 AbwAG) wurde bereits mit der 2. Novelle[420] aufgehoben. Damit hat sich das deutsche Abwasserabgabenrecht frühzeitig vom Messlösungskonzept, wie es nach wie vor im russischen Recht gilt, gelöst. Im Gegensatz zu den russischen Emissionsabgaben wird hinsichtlich der Schadstoffe kein unterschiedlicher Abgabensatz bestimmt, sondern vielmehr bei der Ermittlung der Schadenseinheit die jeweilige Schädlichkeitswirkung der Stoffe berücksichtigt. Die Abgabensätze sind dabei in Deutschland mit den Novellierungen insgesamt erhöht worden.[421] Anders als

418 Berendes, „Das Abwasserabgabengesetz", 3. Auflage, München, 1995, S. 7.

419 Ebenda, S. 7.

420 Zweites Gesetz zur Änderung des Abwasserabgabengesetzes vom 19.12.1986, BGBl. I S. 2619.

421 Berendes, Das Abwasserabgabengesetz, 3. Auflage, München, 1995, S. 16.

in Russland verbleiben den deutschen Bundesländern neben dem Bundesrecht noch wesentliche Regelungszuständigkeiten. Diese Regelungskompetenz bezieht sich vorrangig auf den Erlass von Ausführungsbestimmungen.[422] Lediglich hinsichtlich der Abgabenhöhe bleibt den Ländern – ähnlich wie in der Russischen Föderation – kaum Gestaltungsspielraum, da das Bescheidsystem auf bundeseinheitlichen Werten gemäß § 7 a WHG beruht. Gerade dieser Bezug zum Wasserhaushaltsgesetz begründet dabei die ordnungsrechtliche Verklammerung des im übrigen ökonomischen Instruments der Abwasserabgabe (Auflagen- und Abgabensystem).[423]

III. Energiebesteuerung in Deutschland – Ein Kurzüberblick

Ein wichtiger Ansatz ist die Besteuerung von Energieträgern und Energie. Diese sind in den Staaten Westeuropas, insbesondere in Deutschland, als Verbrauchsteuer konzipiert. Im internationalen Vergleich verfügen Verbrauchssteuern auf Elektrizität über keine lange Tradition und stellen in den nationalen Steuersystemen nach wie vor die Ausnahme dar. In Deutschland trat am 1.8.2006 das neu geordnete Energie- und Stromsteuerrecht[424] in Kraft, wobei das Mineralölsteuergesetz abgelöst wurde. Nunmehr sind auch Erdgas, Kohle und Koks miterfasst. Im Übrigen werden die klassischen Mineralöle (insbesondere Benzin, mittelschwere Öle, Gasöle, Heizöle und Schmieröle) sowie Erdgas, Flüssiggas, Kohle und Petrolkoks, pflanzliche Öle sowie tierische und pflanzliche Fette, soweit sie dazu bestimmt sind, als Kraft- oder Heizstoff verwendet zu werden, vom Anwendungsbereich des Energiesteuergesetzes erfasst, § 1 Abs. 2 EnergieStG. Gemäß § 2 EnergieStG wird der Begriff des Steuertarifs verwendet, der je nach Energieträger und Verwendungszweck unterschiedlich bemessen ist. Gemäß § 8 Abs. 1 EnergieStG entsteht die Steuer grundsätzlich dadurch, dass Energieerzeugnisse aus einem Steuerlager entfernt und in den freien Verkehr gebracht werden. Steuerlager sind dabei gemäß §§ 6, 7 EnergieStG Herstellungsbetriebe und Lagerstätten für Energieerzeugnisse; Steuerschuldner ist der Inhaber des Steuerlagers. Mithilfe von Abwälzungseffekten wird auch der Verbraucher in die anreizorientierte ökonomische Lenkung einbezogen und zu einem effizienten

422 Vgl. § 3 Abs. 3, § 4 Abs. 3 S. 3, § 7 Abs. 2, § 8, § 9 Abs. 2, § 10 Abs. 2, § 11 Abs 2, § 13 AbwAG.

423 Berendes, „Das Abwasserabgabengesetz", 3. Auflage, München, 1995, S. 21.

424 Allgemein zum Energie- und Stromsteuerrecht siehe: Rodi, "Ecological Tax Reform in Germany", in: Bulletin for International Fiscal Documentation 2000, 486 ff.; Teichner/Alexander/Reiche, MinöStG, Kommentar, München 2004; m. w. N.

Umgang mit Energie angeregt. Steuerermäßigungen sind dabei für Biokraftstoffe vorgesehen.

Im Rahmen des Stromsteuergesetzes wird die Entnahme von elektrischem Strom besteuert, § 1 Abs. 1 S.1 StromStG. Dabei ist in der Regel der Energieversorger Steuerschuldner. Steuererleichterungen bei der Strombesteuerung sind für das produzierende Gewerbe vorgesehen, §§ 9 a, 2 Nr. 3 StromStG. Diese Begünstigung hat die Förderung der internationalen Wettbewerbsfähigkeit des produzierenden Gewerbes zum Ziel.[425] Damit liegt die Hauptsteuerlast beim Dienstleistungsgewerbe und den privaten Haushalten.

IV. Emissionsabgaben in Transformationsstaaten Mittel- und Osteuropas

In den Transformationsstaaten Mittel- und Osteuropas ist überwiegend ein dem russischen ähnliches Umwelt- und Emissionsabgabenrecht etabliert.[426] Das Messlösungskonzept stößt hier aus ähnlichen Gründen wie in der Russischen Föderation an seine Grenzen. In aktueller Hinsicht sei auf das am 1.1.2006 in Estland in Kraft getretene Umweltsteuergesetz hingewiesen. Dieses legt die Höhe von Abgaben für Luftverschmutzungen, Wasserverschmutzungen sowie den Handel mit Elektrizität zwischen 2006 und 2009 fest. Der Großteil der einzelnen Abgabensätze wurde dabei verdoppelt.[427] Auch in Lettland ist am 1.5.2004 ein Umweltsteuergesetz in Kraft getreten. Die Berechnung der Steuerabgabensätze ist in einer gesonderten Verordnung[428] geregelt. Demgegenüber hat Ungarn bereits mit Wirkung zum 14.11.2003 ein Energiesteuergesetz und ein Gesetz über die Umweltbelastungsgebühr eingeführt,[429] die eine Stärkung ökologischer Aspekte im Steuer- und Abgabenrecht bewirken sollen. Die Energiesteuern fallen dabei – ähnlich dem deutschen Recht – bei Produzenten und Verteilern an.

425 S. BT-Drucksache 16/1172, S. 47 f.

426 Cavaliere./Ashiabor/Deketelare/ Milne, „Critical issues in environmental taxation – International and comparative perspecktives", Vol. III, Richmond 2006.

427 Chronik der Rechtsentwicklung, WiRO 2006, 119 f.

428 VO Nr. 555 vom 1.7.2004, LV 30.6.2004.

429 Gesetz 2003:LXXXVIII sowie 2003:LXXXIX vom 14.11.2003, MK 2003, Nr. 131.

Zweites Kapitel: Das Verhältnis zum Instrumentenbündel des russischen Umweltrechts – Die Homogenitätsfrage

Um Aussagen über die Wirksamkeit und Effizienz eines Instrumentes des Klima- und Umweltschutzes machen zu können, ist eine Untersuchung des Wirkungszusammenhanges im Verhältnis zu anderen Rechtsinstituten und Instrumenten notwendig. Bei der Homogenitätsbetrachtung wird untersucht, ob die Emissionsabgaben durch andere abgaben- oder umweltrechtliche Regelungen negativ beeinflusst werden bzw. inwiefern Emissionsabgaben andere Rechtsgebiete und -institute beeinflussen.[430] Es können sich dabei sowohl wirkungsfördernde als auch -hemmende Effekte ergeben, deren Identifizierung entweder eine Änderung und Anpassung ermöglicht oder das Lenkungsziel „Emissionsreduktion" parallel fördert. Eine Abstimmung aller Instrumente ist daher für die Effizienz und Effektivität eines Instruments wichtig.

Zunächst ist einzugrenzen, mit welchen Instrumenten die Emissionsabgaben in Relation gebracht werden sollen. Die Gliederung klima- und umweltökonomischer Instrumente wird nach unterschiedlichen Kriterien vorgenommen, beispielsweise nach dem Einfluss auf den öffentlichen Haushalt in fiskalische und nicht-fiskalische Anreizinstrumente, in Preis- und Mengensteuerungen, in ökonomische und ordnungsrechtliche, oder in marktliche, marktanaloge oder außermarktliche Lösungen.[431] In der Literatur zu den rechtlichen Instrumenten des Umweltschutzes hat sich in der deutschen Finanz- und Rechtswissenschaft dabei eine Systematisierung des Instrumentariums nach der Wirkungsweise durchgesetzt, die hauptsächlich zwischen direkter und indirekter Verhaltenssteuerung und zwischen planerischen Maßnahmen und staatlicher Eigenvornahme unterscheidet.[432] Auch in der russischen Umweltrechtsliteratur gibt es erste Ansätze einer Systematisierung des Instrumentariums. Allerdings ist noch kein einheitlicher Ansatz erkennbar. Teilweise wird zwischen rechtspolitischen, ökonomischen, organisatorischen und administrativen Methoden differenziert.[433] Andere unterscheiden zwischen ordnungspolitischen, ökonomischen und admi-

430 S. u.a. allgemein hierzu: Lübbe-Wolff, „Instrumente des Umweltrechts – Leistungsfähigkeit und Leistungsgrenzen", NVwZ 2001, S. 481 ff.

431 Bonus, "Preis- und Mengenlösungen in der Umweltpolitik", Jahrbuch für Sozialwissenschaften, Bd. 41, 1990, S. 344 f.; Hansmeyer, „Das Spektrum umweltpolitischer Instrumente" in: König, Umweltverträgliches Wirtschaften als Problem von Wissenschaft und Politik, 1993, S. 64 ff.

432 So erstmals: Rehbinder, in: Salzwedel (Hrsg.), Grundzüge des Umweltrechts, 1982, S. 105 ff.

433 Lunev, „Priroda, Pravo, Upravlenije" (Natur, Recht, Verwaltung), Moskau 1981, S. 185.

nistrativen Methoden.[434] Während im deutschen Umweltrecht das Instrumentarium adressatenorientiert systematisiert wird, erfolgt dies im russischen Recht aufgrund der zentralstaatlich-planwirtschaftlichen Vergangenheit allein aus der Perspektive staatlicher Organe, also vollzugsorientiert. Ausgehend von der Form staatlicher Einflussnahme wird daher in der russischen Literatur zwischen Instrumenten der vorbeugenden staatlichen Kontrollen, der operativen Kontrolle, repressiven Maßnahmen, Sanierungsmaßnahmen und ökonomischen Instrumenten unterschieden.[435]

Effektivität und Effizienz liegen dann vor, wenn sämtliche Instrumente nebeneinander wirken, ohne dass es zwischen ihnen zu hindernden Überschneidungen kommt. Derzeit sind in verschiedenen Staaten bereits einige praktische Erfahrungen mit der isolierten Verwendung eines einzelnen Instrumentes, aber auch mit kombinierten Nutzungen verschiedener Instrumente gemacht worden.[436] Das Verhältnis dieses sogenannten Instrumentenbündels zu den Emissionsabgaben in Russland ist Gegenstand der nun folgenden Untersuchung. Im Aufbau werden präventive, operative, repressive und ökonomische Instrumente differenziert.

A. Präventive Instrumente (staatliche Zulassungskontrolle)

Zu den präventiven Instrumenten im Emissions- und Klimaschutzrecht zählen die Planungs- und Genehmigungsanforderungen für emittierende Anlagen. Zunächst fehlt es auch hier in der Russischen Föderation an speziell am Klimaschutz orientierten Standards, so dass von den allgemeinen Vorschriften des Umwelt- und Emissionsrechts auf die Bedeutung für den rechtlichen Klimaschutzrahmen geschlossen werden muss. Gemäß Art. 14 LuftSchG RF gelten für industrielle und wirtschaftliche Schadstoffemissionen in die Luft Genehmigungserfordernisse. Die Umweltbehörden führen über die Emissionsschadstoffe gemäß Art. 13 LuftSchG ein Emissionsregister. Je nach Lage der emittierenden Anlage und den zu erwartenden Emissionen differieren die Genehmigungen und Auflagen verfahrenstechnisch und inhaltlich stark. Die einzelnen Genehmigungsverfahren sind in Spezialgesetzen und im allgemeinen USG festgelegt worden.

434 Dubovik, „Ekologitscheskoje Pravo“ (Umweltrecht), Moskau 2002, S. 69 f.

435 Brintschuk, „Ekologitscheskoje pravo“ (Umweltrecht), Moskau 2003.

436 IEA/OECD, "Dealing with Climate Change- Policies and Measures in IEA Member Countries", Paris 2001.

I. Genehmigungsvorbehalt

Genehmigungsvorbehalte spielen eine zentrale Rolle im russischen Verwaltungsrecht, was vor allem den Entwicklungen Russlands im vergangenen Jahrhundert zuzuschreiben ist. Es wird eine große Zahl an formalen Genehmigungsarten[437] unterschieden, die neben der einfachen Genehmigung und den Lizenzen je nach Genehmigungsobjekt zusätzlich existieren. Die Komplexität hat aber auch hier im Ergebnis eher symbolischen Charakter. Es wird nach dem Genehmigungsobjekt (die einzelnen Umweltmedien), nach den verschiedenen genehmigungsbedürftigen Tätigkeiten und hinsichtlich der die Genehmigung beantragenden Person differenziert. Allgemeine Regelungen für Genehmigungen finden sich im Gesetz „Über die Genehmigungspflichtigkeit (Lizensierung) bestimmter Arten von Tätigkeiten" vom 8.8.2001, das allerdings hinsichtlich ökologischer Genehmigungserfordernisse letztendlich wieder auf die allgemeinen und besonderen Umweltgesetze verweist. Die Begriffe der „Genehmigung" und „Lizenz" werden dabei häufig synonym verwendet und nicht genau abgegrenzt oder definiert. Aus formaler Sicht wird unter einer Lizenz ein offizielles Dokument verstanden, das einer bestimmten Person die Ausübung einer bestimmten Tätigkeit für einen festgelegten Zeitraum genehmigt und die Bedingungen seiner Ausführung festlegt.[438] Lizenzen unterliegen damit immer Formanforderungen, wohingegen eine einfache Genehmigung auch formfrei ergehen kann.

Die Genehmigungspflicht besteht vorliegend generell für alle umweltrelevanten Anlagen. Sie ist als präventive ökologische Eröffnungskontrolle zu verstehen. Die im alten USG (Art. 45 Abs. 3) ausdrücklich geregelte Genehmigungspflichtigkeit ist mit der Novellierung des USG 2002 weggefallen, was Ansatzpunkt starker Kritik war. Die Genehmigungsbedürftigkeit gilt im Grundsatz fort, wurde dabei aber durch spezielle Normierungen in besonderen Einzelgesetzen ersetzt oder durch sogenannte Lizensierungspflichten (Art. 30 USG) und Zertifizierungspflichten (Art. 31 USG) für bestimmte ökologisch relevante oder gefährliche Tätigkeiten konkretisiert. Seit 2002 ergibt sich die allgemeine Genehmigungspflichtigkeit mittelbar auch aus den Normen über die umweltverträgliche Planung von Vorhaben, Art. 34 ff. USG. Daneben wird der allgemeine Genehmigungsvorbehalt heute aus Art. 31 USG hergeleitet.

Schadstoffemissionen in die Luft sind demgegenüber immer gemäß Art. 14 LuftSchG erlaubnispflichtig. Entsprechend des Präsidentenerlasses (Ukas) vom

437 Dubovik, „Ekologitscheskoje pravo" (Umweltrecht), Moskau 2005, S. 448.

438 Ders., S. 449.

9.3.2004 ist das Genehmigungsverfahren unentbehrlicher Teil der Kontroll- und Aufsichtsfunktionen der Umweltverwaltung.[439]

II. Genehmigungsverfahren

1. Ablauf eines Genehmigungsverfahrens zur Anlagenerrichtung[440]

Die Emissionsgenehmigung besteht aus zwei Teilen: der eigentlichen Einwilligung der Behörde und dem Anhang. Letzterer enthält eine Auflistung der Emissionsschadstoffe, die Daten zu den aktuellen Emissionsmengen und -werten sowie die entsprechenden PDV-, PDK- und WDV-Werte (s. S. 122). Außerdem sind die vom Sachgebiet der Genehmigung ebenfalls betroffenen Behörden notwendigerweise an der Genehmigungsentscheidung zu beteiligen. Fraglich ist, ob der Antragsteller einen Anspruch auf Erteilung einer Emissionsgenehmigung hat, wenn er die gesetzlichen Voraussetzungen erfüllt. Ähnlich wie im deutschen Recht besteht auch für russische Behörden kein Ermessens- und Beurteilungsspielraum, so dass beim Vorliegen der Genehmigungsvoraussetzungen immer ein Genehmigungsanspruch des Beantragenden gegeben sein müsste. Enthält eine Genehmigungsvoraussetzung *auslegungsbedürftige Rechtsbegriffe*, die – wenn auch nicht unter diesem terminus technicus – auch im russischen Recht existieren, sind hierzu umfangreiche Fallgruppen entweder bereits im Gesetz selbst oder durch umfangreiche innerbehördliche Anordnungen und Weisungen abschließend geregelt.

In Bezug auf die Emissionsgenehmigung schlägt sich das hoch-detaillierte Regelungssystem des russischen Emissionsrechts nachteilig im Genehmigungsverfahren nieder, da die komplexen Berechnungs-, Messungs- und Schätzungsmethoden die fachlichen und personalen Kapazitäten der Behörden weit übersteigen. Mangels geeigneten Fachpersonals besteht dabei für die Anlagenbetreiber ein starker Anreiz, unvollständige Emissionsdaten vorzulegen, da der Behörde eine vollständige Überprüfung nahezu umöglich ist. Der behördlichen Genehmigungsentscheidung wird auch in Russland eine – aus dem europäischen Umweltrecht bekannte – Umweltverträglichkeitsprüfung (Art. 32 USG), teilweise

439 Ders., S. 448.

440 Baller, „Gewässerschutzrecht in Russland: Geschichte, Theorie und Wirklichkeit", Berlin 1995, S. 309, über die einzelnen Schritte bis zur Genehmigung: Ansiedlung und Standortauswahl, Entscheidung durch und Beteiligung von Behörden, Zustimmungserfordernisse, Genehmigungen, OVOS, Expertise der Planungsunterlagen und ihre Genehmigung, Betriebsbeginn ab Betriebsabnahme.

auch eine ökologische Expertise (Art. 33 USG i. V. m. mit dem Bundesgesetz „Über die ökologische Expertise") vorgeschaltet. Diese Verfahren sind bei einer Genehmigung allein der Emissionen aber nur erforderlich, wenn der Antragsteller die Neuerrichtung einer emittierenden Anlage anstrebt.

Aktuell (seit 2004) ist der russische föderale Dienst für technische Aufsicht (Rostechnadsor)[441] die Genehmigungsbehörde für Schadstoffemissionen in die Luft. Gleichzeitig ist Rostechnadsor nunmehr auch für die Erhebung und Einziehung der Emissionsabgaben zuständig (seit 2005), so dass eine behördliche Konzentration zusammenhängender Aufgabengebiete gewährleistet ist. Zudem hat Rostechnadsor im ersten Quartal 2007 neue Regeln für die Emissionsgenehmigungen erlassen, die das Genehmigungsverfahren vor allem in administrativer Hinsicht straffen, aber auch für Antragsteller größere Rechtssicherheit im Genehmigungsverfahren bieten sollen.[442] Danach stellt der Antragsteller seinen Genehmigungsantrag bei den entsprechenden Behörden des Rostechnadsor auf regionaler Ebene (vergleichbar den deutschen Landesbehörden). Die Behörde hat über die Genehmigung oder Versagung innerhalb einer Frist von einem Monat zu entscheiden. Das neue Genehmigungsverfahren bezieht sich allerdings bislang nur auf stationäre Emissionsanlagen. Kritisiert wird von ökologischer Seite, dass auch diese Verfahrensstraffung an den sogenannten temporären Emissionsgrenzwerten festhält.[443]

2. Konzentrationswirkung von Emissionsgenehmigungen

Fraglich ist, in welchem Verhältnis die Emissionsgenehmigung zu sonstigen vorhabenbezogenen Genehmigungsverfahren steht. Anders formuliert, geht es um die Frage, ob – ähnlich wie im deutschen Recht – die sogenannte Konzentrationswirkung bei mehreren Genehmigungen auch dem russischen Recht bekannt ist. Zumindest für das Baurecht lässt sich dies bejahen, da die baurechtlichen Genehmigungen die umweltschutzrechtlichen Genehmigungen bereits enthalten, insbesondere hinsichtlich der zu erwartenden Abfälle, Emissionen und Abwäs-

441 S. auch eingehender zur Entwicklung der Zuständigkeiten in Kapitel 4, Abschnitt B.II.3.d.

442 Presseerklärung vom 26.4.2007, www.interfax.ru.

443 Zu den temporären Emissionsgrenzwerten s. Kapitel 1, Abschnitt E.III.3.ee. Sie ermöglichen Unternehmen, die die Emissionsgrenzwerte nicht einhalten können, eine rechtmäßige Überschreitung der Grenzwerte, die sie aber dann innerhalb eines bestimmten Zeitraumes durch technologische Innovationen erreichen müssen. Durchschnittlich beträgt der genehmigte Übergangszeitraum dabei fünf Jahre.

ser.[444] Auch die Zustimmung der Umweltbehörden erfolgt an die entsprechende Baugenehmigungsbehörde. Ohne die Zustimmung der Umweltbehörden kann mithin eine Bau- und Anlagengenehmigung nach russischem Recht nicht erteilt werden. Ein Genehmigungsverfahren für Schadstoffemissionen in die Luft findet isoliert nur dann statt, wenn eine bereits bestehende Anlage ihr Emissionsvolumen erweitern will. Der Gesetzgeber hat im Übrigen das russische Genehmigungsrecht so entwickelt, dass Fälle, in denen ein Sachbereich durch mehrere Genehmigungen angeschnitten wird, die Ausnahme bilden. Aus Gesichtspunkten der Rechtssicherheit ist allerdings – wie bereits beim Emissionsabgabensystem – zu bemängeln, dass auch das Genehmigungssystem sehr komplex gestaltet ist. Die damit verbundene staatliche Präventions- und Kontrollfunktion wird hoheitlich überbewertet und kann personell nicht geleistet werden.

3. Öffentliche Beteiligungsrechte, Informationsrechte und Umsetzung

Sowohl vor Beginn des vorhabenbezogenen Genehmigungsverfahrens als auch bei der Durchführung der Umweltbewertung sind Beteiligungsrechte zu berücksichtigen, Art. 3, 11, 12 USG. In Bezug auf den Klimaschutz haben die Beteiligungsrechte der Öffentlichkeit in Russland kaum Bedeutung. Klimaschutzaspekte können allenfalls bei der Durchführung der allgemeinen Umweltverträglichkeitsbewertung eines Vorhabens einfließen. Neben den verschiedenen Beteiligungsformen der Öffentlichkeit bei der staatlichen ökologischen Expertise, der gesellschaftlichen ökologischen Expertise und der Umweltverträglichkeitsprüfung sind zunächst die erforderlichen Informationsansprüche des Bürgers gegenüber den Behörden zu berücksichtigen.

a. Umweltinformationsansprüche

Wie bereits erwähnt, hat Russland zwar die Aarhus Konvention nicht ratifiziert, verfügt aber trotzdem über entsprechende umfangreiche ökologische Informations- und Beteiligungsrechte. Bei rein formaler Betrachtung ähneln die Informations- und Beteiligungsrechte in der Russischen Föderation im Grunde den europäischen Standards. Dass trotzdem erhebliche Defizite in der Praxis bestehen und eine Vielzahl berechtigter Klagen anhängig sind, liegt nicht an den fehlenden Regelungen, sondern lässt sich auf die Vollzugsproblematik zurückführen. Öffentliche Umweltinformationsansprüche ergeben sich grundlegend

444 S. Städtebaukodex der Russischen Föderation.

aus Art. 42 i. V. m. 29 Verf RF, die sich nahezu wortgleich auch im einfachen Bundesrecht wiederfinden, siehe Art. 11, 12 USG und Art. 29 LuftSchG. Die für öffentliche Beteiligungen erforderlichen Informationen und Angaben im Genehmigungsbescheid bezüglich der Art und Menge der zugelassenen Luftschadstoffe werden von der Genehmigungsbehörde in ein öffentlich zugängliches Register eingetragen (Emissionsregister). Die Einrichtung eines solchen Emissionsregisters wurde zwar in Art. 69 USG festgelegt, seine Umsetzung aufgrund der technischen und finanziellen Hürden ist bis jetzt jedoch nur ansatzweise, teilweise nur durch den internationalen Implementationsdruck im Rahmen des Kyoto-Protokolls gelungen.

b. Umweltverträglichkeitsprüfungen

Bei der Umweltverträglichkeit werden zwei Formen der ökologischen Bewertung von Vorhaben unterschieden, die jeweils öffentliche Beteiligungsrechte vorsehen: die allgemeine Umweltverträglichkeitsprüfung, die immer durchzuführen ist und die ökologische Expertise (staatliche oder gesellschaftliche), die auf Antrag und nur für bestimmte Vorhaben durchgeführt werden muss. Die Beteiligungsrechte haben sich mit den ersten Reformen des Umweltrechts in Russland seit etwa 1995 entwickelt. Die Ansätze differenzierten zunächst nicht zwischen ökologisch relevanten und irrelevanten Vorhaben. Dies lässt sich insbesondere darauf zurückführen, dass anfangs noch keine Durchführung eines Screening-Verfahrens hinsichtlich der umweltrelevanten Einstufung eines Vorhabens existierte.[445] Ein solches Screening wurde erst 2000 eingeführt. Zu den weiteren, im Jahr 2000 durchgeführten Reformen der Beteiligungsrechte zählt vor allem die Einführung eines dreistufigen Assessmentverfahrens: 1) Vorbereitung des Umwelt-Assessments durch den Antragsprüfer (Genehmigungsbehörden), 2) Bearbeitung der eingereichten Materialien durch eine unabhängige Umweltprüfungsinstitution, 3) Genehmigung durch die regionalen Untergliederungsbehörden des Umweltministerium. Bei Vorliegen der erforderlichen Voraussetzungen hat immer eine Genehmigung des Vorhabens zu ergehen. Bei einem Untätigbleiben der Umweltbehörden oder einer nicht im Sinne des gestellten Antrags ausfallenden Entscheidung kann der Antragssteller eine Beschwerde beim Umweltministerium einreichen, Art. 66 Abs. 3 USG.

445 Ein solches fehlte vollständig, was die grundsätzlich fortschrittlichen Ansätze des russischen Umweltbewertungsverfahrens zunächst nur mit starker Ineffektivität anwendbar machte. S. hierzu auch bei World Bank, „Environmental Management in Russia: Status, Directions and Policy Needs", 2004, S. 17 f.

aa. Die Umwelteinwirkungsprüfung: OVOS

Die russische Umweltverträglichkeitsprüfung – in direkter Übersetzung die „Bewertung der Umwelteinwirkungen“ (**OVOS**) – ist ein der ökologischen Expertise vorgeschaltetes Verfahren, das dem angesprochenen Screening-Verfahren entspricht. Nach dem Ausgang des OVOS bestimmt sich, ob eine staatliche oder gesellschaftliche ökologische Expertise stattzufinden hat. Die Daten und Unterlagen dieses Verfahrens sind außerdem ein wesentlicher Bestandteil bei der späteren ökologischen Begutachtung durch eine unabhängige Expertenkommission. Die OVOS wird durch die Verordnung[446] „Über die Bewertung der Umweltauswirkungen einer geplanten wirtschaftlichen oder sonstigen Tätigkeit in der Russischen Föderation“ (OVOS) geregelt. Sie sieht u.a. die frühzeitige Information der Bevölkerung über geplante Vorhaben, Öffentlichkeitsbeteiligungen an Planungsentscheidungen und Auslegungsfristen für Umweltstudien, etc. (Art. 3, 4 OVOS) vor. Die Beteiligungsrechte erscheinen dabei auf den ersten Blick sehr umfassend und stark ausgestaltet worden zu sein. Diesem Eindruck ist jedoch der Umstand entgegenzuhalten, dass die Verantwortung für die Realisierung der Öffentlichkeitsbeteiligung in der Umwelteinwirkungsprüfung beim Vorhabenträger liegt und dieser starken Einfluss auf die organisatorische Gestaltung der Öffentlichkeitsbeteiligung nehmen kann (Art. 3 Absatz 2 OVOS). Andererseits wird eine in diesem Stadium fehlende oder nicht ausreichende Öffentlichkeitsbeteiligung im Rahmen der staatlichen oder gesellschaftlichen ökologischen Kontrolle später nachgeholt. Die Umwelteinwirkungsbewertung des OVOS umfasst auch die Erörterung möglicher Alternativen mit geringerer ökologischer Relevanz und den Vergleich der ökologischen Folgen verschiedener Realisierungsformen. Daneben dienen diese Daten des Bewertungsverfahrens auch der Umweltkontrolle und werden für die Schätzungen der Emissionsmengen als Grundlage der Emissionsgenehmigung und der Emissionsabgaben verwendet.

bb. Ökologische Expertisen[447]

Während das OVOS einzig die Untersuchung und Zusammenstellung der möglichen ökologischen Einwirkungen, der Folgen und der Risiken einer geplanten Anlage zum Gegenstand hat, dient die ökologische Expertise der Begutachtung

446 Vom 16.5.2000, Nr. 372 (erlassen durch das Komitee für Umweltschutz der Russischen Föderation).

447 Pitulko, (Hrsg.), „Ekologitscheskaja Expertisa“ (Die Umweltexpertise), Moskau 2004; Chramova, „K voprosu o pravovuich problemach osuschestvlenija ekologitscheskoi ekspertisui“ („Zur Frage über rechtliche Probleme der Durchführung der Umweltexpertise“), GiP 2000, Nr. 8; Ders., „Ekologitscheskaja ozenka i ekologitscheskaja ekspertisa“ („Umweltbewerterung und Umweltexpertise“), Moskau 2001.

der Zulässigkeit der Realisierung eines Vorhabens.[448] Im Gesetz[449] „Über die ökologische Expertise" (ExpertiseG) wird zwischen einer staatlichen und einer gesellschaftlichen Expertise unterschieden. Nicht zu verwechseln sind die ökologischen Expertisen von sonstigen, im russischen Planungsrecht weit verbreiteten Begutachtungen, wie beispielsweise der gerichtlichen Expertise (als Prozesshandlung) oder der Expertise über industrielle Sicherheit (Gesetz „über die industrielle Sicherheit gefährlicher Produktionsobjekte"). Hauptsächlich werden Umweltexpertisen bei Projekten der Ressourcenförderung, im Energie- und Industriesektor sowie in der Landwirtschaft durchgeführt.[450]

aaa. Die staatliche Umweltexpertise

Die *staatliche ökologische Expertise* (Art. 3 ExpertiseG) hat immer in den Fällen der Planung einer ökologisch gefährlichen Anlage, Produktionsweise oder sonstigen Tätigkeit mit umweltbeeinträchtigenden Auswirkungen zu erfolgen. Sie hat die Funktion der Präventivkontrolle, dient der Gewährleistung und Sicherung der ökologischen Interessen und verfügt aufgrund der hierzu erstellten Dokumente über gerichtliche Beweisfunktionen. Umweltexpertisen können sowohl einmalig als auch wiederholt durchgeführt werden. Die föderale staatliche Umweltexpertise ist von der ökologischen Expertise auf Ebene eines Föderationssubjektes zu unterscheiden (Art. 11, 12 ExpertiseG). Sofern ein Vorhaben *potenziell* Auswirkungen auf einen großen Teil des staatlichen Territoriums der Russischen Föderation haben könnte, ist eine staatliche Umweltexpertise durch Organe der Exekutive zu veranlassen. Eine solche potenzielle Betroffenheit wird angenommen, wenn sich mindestens zwei Föderationssubjekte (Gliedstaaten) oder besondere föderale Schutzgebiete in dem Einwirkungskreis einer Anlage befinden.[451] Durch das Merkmal der bereits ausreichenden *potenziellen* Beeinträchtigung hat der russische Gesetzgeber der Bundesumweltexpertise im Zweifel den Vorrang eingeräumt – wiederum ein Beispiel der grundsätzlich vorrangigen Bundeszuständigkeit gegenüber den Kompetenzen der Gliedstaaten. Mit der Verwaltungsreform von 2004 wurden die Aufgaben im Bereich der Durchführung von Bundesumweltexpertisen zwischen dem Ministerium für natürliche Ressourcen (MPR) und dem föderalen Dienst für ökologische, technische und Atomaufsicht (Rostechnadsor) neu verteilt.

448 Dubovik, „Ekologitschkoje Pravo" (Umweltrecht), Moskau 2005, S. 485.

449 Vom 23.11.1995 N 174-FS (mit Änderungen vom 15.4.1998).

450 Dubovik, „Ekologitschkoje Pravo" (Umweltrecht), Moskau 2005, S. 482.

451 Ders., S. 478.

Im Rahmen der Vorbreitung der ökologischen Expertise prüft die zuständige Behörde zunächst, ob der Anwendungsbereich des Expertisegesetzes für das konkret geplante Vorhaben eröffnet ist, welche Objekte und Dokumente zugrunde zu legen sind, ob allgemeine oder besondere Formvorschriften beachtet werden müssen, ob die Expertise abschließenden Charakter bezüglich des Verfahrens hat und welche Angriffs- und Verteidigungsmittel dagegen zu erwarten sind. Die Kosten und die Haftungsfragen werden jeweils in Abhängigkeit vom Umfang der Expertise ermittelt. Der Antragsteller eines Vorhabens hat sowohl die erforderlichen Dokumente als auch die Kostentragung zu gewährleisten. Frühestens einen Monat nach endgültigem Vorliegen dieser Voraussetzungen kann die Expertise durchgeführt werden. Die Durchführung der *staatlichen* Umweltexpertise durch eine unabhängige Expertenkommission darf einen Zeitraum von sechs Monaten nicht überschreiten.[452] Mit Anerkennung des Begutachtungsergebnisses durch die Genehmigungsbehörde erlangt die staatlich-ökologische Expertise schließlich „Rechtskraft", sie wird bestandskräftig, Art. 18 ExpertiseG. Endet die ökologische Expertise mit einem negativen Ergebnis, darf das Vorhaben nicht realisiert werden, sondern muss erneut, unter Berücksichtigung der ökologischen Sicherheit, ins Planungsverfahren zurückgeführt werden.

bbb. Die gesellschaftliche ökologische Expertise

Die *gesellschaftliche ökologische Expertise* ist demgegenüber ein besonderes Beteiligungsrecht ausschließlich für die russische Bevölkerung. Auf Antrag einer die Öffentlichkeit präsentierenden Umweltorganisation wird die ökologische Begutachtung eines Vorhabens durch eine unabhängige Expertenkommission vorgenommen, ohne dass es darauf ankommt, ob dies durch die genehmigende Behörde veranlasst wurde oder ob parallel eine staatlich-ökologische Expertise durchgeführt wird, Art. 22 ExpertiseG. Bei der behördlichen Genehmigungsentscheidung kann die Berücksichtigung dieses gesellschaftlich veranlassten ökologischen Expertengutachtens notfalls auch gerichtlich erzwungen werden.[453] Die zuständige Umweltbehörde als exekutive Letztentscheidungsinstanz kann dem öffentlichen Umwelt-Gutachten, sofern es durch eine unabhängige Expertenkommission durchgeführt wurde, den gleichen Status besonderer rechtlicher Verbindlichkeit (Bestandskraft) verleihen, wie einer staatlich-ökologischen Expertise.

452 Ebenda.

453 Bogoljubov, „Ekologitscheskoje pravo" (Umweltrecht), Moskau 2004, S. 171.

4. Klimaschutzpolitische Bewertung

Aus Sicht des Klimaschutzes sind die präventiven Instrumente der Genehmigungsverfahren und öffentlicher Beteiligung nur dann einflussreich, wenn ausreichende behördliche Kapazitäten bestehen und wenn ein entsprechendes Umweltbewusstsein der Bevölkerung über die unmittelbare Betroffenheit der individuellen Gesundheit und der örtlichen Naturressourcen hinausgeht. Im Verhältnis zu den Emissionsabgaben dienen diese Verfahren allenfalls der Aufdeckung zunächst noch nicht erfasster Emissionen und könnten damit den Vollzug der Abgaben stärken. Diese Funktion erscheint jedoch aus folgenden Gründen eher fraglich: Rechtspraktisch sind, unter Abwägung des schwachen Umweltbewusstseins in der Bevölkerung und den wirtschaftlichen Aussichten und Vorteilen eines Vorhabens, die Umweltverträglichkeitsprüfung und die öffentlichen Beteiligungsrechte verhältnismäßig schwache Instrumente der Präventivkontrolle. Auch die Komplexität der Verfahrensregeln und die damit verbundenen hohen Kosten der ökologischen Bewertung eines Vorhabens belegen einen hohen Anreiz des jeweiligen Vorhabenträgers, Umweltverträglichkeitsprüfungen vollständig oder teilweise zu umgehen.

B. Operative Kontrollmechanismen

Zu den operativen Kontrollmechanismen des russischen Umweltrechts zählen gemäß Art. 23 bis 27 LuftSchG sowie Art. 64 bis 69 USG die staatliche, die industrielle und die gesellschaftliche Kontrolle. Auf die staatliche Emissionskontrolle wird bei der Erörterung des administrativen Rahmens und der Durchsetzung des Emissionsabgabensystems eingegangen.[454] Vorliegend sollen lediglich kurz die industrielle und die gesellschaftliche Eigenkontrolle dargestellt werden. Sowohl Art. 25 LuftSchG als auch Art. 67 USG bleiben hinsichtlich der Regelung der wirtschaftlichen bzw. industriellen Selbstkontrolle/Selbstverpflichtung völlig allgemein und verweisen lediglich auf „die hierfür zu erlassenden weiteren Regelungen". Art. 67 Abs. 2 USG sieht seit der Novellierung vom 1.1.2005 vor, dass die wirtschaftliche Führung und Organisation der Produktion der ökologischen Kontrolle der Bundesexekutivorgane unterliegen. Eine effektive Eigenkontrolle der Industrie hat daher letztendlich kein Gewicht, sondern beschränkt sich auf Vorschlagsrechte eines – nur in wenigen Unternehmen

454 S. hierzu Kapitel 4.

tatsächlich vorhandenen – Umweltbeauftragten zur Verbesserung oder Optimierung emissionsrelevanter Produktionsbereiche.[455]

Zur sogenannten gesellschaftlichen Kontrolle verweist Art. 26 LuftSchG ebenfalls lediglich auf zukünftige Rechtsakte der Föderation und ihrer Gliedstaaten. Mithin finden Art. 68 Abs. 3 und 4 USG Anwendung, wonach die gesellschaftlich-ökologische Kontrolle der Umsetzung des Umweltrechts und des Vorbeugeprinzips (Art. 68 Abs. 3 USG) dient. Sie wird durch Gewerkschaften, nichtkommerzielle Vereinigungen (nichtwirtschaftliche Vereine) und Bürger (Arbeitnehmer) ausgeübt (Abs. 4). Der gesellschaftlichen Kontrolle ist in der Praxis allerdings eher symbolischer Charakter zuzusprechen. Ein Grund dafür ist das Fehlen einer gesetzlich bestimmten behördlichen Beschwerdeinstanz. Teilweise wird die gesellschaftliche Kontrolle aus Art. 68 USG auch als Relikt der sozialistischen Gesellschaft angesehen, wo die Gemeinschaft (scheinbare) vollständige Mitspracherechte bei Vorhaben der Industrie und Wirtschaft ausübten.[456] Die operativen Kontrollmechanismen tangieren das Emissionsabgabensystem somit nicht. Sie stellen allenfalls ergänzende Mechanismen dar, die allerdings hauptsächlich dem allgemeinen Umweltschutz dienen, im Klimaschutz derzeit jedoch keine Bedeutung entfalten.

C. Ökonomische Instrumente

Ökonomische Instrumente wurden seit der OECD Konferenz von 1984 zu „Environment and Economics" aktiv als umweltpolitische Instrumente gefördert.[457] Insgesamt unterscheiden die OECD Studien vier Arten ökonomischer Instrumente: Abgaben und Steuern; handelbare Emissionsgenehmigungen; Subventionen; deposit-refund-systems. Anders definiert, sind ökonomische Instrumente des Umwelt- und Klimaschutzes solche Maßnahmen, die im Sinne des Polluter-Pays-Principles die negativen externen Effekte dem Verursacher als Kosten anrechnen. Negative Umweltwirkungen sollen verteuert und ein Anreiz zu alternativen Nutzungsweisen geschaffen werden.[458] Der Einsatz ökonomischer

455 S. hier auch Baller, „Gewässerschutzrecht in Russland: Geschichte, Theorie und Wirklichkeit", Berlin 1995, S. 362.

456 Pankratov, in: Petrov, Rechtlicher Umweltschutz, S. 109.

457 S. hierzu insbesondere auch OECD, Environment and Economics, Paris 1985.

458 S. hierzu auch in den einführenden Grundlagen dieser Arbeit; in der russischen rechtwissenschaftlichen Literatur vor allem: Petrova, „Pravovuje problemui ekonomitscheskovo mechanisma ochrana okruschajuschej sredui" (Rechtsprobleme ökonomischer Instrumente des Umweltschutzes), Moskau 2000, S. 11.

Instrumente bietet für den jeweiligen Verursacher größere individuelle Anpassungsspielräume.

I. Übersicht zu den ökonomischen Instrumenten im russischen Umwelt- und Klimaschutz[459]

Unter der Überschrift „Ökonomische Instrumente" regelt Art. 28 LuftSchG als Spezialgesetz für Luft-Schadstoffemissionen, dass natürliche oder juristische Personen bei der Verursachung von Emissionen einer Zahlungspflicht unterliegen. Art. 28 LuftSchG nennt neben Emissionsabgaben jedoch keine weiteren ökonomischen Instrumente ausdrücklich. Daher greift hier als lex generalis das USG, wo im 4. Kapitel in den Art. 14 bis 16 USG die „Ökonomische Regulierung im Bereich des Umweltschutzes" umfassender bestimmt wurde.[460] Art. 14 USG sieht folgende „Methoden ökologischer Regulierung" vor: Abgaben für die negative Einwirkung auf die Umwelt; die Festlegung steuerlicher Ermäßigungen und sonstiger Vergünstigungen für den Einsatz umweltfreundlicherer, abfallärmerer Technologien oder Rohstoffe; Abgabenermäßigungen für die Nutzung alternativer Energien sowie für die Wiederverwertung von Abfällen; Ermäßigungen für sonstige Energieeffizienzsteigerungen entsprechend der russischen Umweltgesetzgebung; finanzielle Unterstützungen (Subventionen im weiteren Sinne) mit dem Ziel der Verbesserung der zugunsten des Umweltschutzes unternommenen gewerblichen, innovativen und sonstigen Tätigkeiten; der Ersatz von Umweltschäden; sonstige ökonomische Instrumente zum verbesserten effektiveren Umweltschutz.

Daneben nennt Art. 14 USG auch Maßnahmen, die weniger direkte ökonomisch-ökologische Lenkungsinstrumente als vielmehr staatlich-politische Programme im Sinne von Staatszielbestimmungen darstellen, beispielsweise die Erarbeitung föderaler Programme auf dem Gebiet der ökologischen Entwicklung der Russischen Föderation und seiner Gliedstaaten; die Durchführung von ökonomischen Schätzungen zum Einfluss wirtschaftlicher und sonstiger Tätigkeiten auf die Umwelt; usw. Eine ausdrückliche Erwähnung solcher Instrumente für einen effektiven Klimaschutz fehlt. Auch sind trotz der Fülle aufgezählter

459 Krassov, „Ekologitscheskoje pravo" (Umweltrecht), Kap. 7, „Ekonomitschesko-pravovuje merui ochranui okruzhajuscheij sredui" (Ökonomisch-rechtliche Maßnahmen des Umweltschutzes), S. 127 ff.; Bogoljubov, „Ekologitscheskoje pravo" (Umweltrecht), Moskau 2004, S. 149 ff.

460 Ausführlicher zu ökonomischen Umweltschutzinstrumenten: Petrova, „Ekonomitscheskii mechanism realisatzii ekologo-pravovuich norm" (Der ökonomische Mechanismus zur Realisierung umweltrechtlicher Normen"), Moskau 2000, S. 64 ff.

ökonomischer Instrumente und Methoden im Einzelnen die Vielzahl an Verweisungen „auf weitere Rechtsnormen“ nicht weiterführend. In diesen Bereichen ist der Rechtsetzungsprozess im Einzelnen noch nicht abgeschlossen. Dies ist einmal mehr ein Beispiel symbolischer Regelungstechnik im russischen Umweltrecht und zeigt die große Diskrepanz zwischen dem geschriebenem Recht und der Rechtspraxis.

Positiv ist allerdings hervorzuheben, dass Art. 14 USG seit der Novellierung des Umweltgesetzes 2002 einen Hinweis auf den „Stand der Technik“ (in direkter Übersetzung: die beste verfügbare Technologie) enthält. Dadurch nimmt der Gesetzgeber erstmals direkten Bezug auf die Lenkungsrichtung der ökonomischen Instrumente. Einige ökonomische Instrumente sind demgegenüber mit der Novellierung des Umweltschutzgesetzes 2002 ersatzlos entfallen. Dazu gehören die im *alten* Art. 24 USG geforderten Sondersteuern für ökologisch schädliche Güter und Produkte, die unter Verwendung umweltschädlicher Technologien hergestellt wurden. Dieses Instrument war nie umgesetzt worden, auch wenn es einige Gesetzes- und Verordnungsentwürfe hierzu gegeben hat.[461] Ebenfalls sah die alte Fassung des USG vergünstigte Sonderkredite zur Durchführung von Maßnahmen der Schadstoffemissionsreduktion (finanziert aus dem bis 2002 existenten föderalen ökologischen Fonds), erhöhte Abschreibungsmöglichkeiten und besondere Zuschläge für ökologische saubere Produkte vor.[462] Diese Instrumente sind nun in allgemeinen Fassungen im russischen Steuergesetzbuch geregelt worden.[463]

II. Das Verhältnis der emissionsrelevanten Abgaben und Steuern zu sonstigen Steuern

Im Rahmen der Homogenitätskontrolle ist zu prüfen, ob Überlagerungen mit sonstigen Abgaben und Steuern oder möglicherweise Doppelbesteuerungen vorliegen. Letzteres könnte sich dann einstellen, wenn die mittelbaren Kraftstoffsteuern auf Benzin und Diesel[464] weiter angehoben würden und eine ökologische Lenkungsfunktion entwickelten. Dann würden sowohl konkret Emissionsabgaben für bewegliche Emissionsquellen entsprechend des Anhangs der

461 Ausführlicher hierzu s. Meissner, „Rechtliche Grundlagen des Umwelt- und Naturschutzes in Russland“, Berlin 2002.

462 OECD, "Environmental Performance Review – Russian Federation", Paris 1999, S. 143.

463 Hierzu s. sogleich unten zu den steuerrechtlichen Begünstigungstatbeständen S. 164 ff.

464 S. hierzu bereits in Kapitel 1, Abschnitt F.

Emissionsverordnung N 344 anfallen, als auch gleichzeitig die dann ökologisch-motivierten Verbrauchsteuern (wenn auch abgewälzt von den Mineralölunternehmen auf die Verbraucher). Insgesamt kann für die Homogenitätsfrage auf die Erörterung zu den mittelbar klimaschutzrelevanten Abgaben und Steuern verwiesen werden. Im Verhältnis zueinander ist vor allem das Zusammenspiel von Verbrauchsteuern auf Kraftstoffe mit Emissionsabgaben geeignet, ökologische Lenkungseffekte zu verstärken. Des Weiteren spielen hinsichtlich der Homogenitätsfrage auch die derzeitigen Reformkonzepte zu den Umweltabgaben und zur Ökologisierung des Steuerrechts eine wichtige Rolle. Jedoch bestehen bislang noch keine Überschneidungen, so dass hier die Rechtsentwicklung abzuwarten bleibt.

Damit ist die Homogenitätskontrolle der Emissionsabgabe mit sonstigen Abgaben und Steuern zumindest in der rechtlichen Wirkweise als positiv zu bewerten.

III. Steuerermäßigungen, Abschreibungen und Absetzbarkeit

Vor Inkrafttreten des neuen Steuerrechts konnten Unternehmen entsprechend der Verordnung N 552 vom 5.8.1992 die (genehmigten) Emissionsabgaben als Produktionskosten vom Unternehmensgewinn absetzen. Dies galt lediglich nicht für die temporären, höheren Emissionsgrenzwerte und die hierauf beruhenden Abgaben. Auch für nicht genehmigte Emissionen galt diese mittelbare Vergünstigung nicht. Hintergrund der Absetzungs- und Bilanzierungspraxis war die befürchtete große Zahl an Insolvenzen aufgrund der nach Argumentation der Wirtschaftsverbände zu hohen Emissionsabgaben.[465] Daneben war bis Anfang 2006 kein abgabenfreier Emissionssockel vorgesehen, sondern es wurde unabhängig von den Grenzwerten für jede emittierte Schadstoffeinheit ein fester Abgabensatz gefordert.[466] Bis zur Höhe der zulässigen Emissionsgrenzwerte sollten die trotzdem je Emissionseinheit gezahlten Emissionsabgaben daher zumindest teilweise zurückfließen. Diese Regelung wurde mit Einführung der abgabenfreien Emissionssockel nun außer Kraft gesetzt.

Sowohl der neue Steuerkodex, als auch das USG RF 2002 sehen zwar ökologisch motivierte Steuerermäßigungen und Abschreibungen vor, bleiben hinsichtlich des Anreizpotenzials durch diese Instrumente jedoch zurückhaltend.

465 Kotov/Nikitina, "Environmental Protection and Capacity Building in Russia" in: Andersen, "Environmental Policy and the Role of Foreign Assistance in Central and Eastern Europe", 1998.

466 S. entsprechende Presseerklärung der Bundesbehörde für Atom- und Technikaufsicht vom März 2005.

Die Ermäßigungs- und Abschreibungstatbestände für emissionsreduzierende Maßnahmen sind von Reform zu Reform seit 1992 immer stärker gekürzt, vielfach auch ersatzlos gestrichen worden. Es gelten daher nur noch wenige ökologische Ermäßigungstatbestände. Entsprechend werden Steuerermäßigungen in der russischen wirtschaftswissenschaftlichen Literatur nur in geringem Umfang als effektiv bewertet.[467]

Neben Art. 14 USG bestimmt Art. 17 Abs. 1 USG, dass der Staat solche unternehmerischen Tätigkeiten unterstützt, die Umweltschutzmaßnahmen, wie beispielsweise Emissionsreduktionen zum Ziel haben. Art. 17 Abs. 2 USG hebt als besonderes Instrument hierzu finanzielle Unterstützungen, die Gewährung steuerlicher und anderer Ermäßigungen und Abschreibungsmöglichkeiten hervor, verweist aber für detailliertere Regelungen wiederum auf „die sonstigen, weiteren Rechtsakte der Gesetzgebung". Insofern läuft eine Suche nach diesen „detaillierteren Regelungen" ins Leere, da solche bisher noch nicht erlassen wurden. Dies lässt sich vor allem auch auf das Problem zurückführen, dass zwischen der Föderation und den Föderationssubjekten (Gliedstaaten) umstritten ist, ob die Regelung solcher Detailfragen noch in die Gesetzgebungskompetenz der Föderation oder bereits in die Kompetenzen der Föderationssubjekte fällt.[468]

Im Folgenden sollen die wenigen vorhandenen Rechtsgrundlagen, die entweder ausdrücklich oder potenziell ökologisch-klimaschutzrelevant lenkende Abgabenermäßigungen oder Abschreibungsmöglichkeiten behandeln, erläutert werden.

1. Steuerermäßigungen

Bevor die neuen Steuergesetze seit 1999 in Kraft traten, gab es in einzelnen steuerrechtlichen Bestimmungen verstreut Regelungen über Steuerermäßigungen. So bestimmte das vorkonstitutionelle Gesetz „Über die Betriebsvermögenssteuer"[469] in Art. 5, dass allein dem Umweltschutz dienende Vermögensgüter nicht in die zu besteuernde Vermögensmasse eingerechnet werden müssen, also nicht dem zu besteuernden Vermögen unterfielen. Weiterhin regelte das vorkonstitutionelle Gesetz „Über die Gewinnbesteuerung von Unternehmen und

467 Petrova, „Pravovuje problemui ekonomitscheskovo mechanisma ochrana okruschajuschej sredui" („Rechtsprobleme ökonomischer Instrumente des Umweltschutzes"), Moskau 2000, S. 53.

468 S. hierzu auch oben, erstes Kapitel, S. 74 ff. und 81 ff.

469 Gesetz über die Betriebsvermögenssteuer vom 13.12.1991.

Organisationen“[470] in Art. 6, dass die in Umweltfonds eingezahlten Mittel[471] oder die zur Wiederherstellung von Naturgütern verwendeten oder zugunsten der Erhaltung von Schutzgebieten gespendeten Gelder, sofern sie aus den Unternehmensgewinnen gezahlt wurden, zu einer Verringerung der Gewinnsteuerlast um bis zu 3% des Gesamtgewinns berechtigten.

Außerdem wurde 1994 ein sogenanntes „Emissionsabgaben-Ermäßigungsregister“ eingeführt, auf dessen Grundlage solchen Unternehmen, die Investitionen von „end-of-pipe-Technologien“ und entsprechende Emissionsreduktionen nachweisen konnten, eine Abgabenermäßigung für die verbleibenden Emissionsabgaben von bis zu 50% gewährt wurde. Neben der Funktion, Investitionsanreize für umweltfreundliche Technologien zu schaffen, waren diese Ermäßigungen auch als Möglichkeit zur Co-Finanzierung von Technologieerneuerungen vorgesehen, da die ansonsten zu zahlenden Umweltabgabensätze auf diese Weise direkt in die Technologieinvestitionen fließen konnten.[472]

Nach der Novellierung des Gewinnbesteuerungsgesetzes wurde die Anzahl der „ökologischen“ Ermäßigungstatbestände verringert. Art. 7 Abs. 1 der Gesetzesnovelle sah nur noch eine 30%ige Anrechnung der Investitionen für Umweltschutzmaßnahmen auf die sonstigen Unternehmensgewinne vor.[473] Mit Inkrafttreten des neuen Steuerkodex RF finden sich nun im 25. Kapitel über die unternehmerische Gewinnbesteuerung (Art. 246-333 Steuerkodex RF) keine eigenen Regeln zu ökologisch-anreizenden Steuerermäßigungen mehr.

Neben den rechtlich vorgesehenen Möglichkeiten der Steuerermäßigung und -befreiung finden sich in der Rechtspraxis auch sogenannte „vorübergehende Koordinierungen der Emissionsgrenzwerte“, also Absprachen oder Aushandlungsprozesse zwischen Unternehmern und Behörden, die sich letztendlich dann auf die Emissionsabgabenlast auswirken.[474] Dies ist ausdrücklich in der Verordnung N 77[475] in Abschnitt 7 geregelt, wonach das abgabenpflichtige Unternehmen

470 Gesetz über die Gewinnbesteuerung von Unternehmen und Organisationen vom 27.12.1991.

471 Mit der Auflösung der außerbudgetären Umweltfonds ist diese Möglichkeit in der Praxis nahezu entfallen. Zur Rolle der Umweltfonds: s. drittes Kapitel, S. 148 ff.

472 Kjeldsen, "Financing of Environmental Protection in Russia: The Role of Charges", in: Post-Soviet Geography and Economics, 2000, 41, Nr. 1, S. 48 ff., 52.

473 Instruktion der Staatlichen Steuerbehörde RF „Über die Besteuerung von Unternehmensgewinnen“; auch in: Petrova, „Pravovuje problemui ekonomitscheskovo mechanisma ochrana okruschajuschej sredui“ (Rechtliche Probleme ökonomischer Instrumente des Umweltschutzes), Moskau 2000, S. 52.

474 Kotov/Nikitina, "Environmental Protection and Capacity Building in Russia" in: Andersen, "Environmental Policy and the Role of Foreign Assistance in Central and Eastern Europe", 1998.

475 Anordnung vom 26.1.1993; die methodische Instruktionsregel ist in Form der letzten Änderungen vom 15.12.2000 in Kraft.

einen entsprechenden Antrag auf Abgabenermäßigung oder teilweise Befreiung bei den regionalen Behörden stellen kann. Besondere (nicht abschließende) Befreiungsmöglichkeiten gelten danach für Unternehmen, die Tätigkeiten im sozialen und kulturellen Bereich leisten wie auch für Unternehmen, die durch den Haushalt einer föderativen Institution finanziert werden. Nicht erfasste Unternehmen können aber unter der Hinnahme von Auflagen ebenfalls auf Antrag eine Ermäßigung ihrer Emissionsabgabenlast erreichen. Problematisch ist, dass sowohl der russische Steuerkodex als auch sonstige Rechtsnormen kein ausdrückliches Steueraushandlungsverbot vorsehen. Dieses wird in der Literatur allenfalls aus der Verfassung, dort aus dem Gesetzmäßigkeitsprinzip hergeleitet (Art. 15 Abs. 2, 57 S. 1 Verf RF und Art. 3 Abs. 1 S. 1 Steuerkodex RF). Allerdings bezieht sich diese Literaturansicht nicht auf ausdrücklich in einer Rechtsnorm zugelassene Aushandlung von Steuerermäßigungen, sondern nur auf Aushandlungen ohne rechtliche Ermächtigung. Die gesetzlich zugelassenen antragsgemäßen Abgabenbefreiungen oder -ermäßigungen gelten mithin nicht als außergesetzliche Absprachen, sondern als rechtmäßige Möglichkeiten, dem Grundsatz der Verhältnismäßigkeit nach russischem Verständnis gerecht zu werden.

Besonders kritisch aus Sicht des Klimaschutzes ist der Steuerermäßigungsgrund 7.5.3. der Verordnung N 77, wonach solche Unternehmen, die Wärmeenergie und Strom zur Versorgung der Bevölkerung erzeugen, trotz der erheblichen Emissionen nur einen ermäßigten Abgabensatz zahlen müssen. Allerdings finden sich solche Ausnahmetatbestände zugunsten bestimmter Industriezweige (insbesondere in der Energieerzeugung) auch in der europäischen Klimaschutzpolitik.

2. Abschreibungen und Steuerverschiebung

Gemäß Art. 24 Abs. 1 *USG a. F. (1992)* sollten umweltfreundliche, emissionsreduzierende Technologien erhöhten Abschreibungsmöglichkeiten unterliegen. Diese Regelung ist mit der Novellierung des Umweltschutzgesetzes 2002 entfallen. Auch die Abschreibungsvorschriften des Steuerkodex (Art. 256 bis 259 Steuerkodex RF, geregelt im Kapitel über die unternehmerische Gewinnsteuer) enthalten keine Vorschriften mehr zu erhöhten Abschreibungsmöglichkeiten. Lediglich im allgemeinen Teil des russischen Steuerkodex RF findet sich eine Vergünstigungsregelung, die ökologische Anreizwirkung entfaltet: Sie ist in Art. 66, 67 Abs. 1 Nr. 1 i. V. m. Abs. 2 Nr. 1 Steuerkodex RF als russische Form der Steuerverschiebung geregelt. Investiert ein Unternehmen oder eine Privatperson in die Umrüstung auf emissionsärmere, umweltfreundlichere Technologien, kann es 30% dieser Investitionen von seiner Gewinnsteuer abziehen und diesen Betrag erst in einem der kommenden Jahre zahlen (Steuervortrag). Diese Form der Steuerstundung entspricht einem zinslosen „Kredit" durch den Staat,[476] weshalb die russische Bezeichnung (in direkter Übersetzung) auch „Steuerkredit auf Investitionen" lautet. Die Laufzeit des sogenannten Steuerkredites ist auf einen Zeitraum von fünf Jahren beschränkt. Da er im allgemeinen Teil des SteuerGB geregelt ist, bezieht er sich entgegen seines Wortlautes damit nicht nur auf die Gewinn- und Körperschaftsteuer, sondern auch auf alle anderen Steuerarten. (Über seine praktische Bedeutung und Anwendung waren keine Informationen verfügbar.)

Insgesamt werden die Abschreibungen für ökologische Investitionen wie die Steuerermäßigungen und -befreiungen im russischen Steuerrecht durch den Gesetzgeber nicht als ökonomisch-ökologische Lenkungsinstrumente angesehen.[477] In diesem Bereich besteht für den Gesetzgeber eine Vielzahl an Möglichkeiten, ökologisch-lenkende Anreize zu schaffen, insbesondere unter stärkerer Berücksichtigung des Stands der Technik und zugunsten einer Unternehmensumrüstung zu emissionsärmeren und energieeffizienteren Technologien.

IV. Subventionen im Klima- und Umweltschutzbereich

1. Subventionen mit ökologischen Anreizen

Subventionen stellen wie auch Emissionsabgaben ein Instrument mittelbarer Verhaltenssteuerung dar. Sie werden von den staatlichen Behörden ohne Vorliegen einer Gegenleistung in Form von geldwerten Leistungen gewährt. In den Wirtschaftswissenschaften gelten sie insbesondere dann als ökologische Handlungsoption effizienzsteigernd, wenn sie – ähnlich der Steuer oder Abgabe – die Vermeidung negativer externer Effekte anstreben.[478] Sie dienen dazu, Emissionsreduktionsinvestitionen zu beschleunigen bzw. finanzierbar zu machen. Im Allgemeinen werden zwei Formen von Subventionierung unterschieden: Subventionen in Form direkter finanzieller Leistungen und Subventionen in Form

476 Petrova, "Pravovuje problemui ekonomitscheskovo mechanisma ochrana okruschajuschej sredui" („Rechtsprobleme ökonomischer Instrumente des Umweltschutzes"), Moskau 2000, S. 52.

477 Ebenda, S. 53.

478 Mit weiteren Nachweisen u.a. bei Endres, „Umweltökonomie", 2. Auflage, Stuttgart, Berlin, Köln 2000, S. 114 f.

eines hoheitlichen Verzichts auf eine öffentliche Geldforderung. Daher fallen im weitesten Sinne sonstige Zuschüsse und Steuerermäßigungen darunter, per definitionem im Grunde auch der bei den Abschreibungsmöglichkeiten bereits erwähnte „Steuerkredit" gemäß Art. 66, 67 Steuerkodex RF.[479] Ausdrücklich enthalten weder das USG noch ein spezielleres Umweltgesetz eine Vorschrift zur Regelung staatlicher Subventionen mit möglicher ökologischer Lenkungswirkung. Allenfalls in Art. 14 und 17 Abs. 1 USG lässt sich aus den Formulierungen entnehmen, dass der Staat die unternehmerische Tätigkeit, die ökologischen Zwecken dient, unterstützt. Allerdings schränkt Art. 17 Abs. 2 USG die Form der staatlichen Unterstützung auf Steuer- und andere Ermäßigungen ein und erstreckt sie nicht auf eine direkte finanzielle Unterstützung, so dass die „indirekten" Subventionen (durch hoheitlichen Verzicht auf eine öffentliche Geldforderung) die in der Russischen Föderation vorherrschende Form sind. Daneben werden finanzielle Beihilfen nur zur Stimulierung der wirtschaftlichen Entwicklung von Industrie und Wirtschaft eingesetzt. Dabei spielen Anreize zu Investitionen in emissionsreduzierende Technologien keine Rolle. Eine generelle Rechtsgrundlage auch für die Subventionsvergabe ließe sich aus Art. 15 Abs. 6 LuftSchG herleiten, der die Förderung der Industrie zur Anwendung schadstoffärmerer Wärme- und Energiequellen vorsieht.

Der Nachteil von Subventionen besteht aus ökologischer Sicht darin, dass der Empfänger einerseits keinen Anreiz erhält, Emissionsreduktionen über das zu erzielende Maß hinaus vorzunehmen, andererseits in der hohen Missbrauchsanfälligkeit dieser Finanzhilfen. Demgegenüber üben Emissionsabgaben eine permanente Anreizfunktionen aus, sind volkswirtschaftlich effizienter und werden vor allem dem Verursacherprinzip gerecht. Allerdings wird die wirtschaftliche Lage vieler Unternehmen in Russland als so schwach eingeschätzt, dass es aus Klimaschutzsicht einen höheren ökologischen Effekt hat, mithilfe staatlicher Finanzierungshilfen Emissionsreduktionen und technische Innovationen zu ermöglichen, anstatt hohe Abgaben zu erheben, die nicht gezahlt werden (können). Insgesamt werden die ökologischen Lenkungsmöglichkeiten durch Subventionen vom russischen Gesetzgeber nicht ausgeschöpft.

479 Im russischen Recht galten unter der alten Fassung des USG (1999) in Art. 24 Abs. 1 neben steuergünstigen Investitionskrediten und besonderen Kreditsicherheiten auch erhöhte Abschreibungen für ökologische Technologien und staatlich regulierte Preise für erstmals markteintretende ökologische Produkte als Subventionen im weitesten Sinne. S. hierzu auch schon bei Golub/Safonova, „Ekonomika okruzhajuschej sredui i prirodnuich resursov" (Ökonomie der Umwelt und der natürlichen Ressourcen), Moskau 2003, S. 51.

2. Subventionen im Ressourcensektor

Die frühere UdSSR hatte einen der höchsten Subventionsanteile im Ressourcen- und Energiesektor.[480] Ursache war die zentralplanerische Wirtschaftsstruktur, deren Hauptinteresse die Erhöhung der Förderquoten und weniger die Steigerung einer energieeffizienten oder nachhaltigen Ressourcennutzung war. Ausgehend von einer auch in anderen Staaten durchaus praktizierten, bevorzugten Subventionierung des Kohlesektors haben sich in den vergangenen zehn Jahren die Subventionen in Russland stärker zur Erdöl- und Erdgasförderung verschoben. Während der Reformphase wurde ansatzweise versucht, die Energiepreise zu liberalisieren und dadurch einen Teil der Subventionen herabzusetzen. Die staatliche Regulierungs- und Subventionspolitik hat sich allerdings bis heute fortgesetzt. Trotz der wirtschaftlichen Schwäche des russischen Staatshaushalts findet eine verhältnismäßig starke staatliche Unterstützung zugunsten des Ressourcenabbaus statt, was auf das erwartete Einnahmenpotenzial aus dem Export von Erdöl und -gas zurückzuführen ist. Neben direkten Beihilfen geschieht dies vorwiegend durch die Gewährung finanzieller Vergünstigungen wie sonderkonditionierten Krediten, dem Erlass von Steuerpflichten und Zollabgaben für exportierte Kraftstoffe, günstige Transportpreisregelungen für Erdöl und Erdgas sowie schließlich durch direkte staatliche Regulierung der Energiepreise.[481] Durch die Eleminierung der staatlichen Subventionen könnten die CO_2-Emissionen in diesem Sektor um 9% reduziert werden, sofern der Weltpreis für Erdöl und Erdgas stabil bliebe (1999).[482] Die trotzdem intensive Subventionierung von Erdöl und Erdgas steht in einem Spannungsverhältnis zu Art. 15 LuftSchG, wonach gemäß Abs. 6 die Organe der Exekutive ermächtigt werden, die Nutzung von fossilen und anderen die Atmosphäre belastenden Brennstoffen zu beschränken. Damit verhält sich der russische Gesetzgeber widersprüchlich, indem er einerseits hohe Emissionen mit Abgaben belegt, emissionsintensive Industriezweige dann aber doch subventioniert. Neben den Emissionsabgaben wären ökologisch sinnvolle Subventionen ausschließlich solche, die gerade die Emissionsreduktion oder -vermeidung subventionieren. Demgegenüber ist jedoch in der internationalen wirtschaftswissenschaftlichen Literatur umstritten,

480 1987 führte die UdSSR mit 75% der weltweiten Energiesubventionen und 18,4% der in diesem Bereich zu verzeichnenden CO_2-Emissionen. Siehe hierzu u.a.: Goldman, "Umweltzerstörung und Umweltvergiftung in der Sowjetunion", in: Glagow, "Umweltgefährdung und Gesellschaftssystem", München, 1972, S. 73 ff.

481 Gurvich/Golub/Mukhin, "The Ecological Consequences of Subsidizing the Energy Sector in Russia", in: "Problems of Economic Transition", vol. 41 Nr.7/8, 1998, S. 127-147.

482 World Fossil Fuel Subsidies and Global Carbon Emissions (World Bank 2005).

ob diese „Vermeidungssubventionierung" tatsächlich die gleiche Wirkung wie die Emissionsbesteuerung erzielt.[483]

V. Umweltversicherung

Ein weiteres Instrument, das in der russischen Umweltliteratur als ökonomisches Instrument eingeordnet wird, ist die sogenannte Umweltversicherung. Art. 18 USG sieht im Rahmen der ökonomischen Umweltschutzmechanismen eine freiwillige (Abs. 1) und eine obligatorische (Abs. 2) staatlich-ökologische Versicherung für juristische und natürliche Personen gegen umwelthaftungsrechtliche Ansprüche vor.[484] Die obligatorische Umweltversicherung ist dabei nur dann vorgesehen, wenn dies durch Bundesgesetz vorgeschrieben wird, Art. 3 VersicherungsG.[485] Entsprechende Vorschriften finden sich beispielsweise im Produktionsvereinbarungsgesetz[486] oder im Gesetz „Über die Sicherheit gefährlicher Produktionsobjekte im Industriesektor".[487] Es geht dabei ausschließlich um die Absicherung größerer Störfälle und der dabei entstehenden Schäden, die ökologische Schäden miterfassen soll.[488] Die Einzelheiten hinsichtlich der Versicherungsobjekte, Versicherungsbedingungen, Gebühren, abgedeckten Schäden und Pflichten des Versicherers sind abschließend in einem gesetzlichen Mustervertrag für Umweltversicherungen geregelt.[489] Das Aufkommen der Versicherungseinnahmen soll dabei einerseits zur Kompensation bereits entstandener Schäden verwendet werden, andererseits der Schaffung eines Reservefonds dienen, durch den Präventivmaßnahmen finanziert werden können.[490]

483 S. hierzu auch: Endres, „Umweltökonomie", Berlin 2000, S. 114 ff.

484 Ignatjeva, „Ekologitscheskoje strachovanije: soderzhanije i vosmoschnosti regulirovanija" (Die ökologische Versicherung: Inhalt und Möglichkeiten ihrer Regulierung), in: GIP 2005, 52 ff.; Bogoljubov, „Ekologitscheskoje Pravo" (Umweltrecht), Moskau 2004, S. 155 f.; Serov, „Ob aktualnuich voprosach soverschenstvovania zakonodatelstva v sfere ekologitscheskovo strachovania" (Über aktuelle Probleme der Verbesserung der Gesetzgebung im Bereich der Umweltversicherungen, GiP 1997, Heft 12, S. 50 ff.; Motkin, „Osnovui ekologitscheskovo strachovania" (Grundlagen der Umweltversicherung), Moskau 1996.

485 Gesetz "Über die Organisation des Versicherungssektors in der Russischen Föderation", 1995.

486 "O soglaschenijach o rasdelje produkzii" (Produktionsvereinbarungen) von 1995.

487 "O promuischlennoi besopasnosti opasnuich proisvodstvennuich objektov" (Über industrielle Sicherheit gefährlicher Produktionsanlagen) von 1997.

488 Petrova, "Pravovuje problemui ekonomitscheskovo mechanismaochrana okruschajuschej sredui" ("Rechtsprobleme ökonomischer Instrumente des Umweltschutzes"), Moskau 2000, S. 47.

489 Bogoljubov, „Ekologitscheskoje Pravo" (Umweltrecht), Moskau 2004, S. 156.

490 Petrova, „Pravovuje problemui ekonomitscheskovo mechanisma ochrana okruschajuschej sredui" (Rechtsprobleme ökonomischer Instrumente des Umweltschutzes), Moskau 2000, S. 47 f.

Eine eher noch untergeordnete Rolle spielen freiwillige Umweltversicherungen. Einziger Anreiz zum Abschluss einer solchen stellt die Möglichkeit der Versicherten dar, die Versicherungskosten teilweise als Produktionskosten im Rahmen der Gewinnsteuerveranlagung einzubringen. Dieser theoretische Anreiz ist praktisch jedoch nahezu bedeutungslos, da nur 2% der Versicherungsgebühr anrechenbar sein sollen.[491] Problematisch ist bei den freiwilligen ökologischen Versicherungen, dass die Risikokalkulationen für die Versicherungen mangels verlässlicher Statistiken und wegen des Fehlens gesetzlicher Haftungshöchstbeträge unsicher und sehr riskant sind.[492] Deshalb ist die Bereitschaft der Versicherer, Umwelthaftungsversicherungen auf dem privaten Versicherungsmarkt anzubieten, sehr gering.[493]

In Bezug auf die russische Klimaschutzpolitik und das Emissionsabgabensystem stellt die Umweltversicherung ein zusätzliches ökonomisches Instrument dar, das keine klimarelevanten Emissionsreduktionsanreize setzt. Das Aufkommen aus den Umweltversicherungen wird nicht für mögliche Klimaschäden genutzt bzw. dient auch nicht emissionsreduzierenden Maßnahmen. Hinsichtlich der Homogenitätsfrage stehen Emissionsabgaben und Umweltversicherungen unabhängig nebeneinander.

VI. Exkurs: Das Verhältnis zwischen Emissionsabgaben und den Kyoto-Mechanismen

Seit der Unterzeichnung und Ratifizierung des Kyoto-Protokolls strebt die Russische Föderation eine Umsetzung der flexiblen Mechanismen, insbesondere die Teilnahme am Emissionszertifiaktehandel an. Auch wenn noch nicht abschließend geklärt ist, ob dies unter unmittelbarerer Beteiligung der emittierenden Unternehmen oder nur auf staatlicher Ebene stattfinden soll, stellt sich die Frage des Verhältnisses dieses Emissionsrechtesystems (Coasescher property-rights-Ansatz) zu den Emissionsabgaben (Pigou-Steuer-Ansatz).

Die Erhebung von Emissionsabgaben und die gleichzeitige Einführung eines emissionsbasierten Zertifikatehandels schließen sich nicht ohne Weiteres gegenseitig aus,[494] sondern sind vielmehr in den europäischen Staaten gleichzeitig Bestandteil der nationalen Klimaschutzpolitiken. Man spricht insoweit von

491 Ebenda, S. 50.

492 Ebenda.

493 Neumüller, „Umwelthaftung in Russland", Berlin 1997, S. 192.

494 So auch in Deutschland: Umweltgutachten 2000, S. 131.

Mischmodellen. Ein solches Mischmodell ist in der Weise vorstellbar, dass für ein nationales Emissionshandelssystem eine bestimmte Emissionsobergrenze und eine entsprechende Anzahl an Emissionsrechten bestimmt werden. Parallel dazu wird auch ein bestimmter Steuersatz für die Verursachung von Treibhausgasemissionen erhoben. Dabei darf die gleichzeitige Anwendung, d. h. der Erwerb von Emissionsrechten und die Emissionsbesteuerung, nicht zu einer Doppelbelastung führen,[495] sondern den betroffenen Rechtsträgern muss die Wahl überlassen bleiben, ob sie Emissionsrechte erwerben oder eine Emissionssteuer zahlen wollen. Nur dann können beide Instrumente parallel und effektiv eingesetzt werden. Es muss die Möglichkeit der Abschreibung der dem Rechtsträger gehörenden Emissionshandelsrechte von der Emissionssteuer oder -abgabe geben. Dies setzt wiederum voraus, dass sowohl die Steuer als auch die Emissionsrechte sich auf das gleiche Treibhausgas, die gleiche Emissionsmenge und denselben Adressaten beziehen müssen.[496]

Der Vorteil eines solchen Mischmodells ist die beim Adressaten verbleibende Wahlmöglichkeit zwischen einer Teilnahme am Zertifikatehandel oder der Zahlung einer Emissionssteuer oder -abgabe. Dieses Mischmodell ist jedoch von ökologischer und ökonomischer Seite einiger Kritik ausgesetzt.[497] Zwar steht der Anreiz zu Emissionsreduktionen außer Zweifel, allerdings dürfte in der Praxis die Gefahr von Reibungsverlusten hoch sein. Zum einen könnte der Marktpreis von Emissionsrechten seine Obergrenze im gleichzeitigen Emissionssteuersatz finden. Zum anderen besteht das Problem, dass beim Überschreiten des Emissionsteuersatzes durch den Emissionsrechte-Marktpreis die Adressaten zunehmend auf die Zahlung der Emissionssteuer ausweichen werden, wodurch der Marktpreis der Zertifikate wieder fallen würde. Diese Reibungsmechanismen hätten im Ergebnis einen negativen Einfluss auf die ökologische Treffsicherheit beider Instrumente. Umgekehrt können auch für den Emissionszertifikatehandel negative Beeinträchtigungen auftreten, wenn der Marktpreis weit unter dem Emissionssteuersatz liegt. In diesem Fall würden die Emittenten ausschließlich am Emissionsrechtehandel teilnehmen und eine Lenkungswirkung der Emissionssteuer liefe leer. Das Steueraufkommen des Staates aus der Emissionssteuer würde dann gegen null tendieren. Ein weiterer Kritikpunkt sind die zu erwartenden hohen Verwaltungskosten, die einerseits aufgrund der gleichzeitigen Anwendung zweier Modelle, andererseits aber auch aufgrund der hoheitlichen

495 Umweltgutachten 2000, S. 131.

496 S. bei Rahmeyer, „Klimaschutz durch Steuern oder Lizenzen", Augsburg 1999.

497 S. bei Rahmeyer, „Klimaschutz durch Steuern oder Lizenzen", Augsburg 1999.

Versuche, negative Wechselwirkungen zwischen den Instrumenten zu vermeiden, anfallen würden.[498]

Das Zertifikatesystem berührt mit Blick auf die Homogenität das Emissionsabgabensystem in der Russischen Föderation nicht, da die vor allem vom Emissionstrading erfassten Kohlenstoffdioxidemissionen nicht von den Emissionsabgaben erfasst sind. Sofern das Emissionstrading auf die übrigen Treibhausgase ausgeweitet oder CO_2 besteuert würde, könnten Überschneidungen beider Instrumente in der angedeuteten Weise auftreten. Aufgrund des hohen administrativen und institutionellen Aufwands sollte der russische Gesetzgeber sich dann hinsichtlich der Treibhausgase für ein Modell entscheiden und nicht auf das Mischmodell zurückgreifen. Für ein vom Abgabenmodell unabhängiges Emissionshandelsmodell könnte von Seiten der Wirtschaft in Russland sprechen, dass eine geringere Einmischung öffentlicher Institutionen in die Unternehmenspolitik aufgrund der geringeren Informationsansprüche erforderlich wäre. Aufgrund des sich noch entwickelnden Marktes könnte das Emissionshandelssystem andererseits wegen erheblicher Informationsdefizite hohe Transaktionskosten für einzelne Unternehmen erzeugen. Im Übrigen wäre eine staatliche Überwachung der Emissionen und Reduktionen trotzdem erforderlich. Ein Mischmodell ist daher im Ergebnis abzulehnen.

Zusammenfassung:

Die russischen Emissionsabgaben tangieren somit sonstige ökonomischen Instrumente zur Emissionsreduktion nicht. Reibungsverluste könnten sich allenfalls zukünftig bei Einführung des Emissionstrading ergeben. Dies bleibt abzuwarten.

D. Repressive Instrumente

Das Ordnungsrecht im klassischen Sinne bedeutet eine Durchsetzung von staatlichen Zielen, bspw. von Klimaschutzbelangen, mittels Geboten und Verboten. In der Regel werden Emissionen von einer Genehmigung abhängig gemacht und eine solche nur erteilt, wenn die gesetzlichen Vorgaben wie beispielsweise Grenzwerte oder Auflagen eingehalten und erfüllt werden. Dieser als einseitig kritisierte Ansatz, der individuelle Entscheidungen des Unternehmers ausschließt, wurde insbesondere in den Wirtschaftswissenschaften mit dem Argument angegriffen, dass die juristisch-technische Praxis des Ordnungsrechts keinerlei ökonomische

498 Rengeling, „Handel mit Treibhausgasen", DVBl. 2000, 1725 ff.

und effizienzorientierte Aspekte berücksichtige.[499] Anerkannt ist aber auch, dass ordnungsrechtliche Auflagen in Kombination mit Umweltabgaben das umweltrechtliche Vollzugsdefizit erheblich verringern können.[500] Die in westlichen Staaten stark ausgeprägte Diskussion um die Vorzugswürdigkeit von ökonomischen Instrumenten gegenüber ordnungsrechtlichen Instrumentarien hat in der russischen Umweltökonomie bisher kaum Niederschlag gefunden. Sie soll im Folgenden aber trotzdem kurz angeschnitten und hinsichtlich der Besonderheiten für die Entwicklung der russischen Klima- und Umweltschutzpolitik betrachtet werden.

I. Das Verhältnis zwischen Ordnungsrecht und ökonomischen Instrumenten

1. Vorteile des „klassischen" Umweltordnungsrechts

Trotz vieler Kritik verfügt das klassische Umweltordnungsrecht in mancherlei Hinsicht über unverkennbare Vorteile für das russische System: die hohe ökologische Treffsicherheit, der klare Handlungs- und Entscheidungsrahmen hinsichtlich des hoheitlich gewünschten Verhaltens und schließlich auch die relativ einfache Integration in das bestehende russische, ordnungsrechtlich tradierte Rechts- und Verwaltungsgefüge. Mit ökologischer Treffsicherheit ist dabei gemeint, dass ordnungsrechtliche Instrumente bestimmte Reduktionsziele entsprechend wirtschaftswissenschaftlicher Analysen tendenziell weitgehender, treffsicherer und schneller verwirklichen als Emissionsabgaben.[501] Vorteilhaft sei vor allem, dass die Wirkungen überschaubar und die angestrebten Effekte einfacher kalkulierbar seien. Dadurch lassen sich Ausweichreaktionen und die Nichterfüllung der gewünschten Reduktionsziele eher verhindern.[502] Ökonomische Instrumente seien demgegenüber durch nachteilige Effekte gekennzeichnet, wie beispielsweise einer stärkeren Wirkungs*un*schärfe im Sinne einer ökologischen

499 Hansmeyer/Schneider, „Zur Fortentwicklung der Umweltpolitik unter marktsteuernden Aspekten", S. 13.

500 Zimmermann/Hansjürgen, „Umweltpolitische Einordnung unterschiedlicher Abgabeformen", in: Umweltabgaben – Grundsatzfragen und abfallwirtschaftliche Anwendung, Bonn 1993, S. 15 f.

501 Hansjürgens, „Umweltabgaben im Steuersystem", Baden-Baden, 1992, S.38 m. w. N.

502 Wicke, „Umweltökonomie: eine praxisorientierte Einführung", München, 4. Aufl., 1993; Hansmeyer, „Das Spektrum umweltpolitischer Instrumente" in: König, Umweltverträgliches Wirtschaften als Problem von Wissenschaft und Politik, 1993, S. 64 ff.

Zielungenauigkeit,[503] Unsicherheiten hinsichtlich des lenkungszielkonformen Verhaltens der Normadressaten[504] (vor allem wegen der Möglichkeiten der Überwälzung der ökonomischen Lasten auf Dritte) und die Berechnungsprobleme bei der Ermittlung der Abgabenhöhe. Außerdem wird gegen ökonomische Instrumente mit dem Gleichheitsgrundsatz[505] argumentiert (Privilegierung der Zahlungsfähigeren) und die hierdurch hervorgerufenen Akzeptanzschwierigkeiten aufgeworfen. Diese Kritikpunkte gelten entsprechend für das russische Umweltsteuer- und -abgabensystem.

2. Nachteile des Ordnungsrechts gegenüber ökonomischen Instrumenten

Auf der anderen Seite stehen den Vorteilen eine Vielzahl erheblicher Nachteile gegenüber: Die reinen Grenzwertfestsetzungen erfordern eine verwaltungs- und kostenintensive Administration und komplexe Überwachungen; eine wiederholte stetige Anpassung der Grenzwerte ist nötig; es bestehen kaum bzw. gar keine Anreize zur technischen Innovation und – bei Erreichen der Grenzwertschwellen – zu noch stärkerer Emissionsreduktion (kein Restvermeidungsansatz).[506] Außerdem findet keine Berücksichtigung der individuellen Vermeidungskosten der einzelnen Unternehmen statt. Demgegenüber kann der Unternehmer bei ökonomischen Instrumenten selbst entscheiden, an welcher Stelle im Unternehmen eine Investition in Emissionsreduktionstechnologien am effizientesten und wirkungsvollsten ist. Nach Ansicht verschiedener Wirtschaftswissenschaftler bewirken ordnungsrechtliche Instrumente durchweg höhere Kosten zur Erreichung des gleichen Zieles als marktwirtschaftliche Instrumente.[507] Eine umfassende Regelung des Umwelt- und Klimaschutzes im ordnungsrechtlichen Ansatz mache darüber hinaus immer eine hohe Zahl an Gesetzen und Verordnungen erforderlich. Schließlich stellen die zwangsläufigen Vollzugsdefizite eine effektive Umsetzung des Verursacherprinzips und damit die ausschließliche Anwendung des Ordnungsrechts in der Umweltpolitik in Frage.

503 Trzaskalik, „Der instrumentelle Einsatz von Abgaben", Bemerkungen zum Entwurf des Abfallabgabengesetzes", StuW 1992, 135, 149.

504 Kloepfer, „Zu den neuen umweltrechtlichen Handlungsformen des Staates", JZ 1991, 737, 743; Trzaskalik, „Der instrumentelle Einsatz von Abgaben, Bemerkungen zum Entwurf des Abfallabgabengesetzes", StuW 1992, 135, 149.

505 Kloepfer, „Zu den neuen umweltrechtlichen Handlungsformen des Staates", JZ 1991, 737, 743.

506 Hansmeyer, „Das Spektrum umweltpolitischer Instrumente" in: König, Umweltverträgliches Wirtschaften als Problem von Wissenschaft und Politik, 1993, S. 64 ff.

507 S. u.a. Wicke, „Umweltökonomie: eine praxisorientierte Einführung", München 1993, S. 202.

Auch in der russischen Umweltökonomie werden die ordnungsrechtlichen Nachteile gegenüber den ökonomischen Instrumenten, insbesondere Emissionsabgaben, grundsätzlich anerkannt.[508] Wie jedoch oben gezeigt, hat sich dieser Ansatz in den Rechtsgrundlagen noch nicht niedergeschlagen. Vielmehr sind gerade das Umweltrecht und auch das Emissionsabgabenrecht ordnungsrechtlich dominiert. Im folgenden sollen vor allem repressive Instrumente wie die Aussetzungs- und Beseitigungsanordnungen sowie die Rechtsgrundlagen der Sanktionen dargestellt werden.

II. Auflagen und vorübergehende Aussetzungsbefugnisse, Beseitigungsanordnungen

Im russischen Umweltrecht finden isolierte Auflagen kaum Anwendung, weshalb sich keinerlei eigene Regelung zu Auflagen im Umweltrecht finden lässt.[509] Die Funktionen der Auflagen werden vielmehr im Genehmigungsverfahren integriert und unterliegen den dort getroffenen behördlichen Anordnungen. Die Behörden der Umweltkontrolle sind gemäß Art. 66 Abs. 1 USG berechtigt, die Einhaltung der in den Emissionsgenehmigungen und ökologischen Expertisen vorgeschriebenen Bedingungen zu überprüfen. Sie haben von Amts wegen gegen ungenehmigte Emissionen bzw. fehlende, nichtgezahlte Emissionsabgaben vorzugehen. Sie können auch weitergehende Weisungen erlassen, sofern eine ausdrückliche gesetzliche Ermächtigung hierzu besteht. Eine Abweichung von den genehmigten Planungen, insbesondere den ökologischen Anweisungen der Genehmigungsbehörde hat zur Folge, dass die Umweltbehörden berechtigt sind, die Ausführung des Vorhabens vorübergehend oder vollständig auszusetzen oder auch Anweisungen an die Banken zu geben, die Finanzierung (vorübergehend) einzustellen. Eine vollständige Beseitigung eines Vorhabens dürfen die zuständigen Behörden allerdings nur auf Grundlage einer gerichtlichen Entscheidung anordnen, Art. 34 USG. Diese Regelung stand mit Art. 29 Abs. 3 altes UnternehmensG in Widerspruch, wonach Verstöße gegen umweltrechtliche Nor-

508 Golub/ Safonova, „Ekonomika okruzhajuschej sredui i prirodnuich resursov" (Ökonomie der Umwelt und der natürlichen Ressourcen), Moskau 200, S. 49 f.

509 Eine direkte Übersetzung der verwaltungsrechtlichen „Auflage" lässt sich auch im anerkanntesten Rechtswörterbuch Russisch-Deutsch nicht finden (Grischajew, et.al., Deutsch-Russisches juristisches Wörterbuch, Moskau 1999; Bergston, (Hrsg.), Juristisches Wörterbuch Russisch-Deutsch, Moskau 1997). Dort wird vielmehr „Pflicht" oder „Verpflichtung" als Möglichkeit der Übersetzung angeboten. Da das russische Verwaltungsrecht noch sehr stark in seiner Entwicklung begriffen ist, wird gerade auch zu öffentlich-rechtlichen Auflagen, deren Voraussetzungen, Grenzen und Widerspruchsmöglichkeiten zukünftig noch einige Entwicklung zu erwarten sein.

men nur eine Betriebseinstellung und Beseitigung der Verstöße nach sich ziehen durfte, nicht dagegen eine Betriebsschließung. Dies zeigt den offensichtlich auch gesetzlich manifestierten geringeren Stellenwert ökologischer gegenüber wirtschaftlichen Interessen, ist aber auch als ein Versuch zur Berücksichtigung von Verhältnismäßigkeitsaspekten zu werten.[510]

Eine Konkretisierung hat Art. 34 USG in Art. 27 LuftSchG gefunden. Gemäß Abs. 2 sind die zuständigen Behörden zur Überprüfung der Einhaltung der genehmigten Emissionsgrenzwerte berechtigt. Sie können die Emissionsgenehmigungen entziehen, das Betreiben der Emissionsanlage vorübergehend untersagen und notwendige Auflagen erteilen. Außerdem ermächtigt diese Vorschrift die Behörden zur Klageerhebung gegen das entsprechende Unternehmen.[511] Auch gemäß Art. 14 Abs. 5 LuftSchG können Emissionsanlagen, denen eine Emissionsgenehmigung fehlt oder die eine solche überschreiten, durch die zuständigen Behörden vorübergehend eingeschränkt, außer Betrieb genommen oder beseitigt werden. In der Regierungsverordnung N 847[512] werden die Behörden zur Betriebsaussetzung und Emissionsbeseitigungsverfügung ausdrücklich ermächtigt, wenn a) die Anordnungen zu den Emissionsgrenzen nicht eingehalten werden, b) die mit stark emittierenden Unternehmen entwickelten Emissionsreduktionspläne nicht eingehalten werden oder c) eine Emissionsgenehmigung völlig fehlt. Die Einschränkung, dass Anlagenbeseitigungen (im Sinne einer Ersatzvornahme) nur auf Grundlage einer gerichtlichen Anordnung ausgeführt werden dürfen, gilt aber auch hier über Art. 34 USG (siehe oben). Im Übrigen sind gegen Maßnahmen der Behörden gemäß Art. 66 Abs. 4 und 5 USG der Beschwerde- und Klageweg eröffnet.

Seit Juli 2000 sind außerdem solche *neuen* Planungsvorhaben, Anlagen und sonstige Objekte im Industriesektor verboten, die keine Filtertechnologie zur Reduktion der Schadstoffemissionen enthalten und dadurch gegen das Montrealer Protokoll verstoßen.[513]

Bei einem Verstoß gegen die zu zahlenden Emissionsabgaben bestimmte ursprünglich Pkt. 8 der Ausführungsbestimmungen zur Rechtsverordnung N 632, dass die speziell ermächtigten staatlichen Umweltschutzbehörden eine Einstellung der emissionserzeugenden Tätigkeiten und Prozesse erwirken können. Da

510 Baller, „Rechtlicher Gewässerschutz in Russland: Geschichte, Theorie und Wirklichkeit", Berlin 1995, S. 369.

511 Näheres zu den Kompetenzen der Umweltbehörden regelt über die Vorschriften des LuftSchG und des USG hinaus die Regierungsverordnung N 31 vom 15.1.2001.

512 Vom 28.11.2002, Gesetzblatt RF 2002 N 48, S. 4807. Diese Verordnung bezieht sich nur auf Schadstoffemissionen in die Luft.

513 S. Entscheidung und Stellungnahme der Regierung vom 1.7.2000.

die Verordnung N 632 nur in Punkt 2 außer Kraft gesetzt wurde,[514] ist diese Regelung entsprechend der Rechtsprechung im Übrigen jedoch weiterhin anwendbar. Entsprechend gelten die Ausführungsbestimmungen auch unter der neuen Emissionsverordnung N 344 fort.

III. Haftungsrecht[515] und Ordnungswidrigkeitenrecht

Eine große Rolle spielt im russischen Umweltrecht die Haftungsfrage. Es wird die zivilrechtliche, strafrechtliche und die verwaltungsrechtliche Haftung unterschieden. Das Zivilgesetzbuch RF bestimmt in Art. 1 Abs. 3 ZGB, dass Waren, Dienstleistungen und Finanzen im freien Rechtsverkehr nur unter Berücksichtigung auch ökologischer Belange gehandelt werden dürfen. Eine Haftung entsteht zivilrechtlich jedoch auch im russischen Recht nur bei einer schuldhaft kausalen Verursachung von Schäden.

Art. 251 des Strafkodexes RF stellt erhebliche Schadstoffemissionen in die Atmosphäre unter Strafe, sofern ein hohes Schädigungspotenzial besteht.[516] Der Begriff des „hohen Schädigungspotenzials" geht dabei entweder von einer erheblichen Veränderung der Merkmale und Zusammensetzung der Luft, von einer unmittelbaren Schädigung von Personen oder von erheblichen Vermögensschäden aus. Für die erste Variante ließ sich keine rechtliche Konkretisierung ermitteln. Fasst man den Klimawandel aufgrund exzessiver Treibhausgasemissionen darunter, ließe sich die strafrechtliche Kausalität nicht unmittelbar nachweisen, so dass Art. 251 Strafkodex als klimaschutzrelevante Sanktion nicht in Betracht kommt. Im strafrechtlichen Bereich finden sich keine weiteren Normen, die für den Bereich der Emissionsabgaben von Relevanz sein könnten.

Eine allgemeine Haftung für ökologische Rechtsverstöße sehen Art. 75 USG und Art. 31 LuftSchG vor, die nahezu wortgleich straf- oder verwaltungsrecht-

514 S. bereits oben im ersten Kapitel: Beschluss des russischen Verfassungsgerichtshofes N 284 vom 10.12.2002. Die Verordnung gilt seither mit den Änderungen vom 12.2.2003, das Datum, an dem Punkt 2 durch Urteil des Obersten Gerichtshof (GKPP – 03-49) für unwirksam erklärt wurde. Dieses Urteil wurde auch durch Beschluss des Berufungskollegiums des Obersten Gerichtshofes am 15.5.2003 bestätigt.

515 Zur Rolle von Sanktionsmechanismen im Rahmen der Nichteinhaltung von Emissionsabgabenverpflichtungen sei auf das 4. Kapitel verwiesen, wo dieser Problematik im Rahmen der Vollzugsvoraussetzungen gesonderte und nochmals vertiefte Aufmerksamkeit gewidmet wird.

516 Bei der Verwirklichung der ersten Tatbestandsalternative – Bewirkung einer starken Verschmutzung oder Veränderung der natürlichen Merkmale/Eigenheiten der Luft – liegt die geringste Strafe bei zwischen 100 bis 200 Tagessätzen, eine Freiheitsentziehung kann bis zu drei Monaten und ein Betätigungs-/Berufsverbot von bis zu fünf Jahren verhängt werden. Für die zweite Alternative – der unmittelbaren Gesundheitsschädigung – kann eine Geldstrafe von bis zu 500 Tagessätze, Zwangsarbeit bis zu zwei Jahren oder Freiheitsentziehung bis zu drei Jahren verhängt werden, vgl. insgesamt Art. 251 Abs. 1 und 2 Strafkodex RF.

liche Haftungsgründe bestimmen. Doch auch diese Haftungsvorschriften verlangen, dass nicht nur allgemein gegen geltendes Umweltrecht durch Überschreitung von Emissionsgrenzwerten verstoßen wurde, sondern dass auch ein tatsächlicher, individualisierbarer Schaden an der Umwelt selbst oder der menschlichen Gesundheit entstanden ist.

Ein dem deutschen Recht vergleichbares Ordnungswidrigkeitengesetz hat sich bisher in der Russischen Föderation noch nicht entwickelt. Insofern bestehen lediglich Ähnlichkeiten zum Gesetz „Über administrative Rechtsverletzungen" (VerwaltungsstrafG).[517] Darin regelt der russische Gesetzgeber zwar „administrative Rechtsverletzungen", meint aber neben „geringeren" Rechtsverstößen von Bürgern vor allem hoheitliche Rechtsverstöße von Amtsträgern. Für das Emissionsabgabenrecht gilt gemäß dem mit Novellierung des VerwaltungsstrafG vom 9.5.2005 eingeführten Art. 8.21, dass Schadstoffemissionen ohne Emissionsgenehmigung zu einem erhöhten Abgabensatz in Höhe des 20- bis 25-fachen Mindestarbeitslohn führen. In Abgrenzung zur strafrechtlichen Haftung, die an bestimmte schädliche Folgen geknüpft ist, geht es hier um die Sanktionierung *ungenehmigter* Schadstoffemissionen. Diese sogenannte „administrative Strafe" entspricht einer einfachen Geldstrafe. Sofern eine ungenehmigte Emissionsanlage durch eine unternehmerische Tätigkeit zusätzlich nicht in der erforderlichen Rechtsform einer juristischen Person betrieben wird, kann die Geldstrafe den 40- bis 50-fachen Mindestarbeitslohn ausmachen oder sogar eine Betriebseinstellung von bis zu 90 Tagen auferlegt werden. Sind die nicht genehmigten Emissionen auf eine Amtsperson zurückzuführen, fällt die gleiche Geldstrafenhöhe an. Hat sich eine juristische Person dieser Verstöße schuldig gemacht, hat sie eine Geldstrafe in Höhe von 400 bis 500 Mindestarbeitslöhnen zu zahlen. Aufgrund des verhältnismäßig niedrigen Mindestarbeitslohnes stellen diese Geldstrafen als reale Werte keinen bzw. nur einen schwachen Anreiz dar, sich an die Emissionsgrenzwerte bzw. die Genehmigungspflichten zu halten. Ihre Rolle für die Durchsetzung eines effektiven Klimaschutzrechts ist daher als gering einzustufen.

Das VerwaltungsstrafG sieht weiterhin Ordnungsstrafen für die Fälle vor, in denen eine vorgeschriebene staatliche Expertise[518] nicht durchgeführt wurde, die an sie gestellten gesetzlichen Anforderungen nicht erfüllt sind oder wissentlich unrichtige oder unbegründete Gutachten zugrunde gelegt wurden. Gleiches gilt für Verstöße gegen ökologische Anforderungen bei der Planung und den zu verwendenden Technologien (Schadstofffilter) sowie für die Nichteinhaltung der Anordnungen der staatlichen Umweltkontrolle.

517 Bundesgesetz vom 30.12.2001 N 195-F3.

518 S. in diesem Kapitel, S. 175 f.

Zusammenfassung:

Insgesamt ist das ordnungsrechtliche Instrumentarium zwar vorhanden, übt jedoch vielfach einen zu geringen Durchsetzungsdruck gegenüber den Emittenten aus, so dass die eingangs erörterten Vorteile gegenüber den ökonomischen Instrumenten ihre lenkende Wirkung nicht vollends entfalten können. Reduktionsziele werden aufgrund von Umgehungen vielfach nicht erreicht, so dass die ökologische Treffsicherheit als hervorgehobener Vorteil des Ordnungsrechts ebenso wenig gegeben ist, wie dies bei den ökonomischen Instrumenten kritisiert wird. Zwar sind damit im Ergebnis keine negativen Reibungsverluste zwischen Emissionsabgaben und ordnungsrechtlichen Instrumenten erkennbar. Dies ist jedoch auf die geringe effektive Nutzung ordnungsrechtlicher Instrumente zurückzuführen.

E. Das Verhältnis zum Wirtschafts- und Wettbewerbsrecht

Das Verhältnis von Wirtschaftsrecht zur Klimaschutzpolitik ist dadurch gekennzeichnet, dass die Wirtschafts- und Wettbewerbspolitik wie sie im zugrundeliegenden Recht zum Ausdruck kommt, sehr stark die Bedeutung ökologischer Unternehmenskalkulationen beeinflusst.[519] Gerade in einem freien Wirtschafts- und Wettbewerbssystem werden ökologische (öffentliche) Güter in sehr hohem Maße eingesetzt, wenn ihnen kein Preis oder Wert zugeordnet ist. In einer sich noch entwickelnden Marktwirtschaft wie der Russischen wird der ökologische Schaden mit dem anwachsenden Druck einer freien Wirtschafts- und Wettbewerbspolitik demgegenüber noch spürbar ansteigen. Dies ist die zwingende Folge eines anwachsenden unternehmerischen Leistungsdrucks. Um die betriebswirtschaftlichen Kosten zu senken, wird eine umwelt- und klimaschädigende Produktionsweise grundsätzlich gefördert, wenn keine dem entgegenwirkenden Mechanismen existieren. Solange damit die Emissionsabgaben nicht die Kosten von Emissionsreduktionstechnologien überschreiten, gehen Wettbewerb und Wirtschaft in Russland zulasten der Umwelt und eines effektiven Klimaschutzes. Daher wäre nicht nur eine angemessene ökologische Korrektur des russischen Steuerrechts wichtig, sondern auch eine ökologischere Ausrichtung des russischen Wettbewerbs- und des Wirtschaftsrechts vonnöten.

Andererseits haben die Schadstoffabgaben sowie sämtliche Abgaben, die an einen gewerblichen Nutzungstatbestand anknüpfen, eine den Wettbewerb

519 Allgemein zur theoretischen Problematik u.a.: Gutzler, „Umweltpolitik und Wettbewerb", Berlin 1981, insbesondere S. 15 ff.

beeinflussende Bedeutung und können zu einer Wettbewerbsbeschränkung führen.[520] Wie in anderen Rechtsgebieten ist in den vergangenen Jahren auch eine grundlegende Reformierung des russischen Wettbewerbsrechts durchgeführt worden. Das ursprüngliche Wettbewerbsgesetz der RSFSR und sämtliche damit zusammenhängende Rechtsnormen wurden einer grundlegenden Neuordnung unterzogen.[521] Hierbei wurde auch versucht, den Einfluss staatlicher Beihilfen auf Wettbewerbsverzerrungen zu reduzieren, was aus Klimaschutzgesichtspunkten vor allem für den Energie- und Strommarkt bedeutsam wäre. Trotz einer Vielzahl an Ansatzpunkten hat der russische Gesetzgeber hier die Möglichkeiten der Einführung ökologischer Lenkungsinstrumente bisher nicht wahrgenommen.

F. Zusammenfassende Homogenitätsbewertung

Zur Homogenitätsbewertung lässt sich zusammenfassend feststellen: Die Erlaubnis-, Genehmigungs- und Verfahrensvorschriften stellen ein im Grundsatz durchaus effektives System der Präventionskontrolle dar. Insbesondere die Reformen der ökologischen Beteiligungsrechte und Umweltverträglichkeitsprüfungen von Vorhaben sowie des emissionsrechtlichen Genehmigungsverfahrens sind in ihrer theoretischen Konzeption in sich homogen und durchsetzbar. Das trotzdem hohe Vollzugsdefizits soll im Rahmen der Erörterungen des vierten Kapitels dieser Arbeit begründet werden. Gegenüber dem Verfahrensrecht hat hingegen das Steuerrecht trotz mehrfacher Reformansätze kaum ökologische Interessen aufgenommen, weder bei sonstigen emissionsrelevanten Steuern noch mittels anreizorientierter Ermäßigungstatbeständen. Gerade die ökologischen Differenzierungsmöglichkeiten über Steuerbefreiungen, -ermäßigungen und erhöhte Abschreibungsmöglichkeiten wurden vom Steuergesetzgeber nahezu völlig außer Acht gelassen. Demgegenüber finden immer noch Subventionierungen und sonstige Beihilfen in besonders klimaschädlichen Industrie- und Wirtschaftssektoren statt, was zu dem Regelungsziel der Emissionsabgaben völlig gegenläufig ist. Hinzu tritt, dass auch das Wirtschafts- und Wettbewerbsrecht die Aspekte des Klimaschutzes unberücksichtigt lässt. In Bezug zu den Fragen eines ökologischeren Wettbewerbs- und Subventionsrechts mangelt es daher jedenfalls an politischer Homogenität.

---

520 Pukhomova/Richter, "Industrial transformation and business liability in the Russian Federation", Conference of the Human Dimensions of Global Environmental Change, Berlin 2003.

521 Ebenda. s. auch bei Competition Law and Policy in the Russian Federation (2002), S. 2 f.

Drittes Kapitel: Die Aufkommensverwendung

Die Frage der Aufkommensverwendung der Einnahmen aus einer Steuer oder Abgabe hat zwar einen geringeren Einfluss auf deren Wirksamkeit und ihre Durchsetzungsfähigkeit im Vergleich zur Bedeutung ihrer rechtlichen Konstruktion und Homogenität im Rechtssystem. Allerdings sind sowohl die Effizienz des Mitteleinsatzes aus dem Aufkommen als auch der Einfluss der Aufkommensverwendung für die Abgabenakzeptanz Merkmale einer Steuer oder Abgabe, die Aussagekraft für ihre Wirksamkeit und Auswirkungen auf die Akzeptanz und damit Durchsetzungskraft haben. Im Rahmen der Aufkommensverwendung zeigt sich, inwiefern Einnahmen im Sinne der beabsichtigten Lenkungswirkung verwendet werden oder ob sie für andere Zwecke genutzt werden und diese beim Abgabenschuldner gleichermaßen Akzeptanz finden. Mithilfe bestimmter Finanzierungsfunktionen im Rahmen der Aufkommensverwendung lassen sich umweltpolitische Lenkungswirkungen noch verstärken.[522] Damit ist die Frage der Aufkommensverwendung maßgebliches Kriterium sowohl für die Berücksichtigung der Zahlungsbereitschaft als auch für einen effektiven Vollzug der Abgabe. Hinsichtlich klimaschutzrelevanter Emissionsabgaben würde sich entweder eine direkte Verwendung der Einnahmen für Projekte zur Emissionsreduktion anbieten, beispielsweise über eine Zweckbindung der Mittel oder durch das Einfließen der Einnahmen in spezielle Fonds, oder – ähnlich der deutschen Ökosteuer – eine Verwendung für andere Staatsaufgaben, um damit eine Entlastung von Steuerzahlern durch eine Senkung der Steuersätze in anderen Bereichen zu erreichen.

A. Double-Dividend[523]- und Triple-Dividend-Hypothese in Transformationsstaaten

Die Idee der Double-Dividend-Hypothese besteht darin, dass ökologische Abgaben insgesamt nicht nur deshalb wohlfahrtsfördernd sind, weil sie auf die Verringerung von Umweltverschmutzung zielen, sondern durch die erzielte Lenkung und der damit verbundenen geringeren Steuerlast potenziell als zwei-

522 Freytag, "Europarechtliche Anforderungen an Umweltabgaben – Dargestellt am Beispiel von Abgaben zur Reduzierung der Umweltbelastung durch den Straßenverkehr", Baden-Baden 2001, S. 52.

523 Scholz, „Environmental Tax Reforms and the Double Dividend – A Theoretical and Empirical Analysis for Germany", Kiel 2000.

ter positiver Nebeneffekt eine Erhöhung der Nachfrage nach Arbeitskräften zu erwarten ist.[524] Darüber hinaus wird von double-dividend immer dann gesprochen, wenn die Einnahmen aus Umweltsteuern oder -abgaben im Bereich des sozialen Sektors eingesetzt werden, beispielsweise zur Erhöhung des Sozialversicherungsanteils.[525] Der Double-Dividend-Ansatz findet sich heute in nahezu allen europäischen OECD-Staaten wieder.[526] Ob der Double-Dividend-Ansatz diese Wirkung auch für Transformationsstaaten entfaltet, ist umstritten.[527] Einerseits ist dies angesichts der notorisch fehlenden Finanzmittel und der schwachen Wirtschaftskraft mehr als fraglich. Auf der anderen Seite ließe sich demgegenüber sogar die Möglichkeit einer „Triple-Dividend-Hypothese" für Transformationsstaaten aufstellen: Aufgrund der relativ bis sehr geringen Vermeidungskosten lassen sich zusätzliche wirtschaftliche Vorteile generieren – beispielsweise der Verkauf von weiteren, durch gezielte Lenkungssteuern im Treibhausgas-Emissionsbereich generierten Emissionseinheiten auf dem Weltmarkt. Kombiniert mit den Effizienzförderprogrammen ließe sich kostengünstig eine Erneuerung der industriellen Technologien erreichen. Daneben kann der „dritte" Vorteil darin gesehen werden, dass ein auch in Transformationsstaaten wie der Russischen Föderation bedeutsames Aufkommen aus Emissionsabgaben erzielt werden kann, für dessen Verwendung zumindest langfristig eine zweckgebundene Nutzung in anderen Sozialbereichen durchaus sinnvoll ist. Bisher hat eine ökologische Steuerreform im deutschen Sinne einer zweckgebundenen Mittelverwendung im Sozialversicherungsbereich in der Russischen Föderation allerdings nicht stattgefunden.

524 Conrad/Schmidt, "Double Dividend of Climate Protection and the Role of International Policy Coordination in the EU – An Applied General Equilibrium Analysis", in: Hohemeyer/Rennings, (Hrsg.) 1998, S. 180 ff.; Goulder, "Environmental Taxation and the Double Dividend: A reader's Guide, Paper presented to the 50th Congress of the International Institute of Public Finance", Harvard University 1994; Bovenberg/de Mooij, "Environmental Levies and Distorationary Taxation", American Economic Review 1994, Nr. 84, S- 1084-1089.

525 S. hierzu mit umfangreichen Beispielen: OECD, "Environmentally related taxes in OECD Countries: Issues and Strategies", Paris, Washington 2001.

526 Ebenda. Weitergehende ökonomische Untersuchungen beispielsweise bei Ono, „Environmental-tax-financed Social Security Tax Cuts and the Double Dividend", Finanzarchiv 2005, S. 178 ff m. w. N.

527 Insbesondere wegen der zu niedrigen Einnahmen aus Emissionsabgaben steht die Erzielung einer double dividend vor allem in Transformationsstaaten in Frage. S. auch OECD, Environmental Funds in Economies in Transition, Paris 1995.

B. Allgemeine Grundlagen der Mittelverwendung

Es bestehen mehrere Ansätze zur Mittelverwendung der Einnahmen aus Umweltsteuern oder Emissionsabgaben. Die Form der Aufkommensverwendung nimmt maßgeblichen Einfluss auf die formalen Erhebungsvoraussetzungen für die Abgabe. Drei Formen lassen sich unterscheiden:

Reine Budgetlösung[528]

Das Abgabenaufkommen wird direkt dem allgemeinen Staatshaushalt zugeführt und je nach Dringlichkeit verwendet (reine Budgetlösung). Diese Form der Einnahmenverwendung bietet sich bei Steuern im allgemeinen an, weniger hingegen bei sonstigen Abgaben. Für Emissionsabgaben bietet sich diese Form der Mittelverwendung dann an, wenn sie als eine reine Finanzierungsabgabe im Schwerpunkt der Erzielung von Einnahmen dient und nur zweitrangig mit Lenkungszielen verknüpft wird. In diesem Fall stünde die Lenkungswirkung für das Ziel der Abgabe neben der Einnahmenerzielungsabsicht. Vertreter einer reinen Budgetlösung sind vorwiegend staatliche Finanzinstitutionen.

Zweckbindung der eingenommenen Mittel

Umweltpolitisch konsequenter ist es, das Aufkommen aus Emissionsabgaben für weitere Maßnahmen zur Vermeidung oder Verringerung des Treibhausgaseffekts oder zu einem anderen umweltpolitischen Zweck einzusetzen, die eingenommenen Mittel also zweckgebunden zu erheben. Hinsichtlich der Zweckbindung werden umweltpolitische Verausgabungszwecke, distributive Verausgabungszwecke und die Verwendung zur Schadenskompensation (Umweltschäden) unterschieden.[529] Die Zweckbindung kann dabei durch die Zuweisung in Spezialfonds (innerbudgetäre Fonds) oder durch Ausgestaltung der Steuer als Fiskalabgabe als Teil des öffentlichen Haushaltes realisiert werden. Der durch die Abgaben gewonnene finanzpolitische Spielraum kann zweckgebunden zur Absenkung oder Abschaffung anderer Steuern und Abgaben des Steuersystems genutzt werden. Basierend auf dem Prinzip der Aufkommensneutralität kann so entsprechend des Steueraufkommens beispielsweise die Einkommensteuer gesenkt werden. Die zweckgebundene Aufkommensverwendung findet vor allem in den Wirtschaftswissenschaften Zuspruch.[530] Daneben ist umstritten,

528 Winter, „Fondslösungen im Umweltrecht", Heidelberg 1993.

529 Ebenda.

530 Takamitsu, (Hrsg.), "International Frameworks and Technolgical Strategies fo Prevent Climate Change", Tokyo 2003, S. 9.

ob es umweltpolitisch vorteilhaft ist, die Verwendung der Einnahmen aus Umweltabgaben an einen bestimmten Zweck zu binden.[531] Insbesondere wird dies in den Finanzwissenschaften bezweifelt, da es nur in Ausnahmefällen zu einer Effizienzsteigerung im Sinne einer zielgerichteteren Aufkommensverwendung im umweltpolitischen Bereich führe.[532]

Umweltfonds

Eine Fondslösung kann nur insofern von Bedeutung sein, als dass durch die Einnahmen emissionsreduzierende Vorsorgemaßnahmen finanziert werden könnten. Weiterhin wird die Fondslösung immer dann favorisiert, wenn aus politischen oder sonstigen Gründen bzw. aufgrund der hoheitlichen Finanzschwäche das Aufkommen nicht in den staatlichen Haushalt fließen soll, sondern unmittelbar in einen ganz bestimmten (förderungsbedürftigen) Bereich.[533] Dadurch soll verhindert werden, dass trotz ursprünglicher Zweckbindung das Aufkommen durch das Einfließen in den Bundes- oder Gliedstaatenhaushalt doch nur zur Finanzierung allgemeiner Staatsaufgaben verwendet wird.[534] Es ist stark umstritten, ob die Fondsbildung im Umweltbereich eine wirkungsvollere Aufgabenerledigung bewirkt. Hierzu wird in der deutschen Literatur bezweifelt, dass eine organisatorische Überlegenheit vorliege, die beispielsweise durch eine bessere ressortübergreifende interne Abstimmung erzielt sei etc.[535] Ausreichend sei vielmehr bereits die schlichte Zweckbindung der durch Umweltabgaben erzielten und in die öffentlichen Haushalte fließenden Einnahmen. Allerdings müssen hier die besonderen Verhältnisse der wirtschaftlichen Situation in Transformationsstaaten berücksichtigt werden. Insbesondere die Schwankungen in der Aufkommenshöhe sowie die zeitlichen Unterschiede und Unregelmäßigkeiten der ein- und ausfließenden Geldströme sprechen für die Vorteil-

531 Hansjürgens, „Umweltabgaben im Steuersystem", Baden-Baden 1992, S. 160 f.; Tiepelmann, „Umweltabgaben – Renaissance der Fondswirtschaft?" in: Mackscheidt/Ewringsmann/Gawel (Hrsg.), „Umweltpolitik mit hoheitlichen Zwangsabgaben?", Festschrift für Hansmeyer, Karl-Heinrich, Berlin 1994, S. 75 ff.

532 Zimmermann/Hansjürgens,, „Umweltpolitische Einordnung verschiedener Typen von Umweltabgaben", in: Zimmermann, „Umweltabgaben. Grundsatzfragen und abfallwirtschaftliche Anwendung", Bonn 1993, S. 24 f.; Sachverständigenrat für Umweltfragen, „Umweltgutachten 1996, BT-Drucksache 13/1408 vom 14.3.1996, Tz. 955.

533 OECD, "Environmental Funds in Economies in Transition", Paris 1995; ebenfalls Winter, „Fonds-lösungen im Umweltrecht", Heidelberg 1993.

534 Dies war der Hauptgrund für die Einführung von Umweltfonds in den Mittel- und Osteuropäischen Staaten aber auch in Kasachstan. S. auch bei Vincent/Farrow, "A Survey of Pollution Charge Systems and Key Issues in Policy Design", in: Controlling pollution in transition economies: theories and methods, Cheltenham 1997, S. 29, 30 ff., 32.

535 Hansjürgens, „Umweltabgaben im Steuersystem", Baden-Baden, 1992, S. 181.

haftigkeit der Fondslösung in diesen Staaten. Die Umweltfondslösung wird daher aus Sicht der Umweltwissenschaften besonders für Transformationsstaaten empfohlen.[536] Im deutschen Recht wurde das Umweltfondsmodell im Rahmen der Sonderabgabendebatte auch diskutiert, vor allem bei den sogenannten kollektiven Sonderabgaben, bei denen eine eindeutige Schadenszurechnung – wie bei Treibhausgas- und anderen Schadstoffemissionen – überwiegend nicht klar nachvollziehbar ist.[537]

C. Das Problem der Aufkommensneutralität

Die Aufkommensneutralität spielt hinsichtlich der Akzeptanz einer Steuer bei den Steuerschuldnern für ihre Durchsetzbarkeit eine große Rolle. Da die russischen Emissionsabgaben ursprünglich als Steuern eingeführt waren und erst nach der höchstrichterlichen Rechtsprechung 2002/2003 als Fiskalabgaben qualifiziert wurden, die aber hinsichtlich der Aufkommensverwendung wie Steuern zu behandeln seien,[538] soll zur Frage ihrer damaligen Aufkommensneutralität kurz Stellung genommen werden. Auch in westlichen Staaten ist die Kritik an ökologischen Steuern hinsichtlich der Gefahr einer nicht aufkommensneutralen Verwendung sehr ausgeprägt. Im Wesentlichen werden zwei Definitionen der Aufkommensneutralität unterschieden: Im Sinne einer weiten Auslegung wird gefordert, dass trotz (neuer) Umweltabgaben oder -steuern die Änderung der Gesamtsumme an Steuereinnahmen null ist, da die Erhebung ökologischer Steuern durch Steuersenkungen an anderer Stelle ausgeglichen würde.[539] Nach anderer Ansicht erfordert das Prinzip der Aufkommensneutralität, dass das Steueraufkommen (bspw. aus einer Emissionssteuer) vollständig an die Gesamtheit der Steuerzahler zurückerstattet werden soll.[540] Bei Zugrundelegung beider Definitionen kann die Berücksichtigung des Prinzips der Aufkommensneutralität bei den russischen Emissionsabgaben nicht nachgewiesen werden. Vielmehr sind diese auf eine Erhöhung der Abgabenlast der Emittenten gerichtet, werden dann aber teilweise für ökologische Zwecke genutzt oder dienen ausschließlich fiskalen Zwecken. Sofern zukünftig im Rahmen einer effektiveren Klimaschutzpo-

536 Bluffstone, "Controlling pollution in transition economies: theories and methods", Cheltenham 1997.

537 Winter, „Fondslösungen im Umweltrecht", Heidelberg 1993.

538 Urteil des Hohen Gericht vom 12.2.2003, GKPI 03-49; s. hierzu auch: Jalbulganova, „Prirodoresursnuije plateschui" (Umweltressourcenabgaben), Moskau 2004, S. 230 f.

539 Weinbrenner 1999, S. 18.

540 Michaelowa, 1996, S. 26.

litik die Emissionsabgabenpflicht auf Privathaushalte ausgeweitet wird, ist die Auseinandersetzung des russischen Gesetzgebers mit dem Prinzip der Aufkommensneutralität unumgänglich.

D. Die Aufkommensverwendung und -verteilung – Probleme des russischen Fiskalföderalismus

Die Gefahr des fiskalischen Missbrauchs ist hoch, besonders in finanzschwachen Transformationsstaaten mit stark zentralisierten Kompetenzen im Steuer- und Abgabenrecht.[541] An einer Finanzverfassung fehlt es, wie bereits festgestellt, in der Russischen Verfassung, da sie weder Vorschriften über das Steuerfindungsrecht noch über die Verteilung der Staatseinnahmen und -ausgaben zwischen Föderation und Subjekten enthält. Weder existieren auf der Verfassungsebene Regelungen einer am Prinzip der Konnexität und Äquivalenz orientierten Verteilung der Verantwortung für die Ausführung staatlicher Aufgaben, noch wurde eine klare Normierung der Ausgabenzuständigkeit und Einnahmenhoheit zwischen dem Zentralstaat, den Föderationssubjekten und den lokalen Selbstverwaltungseinheiten getroffen.[542] Eine rechtliche Absicherung der erforderlichen finanziellen Autonomie der Föderationssubjekte[543] ist damit nur im Rang unter der Verfassung regelbar, was aber auch in anderen Staaten angewandte Praxis ist.

Die ersten wichtigen Rechtsgrundlagen zur ansatzweisen Regelung eines Budgetföderalismus waren die sogenannten Grundlagengesetze der RSFSR von

541 Bluffstone, "Controlling pollution in transition economies: theorics and methods", Cheltenham 1997; OECD, "Environmental Funds in Economies in Transition", Paris 1995.

542 Titova, "Nalogi v graschdanskom obschestvje: komu prinadleschat vlast v Rossii" (Steuern in der Zivilgesellschaft: wem gehört die Zuständigkeit (Macht) in Russland), St. Petersburg 2003; Schröder, „Aktuelle Probleme der russischen Steuergesetzgebung", in: Höhmann/Fruchtmann, Pleines (Hrsg.), Das russische Steuersystem im Übergang, Bremen 2002, S. 88 ff. m. w. N.

543 Nichtsdestotrotz existieren auch im russischen Föderalismus Finanzausgleichsmechanismen zwischen den Gliedstaaten, die sich aber vorwiegend über Fondskanäle und durch Sonderzuweisungen abwickeln. Hierbei werden jedoch vielfach die vorgeschriebenen Verteilungsschlüssel nicht eingehalten bzw. sind sogar zwischen den föderalen Ebenen und Körperschaften Zahlungsverweigerungen oder -unterschlagungen üblich. S. insgesamt zum fiskalischen Föderalismus und seinen informalen Strukturen in der deutschsprachigen Literatur v. a. Bell, „Der fiskalische Föderalismus in der Rußländischen Föderation – Finanzwissenschaftliche Analyse der föderalen Neuordnung in einer Transformationsökonomie", Baden-Baden 1998, u.a. S. 254 ff.; aus der russischen wissenschaftlichen Literatur hierzu: Christenko, „Reforma mezhbudgetnych otnoschenij: novuyie zadadshi" (Die Reform der Beziehungen zwischen den Budgets: neue Aufgaben), Voprosy Ekonomiki (Wirtschaftsfragen) 2000 Nr. 8, S. 4 ff.; Assekritov/Schirobokowa, „Mezjbudgetnyie otnoschenija: problemy i podchody k ich rescheniju" (Die Beziehungen zwischen den Haushalten: Probleme und Lösungsansätze), Ekonomist 2001, Nr. 1 S. 57 ff.

1991 „Über die Struktur des Haushaltswesens und die Haushaltsführung"[544] sowie „Über die Steuern und Abgaben der Russischen Föderation"[545]. Finanzverfassungsrechtlich relevant wurde darin der Grundsatz der Selbständigkeit und Unabhängigkeit der Haushalte von Föderation und Gliedstaaten erstmals festgeschrieben und eine vertikale Aufgliederung der Steuern bestimmt. Allerdings setzte sich das föderale Aufkommen aus Einkommens- und Unternehmensgewinnsteuern zusammen, deren Aufteilung nach Maßgabe einseitiger Entscheidungen durch die föderalen Regierung erfolgte.[546] Mithin wird seitdem im russischen Recht mit der Angabe und Prognose des Einnahmenaufkommens aus der entsprechenden Abgabe im jährlichen Haushaltsgesetz der Föderation über ihre Verteilungmodalitäten zwischen den gleich- und übergeordneten Haushalten entschieden. Bestärkt wird diese Praxis durch Art. 50 des Haushaltsgesetzes RF, wonach sämtliche föderalen Steuern, Abgaben und Gebühren durch die Gesetzgebung der Föderation festgelegt und auch hinsichtlich der Verteilung und Verwendung modifiziert werden. Die einzige ausdrückliche Beteiligungsmöglichkeit der Gliedstaaten an diesen Entscheidungen ist mittelbarer Natur, und zwar durch eine obligatorische Beteiligung des Föderationsrates gemäß Art. 106 lit. „a" und „b" Verf RF, bei gesetzlichen Regelungen betreffend die Einnahmequellen (Steuern und Abgaben) sowie den Bundeshaushalt. Allerdings erschöpft sich diese Beteiligung in einer bloßen Anhörung mit zustimmendem oder ablehnendem Ergebnis. Darüber hinausgehende Mitentscheidungsrechte sind bei der Regelung der Abgabenerhebung und Aufkommensverteilung nicht vorgesehen. Der föderale Gesetzgeber beruft sich bei diesem Ausschluss der Föderationssubjekte im Rahmen der Abgabennormierung vorwiegend auf das föderative Bedürfnis der Schaffung eines *einheitlichen* Wirtschaftsraumes, was bei einer unterschiedlichen Steuergesetzgebung und Einnahmequellenregelung durch natürliche Ungleichgewichte zwischen den einzelnen Gliedstaaten gefährdet sei. Auch die Rechtsprechung hat sich dem nicht vehement entgegengesetzt, sondern sich auf eine abwägende Untersuchung im jeweiligen Einzelfall beschränkt.[547]

Trotzdessen haben sich sowohl vertikale als auch horizontale Umverteilungsmechanismen entwickelt.[548] Zu den vertikalen Umverteilungsmethoden gehö-

544 Vom 10.10.1991.

545 Vom 27.12.1991.

546 Luchterhandt, „Russlands Finanzverfassung zwischen Unitarismus und Budgetföderalismus", in: Staat, Wirtschaft, Finanzverfassung, Festschrift für Selmer, Berlin 2004, S. 791 ff., 797.

547 Urteil 5-P vom 21.3.1997, Pkt. 3 Abs. 9 der Urteilbegründung.

548 Bell, „Der fiskalische Föderalismus in der Rußländischen Föderation – Finanzwissenschaftliche Analyse der föderalen Neuordnung in einer Transformationsökonomie", Baden-Baden, 1998, S. 254 ff.

ren sogenannte Zuweisungen, Hilfsprogramme und Privilegien.[549] Unter Zuweisungen sind hierbei zweckgebundene Mittelanweisung aus dem föderalen Budget an die subnationale Ebene zu verstehen, die auf Grundlage einer gesetzlichen Festlegung im jeweiligen Haushaltsplan oder den Budgetgesetzen erfolgen. Problematisch ist allerdings, dass auch letztere nur mangelhaft umgesetzt werden, so dass für die Föderationssubjekte trotz zugesprochener Mittel immer eine Ungewissheit über deren tatsächliche Verfügbarkeit bleibt.[550] Im Rahmen der Steuerreform 2001/2002 wurde daher eine Einnahmenumverteilung vorgenommen. Dabei wies der Gesetzgeber die Einnahmen aus der Mehrwertsteuer und den ertragsreichen Akzisen (Verbrauchssteuern) unter Erweiterung der Bemessungsgrundlagen der Föderation zu.[551] Die Einkommensteuereinnahmen[552] wurden hingegen den Gliedstaaten zugeteilt. Trotzdem sind die Haushalte der Föderationssubjekte notorisch unterfinanziert. Vor allem die Selbstverwaltungseinheiten sind von der administrativen und finanzwirtschaftlichen Schwäche betroffen.[553] Es besteht die Gefahr, dass mangels ausreichender Haushaltsmittel die Gliedstaaten handlungsunfähig werden und damit das – auch in der russischen Verfassung verankerte – Bundesstaatsprinzip droht, ausgehöhlt zu werden. In der Literatur wird treffend darauf hingewiesen, dass entsprechend der in Art. 5 Abs. 3 Verf RF festgeschriebenen Abgrenzung der Zuständigkeiten von Föderation und Föderationssubjekten ein Anspruch der Gliedstaaten auf eine ausreichende und angemessene finanzielle Ausstattung zur Aufgabenwahrnehmung besteht und die Gliedstaaten eine Änderung der Steuergesetzgebung nach dieser Maßgabe auch einklagen können.[554]

Der russische Budgetföderalismus hat – wie bereits angesprochen – 2001 mit Inkrafttreten des neuen Haushaltsgesetzbuches eine grundlegende Reform erfahren. Die bis 2001 herrschende institutionelle und rechtliche Instabilität der russischen Haushaltsführung hat sich insgesamt im Reformprozess als Haupt-

549 Ebenda; bestätigend auch bei Höhmann/Fruchtmann/ Pleines, (Hrsg.), „Das russische Steuersystem im Übergang – Rahmenbedingungen, institutionelle Veränderungen, kulturelle Bestimmungsfaktoren", Bremen 2002.

550 Ebenda.

551 Giesecke, „Die auswärtige Gewalt in der Russischen Föderation und die Rolle des Völkerrechts in der russländischen Rechtsordnung", Frankfurt a. M. 2004, S. 58.

552 Die Einkommenssteuer war dahingehend reformiert worden, dass die vorher progressive Bemessung von bis zu 30% in eine linear veranlagte Steuer mit einem Steuersatz von 13% reduziert wurde.

553 Mitrochin, „Die Zukunft der kommunalen Selbstverwaltung. Zum Verhältnis von Zentralstaat, regionalen Einheiten und Gemeinden.", in: Schwegler-Rohmeis: Russland, Stuttgart 2001, S. 122-125; allgemein dazu auch: Luchterhandt, „Der Ausbau der föderalen Vertikale", S. 250.

554 Giesecke, „Die auswärtige Gewalt in der Russischen Föderation und die Rolle des Völkerrechts in der russländischen Rechtsordnung", Frankfurt a. M. 2004, S. 59.

grund für die mangelhafte Umsetzung und Durchsetzung insbesondere auch im administrativen Bereich herausgestellt. Die Neuordnung der Einnahmenverteilung und Führung der Haushalte hat sich seit der Novellierung auch auf die institutionellen Reformen, auf die im 4. Kapitel noch einzugehen sein wird, besonders positiv ausgewirkt. Diese Tatsache betont einmal mehr die Bedeutung der Aufkommensverteilung einer Abgabe in ihrer Wirksamkeit. Die Reformen waren vorwiegend auf drei Ziele gerichtet: erstens eine Reform der Haushaltspolitik, insbesondere der vertikalen und horizontalen zwischenbehördlichen Beziehungen; zweitens die Reform des Haushaltsverfahrens hin zu einem stärker ergebnisorientierten Haushaltsmanagement; drittens eine parallele Entschlackung des Behördenapparates, wie sie 2004 bereits begonnen wurde.[555] In der Umsetzung der Reform der Haushaltspolitik ist der neu eingeführte mittelfristige Planungsansatz hervorzuheben, der die einjährige Haushaltsplanung durch eine mindestens dreijährige Planung ersetzt und erstmals für den Zeitraum von 2006 bis 2008 umgesetzt werden soll. Mit dieser nachhaltigeren Haushaltspolitik sollen die Ausgaben insgesamt gesenkt werden. Negative Folge dieser Entwicklung ist, dass auch für den Klima- und Umweltschutz zukünftig weniger Mittel zur Verfügung stehen, sofern nicht Ausnahmeverfügungen erlassen werden. Trotzdem ist aber für ökologische Projekte zumindest eine größere Planungssicherheit gewährleistet, da die Mittel längerfristig eingeplant und damit nicht ohne Weiteres spontan geändert werden. Insgesamt hat der ökologische Faktor in dieser Reform weder eine Aufwertung noch eine anderweitige besondere Berücksichtigung gefunden, sondern sich lediglich auf den administrativen Vollzugsrahmen und eine straffere Kontrolle des Abgabenaufkommens ausgewirkt. Die einzige spürbare ökologische Bedeutung der Reform bestand in der Auflösung sämtlicher außerbudgetärer Fonds, zu denen auch die Umweltfonds zählten. Hierauf wird im Folgenden genauer eingegangen.

E. Ursprünglich: Umweltfonds[556] (Fondslösung)

Die Einrichtung von Umweltfonds war und ist besonders in Transformationsstaaten verbreitete Praxis. Sie stellen ein vom sonstigen staatlichen Vermögen getrenntes, selbständiges Sondervermögen dar.

555 Diamond, "Reforming the Russian Budget System: A move to more devolved budget management?", IMF Working Paper WP/05/104, 2005, S. 4 f.

556 Kjeldsen, „Financing environmental protection in Russia: The Role of Charges", in: Post-Soviet Geography and Economics, 2000, 41, Nr. 1 S. 48 ff., 54, 55; Gofman, „Ekonomika Prirodopolsovanija" (Umweltökonomie), Moskau 1998, S. 215 ff.

I. Kategorisierung von Umweltfonds

Je nach der Zweckrichtung werden zwei Hauptgruppen unterschieden: Investitionsfonds und Entschädigungsfonds.[557] Die Investitionsfonds dienen der Finanzierung emissionsarmer bzw. -reduzierender Technologien und Anlagen und stellen damit eine eigene Form der Bereitstellung öffentlicher Beihilfen und Subventionen dar. Die Entschädigungsfonds dienen demgegenüber – wie der Name schon erkennen lässt – der Bereitstellung von Mitteln zum Ausgleich der durch Schadstoffemissionen tatsächlich angefallenen und abstrakt zu erwartenden Schäden (Kompensationslösung). Sie spielen dort eine maßgebliche Rolle, wo ein unmittelbarer Verursacher sich nicht nachweisen lässt und wären somit auch für Klimaschäden durchaus zweckmäßig.

Weiterhin werden allgemeine und spezielle Umweltfonds unterschieden. Während spezielle Umweltfonds eine Finanzierungsquelle für ein spezielles Umweltproblem (beispielsweise den Klimaschutz) bilden, dienen allgemeine Umweltfonds der Bereitstellung von Mitteln für den Umweltschutz im weitesten Sinne (allgemeine Kompensationsleistungen, Umweltschutz- und Förderprogramme gegen Luftemissionen, Abwasser, Bodenverschmutzung, Lärm). Es können im Wesentlichen drei Möglichkeiten der Mittelverwendung unterschieden werden: die Finanzierung von öffentlichen Vermeidungseinrichtungen (z. B. Abwasserreinigungsanlagen, kommunale Abfallbeseitigungsanlagen, etc.); die finanzielle Unterstützung des privaten oder öffentlichen Sektors bei der Förderung umweltfreundlicher, emissionsärmerer Technologien und Verhaltensweisen; die Finanzierung von Staatsaufgaben im Bereich des Umweltschutzes (öffentliche Verwaltung, Kontrolle, Monitoring, etc.).[558] Umweltfonds variieren zudem hinsichtlich ihrer territorialen Erstreckung: Die meisten osteuropäischen Fonds sind als nationale Fonds eingerichtet, mit Ausnahme von Polen und Russland, in denen Umweltfonds im föderalen Aufbau auf Bundes-, Bezirks- und Lokalebene errichtet wurden.[559] Schließlich wird zwischen budgetären und außerbudgetären Fonds unterschieden, in die entweder allein das Aufkommen der Emissionsabgaben fließt oder aber ein bestimmter Anteil des allgemeinen Gesamthaushalts.[560] In einigen Transformationsstaaten sind daneben auch die aus

557 OECD, "Environmental Funds in Economies in Transition", Paris 1995, S. 117 f.

558 Petrova, „Pravovuje problemui ekonomitscheskovo mechanisma ochrana okruschajuschej sredui" („Rechtsprobleme ökonomischer Instrumente des Umweltschutzes"), Moskau 2000, S. 128 ff.

559 OECD, "Environmental Funds in Economies in Transition", Paris 1995, S. 117 f.; Bluffstone, "Controlling pollution in transition economies: theories and methods", Cheltenham 1997.

560 Bothe/Gündling, „Tendenzen des Umweltrechts im internationalen Vergleich", Forschungsstelle Umwelt, Berlin 1990, S. 54 f.

der Privatisierung staatlicher Unternehmen erzielten Gewinne teilweise zweckgebunden in Umweltfonds geflossen.

II. Entwicklungsabriss zu Umweltfonds in der Russischen Föderation

Vor der Errichtung von Umweltfonds wurde der russische Umweltschutz vorwiegend zu einem geringen Teil aus dem Staatshaushalt sowie durch Zahlungen industrieller Großunternehmen finanziert. Mit Beginn der Pilotprojekte zur Einführung von Umweltabgaben in etwa 50 Föderationssubjekten 1988/89 floss ein Teil der Einnahmen hieraus zweckgebunden in dazu eingerichtete Umweltfonds. 1990 errichtete die staatliche Kommission für Ökologie und Naturschutz den föderalen Umweltfonds der Russischen Föderation.[561] Mit Inkrafttreten des Umweltschutzgesetzes von 1991 wurden Umweltfonds schließlich im Sinne eines einheitlichen föderalen Systems auch auf regionaler und lokaler Ebene eingeführt.[562]

Das System der Umweltfonds spielte während der ökonomischen Krise Mitte der 90er-Jahre eine wichtige Rolle bei der Finanzierung von Umweltschutzprojekten.[563] Seine erste Rechtsgrundlage findet das Umweltfondssystem Anfang 1988 in der Ministerratsverordnung der RSFSR Nr. 93 vom 18.3.1988 „Über den grundlegenden Umbau des staatlichen Umweltschutzes". Die Gründung erster Umweltfonds auf kommunaler Ebene 1989/90, geregelt in einer vorläufigen Typenverordnung, lief parallel zu den in dieser Zeit zu Umweltabgabenmodellen durchgeführten Regionalexperimenten. Der erste föderale Umweltfonds wurde durch das Umweltministerium der RSFSR per Ministerratsverordnung Nr. 450 vom 19.10.1990 gegründet und war zunächst sowohl Investitions- als auch Kompensationsfonds. Mit Inkrafttreten des ersten Umweltschutzgesetzes sah dort Art. 21 USG (1992) explizit die Einrichtung von außerbudgetären Umweltfonds vor.[564] Auf Grundlage des alten USG trat auch die Regierungsverordnung „Über

561 OECD, "Environmental Funds in Economies in Transition", Paris 1995, S. 59.

562 Petrova, „Pravovuje problemui ekonomitscheskovo mechanisma ochrana okruschajuschej sredui" (Rechtliche Probleme umweltökonomischer Mechanismen), Moskau 2000, S. 131.

563 1997 wurde mit nur 0,4% der staatlichen Gesamtausgaben der geringste Anteil in Umweltprojekte (zwischen 1990 und 2005) investiert.

564 Drei weitere Rechtsakte sind im Zusammenhang mit der Einrichtung von Umweltfonds auf allen territorialen Ebenen bedeutsam gewesen: erstens, das Gesetz „Über die kommunale Selbstverwaltung in der Russischen Föderation" Nr. 3730-1 vom 22.10.1992; zweitens das Gesetz „Über den Föderationsrat und die Verwaltung der Bezirke" Nr. 2449-1 vom 5.3.1992 und drittens das Gesetz „Über die Grundlagen des Haushaltsrechts und das Recht der Schaffung außerbudgetärer Fonds durch die Exekutive" Nr. 4807-1 vom 15.4.1993.

den Bundesumweltfonds der Russischen Föderation und die Umweltfonds der Föderationssubjekte" in Kraft.[565] Sowohl diese Verordnung als auch das USG bestimmten die bereits erwähnte dreigliedrige Struktur der russischen Umweltfonds: lokal, regional, föderal.

Der Bundesumweltfonds war mit den Rechten einer juristischen Person und eigener Rechnungsführung ausgestattet.[566] Rechnungslegungspflichten bestanden lediglich gegenüber dem damaligen Umweltministerium.[567] Ein Direktorium des Umweltministeriums war mit der Aufsicht über die Fondsoperationen, die Hauptförderprojekte sowie der jährlichen Abnahme des Rechenschaftsberichts und den wesentlichen Einzelförderentscheidungen betraut. Das Direktorium setzte sich aus dem stellvertretenden Umweltminister und Repräsentanten des Wirtschafts- und Finanzministeriums sowie den Vertretern einiger Exekutivkommissionen zusammen, deren Fachbereich den Umweltschutz tangierte (z. B. Kommission für Gewässerressourcenmanagement, Waldmanagementkomitee etc.). Die jährlichen Rechenschaftsberichte wurden zudem durch die Umweltfonds veröffentlicht, was die gesellschaftliche Akzeptanz für die Umweltabgabenpolitik und die Finanzierung von Umweltschutzprojekten erhöhen sollte. Auf Bundesebene wurden ausschließlich außerbudgetäre Fonds errichtet. Diese von den öffentlichen Finanzhaushalten vollständig unabhängigen Fonds stellten im russischen Finanzsystem und dessen Traditionen ein Novum dar. Der Hauptgrund für die Entscheidung zum Aufbau eines Umweltfondssystems war die Schaffung eines sich selbst tragenden Finanzierungsnetzwerkes für Umweltschutzaktivitäten. Letzlich sollte der Umweltschutz nicht aus öffentlichen Haushalten finanziert werden.[568]

Im Gegensatz zum föderalen Umweltfonds waren die *regionalen* Umweltfonds in den Föderationssubjekten nicht in Form einer unabhängigen juristischen Person errichtet worden, sondern als integrierter Bestandteil der Verwaltung der Föderationssubjekte. Sie wurden ähnlich wie auf föderaler Ebene durch die regionalen Umweltschutzkommissionen kontrolliert. Der Mangel an Unabhängigkeit erhöhte dabei offensichtlich aber noch die ohnehin beträchtlichen

565 Regierungsverordnung vom 29.5.1992 N 442.

566 Petrov/Vorfolomeev, „Ochrana okruzhajuschej sredui: Postajannui kommentarij k Zakony Rossii" (Der Schutz der Umwelt: Aktueller Gesetzeskommentar), Anm. zu Art. 21, S. 58; Weißenburger, „ Der Einsatz ökonomischer Instrumente zum Zwecke des Umweltschutzes in Russland und der Ukraine", Berlin 1994, S. 113.

567 Zur Organisationsstruktur und dem Verhältnis der russischen Umweltfonds zum Budgetrecht s. auch: Petrova, „Pravovuje problemui ekonomitscheskovo mechanisma ochrana okruschajuschej sredui" (Rechtliche Probleme umweltökonomischer Mechanismen), Moskau 2000, S. 131 ff.

568 Averchenko/Golub/Gofman/Groshev, "The System of Environmental Funds in the Russian Federation", in: OECD, Environmental Funds in Economies in Transition, Paris 1995, S. 57 ff.

Transaktionskosten, insbesondere durch die zusätzlichen Abstimmungen mit den höherstehenden kontrollbefugten Autoritäten.[569] Die Einrichtung regionaler und lokaler Umweltfonds war allerdings auch keine gesetzliche Pflicht, sondern wurde auf Grundlage der Regierungsverordnung N 442[570] lediglich als normative Empfehlung an die Gliedstaatenregierungen gestaltet. Mithin überließ der Gesetzgeber die Entscheidung hierüber den Zweckmäßigkeitserwägungen der jeweiligen Verwaltungsträger.[571]

Die Mittelverwendung des Bundesumweltfonds war beschränkt auf „ökologische Investitionen" (Umweltschutz und Emissionskontrolle, Erhalt und Ausweisung von Schutzgebieten, Bundes- und überregionale Umweltaktionsprogramme, Umweltinformation und -bildung, Ausbildungsprogramme, Internationale Kooperation, finanzielle Unterstützung im Bereich der Umweltverwaltung auf Bundes- und überregionaler Ebene). Die Einnahmen aus den Umweltabgaben wurden zunächst im Sinne eines Fonds-Budget-Mischmodelles wie folgt aufgeschlüsselt: 10% flossen direkt und ohne Zweckbindung in den Bundeshaushalt, die übrigen 90% in die Umweltfonds der verschiedenen territorialen Ebenen. Dabei war die Zuteilung des Abgabenaufkommens gemäß Art. 21 Abs. 3 altes USG (1991) wie folgt bestimmt: 60% sollten in kommunale Umweltfonds, 30% in regionale Umweltfonds und 10% in den Bundesumweltfonds fließen. Allerdings fehlten sowohl dem alten USG 1991 als auch den auf seiner Grundlage erlassenen Rechtsakten detaillierte Regeln über das Verhältnis der Umweltfonds verschiedener Ebenen untereinander und über das horizontale Zuteilungsverfahren der in die Fonds eingeflossenen Mittel.[572] Auch das Gesetz „Über die örtliche Selbstverwaltung" sah zwar Kompetenzen zur Gründung lokaler außerbudgetärer Umweltfonds zugunsten der Kommunen vor. Es mangelte ihm jedoch an einer Regelung der Integration, der Abgrenzung von und dem Verhältnis zu den territorialen und dem föderalen Umweltfonds und deren Administrationen. Dies führte zu Transferverweigerungen der lokalen Behörden aus den lokalen Umweltfonds an die territorialen und den Bundesfonds. Aufgrund dieser Regelungslücke und der sich hierdurch ergebenden Zahlungsverweigerungen und Kompetenzstreitigkeiten als auch wegen der erheblichen administrativen Kosten

569 So auch allgemein zur Fondslösung bei: Klarer, „Economic Instruments and Environmental Funds for Environmental Policy in CEE", in: Schlegelmilch/Kai/Green budget Reforms in Europe, 1999, S. 201 ff.

570 S. bereits oben, FN 565.

571 Petrova, „Pravovuje problemui ekonomitscheskovo mechanisma ochrana okruschajuschej sredui" (Rechtliche Probleme umweltökonomischer Mechanismen), Moskau 2000, S. 132.

572 Kjeldsen, "Financing environmental protection in Russia: The Role of Charges", in: Post-Soviet Geography and Economics, 2000, 41, Nr. 1 S. 48 ff., 50.; s. auch: Worldbank, "Environmental Management in Russia: Status, Directions and Policy Needs", 2004.

des komplexen Umweltfondssystems konsolidierten die Föderationssubjekte ihre Finanzhaushalte in diesem Bereich schließlich derart, dass es nur noch jeweils einen einheitlichen Umweltfonds je Gliedstaat geben sollte. Das vereinfachte sowohl die Fondsverwaltung als auch die Ausrichtung der Mittelverwendung, vereinheitlichte sie, entzog aber damit den lokalen Verwaltungseinheiten einen wichtigen Bestandteil ihres Selbstverwaltungsrecht in ökologischen Fragen.

III. Die Auflösung des föderalen Umweltfonds

Zwei weitere Kritikpunkte führten schließlich zur Auflösung des föderalen Umweltfonds:

1. Föderale Umweltfonds hatten nach dem Umweltgesetz einen außerbudgetären Status. Seit dem Inkrafttreten des Haushaltsgesetzes der Russischen Föderation von 1999 dürfen nur Rentenfonds, Kranken- und Sozialversicherungsfonds diesen Status haben. Alle übrigen Fonds dürfen nur als sogenannte Haushalts-Schwerpunkt-Fonds errichtet sein, also nicht als eigenständige, sondern als innerbudgetäre Fonds organisiert sein. Diese Kollision mit dem HaushaltsG wurde zum Anlass genommen, den Bundesumweltfonds in den Staatshaushalt zu konsolidieren.

2. Innerhalb des Fondssystems gab es Zuteilungsschwierigkeiten bei den Einnahmen. Problematisch waren die verschiedenen Abgabenerhebungs- und Einnahmenverteilungsmethoden in den einzelnen Föderationssubjekten. Hier fehlte ein klärender Eingriff des Gesetzgebers. Außerdem fielen die in die Umweltfonds transferierten Mittel wesentlich geringer aus als angesetzt (1996 zwischen 40 bis 50% weniger als erwartet)[573]. Eine effektive Kontrolle der zugeteilten Mittel war kaum möglich. Die Transaktionskosten waren viel zu hoch. Damit ließ sich die außerbudgetäre Struktur nicht mehr rechtfertigen.

Im Rahmen von Territorial- und Administrativreformen sowie der Haushaltskonsolidierungen 2000 wurden der Bundesumweltfonds und etwa die Hälfte der regionalen Umweltfonds aufgelöst und in die jeweiligen Haushalte eingegliedert. Seither gibt es auf Bundesebene keine Vorschrift, die eine an den Umweltschutz gebundene Verwendung eines Teils des Emissionsabgabenaufkommens vorsieht.

573 Kotov/Nikitina, "Reorganisation of Environmental Policy in Russia: The Decade of Success and Failures in Implementation and Perspective Quests", Milano 2002, S. 14; sowie die „Jährliche Rechnungslegung des Umweltfonds, 1996", Moskau 1997.

Bis zur Auflösung der föderalen Umweltfonds wurden die Mittel ausschließlich zweckgebunden für ökologische Projekte eingesetzt. Mit Auflösung der Fonds war zwar ebenfalls eine Fortsetzung der zweckgebundenen Mittelverwendung zunächst geplant, wurde aber nicht realisiert. Die damit verbundenen umfassenden Kürzungen der früher durch Umweltfonds bereitgestellten Finanzmittel haben einen deutlich negativen Einfluss auf die Leistungsfähigkeit der Umweltbehörden zur Folge gehabt, insbesondere auf den unterföderalen Ebenen und bei der Emissionskontrolle.[574]

F. Heute: Mischlösung aus Fonds- und Budgetmodell?

Mit Abschaffung des Bundesumweltfonds befindet sich das russische Fondsmodell in einer Übergangsphase zum Budgetmodell. Das neue Umweltschutzgesetz von 2002 enthielt bereits keine Regelung mehr zu Umweltfonds, sondern nur noch in Art. 16 USG die Verweisung, dass die Verwendung und Zuteilung der aus Umweltabgaben eingenommenen Mittel durch Bundesgesetz zu regeln sei. Ein solches Bundesgesetz ist das Haushaltsgesetz, nach dessen Reformierung sich die Aufschlüsselung des Aufkommens aus den Emissionsabgaben nun gemäß Art. 50 Haushaltsgesetz RF nach dem für ein Rechnungslegungsjahr (für einen Zeitraum von nicht weniger als drei Jahren) zu erlassenden föderalen Budgetgesetz richtet. Daneben legt die teilweise außer Kraft gesetzte Regierungsverordnung N 632 in Punkt 6 fest, dass die budgetrechtliche Aufschlüsselung der Emissionsabgaben durch das Ressourcen- und Umweltministerium mit Zustimmung des Wirtschafts- und des Finanzministeriums in Form interner Verwaltungsvorschriften festgelegt wird.

Zunächst sahen die Verordnungen N 632 und N 344 vor, dass 10% des Abgabenaufkommens aus Schadstoffemissionen in den Bundeshaushalt fließen sollten. Auf dieser Grundlage flossen zwischen 2001 und 2003 sogar 19% der Emissionsabgabeneinnahmen in den Bundeshaushalt, 81% wurden auf die Haushalte der Föderationssubjekte und untergeordnete Gebietskörperschaften verteilt. Per Anordnung vom 25.11.2005 wurden diese Punkte der Verordnung über die Zweckbindung von 10% der Einnahmen aus den Emissionsabgaben für den Föderalhaushalt aufgehoben und außer Kraft gesetzt.[575] Seit 2004 sieht das BudgetGB vor, dass 20% der Einnahmen aus Umweltabgaben in das Bundesbudget fließen und 80% in die Regionalbudgets – das Aufteilungsverhältnis, das

574 So auch Meissner, „Rechtliche Grundlagen des Umwelt- und Naturschutzes in Russland", Berlin, 2002.

575 Prikas N 313/143n.

ursprünglich auch zwischen dem Bundesumweltfonds und seinen territorialen Untergliederungen galt. Auf der regionalen Ebene fließt die Hälfte des Aufkommens in die Länder-, die andere Hälfte in die Kommunalhaushalte. Ausnahmen gelten für die Städte Moskau und Petersburg, die jeweils 80% erhalten. Die Erhebung des Aufkommens obliegt dabei den Föderationssubjekten, die Aufteilung findet erst nachfolgend statt.[576]

Für die Aufkommensverteilung regelte das Bundesgesetz vom Dezember 2002 für das Haushaltsjahr 2004, dass gemäß Art. 15 HaushaltsG RF die Einnahmen für Umweltschädigungen zu 20% in den Bundeshaushalt fließen und zu 80% in die Budgets der Föderationssubjekte. Den Einnahmen aus Abgaben für umweltschädigendes Verhalten wurde für 2004 der Koeffizient 1,1 und die Klassifizierungsnummer 2015600 zugewiesen. Nach einem neueren Brief des Steuer- und Zolltarifsdepartments des Finanzministeriums vom 31.3.2006 bestimme das Haushaltsgesetz 2006 in Art. 19, dass sich die 2003 festgesetzten Abgabensätze für negative Schadstoffemissionen für 2006 um den Koeffizienten 1,3 und für 2005 um den Koeffizienten 1,08 ändern.[577] Zwar fehlt es bislang an einer klaren gesetzlichen Definition derjenigen Einnahmen, die das Emissionsabgabenaufkommen umfassen soll. Jedoch ist hier dem Schrifttum einheitlich zu entnehmen, dass neben den direkten Emissionsabgaben auch Strafen für Zahlungsverzögerungen oder ungenehmigte Emissionsüberschreitungen zum Aufkommen zählen.[578] Es bleibt aber offen, ob tatsächlich alle Zahlungen erfasst sein sollen, die ihre wesentliche Ursache in einem Emissionstatbestand finden. Für die mittelbaren Emissionsabgaben gilt diesbezüglich, dass sie als Akzisen, sonstige Verbrauchssteuern, Kfz-Steuern nicht zum Emissionsabgaben-Aufkommen zählen. Ihre Aufkommensverwendung ist teilweise im Steuergesetzbuch selbst, überwiegend aber in untergesetzlichen Rechtsnormen gesondert geregelt.

G. Verwendung sonstiger klimapolitisch relevanter Abgaben

Hinsichtlich der mittelbar klimaschutzrelevanten Steuern und Abgaben sieht die Aufkommensverteilung wie folgt aus: Die Verbrauchssteuern auf Brennstoffe und Kfz fließen zu 100% in den Bundeshaushalt (1992 wurden noch 50% der Kommunalebene zugewiesen). Die Steuereinnahmen im Bereich der Kraftstoff-

576 Kommission für Steuer- und Zollpolitik am Finanzministerium, Mitteilung vom 31.3.2006, *N 03-07-03-04/16.*

577 Kommission für Steuer- und Zollpolitik am Finanzministerium, Mitteilung vom 31.3.2006, *N 03-07-03-04/16.*

578 S. u.a. Kotov/Nikitina, "Reorganisation of Environmental Policy in Russia: The Decade of Success and Failures in Implementation and Perspective Quests", Milano 2002, S. 13 f.

steuern für Diesel und Benzin machen in Russland 1% der Gesamtstaatseinnahmen aus.[579]

Die Transportsteuern fließen größtenteils in die Regionalbudgets, die Koeffizienten variieren hier. Die früheren Straßennutzungsgebühren flossen hauptsächlich in den Bundeshaushalt, 0,5% in den früher existierenden Straßenfonds der föderalen Ebene und 2% in den entsprechenden regionalen Fonds (in Abhängigkeit vom Sitz des Unternehmens). Die Föderationssubjekte hatten nach dem früheren StraßenfondsG die Kompetenz, den Steuersatz auf regionaler Ebene um maximal 0,25% („bis zu 50% des föderalen Steuersatzes") zu erhöhen oder zu reduzieren. Dementsprechend konnten die Einnahmen auf regionaler Ebene zwischen 1,75% und 2,25% variieren.

H. Nationaler Emissionsvermeidungsfonds – Ein klimapolitischer Sonderfonds

Eine klimapolitisch wichtige Einrichtung ist der 1998 gegründete nationale Emissionsvermeidungsfonds, eingerichtet durch die Vergabe einer Anleihe der Weltbank in Höhe von zunächst 50 Mio $. Diese finanziellen Mittel sollen in Form von Kleinkrediten (die zwischen 30.000 $ und 7 Millionen $ liegen) an russische Unternehmen vergeben werden, die umweltfreundliche Technologien verwenden oder andere ökologisch-technologische Investitionen umsetzen wollen.[580] Der Zinssatz in Höhe von 11,5% und die Rückzahlungsverpflichtung innerhalb der dem Investitionsprojekt folgenden acht Jahre sind für die russischen Unternehmen in der Transformationsphase dabei recht harte Bedingungen. Außerdem galten und gelten neben der Technologiekomponente nur gleichzeitig profitable Projekte als förderungswürdig.

I. Weitere Reformansätze und -vorschläge

Auch im Bereich der Aufkommensverteilung und -verwendung werden Reformbestrebungen verfolgt. Am dichtesten käme einer Double- oder Triple-Dividend-Hypothese der Vorschlag, das Emissionsabgabenaufkommen direkt in die kommunalen Haushalte einfließen zu lassen und neben der Kompensation ökolo-

579 Metschies, „GTZ-Studie zu internationalen Kraftstoffpreisen", Eschborn 2004, S. 80; s. auch: www.International-Fuel-Prices.com.

580 Golub, "Environmental Financing in the Russian Federation", in: OECD Proceedings, Paris 1998, S. 25.

gischer Schäden zur Finanzierung lokaler sozial-ökonomischer Bedürfnisse zu nutzen.[581] Demgegenüber sollten die eingenommenen Sanktionsabgaben für grenzwertüberschreitende Emissionen ausschließlich für Umweltprogramme eingesetzt werden.[582] Die neben Emissionsabgaben vorgeschlagenen zusätzlichen Umweltsteuern sollten vorrangig in die Haushalte der Föderationssubjekte fließen. Eine Kombination dieser Reformvorschläge für die Aufkommensverteilung hätte zusätzlich den Vorteil stärkerer finanzieller Unabhängigkeit der Regionen und eine dezentralisierende Tendenz für den Umwelt- und Klimaschutz. Der ebenso vertretene Vorschlag, dass ein Teil der Umweltabgaben in wieder einzurichtende Ökofonds fließen solle,[583] ist demgegenüber aus bereits angesprochenen Gründen kritisch zu beurteilen. Die in der Russischen Föderation verzeichneten negativen Erfahrungen mit Umweltfonds werden einer erneuten Integration in das russische Umweltverwaltungssystem die Basis entziehen.

J. Zusammenfassung unter Vergleich mit anderen Aufkommensverwendungsarten

Auf föderaler Ebene ist die Russische Föderation von der Fondslösung im Umweltschutzbereich abgerückt. Auf regionaler Ebene sind demgegenüber noch einige außerbudgetäre Fonds verblieben. Die Erhaltung dieser außerbudgetären Fonds wird zukünftig erhalten bleiben, wenn eine im Verhältnis zur Organisation der öffentlichen Haushalte effizientere Erledigung der Aufgaben bewirkt wird. Trotz der insgesamt sehr kritischen Beurteilung sind Umweltfonds nach wie vor in Mittel- und Osteuropa ein wichtiger Bestandteil der Umweltverwaltungssysteme. Das institutionelle Design und der rechtliche Status von Umweltfonds variieren dabei erheblich zwischen den einzelnen Transformationsstaaten: Die Konstruktionen reichen von weithin unabhängigen, außerbudgetären Institutionen mit eigener behördenähnlicher Struktur bis hin zur Eingliederung von Fonds in den vom Umweltministerium verwalteten und diesem zugewiesenen Haushaltsrahmen.[584] Einige Fonds wurden als nichtkommerzielle Stiftungen eingerichtet (Polen), andere als in staatlichem Eigentum stehende Unternehmen

581 Lukjantschikov, "Prirodnaja renta i ochrana okruschajuscheij sredui" (Naturschutzabgaben und Umweltschutz), Moskau 2004, S. 120.

582 Ebenda.

583 Lukjantschikov, „Prirodnaja renta i ochrana okruschajuscheij sredui" (Naturschutzabgaben und Umweltschutz), Moskau 2004, S. 121.

584 Klarer, „Economic Instruments and Environmental Funds for Environmental Policy in CEE", in: Schlegelmilch, Green budget Reforms in Europe, 1999, S. 201 ff. (249).

(Slovenien). Fondsstrukturen sind jedoch auch in westlichen Industrienationen durchaus gängig, so beispielsweise der sogenannte US-Superfund[585] (trust-Fonds) oder der portugiesische Waldfond[586].

Demgegenüber haben sich u.a. Deutschland und Großbritannien[587] vor allem mit Hinblick auf die tatsächliche Umsetzung der Double-Dividend-Hypothese für das Modell der zweckgebundenen Einnahmenverwendung der Emissions- bzw. Kraftstoffsteuern für sozio-ökonomische Ziele (Verringerung der erforderlichen Beiträge zu Sozialversicherungen und Renten) entschieden. Angesichts der momentan verhältnismäßig geringen Einnahmen aus Emissionsabgaben in der Russischen Föderation sowie aufgrund der Instabilitäten im Sozialversicherungs-, Pensions- und Arbeitsmarktbereich kann durch eine Zweckbindung der Einnahmen für sozio-ökonomische Ziele kein spürbarer Effekt im Sinne der Double- oder Triple-Dividend erzielt werden. Die rein ökologische Zweckbindung unter Ausschluss der administrative Zusatzkosten erzeugenden Umweltfonds wäre damit die unter den Bedingungen der russischen Wirtschafts- und Rechtsentwicklung effizienteste Lösung.

In Bezug auf das den russischen Emissionsabgaben wegen der Ähnlichkeiten vorrangig gegenübergestellte deutsche Abwasserabgabengesetz sei hierzu kurz die Aufkommensverwendung dargestellt. Die Abwasserabgabe stellt keine staatliche Einnahmequelle zur Finanzierung staatlicher Aufgaben dar, sondern verbietet die Veranschlagung des Aufkommens zu den allgemeinen Staatsaufgaben. Vielmehr bestimmt § 13 Abs. 1 AbwAG, dass das Abgabeaufkommen den Ländern zusteht und zweckgebunden zu verwenden ist. Die Zweckbindung orientiert sich dabei an der Mittelverwendung zur Erhaltung oder Verbesserung der Gewässergüte. Allerdings bestimmt § 13 Abs.1 S. 2 AbwAG auch ausdrücklich, dass den Ländern vorab die Möglichkeit eröffnet wird, den ihnen durch den Vollzug des Gesetzes entstehenden Verwaltungsaufwand aus diesem Aufkommen zu begleichen. Außerdem sieht das Haushaltsgesetz vor, dass die neben dem Abwasserabgabenaufkommen für den Gewässerschutz veranschlagten Mittel aus dem allgemeinen Staatshaushalt von einem Haushaltsjahr auf das andere übertragen werden können (§ 15 HGrG), wenn sie nicht bis zum Ablauf des

585 Errichtet auf der Grundlage des „Comprehensive Environmental Response, Compensation and Liability Act (CERCLA)"vom 11.12.1980. Umfassend hierzu u.a. bei: Soares, „The Earmarking of Revenue Within Environmental Tax Policy", in: Cavaliere/Ashiabor/Deketelare/Milne, Critical issues in environmental taxation – International and comparative perspecktives: vol. III, Richmond 2006, S. 249 ff., 256.

586 In diesen Fonds fließen die seit 2004 in Portugal im Rahmen der europäischen Klimaschutzpolitik eingeführten Kraftstoffsteuern. Hierzu ebenfalls Soares, „The Earmarking of Revenue Within Environmental Tax Policy", in: Cavaliere/Ashiabor/Deketelare/Milne, Critical issues in environmental taxation – International and comparative perspecktives: vol. III, Richmond 2006, S. 249 ff., 261.

587 Der sogenannte Climate Change Levy zur Reduktion von Treibhausgasemissionen.

Haushaltsjahres ausgegeben werden. Die Mittelverwendung ist dabei für nach § 13 AbwAG förderungsfähige Maßnahmen vorgesehen. Hierdurch findet eine unmittelbare Rückkoppelung mit der Lenkungsfunktion der Abgabe statt, die vor allem die Akzeptanz und damit Durchsetzbarkeit solcher Lenkungsinstrumente fördert. Über die Vergabe der Mittel entscheiden wiederum die Länder, denen die Einnahmen jeweils zustehen. Problematisch ist bei der Vergabe von Mitteln in Europa die notwendige Berücksichtigung des EG-Beihilfenrechts. Hinsichtlich der effektiven Mittelverwendung dürfen die Einnahmen aus der Abwasserabgabe nicht im Sinne eines „Abgabenkreislaufs" wieder zurückgewährt werden, auch nicht über nachträgliche Subventionierung.[588] Dies widerspräche auch dem Zweck des § 13 AbwAG. Eine Orientierung findet vielmehr an den in Bewirtschaftungsplänen und Abwasserbeseitigungsplänen ausgewiesenen Maßnahmen statt.[589] In einigen landesrechtlichen Abwasserabgabengesetzen sind die Vergaberegeln ausdrücklich geregelt worden. Zuwendungen aus dem Abwasserabgabenaufkommen finden dabei in Form von Darlehn zu marktüblichen oder vergünstigten Zinsen oder durch die Vergabe von verlorenen Zuschüssen statt.[590]

Damit zeigt sich, dass sich das deutsche Abwasserabgabenrecht, das die gleichen Grundlagen im Messlösungskonzept hat wie die russischen Emissionsabgaben, am Budgetmodell orientiert hat, bei dem im Rahmen der Zweckbildung eine starke Einbindung der Länder stattgefunden hat. Eine solche Entwicklung wird in der Russischen Föderation auch zu erwarten sein, insbesondere das sich hierdurch die anfallenden Verwaltungskosten effektiver und transparenter decken und kontrollieren lassen als bei Sondervermögen eines Umweltfonds.

588 Berendes, „Das Abwasserabgabengesetz", 3. Auflage, München 1995, S. 208.

589 Ebenda.

590 Ebenda.

Viertes Kapitel: Der administrative Rahmen und das Vollzugsproblem

Der größte Problemkreis zu Umweltabgaben liegt im administrativen Bereich beim Vollzug des Rechtsrahmens angesiedelt.[591] Ob ein ökologisches Instrument sein Ziel erreicht, entscheidet sich erst in der Phase des Vollzugs. In dieser Phase wird auch erst offensichtlich, mit welchen Kosten die Umsetzung einer Regelung tatsächlich verbunden ist. Zur Problematik der Vollzugsdefizite bieten interdisziplinär politik- und wirtschaftswissenschaftliche Betrachtungen ebenso wie rechtspolitische Erwägungen verschiedene Erklärungsansätze.[592] Hierzu wird im Folgenden der tatsächlichen administrativen Struktur und Umsetzung der russischen Emissionsabgaben ein theoretischer Überblick vorangestellt. Insbesondere die ökonomischen Theorien zum Vollzug von Normen bilden dabei den Ausgangspunkt dieses Kapitels. Hier stehen sich die Erklärungsmuster der sozialwissenschaftlich orientierten Neuen Politischen Ökonomie[593] und die eher politik- und verwaltungswissenschaftlich orientierte sogenannte Implementationstheorie gegenüber, gehen aber gleichermaßen der Frage nach, warum trotz öffentlich vorgetragener Affirmation die tatsächliche Implementation(-sbereitschaft)[594] dahinter zurückbleibt. Daneben wird außerdem ein neuer Untersuchungsansatz aus dem sozialwissenschaftlichen Bereich zur Rechtswirkungsforschung eingebracht: der Einfluss einer sogenannten Steuer*kultur*[595] auf

591 Lübbe-Wolff, „Vollzugsprobleme der Umweltverwaltung", Natur und Recht 1993, S. 217 ff.; Gawel, „Ökonomische Aspekt beim Vollzug von Umweltabgaben", Forschungsgruppe „Rationale Umweltpolitik – Rationales Umweltrecht" Zentrum für interdisziplinäre Forschung der Universität Bielefeld, 1999; Wedemeyer, „Kooperationen statt Vollzug des Umweltrechts. Eine empirische und rechtliche Untersuchung der Vollzugspraxis im Bereich der Luftreinhaltung unter besonderer Berücksichtigung informalen Verwaltungshandelns", Aachen, 1995.

592 Zu den wichtigsten Begründern und Vertretern dieser Theorie sowie ihre Anwendung auf die Umweltpolitik s. bereits in den Einführungen zu dieser Arbeit, S. 21, insbesondere Fußnote 71; aber auch: Hill/Hof (Hrsg.), „Wirkungsforschung zum Recht II – Verwaltung als Adressat und Akteur", Baden-Baden 2000; insbesondere hier Cansier, „Informal-kooperatives Verwaltungshandeln im Umweltschutz aus ökonomischer Sicht", in: Hill/Hof (Hrsg.), Wirkungsforschung zum Recht II – Verwaltung als Adressat und Akteur, Baden-Baden 2000, S. 285 ff.

593 S. bereits oben. Weiterhin unter anderem: Kirsch, „Ökonomische Theorie der Politik", Tübingen 1974; Bernholz/Breyer, „Grundlagen der Politischen Ökonomie", Bd. 2,: Ökonomische Theorie der Politik, Tübingen 1994; van Aaken, „Rational Choice", Baden-Baden 2002; m. w. N.

594 Mayntz, „Implementation politischer Programme II", Opladen; Knoefel, „Öffentliches Recht und Vollzugsforschung", Bern.

595 Höhmann/Fruchtmann/Peines, „Das russische Steuersystem im Übergang", Bremen 2002. Zur Rechtskultur in Osteuropa (u.a. auch Russlands) eine umfassende Analyse auch bei Brunner, 1995. Allgemein zur Interdependenz zwischen kulturellen Faktoren und institutioneller Entwicklung s. auch bei North, 1990, S. 6; sowie zu einem – wenn auch schon älterem – Vergleich dieser mit der amerikanischen bei White, 1987.

den Vollzug von Umweltnormen, konkret der Durchsetzung von Emissionsabgaben.

Unter Vollzug wird die Durchführung und Anwendung der im politischen Prozess entwickelten Gesetze und Handlungsprogramme verstanden.[596] Dies umfasst insbesondere Fragen, inwiefern der rechtliche Rahmen das politische Durchsetzungsinteresse widerspiegelt, welche Sanktions- und Kontrollmechanismen existieren bzw. eingeführt werden sollten, um eine effektive Durchsetzung zu gewährleisten und um auch die hoheitlichen Entscheidungsträger zu einer effektiven Durchsetzung des Rechtsrahmens anzuhalten. Der Vollzugsbegriff und das Vollzugsproblem werden im Grundsatz durch zwei Aspekte gekennzeichnet: erstens, der für einen Gesetzesvollzug funktionsfähige administrative Rahmen, welcher die Durchsetzung der Emissionsabgaben auch gewährleisten kann; zweitens, das Erfordernis von den Vollzug flankierenden Sanktionsmechanismen, die das Umgehungsinteresse der Individuen möglichst gering halten. Der Aufbau des nachfolgenden Kapitels unterscheidet hieran anknüpfend zwischen der administrativen Struktur (Erhebung, Kontrolle, Durchsetzung) und den bestehenden Sanktionsmechanismen.

Ein weiterer Untersuchungsansatz zum administrativen Vollzug von Rechtsnormen differenziert zwischen drei Fragestellungen, die im Folgenden ebenfalls Berücksichtigung finden werden:[597]

1. Ebene: Welche rechtlichen Regeln der Steuerung kommen zur Anwendung und wie werden sie statuiert? – Nachfolgend umfasst dies Erörterungen zum russischen Verwaltungsrechtsaufbau im Allgemeinen, als auch zur konkreten Zuständigkeitsstruktur für den Bereich der Emissionsabgabenverwaltung.

2. Ebene: Werden die jeweils bestehenden Regeln (Abgabepflicht, Grenzwerteinhaltung, ordnungsgemäße Selbstveranlagung) eingehalten? – Hier werden sowohl die Vollzugspraxis als auch informelle Regelungsformen dargestellt, wobei Bezug auf die sogenannte Steuer- und Verwaltungs*kultur*, die in den Untersuchungen der Implementationsforschung zunehmend von Bedeutung sind, genommen wird.[598]

596 Gawel, „Vollzug als Problem ökonomischer Theoriebildung“, in: Zeitschrift für Wirtschafts- und Sozialwissenschaften, 1993, 113/4; S. 597-627.

597 Bonus, „Marktwirtschaftliche Instrumente als Alternative zu hoheitlichem Vollzug“, in: Barz, u.a. (Hrsg.) Vollzugsfragen im Umweltschutz, Münster 1994, S. 13-22.

598 S. hierzu beispielsweise: Bell, „Der fiskalische Föderalismus in der Russländischen Föderation – Finanzwissenschaftliche Analyse der föderalen Neuordnung in einer Transformationsökonomie“, Baden-Baden, 1998, S. 62 ff.; Höhmann/Fruchtmann/Pleines (Hrsg.), „Das russische Steuersystem im Übergang – Rahmenbedingungen, institutionelle Veränderungen, kulturelle Bestimmungsfaktoren“, Bremen 2002, S. 57 f.

3. Ebene: Sie betrifft die Erfolgskontrolle: Stimmt das Vollzugsergebnis mit der Steuerungsabsicht überein und welche Rückkopplungen existieren? – Dies betrifft die abschließende Bewertung, bei der die ersten beiden Ebenen zueinander in Bezug gesetzt werden und versucht wird, mögliche Defizite zu erklären.

A. Die Vollzugstheorien zum Umwelt- und Emissionsabgabenrecht

I. Erklärungsansätze für umweltrechtliche Vollzugsdefizite

Die Umweltökonomie hat auch für einen effektiven Normenvollzug im Umweltrecht theoretische Erklärungsansätze entwickelt.[599] Theoretischer Ausgangspunkt ist die Annahme, dass Individuen gegen rechtliche Vorschriften verstoßen oder sie umgehen, wenn dies ihren Nutzen maximiert.[600] Eine Verhinderung bzw. Verringerung solchen Verhaltens durch den Staat kann entweder durch eine Intensivierung der Überwachungs- und Kontrolltätigkeit geschehen, was mit zusätzlichen Kosten verbunden wäre, oder durch eine Erhöhung der (finanziellen) Sanktionen.[601] Ein aus gesellschaftlicher Sicht optimales Niveau zwischen der Umgehung von Vorschriften auf der einen Seite und Kontroll- und Überwachungsmechanismen auf der anderen Seite ist dann erreicht, wenn die Grenzkosten der Kontroll- und Überwachungsaktivitäten dem Grenznutzen des hierdurch erreichten Rückgangs an Umgehungsaktivität entsprechen.[602] Hieraus wird geschlussfolgert, dass ein geringes (verhältnismäßiges) Vollzugsdefizit aus ökonomischer Sicht sogar erwünscht ist, da eine vollständige Umsetzung des Rechtsrahmens zu hohe Kosten verursachen würde (Optimalitätsgedanke).

599 Grundsätzlicher Ausgangspunkt der Anwendung ökonomischer Theorien im Vollzug von Recht bilden die Arbeiten von Becker zur ökonomischen Theorie der Kriminalität. Ausgangspunkt ist, dass Individuen in allen Bereichen der Gesellschaft ihre Entscheidungen in der Weise treffen, wie sie im Bereich der Mikroökonomie für das wirtschaftliche Leben angenommen werden. Gesetzesverstöße sind immer dann zu erwarten, wenn der hieraus erwartete Nutzen höher als der höchste zu erwartende Nutzen bei legaler Tätigkeit bzw. wenn der erwartete (illegale) Nutzen höher als der Nachteil einer möglichen Entdeckung und Sanktionierung ist (wobei dann auch die Sanktionswahrscheinlichkeit, auch Umgehungswahrscheinlichkeit genannt, ins Kalkül einfließt).

600 Russell et al., „Enforcing Pollution Control Laws", Resources for the Future", Washington, 1986; Cohen, "Monitoring and Enforcement of Environmental Policy", in: Folmer/Tietenberg (Hrsg.), The International Yearbook of Environmental and Resource Economics, Cheltenham/UK 1999, S. 44-106, 48 f.

601 Die Grundgedanken hierzu wurden 1968 im Rahmen der ökonomischen Theorie der Kriminalität von Becker entwickelt. Ihre Übertragung auf umweltrechtliche Vollzugszusammenhänge erfolgte durch Downing/Watson, „The Economics of Enforcing Air Pollution Controls", in: Journal of Environmental Economics and Management, 1974, 1, S. 219-236; und Harford, „Firm Behavior under Imperfectly Enforceable Pollution Standards and Taxes", in: Journal of Environmental Economics and Management, 1978, 5, S. 26-43.

602 Ebenda.

Ein optimaler Vollzug lässt sich dann erreichen, wenn vom Kosten-Nutzen-Ansatz her gesamtgesellschaftlich Kosten dadurch gesenkt werden können, dass einerseits die administrativen Kontrolltätigkeiten reduziert werden (was dann zwar die Aufdeckungswahrscheinlichkeit senkt), andererseits gleichzeitig das Strafmaß kostenneutral angehoben wird.[603] In der Praxis sind daher hohe Geldstrafen für verhältnismäßig geringe Rechtsverstöße die Ausnahme. Dies lässt sich damit begründen, dass bei einem Übersteigen der Zahlungsfähigkeit die Wirksamkeit der entsprechenden Sanktion wieder fällt.[604] Außerdem haben einschneidendere Sanktionen den Nachteil, dass sie häufig hohe zusätzliche gesellschaftliche Kosten verursachen und bei ökologischem Bezug im wirtschaftspolitischen Bereich kaum Akzeptanz finden.

Umstritten ist, ob Abgaben leichter durchsetzbar sind als andere umweltpolitische Instrumente und ob eine komparative Vorteilhaftigkeit alternativer Instrumente unter Vollzugsgesichtspunkten angenommen werden kann.[605] Vergleicht man den Vollzug von Ordnungsrecht mit dem Abgabenvollzug, wird Letzterem im Sinne der „Selbststeuerungsthese" eine vollzugserleichternde Wirkung zugesprochen.[606] Demgegenüber gelten entsprechend der „Ambitionierungsthese", die vor allem in der Rechtswissenschaft vertreten wurde, Abgaben als aufwendiger und vollzugskostenintensiver als ordnungsrechtliche Instrumente. Die Begründung stützte sich darauf, dass an die Stelle ordnungsrechtlicher Maßnahmen zusätzliche, zielorientierte Bemessungskriterien treten, die zu einem erhöhten Vollzugsaufwand führen.[607]

Die Vollzugsfähigkeit orientiert sich an der administrativen „Handhabbarkeit" der jeweiligen Abgabe, an der Vollzugsorganisation (Instanzenzug, Verschränkungen) und am zugrundeliegenden politischen Vollzugsauftrag („vorprogrammierte" Defizite, wie beispielsweise widersprüchliche Signale aus dem politischen Raum, die ein „abgabenfeindliches Vollzugsklima" schaffen). Darüber hinaus werden Vollzugsvorteile bei abnehmender Lenkungsambition und

603 Becker, "Crime and Punishment. An Economic Approach", in: Journal of Political Economy, 76 (1968), S. 169-217.

604 Ebenda; ähnlich auch bei den Einführungen von Gawel, „Ökonomische Aspekte beim Vollzug von Umweltabgaben", Forschungsgruppe Rationale Umweltpolitik – Rationales Umweltrecht, Zentrum für interdisziplinäre Forschung der Universität Bielfeld, 1999.

605 Gawel, „Ökonomische Aspekte beim Vollzug von Umweltabgaben", Forschungsgruppe Rationale Umweltpolitik – Rationales Umweltrecht, Zentrum für interdisziplinäre Forschung der Universität Bielfeld, 1999, S. 7.

606 Lübbe-Wolff, „Vollzugsprobleme der Umweltverwaltung", Natur und Recht 1993, S. 217 ff.

607 Gawel, „Ökonomische Aspekte beim Vollzug von Umweltabgaben", Forschungsgruppe Rationale Umweltpolitik – Rationales Umweltrecht, Zentrum für interdisziplinäre Forschung der Universität Bielfeld, 1999, S. 9.

stärkerer Betonung des fiskalischen Aspekts einer Abgabe geschaffen. Bei einer Konzentration auf die Einnahmenerzielung entfällt die vollzugsbehindernde Verzahnung zwischen den ökonomischen Instrumenten und den Instrumenten des Ordnungsrechts, wobei außerdem ein vollzugserleichternder Rückgriff auf die vorhandene Steuerverwaltung möglich ist.[608] Dem Lenkungsziel dient dies weniger.

II. Ökonomische Theorie zum Behördenvollzug

Das Vollzugshandeln der Behörden und die Behördenstrukturen selbst wurden vielfach als Grund von Vollzugsdefiziten in ökonomischen Arbeiten untersucht.[609] Grundsätzlich wäre zu erwarten, dass die vollziehenden Behörden eine gesellschaftlich optimale Lösung anstreben, was aber nur dann der Fall sein kann, wenn man davon ausgeht, dass auf einer vollständig abstrakten Ebene die normativen Ziele bestimmt und deren Umsetzung dann von den zuständigen Behörden objektiv angestrebt werden. Fraglich ist jedoch, ob die in der Behörde tätigen Individuen tatsächlich ausschließlich objektiv das Regelungsziel (Gemeinwohlmaximierung) verfolgen oder auch andere Präferenzen ihr Handeln beeinflussen.[610] In Anlehnung an die „theory of regulation“[611] ist es realitätsnäher, davon auszugehen, dass Behörden sowohl ihre politische Einflussnahme als auch ihr Budget maximieren wollen.[612] Im Rahmen dieser These ist jedoch zu berücksichtigen, dass Behörden den Vollzug dort am strengsten durchführen, wo der geringste Widerstand zu erwarten und damit geringerer Aufwand erforderlich ist, hingegen nachlässiger Vollzug dort zu erwarten ist, wo am wir-

608 Ders., S.18.

609 Allgemein hierzu: Niskanen, „Bureaucracy and Representative Government, Chicago 1971; für die Umweltpolitik siehe auch bei: Endres, „Umweltökonomie“, Berlin 2000, S. 248 f.

610 So jedenfalls Cohen, “Monitoring and Enforcement of Envioonmental Policy”, in: Folmer/Tietenberg (Hrsg.), The International Yearbook of Environmental and Resource Economics, Cheltenham/UK 1999, S. 44-106, 48 f.

611 Stigler, “The Theory of Economic Regulation”, in: Bell Journal of Economic and Management Scinece, 1971, 2, S. 3-21; Peltzman, “Toward a More General Theory of Regulation”, in: Journal of Law and Economics, 1976, 19 (2), S. 211-240.

612 Deily/Gray, “Enforcement of Pollution Regulation in a Declining Industry”, in: Journal of Environmental Economics and Management, 1991, 21 (2), S. 260-274; Lee, “Monitoring and Budget Maximization in the Control of Pollution”, in: Economic Inquiry, 1983, 21, S. 565-575; Niskanen, “Politicians and Bureaucrats” in: Journal of Law and Economics, 1975, 18, S. 617.

kungsvollsten Widerstand erwartet wird.[613] Dies ist beispielsweise dann der Fall, wenn ein Unternehmen in einer Region ein bedeutender Arbeitgeber ist oder die Emissionsabgaben (bzw. die Sanktionen) finanziell so hoch sind, dass die Existenz des Unternehmens in einer ohnehin schon wirtschaftlich schwachen Region gefährdet ist.[614] Eine differenzierendere Ansicht nimmt demgegenüber an, dass diese ökonomischen Theorien zur Behördentätigkeit auf Umweltbehörden weniger übertragbar seien, da diese im Sinne ihres Verwaltungsauftrages stärker eine Verbesserung der Umwelt anstrebten und weniger eigennutzorientiert seien als Behörden anderer Verwaltungsbereiche.[615] Angesichts der schwachen finanziellen Ausstattung der Umweltbehörden in der Russischen Föderation und der bestehenden Kompetenzstreitigkeiten ist von einer weniger eigennutzorientierten Verwaltung durch die Umweltbehörden gerade nicht auszugehen.

Ein höheres Vollzugsinteresse ist dann anzunehmen, wenn die Einnahmen zweckgebunden in ökologische Projekte oder Fonds fließen würden, die auch teilweise die Behördenbudgets tragen könnten. Des Weiteren besteht hinsichtlich der Klimaschutzrelevanz ein unzureichendes Problembewusstsein nicht nur in der Bevölkerung, sondern auch bei den Behörden. Die Akzeptanz der Durchsetzung und ein starker Vollzug sind in Russland derzeit höher bei einer unmittelbaren Betroffenheit der menschlichen Gesundheit als bei einer unklaren, zukünftigen Beeinträchtigung wegen hoher Treibhausgasemissionen. Russischen Umweltbehörden fehlt zudem Erfahrung und fachlich qualifiziertes Personal, so dass man sich angesichts der noch bestehenden Transformationsprozesse zunächst stärker auf die Festigung der grundlegenden Behörden- und Verwaltungsstrukturen in zentralen Bereichen konzentriert.

III. Transformationsökonomische Theorie von der nationalen „Steuerkultur“

In den Finanz- und Wirtschaftswissenschaften wurde im Rahmen interdisziplinärer Forschungen vor allem im Hinblick auf Transformationsstaaten der Begriff der „Steuerkultur“ geprägt. Er wurzelt in Untersuchungen aus dem Bereich der Rechtswirkungsforschungen und umfasst die Gesamtheit der Institu-

613 Deily/Gray, "Enforcement of Pollution Regulation in a Declining Industry", in: Journal of Environmental Economicsand Management, 1991, 2, S. 260 ff.

614 Ebenda.

615 Jones/Scotchmer, „The Social Cost of Uniform Regulatory Standards in a Hierarchical Government", in: Journal of Environmental Economics and Management, 1990, 19, S 61-72.

tionen[616] im weitesten Sinne, die mit einem nationalen Steuersystem und seiner praktischen Durchsetzung verbunden sind.[617] Eine rein juristische Betrachtung wird einer steuerkulturellen Analyse nicht gerecht, da sie ungeschriebene „Regeln", die den Besteuerungsprozess insgesamt nachhaltig beeinflussen, unberücksichtigt lässt. Daher wird in diesem Untersuchungsausschnitt auf die bereits im ersten Kapitel angedeutete Theorie der Institutionenökonomie Bezug genommen. „Steuerkultur" wird im Wesentlichen durch die im Laufe der spezifischen Landesgeschichte entstandenen Institutionen geprägt, die wiederum maßgeblich auf die Steuergesetzgebung und „Steuerkultur" rückwirken.[618] Die hieran beteiligten Akteure stammen aus der „Emissionslobby" (die Energiekonzerne), aus der Steuerpolitik, aus der Umwelt- und Klimaschutzpolitik (Experten, Akademiker). Im Übrigen wird auf die Akteursdarstellung des 1. Kapitels Bezug genommen.

Die derzeitige gesamte Besteuerungskultur in der Russischen Föderation wurzelt in der plansozialistischen und zentralstaatlichen Zeit, die durch einen traditionellen staatlichen Interventionismus in allen Wirtschaftsbereichen gekennzeichnet war.[619] Die „Aushandlungspraxis" russischer Steuerbehörden hat ihren Ursprung in dem Umstand, dass der Staat als Eigentümer fast sämtlicher Unternehmen (Staatsbetriebe) sowohl Steuereintreiber als auch gleichzeitig Steuerzahler war. Nachlässigkeiten und Aushandlungsprozesse sind zugunsten von Planzielen vorprogrammiert gewesen. Da Einkommens- und Gewinnsteuern nicht direkt vom Steuerpflichtigen gezahlt wurden, sondern unmittelbar vor Auszahlung durch den Staat einbehalten wurden, waren sie als solche nicht fühlbar. Daraus ergeben sich für die heutige Steuerkultur in Russland zwei maßgebliche Konsequenzen: Einerseits haben die Bevölkerung und die Unternehmen im Laufe der bisherigen Transformationsphase kein dem westlicher Industrienationen entsprechendes Steuerzahlungsbewußtsein entwickelt. Es fehlt das Verständnis, für staatliche Gewährleistung bestimmter öffentlich-rechtlicher Infrastrukturen zu zahlen; Umgehung von Steuer- und Abgabenpflichten sind die Folge von Akzeptanzdefiziten. Andererseits war die frühere Steueradministration nicht sehr komplex gestaltet. Umfassende Erfahrungen, die für die heutige

616 Entsprechend der Neuen Institutionenökonomie umfasst der weite Institutionenbegriff alle relevanten Denkgewohnheiten, die aus der Interaktion entstehenden sozialen Beziehungen und die hieraus erwachsenden rechtlichen und administrativen Arrangements. Zur institutionenökonomischen Perspektive auf die Umweltpolitik s. Balks, „Umweltpolitik aus Sicht der neuen Institutionenökonomik", Wiesbaden 1995; Bonus, „Institutionen und Institutionelle Ökonomik – Anwendung für die Umweltpolitik", in Gawel, Institutionelle Probleme der Umweltpolitik, Sonderheft der Zeitschrift für Angewandte Umweltforschung, Berlin 1996.

617 Höhmann/Fruchtmann/Peines, „Das russische Steuersystem im Übergang", Bremen 2002, S. 57 f.

618 Ebenda.

619 Ebenda, S. 58.

komplexe Steuerverwaltung vonnöten wären, fehlen daher traditionsgemäß und erschweren die Einführung einer effektiven Steuerverwaltung und Abgabeneintreibung.

B. Rechtliche Organisationsstruktur beim Emissionsabgabenvollzug

Da Normenadressaten ein geringes Eigeninteresse am Vollzug von Umweltnormen haben, kann bereits eine unzureichende Verwaltung und Kontrolle als Ursache für ein Vollzugsdefizit identifiziert werden.[620] Im Folgenden wird anhand der überregulierten, inkonsistenten und nicht kontinuierlichen rechtlichen Basis nachgewiesen, dass die russische Organisationsstruktur in der Verwaltung und Durchsetzung der Emissionsabgaben ebenfalls eine Kernursache des Vollzugsdefizits darstellen.

Das russische Rechtssystem ist stark an die westeuropäische Rechtskultur angelehnt, hat dieselben römisch-rechtlichen Wurzeln. Die Russische Föderation hat bisher in den vergleichenden Verwaltungswissenschaften verhältnismäßig wenig Beachtung gefunden.[621] Die verwaltungsrechtlichen Traditionen sind von den beiden großen grundsätzlich verschiedenartigen Verwaltungssystemen – dem angelsächsischen und dem kontinentaleuropäischen – dem letzteren zuzuordnen. Es mangelt bislang an Untersuchungen der verwaltungs- und institutionsrechtlichen Transformation des russischen öffentlichen Rechts. Der russische Gesetzgeber scheint sich in weiten Teilen des entstehenden Verwaltungsrechts sowohl an den deutschen als auch an den französischen Verwaltungsrechtskulturen zu orientieren, da sich einerseits (vorrangig) zentrale andererseits auch (zunehmend) dezentrale Elemente finden. Dabei sind aufgrund der Verschiedenartigkeit dieser Ansätze Reibungsverluste unvermeidbar. Das Umweltverwaltungsrecht war seit 1996 durch eine starke Rezentralisierung gekennzeichnet. Die damit für die Föderation verbundenen administrativen Kosten haben schließlich für einige Verwaltungsbereiche, u.a. auch dem Umweltverwaltungsrecht, zu einer Wende dieser Entwicklung geführt. Besonders bei den neueren Reformen ist hier eine zunehmende Dezentralisierung zu beobachten.

620 Lübbe-Wolff, „Vollzugsprobleme der Umweltverwaltung", Natur und Recht 1993, S. 217, 218 f.

621 Starilow, „Gerichtliche Verwaltungskontrolle im System des russischen Staats- und Verwaltungsrechts", Speyer 1999, S. 7 f.

I. Das Kompetenzgefüge des russischen Verwaltungsrechts

Anhand der Skizzierung des allgemeinen russischen Verwaltungsrechts werden sich bereits einige wesentliche Defizitgründe identifizieren lassen, die entsprechend auch im Umweltverwaltungsrecht existieren. Eine verfassungsrechtlich klare Differenzierung und Abgrenzung der verwaltungsrechtlichen Kompetenzen zwischen Exekutive und Legislative, wie sie aus Art. 80 ff. des deutschen Grundgesetzes her bekannt ist, lässt sich in der russischen Verfassung explizit nicht finden. Es fehlt vielmehr an einer konstitutionellen Normierung der Frage, ob und welche Rechtsetzungsbefugnisse der Gesetzgeber der Exekutive überlassen kann.[622] Die Verwaltungskompetenz folgt der Gesetzgebungskompetenz, so dass in den wesentlichen Bereichen der Bund die Verwaltungskompetenz hat, diese aber delegieren kann. Wie bereits im ersten Kapitel dargelegt, ist die Exekutive aber im Rahmen der Gesetze zum Erlass untergesetzlicher Rechtsakte ermächtigt.

1. Föderale Aspekte der Exekutivstruktur

Die russische Verfassung definiert die Verwaltungszuständigkeiten demnach umfassender und nicht auf die einzelnen Gewalten zugeschnitten. Die Legislativzuständigkeit bezieht sich auch auf exekutive Bereiche. Auf das russische Föderalsystem lässt sich dabei der im deutschen Recht geltende Grundsatz, dass der Vollzug grundsätzlich Ländersache ist, nicht übertragen. Die Regelung des Art. 76 Pkt. 2 Verf RF zur gemeinsamen Kompetenz findet ausdrücklich nur auf den *Erlass* von Gesetzen Anwendung. Daraus könnte im Umkehrschluss gefolgert werden, dass die *Vollziehung* der Normen allein in die Kompetenz der Subjekte falle, was dann aber mit dem Grundsatz vom „einheitlichen System" der Vollzugsorgane kollidieren würde, siehe Art. 77 Abs. 2 Verf RF. Danach leitet sich die Verteilung der Verwaltungskompetenzen entsprechend aus der ausschließlichen und gemeinsamen Kompetenz der in Art. 71 und 72 Verf RF festgelegten Sachmaterien her.

622 Hier hat es eine Vielzahl von Reformversuchen gegeben, die sich – sowohl allgemein als auch auf spezielle Rechtsgebiete bezogen – mit einer gesetzlichen Neuregelung der Normenhierarchie befasst haben. S. hierzu beispielsweise: Tschernobel, „Zakon i podzakonnyj akt. Retrospektivnyj aspekt problemy" (Gesetz und untergesetzlicher Akt. Retrospektive Aspekte des Problems), in: Pigolkin, (Hrsg.), Zakon: Sozdanie i tolkovanie (Gesetz: Entstehung und Auslegung), Moskau 1998, S. 49 ff.; Kozulin, „Zakonodatelstvo o normativnych aktach kak sredstvo obespetschenija jedinstva ich sistemy" (Die Gesetzgebung über Normativakte als Mittel der Gewährleistung der Einheitlichkeit ihres Systems/Systematik), in: Russisches Rechtsjournal 3/2000, S. 82.

Damit gilt auch im Bereich der Umsetzung und Verwaltung der grundsätzliche Vorrang föderaler Regelungen, so dass die Exekutivorgane der Subjekte eine der deutschen Bundesauftragsverwaltung ähnliche Position haben: Sie unterliegen der Weisung durch die übergeordneten föderalen Organe, bleiben dabei aber Organe des jeweiligen Gliedstaates, ohne in den genannten Zuständigkeitsbereichen autonom entscheiden zu können.[623] Dies führt besonders bei der Frage der Kostentragung zu Auseinandersetzungen zwischen der Föderation und den Gliedstaaten. Mit Zustimmung der Exekutivorgane der Gliedstaaten kann der Bund gemäß Art. 78 Abs. 2 und 3 Verf RF zur Aufgabenerfüllung auch seine Befugnisse und Vollmachten auf die territoriale Ebene übertragen, wobei wiederum das Problem der Kostenabwälzung zulasten der Regionalhaushalte auftritt. Demgegenüber können die föderalen Exekutivorgane gemäß Art. 78 Abs. 1 Verf RF zumindest bei der Vollziehung zugewiesener Kompetenzen eine eigene Verwaltungsstruktur aufbauen und müssen nicht auf die Verwaltungsbehörden der Föderationssubjekte zurückgreifen.

2. Die Putinsche Verwaltungsreform

Im Jahre 2000 wurde das föderale Gefüge von Föderation und Gliedstaaten um eine weitere (Zwischen-)Ebene erweitert. Die in Art. 65 Verf RF genannten Föderationssubjekte wurden somit durch eine neue übergeordnete Gebietseinheit ergänzt: Sieben sogenannte „Föderale Bezirke“ wurden per Präsidialdekret geschaffen. Sie umfassen Gebiete von durchschnittlich etwa zehn Gliedstaaten und wurden mit verschiedenen Verwaltungsfunktionen ausgestattet, die damit der Subjektebene entzogen wurden, ohne direkt in die Bundeszuständigkeit zu fallen. Allerdings verfügen diese „Verwaltungsbezirke“ nicht über die sonstigen üblichen Organe wie Parlament oder Regierung. Vielmehr sind sie nur ein „verlängerter Arm“ der Moskauer Exekutive. Außerdem wurde versucht, bereits bei der ersten Reformwelle 2000 das gesamte Verwaltungssystem zu straffen. Dies wurde auch zum Anlass genommen, sowohl die Umweltschutzkommission als auch die Föderale Waldagentur aufzulösen. Trotz der offensichtlichen Widersprüchlichkeit und Gegenläufigkeit der Interessen und Funktionen wurden diese Institutionen dem Ministerium für natürliche Ressourcen (MPR) angegliedert, dessen hauptsächliche Aufgaben in der Entwicklung der Bergbau, Erdöl-

623 S. hierzu bereits ähnlich bei den Legislativkompetenzen in Kapitel 1, S. 74 ff.

und Erdgasförderungsstruktur sowie der Abholzung liegen.[624] Die wesentlichen Umstrukturierungen betrafen unter dem Deckmantel der Effizienzsteigerung, Transparenzverbesserung und Entscheidungserleichterung auch die föderalen Durchsetzungsbehörden, insbesondere die Umweltinspektoren. Fast der gesamte Stab an Umweltinspektoren sowie die Untersuchungs- und Messtechnik wurden in die Verantwortung der regionalen Verwaltungseinheiten (Gliedstaaten) überführt. Der starke Rückgang der Einnahmen aus Emissionsabgaben zwischen 2000 und 2003 wird hierauf zurückgeführt.[625]

Die zweite umfassendste Verwaltungsreform, die 2004 auf Grundlage des Präsidialerlasses N 314[626] „Über das System und die Struktur der föderalen Exekutivorgane" durchgeführt wurde, gliederte auf Bundesebene die Exekutive neu in Bundesministerien, Bundesdienste (slushbui) und Bundesagenturen. Diese Strukturreform sollte eine klare und übersichtlichere Funktions- und Aufgabenzuweisung bewirken.[627] Den föderalen Ministerien wurden vorwiegend politische und koordinative Funktionen im Bereich der Kontrolle und Finanzierung zugewiesen. Die eigentlichen Kontroll- und Aufsichtsorgane der Exekutive sind die Bundesdienste, während den Bundesagenturen lediglich Randaufgaben der Verwaltung wie etwa die Einrichtung und Führung von Registern und Katastern und die Verwaltung des staatlichen Eigentums zukommen.[628] Bundesdienste und -agenturen sind, selbst als integraler Bestandteil der Ministerien, nicht berechtigt, rechtliche Regelungen zu erlassen. Sie sind ausschließlich zu Einzelfallentscheidungen ermächtigt. Im Rahmen dieser Verwaltungsstrukturreform wurden auch spezielle Verordnungen über die Neuordnung der einzelnen föderalen Umweltbehörden erlassen. Für das Umweltministerium gilt hier die Regierungsverordnung N 160[629] „Fragen zum Ministerium für natürliche Ressourcen", worin die Umweltverwaltung der einzelnen Umweltmedien, aber auch die verschiedenen Nutzungsmöglichkeiten von natürlichen Ressourcen im Detail neu geregelt wurden. Wichtigster Bestandteil war die Übertragung sämtlicher ökologischer Genehmigungs-, Kontroll- und Durchsetzungsbefugnisse vom Ressourcen- und Umweltministerium auf den Bundesdienst für Umwelt-,

---

624 Peterson/Bielke, "The Reorganization of Russia's Environmental Bureaucracy: Implications and Prospects", Post-Soviet Goegraphy and Economics, 2001, S. 65 f.

625 World Bank, „Environmental Management in Russia: Status, Directions and Policy Needs", 2004, S. 1, 10 ff.

626 Präsidialukas N 314 vom 9.3.2004.

627 Bogoljubov, „Ekologitscheskoje pravo"(Umweltrecht), Moskau 2004, S. 111 f.

628 Starilov, „Die Verwaltungsreform in Russland – auf dem Wege zum „Rechtsstaat" oder zum „starken" Staat?", Osteueroparecht 2005, 404, 413 ff.

629 Regierungsverordnung vom 6.4.2004.

Atom- und Technikaufsicht (Rostechnadsor). Der zunächst durch die Rechenschaftspflichten gegenüber dem Ressourcenministerium entstandene Konflikt wurde in der Weise gelöst, dass Rostechnadsor diesbezüglich unmittelbar der Regierung unter- und zugeordnet wurde. Eine Erweiterung der Kompetenzen und Verantwortungen insbesondere der unabhängigen Kontroll- und Aufsichtsbefugnisse durch Bundesexekutivorgane bewirkte schließlich der Präsidialerlass „Über Fragen betreffend die Struktur der föderalen Exekutivorgane".[630]

3. Das Problem der Kompetenzüberlagerungen

Der administrative Rahmen des Emissionsschutzrechts ist durch überlagerte Kompetenzzuständigkeiten einerseits und Zuständigkeitslücken andererseits geprägt. Dieser Zustand, der bereits seit Einführung und Einrichtung der Behörden in Umweltschutz-, aber auch in anderen Verwaltungsbereichen anhält, macht eine klare Kompetenzabgrenzung kaum möglich. Er bewirkt vielmehr vollzugshemmende Konkurrenzen zwischen den Behörden und Institutionen. Auch die häufigen Zuständigkeitsänderungen tragen nur wenig zur Entwicklung einer kontinuierlichen Verwaltungstradition bei. Sie fördern vielmehr innerbehördlich Rechtsunsicherheiten, da sie der Verwaltung erschweren, die richtigen Entscheidungen zu treffen und Weisungen zu geben. Auch hier ist, wie schon in den vorigen Kapiteln, festzustellen, dass der gesetzgeberische Aktionismus eher symbolischer Art ist und die praktische Umsetzung weit dahinter zurück bleibt. Aufgrund der angesprochenen Kompetenzüberschneidungen zwischen Behörden in horizontaler und vertikaler Hinsicht sowie zwischen allgemeinen und speziellen Sonderbehörden war und ist fraglich, bei wem das Letztentscheidungsrecht liegt. Allgemein gilt in der russischen Verwaltungstradition im Verhältnis von Behörden verschiedener Ebenen und gleicher Ebene untereinander der Grundsatz, dass jede nicht auf einer gegenseitigen Vereinbarung beruhende Befassung mit Fragen, die der Kompetenz höherer oder speziellerer Organe zugewiesen sind, unzulässig ist. Art. 7 Abs. 3 und 4 des Selbstverwaltungsgesetzes und Art. 6 Abs. 2 GebietsG regeln diesen Grundsatz ausdrücklich für das Verhältnis der Organe der Regionen und des Gebietes zu den örtlichen Selbstverwaltungen.

Konkret für die Umweltverwaltung ist zur Frage der Kompetenzüberlagerungen Art. 65 Abs. 5 USG von besonderer Bedeutung: Danach soll eine Funktionsvermischung der staatlichen-ökologischen Umweltkontrolle mit der ökono-

630 Präsidialerlass Nr. 649 vom 20.5.2004.

misch orientierten Verwaltung der natürlichen Ressourcen vermieden werden. Wie die inhaltliche Umsetzung dieser Vorschrift angesichts eines gemeinsamen Budgets für Umweltschutz- als auch Umweltnutzungsaufgaben im Ministerium für natürliche Ressourcen ausgestaltet werden soll, bzw. wie und ob dies kontrolliert wird, regelt weder das USG noch eine speziellere Rechtsnorm. Art. 65 Abs. 5 USG ist damit ein weiteres Beispiel symbolischer Gesetzgebung im russischen Umweltrecht.

Gemäß Art. 4 LuftSchG unterliegt auch die Verwaltung des Luftschutzes unmittelbar der Bundesregierung und wird durch speziell ermächtigte Bundesexekutivorgane ausgeführt. Die entsprechenden föderalen Verwaltungskompetenzen sind in Art. 5 LuftSchG abschließend aufgezählt. Für die Föderationssubjekte legt Art. 6 LuftSchG ergänzend die verbleibenden Zuständigkeiten abschließend fest. Zusätzliche Verwaltungskompetenzen zugunsten der Gliedstaaten können durch Ermächtigungen der Bundesexekutive zugewiesen werden. Das Gleiche ist auch umgekehrt möglich, wobei von der Delegationspraxis angesichts der schwach ausgestatten Föderalbudgets durch die Gliedstaaten starker Gebrauch gemacht wird. Die Verteilungen der Verwaltungsaufgaben im LuftSchG sind im Übrigen eine nahezu wortgleiche Wiederholung der Kompetenzverteilungen des Art. 5 ff. USG. Dies hat administrativ-ökonomisch betrachtet die Vorteile, dass allgemeine und spezielle ökologische Aufgaben durch die gleichen Umweltverwaltungsbehörden geregelt werden und eine konzentrierte funktions- und zielorientierte Verwaltung damit möglich wäre.

4. Behördliche Entscheidungskompetenzen und Verwaltungsflexibilität

Behörden verfügen nach dem russischen Verwaltungsrecht über keine bzw. nur sehr enge Beurteilungs- und Ermessensspielräume. Es dominiert ein innerbehördliches Weisungssystem, das durch Fallgruppenbildungen die Entscheidungsrichtung der Behörde von vorneherein festlegt. Mithin lässt sich eine Tendenz der Entwicklung der russischen Behördenstruktur und -funktionsweise in Richtung des französischen Verwaltungsrechts erkennen. Danach sind Ermessens- und Beurteilungsspielräume zugunsten innerbehördlicher Anordnung und einem Letztentscheidungsrecht der obersten Verwaltungsbehörden zurückgestellt. Dem steht gleichzeitig aber die vor allem in westlichen Staaten geübte Kritik an Ermessens- und Beurteilungsspielräumen zur Seite, die gerade hierin einen Grund sieht, dass Amtsträger im Einzelfall nicht vollzugsfördernd entscheiden.[631] Unter diesem Blickwinkel scheint eine strenge innerbehördliche Verfahrens- und Entscheidungsregulierung des russischen Verwaltungsrechts eine solche Gefahr tatsächlich zu vermeiden. Dieser Annahme stehen negativ allerdings die erheblichen Informationsdefizite und die Intransparenz innerhalb der russischen Verwaltung gegenüber.

In einigen Bereichen des russischen öffentlichen Rechts ist teilweise die höhere Effizienz von verwaltungsbehördlichen Entscheidungsspielräumen und Rechtsetzungsbefugnissen (mit ermessensähnlichem Spielraum), insbesondere zugunsten von Fachbehörden, anerkannt. So berechtigt beispielsweise Art. 4 Abs. 2 SteuerGB bestimmte Verwaltungsbehörden, untergeordneten Steuerverwaltungseinheiten gegenüber verbindliche Anordnungen, Instruktionen und methodische Hinweise zu erlassen, die nicht Bestandteil der Steuer- und Abgabenlegislative sind. Inwiefern diese Binnenvorschriften auch Außenwirkung entfalten, dass sich der Einzelne auf sie berufen kann, ist weder durch die Rechtsprechung noch durch den Gesetzgeber geklärt. Letztendlich lässt sich dies auf den Umstand zurückführen, dass in der russischen Dogmatik zum Verwaltungsrecht nicht danach unterschieden wird, ob Rechtsakte Außenwirkung haben oder nicht. Vielmehr sind normenkonkretisierende interne Verwaltungsvorschriften die Regel. Art. 4 Abs. 1 SteuerGB legt fest, dass Exekutivorgane im Steuerrecht nur dann untergesetzliche Rechtsakte erlassen dürfen, wenn dies durch die Steuergesetzgebung ausdrücklich durch eine Norm im SteuerGB RF zugelassen ist. Von einer Ermächtigung der Exekutive wurde offensichtlich aber wenig Gebrauch gemacht. Diese Beschränkung exekutiver Rechtsetzungsbefugnisse wird auf die negativen Erfahrungen früherer Jahre zurückgeführt, wo sie ihren Zuständigkeitsrahmen oft rechtswidrig verlassen hatten.[632] Trotzdem bildet der Mangel an Flexibilität in der Verwaltung einen wesentlichen Grund der Ineffizienz des russischen Verwaltungsapparates. Vor allem im Umweltrecht und für die Durchsetzung der Emissionsabgaben stellt es ein anhaltendes Vollzugshindernis dar.

631 Es wird insofern von fehlenden Vollzugsimperativen gesprochen, die Behörden für das Nachgeben gegenüber vollzugshindernden Interessen anfälliger machen. S. hierzu: Gawel, „Ökonomische Aspekt beim Vollzug von Umweltabgaben", Forschungsgruppe „Rationale Umweltpolitik – Rationales Umweltrecht", Zentrum für interdisziplinäre Forschung der Universität Bielefeld, 1999. Zur gegenteiligen Ansicht: Lahl, „Das programmierte Vollzugsdefizit. Hintergründe zur aktuellen De-Regulierungsdebatte", Zeitschrift für Umweltrecht 6/93, S. 249, 252 f., der in der „Überregelung" geradezu ein Vollzugshindernis sieht. Als Beispiel sei an dieser Stelle das dem russischen Emissionsabgabenrecht sehr ähnliche deutsche Abwasserabgabengesetz (AbwAG) genannt, welches ebenfalls einem komplexen Messlösungskonzept entlehnt ist.

632 Schröder, „Aktuelle Probleme der russischen Steuergesetzgebung", in: Höhmann/Fruchtmann/Pleines (Hrsg.), Das russische Steuersystem im Übergang, Bremen 2002, S. 88.

Im Ergebnis wird die russische Verwaltungsflexibilität aufgrund der organisationsrechtlichen und inhaltlichen Überregelung durch oberste Verwaltungs- und Fachbehörden sowie fehlender Beurteilungsspielräume der untergeordneten Verwaltungsbehörden als sehr gering eingeordnet. Diese geringe Flexibilität kann aber durchaus auch vorteilhafte Wirkungen in der Verwaltungspraxis haben. Kritisch ist einer höheren Verwaltungsflexibilität durch verwaltungsbehördliche Rechtsetzungsbefugnisse beispielsweise entgegenzusetzen, dass sie in Phasen rechtssystematischer Umbrüche, Neuausrichtungen und Entwicklungen, wie sie in den Transformationsstaaten zu beobachten sind, eine größere Rechtsunsicherheit mitbringen würde. Gerade aber das russische Modell einer gestrafften und phasenweise völlig zentralisierten und damit kaum flexiblen Umweltverwaltung hat teilweise noch größere Vollzugsdefizite gezeigt, als sie in einem System flexibler dezentralisierter Umweltverwaltungsorganisation auftreten.

II. Die Verwaltung des Emissionsabgabensystems

Viele umweltverwaltungsrechtliche Anordnungen gehen auf den russischen Präsidenten zurück. Der Präsident als Staatsoberhaupt bestimmt gemäß Art. 90 Abs. 1 und 3 Verf RF die Grundzüge der Innen- und Außenpolitik, wovon auch das Umweltrecht im allgemeinen sowie das Luftschutzrecht und klimaschutzrelevante Normen im Speziellen umfasst sind. Die Regierung als Exekutivorgan der Russischen Föderation bietet gemäß Art. 114 lit. „z" Verf RF die Gewähr für eine einheitliche staatliche Umweltpolitik. Im Übrigen wird die Umweltverwaltung maßgeblich durch das Ministerium für natürliche Ressourcen und den Bundesdienst für technische, ökologische und Atomaufsicht bestimmt und ausgeführt.

1. Die „Geburtsfehler" der Umweltadministration

Seit Mitte der 80er-Jahre waren die allgemeinen Umweltverwaltungszuständigkeiten zwischen einer Vielzahl von Ministerien und Behörden aufgeteilt, deren Kontrollpraxis jedoch nachlässig war, weshalb sich die Unternehmen mehrheitlich nicht an die vorgegebenen Emissionsstandards hielten.[633] Die Umweltpolitik war zwischen über einem Dutzend verschiedener Kommissionen und Ministe-

633 Wernstedt, „Environmental Management in the Russian Federation: A Next Generation Enigma", in: Ressources for the Future, Washington 2002, S. 5.

rien verteilt, von denen allein die staatliche hydrometeorologische Kommission, die das Monitoring durchführte, einen im Zuständigkeitsgefüge gegenüber anderen Behörden und dem Umweltministerium unabhängigen Status hatte.[634] Durch die Zunahme der ökologischen Überlastung und mit Beginn der Perestroika wurde die Rolle der Umweltverwaltung neu definiert. In diesem Rahmen richtete man schließlich die Umweltfachagentur 1988 (Goskompriroda) ein, die der Vorläufer für das spätere Umweltministerium bzw. die spätere Umweltschutzkommission wurde.

Der Bereich der Organisation und Umstrukturierungen der Umweltverwaltung war und ist durch einen besonders starken Aktionismus des Präsidenten gekennzeichnet. Überwiegend per Ukas wurden und werden Umweltschutzorgane neu eingerichtet, umorganisiert oder aufgelöst, neue Zuständigkeiten verankert, entzogen oder neu zugewiesen. Die Umweltfachagentur durchlief folgende Umstrukturierungen: 1991 wurde sie mit neuen, umfassenderen und unabhängigen Kompetenzen in das Umweltministerium umgewandelt, 1994 kam der Ressourcensektor hinzu – damals noch in untergeordneter Funktion – und es entstand das Ministerium für Umweltschutz und natürliche Ressourcen. Im Rahmen der Umstrukturierung sämtlicher föderaler Exekutivorgane 1997[635] wurde das Umweltministerium aufgelöst und entsprechend des Präsidialerlasses No. 1177 zu einer bloßen staatlichen Kommission für Umweltschutz umgewandelt. Mithin ist dies die in der gesamtrussischen Umweltpolitik Ende 1996 zu verzeichnende Trendwende und der Beginn einer starken Degradierung des politischen Stellenwertes des Umweltschutzes. Es waren weitreichende Einflussverluste in politischen und ökonomischen Entscheidungsprozessen zu verzeichnen. Die „neue" Umweltschutzkommission behielt lediglich ihre wesentlichen personellen Strukturen und Netzwerke zu den regionalen Unterbehörden, denen es bis dahin als Ministerium vorstand.[636]

Die vier Hauptaufgaben der Umweltschutzkommission bestanden in der ökologischen Aufsicht und Kontrolle, dem Monitoring, der Einführung von Umweltstandards und der Durchführung ökologischer Expertisen. Weitergehende Beteiligungen an politischen Entscheidungen bzw. der Koordination umweltpolitischer Entwicklungen waren dagegen lediglich der gleichzeitig aus den bisherigen staatlichen Kommissionen für Bodenschätze und Gewässerschutz ge-

634 Zur Entwicklung des institutionellen Rahmens im Bereich der Umweltschutzpolitik Russlands s. ausführlicher auch: Oldfield, „Russian Environmentalism, The Journal of European Environmental Policy 12 (2002) 117, 122 f.; Nikitina/Kotov, „Transition in Russia. Implications on Climate Policy", Washington 2003; dies., „Russia in transition: obstacles to environmental protection", Environment 1993, S. 10 ff.

635 Ukas vom 14.8.1996 No. 1177 "über die Struktur der Föderalorgane der Exekutive".

636 Oldfield, „Russian Environmentalism, The Journal of European Environmental Policy 12 (2002) 117, S. 119.

gründeten Kommission für natürliche Ressourcen vorbehalten. Diese Entwicklung spiegelt das auch heute noch starke Konkurrenzverhalten der Ressourcen- und Umweltpolitik. Im Jahre 2000 wurde schließlich im Rahmen der exekutiven Strukturreform das Ressourcenministerium (MPR) gegründet, in dem nun der Umweltschutz eine untergeordnete Funktion erhielt. (Ein hiergegen durchgeführtes Referendum, bei dem über 2,5 Millionen Unterschriften für den Erhalt der Umweltschutzkommission gesammelt werden konnten, scheiterte schließlich daran, dass über eine halbe Millionen der Unterschriften von der Zentralen Wahlkommission für ungültig erklärt wurden.) Die schon zu Sowjetzeiten politisch sehr einflussreiche Ressourcenlobby ist hierdurch so erstarkt, dass die Auflösung der Umweltschutzkommission (Goskomekologiya) durch Präsident Putin hierauf zurückgeführt wird. Diese wiederholten Wechsel der Kompetenzen und der Stellung des Umweltschutzes spiegeln die starke Bewegung und Unbeständigkeit auf föderaler Ebene. Auf regionaler und lokaler Ebene waren die Umstrukturierungen noch stärker ausgeprägt, was zu einiger Rechtsunsicherheit beigetragen hat.

Ein ebenso negativer Einfluss wird in der zunehmenden Unterfinanzierung sämtlicher Bereiche der öffentlichen Umweltverwaltung gesehen. Seit dem Zusammenbruch der Sowjetunion ist ein Finanzierungsrückgang für sämtliche Bereiche der Umweltverwaltung zu verzeichnen: Unter Präsident Jelzin flossen 1995 noch 2,7%, seit 1999 aber weniger als 0,3% der Bundesmittel (gemessen am BIP) in das Umweltportfolio bzw. nur ein Viertel der eigentlich zugewiesenen Mittel.[637] Unter Putin stieg der Anteil der Bundesmittel im Umweltverwaltungsbereich zwar auf 1,1% an, insgesamt wird aber geschätzt, dass die zur Verfügung stehenden Finanzmittel seit 1989 um mehr als 60% gefallen sind.[638] Der seit 1996/97 negative Trend spiegelt sich auch bei der rückläufigen Zahl der sogenannten Umweltinspektoren wider. Dies sind besonders ausgebildete Umweltexperten, die die im Rahmen der Selbstveranlagung und -messung durch die Unternehmen gemeldeten Schadstoffemissionen stichprobenweise überprüfen und im Falle von Verstößen ermächtigt sind, entsprechende Sondergeldstrafen zu verhängen. Waren 1996 noch fast 7300 Umweltinspektoren angestellt, redu-

637 Resarch Analysts, "Environmental Problems in the Russian Federation", London 2000; ähnlich auch die Erhebungen der Weltbank, „Environmental Management in Russia: Status, Directions and Policy Needs", 2004, S. 39 f. Das Budget der Umweltschutzkommission betrug 1999 22 Mio. Rubel, verglichen mit den USA, die im selben Jahr 19 Mrd. Dollar für die „Environmental Protection Agency (EPA)" vorsahen.

638 Ebenda.

zierte sich diese Zahl bis 2003 auf knapp 2100. Parallel sank die Zahl der durchgeführten Kontrollen dabei von jährlich 197 (1997) auf 40 (2002).[639]

Außerdem standen für den Klimaschutz zwischen 2002/04 lediglich für wissenschaftlich-ökonomische Studien finanzielle Mittel zu Verfügung. Entsprechend waren auch keine Mittel für den Aufbau administrativer Voraussetzungen zur Kontrolle von Treibhausgasemissionen vorgesehen.

2. Aktuelle Emissionsabgabenverwaltung im Überblick

Die Emissionsermittlung findet in Russland durch die Unternehmen selbst im Wege eigenverantwortlicher Selbstveranlagung statt. Die Pflicht der Unternehmen zur Erstellung einer Umweltdokumentation ergibt sich aus Art. 25 Abs. 1 und 3 LuftSchG i. V. m. Art. 67 Abs. 2 USG. Die Vorlage der dabei vorwiegend im Schätzungsverfahren ermittelten Emissionswerte sind Genehmigungsvoraussetzung für den Betrieb der Anlage. Gleichzeitig ist die unter Angabe der Schadstoffemissionen erfolgte Emissionsgenehmigung die Grundlage der Emissionsabgabenerhebung. Notwendige hoheitliche Kontrollen können aufgrund der Kosten und des administrativen Aufwandes nur in Form von Stichproben erfolgen. Früher fand dies im Rahmen von Betriebsprüfungen statt. Ursprünglich konnten die für Emissionsabgaben zuständigen Steuerbehörden insofern gleichzeitig auch die Rechtmäßigkeit der Emissionsgenehmigung prüfen, wofür allerdings überwiegend die fachliche Befähigung der Amtspersonen fehlte. Deshalb war die Amtshilfe durch die Umweltbehörden üblich. Die ursprüngliche Aufsplittung der Aufgaben zwischen der Erhebungsbehörde (Abgabenerhebung) und dem Kontrollorgan (Messungen der Emissionen) führte schließlich dazu, dass sowohl die Kontroll- und Messkompetenz, als auch die Zuständigkeit für Emissions*abgaben*erhebung einheitlich auf den staatlichen Bundesdienst für Technik-, Umwelt- und Atomaufsicht übertragen wurde.[640] Diese Behörde ist vom Umwelt- und Ressourcenministerium unabhängig und untersteht direkt der Regierung.

639 OECD, "Connecting activities with results – Prospects for reforming environmental compliance and enforcement indicators in Russia", Paris 2005, S. 43; Weltbank, „Environmental Management in Russia: Status, Directions and Policy Needs", 2004, S.16

640 Die Zusammenführung der Kompetenzen auf den Bundesdienst für Umwelt-, Technik- und Atomaufsicht erfolgte durch die Verordnung N 401 vom Juni 2004, die seit 1. Januar 2005 in Kraft getreten ist.

a. Die Genehmigungsbehörden im Umweltrecht

Die Genehmigungserteilung für sämtliche Emissionen fällt in die Zuständigkeit des Umwelt- und Ressourcenministeriums, das auf allen Verwaltungsebenen (sieben Großverwaltungsregionen, Föderationssubjekt, Selbstverwaltungsebene) untergeordnete Abteilungen hat, die vollständig weisungsgebunden sind. Lediglich der für die Emissionskontrollen zuständige Bundesdienst für Umwelt-, Technik- und Atomaufsicht ist ihr nicht untergeordnet, sondern ist unabhängig.[641] Damit fallen Genehmigungs- und Kontrollorgan zwar auseinander, dies gewährleistet aber auch gleichzeitig eine geringere Korruptionsanfälligkeit und eine innerbehördliche Kontrollmöglichkeit.

Weitere am Genehmigungsverfahren beteiligte Behörden sind: das Gesundheitsministerium, die staatliche Fischereikommission, der föderale Dienst für Hydrometeorologie und Umweltaufsicht (Roshydromet) sowie die Bundesinspektion für Bergbau und Industrie. Sie verfügen ähnlich wie das Umwelt- und Ressourcenministerium über einen weisungsgebundenen Behördenunterbau. Ihre Zustimmung zur Genehmigung beruht in der Praxis allerdings überwiegend auf einer ungeprüften Zusage in Form der Unterzeichnung durch einen berechtigten Amtsträger. Mangels technischer, personeller und finanzieller Möglichkeiten findet eine tatsächliche Überprüfung der Emissionsdaten nur oberflächlich statt. Ein weiteres zentrales Problem ist, dass keine klaren Rechtsnormen und Mechanismen zu den behördlichen Interaktionen existieren. Daher hängt die tatsächliche Effizienz und Dauer einer Emissionsgenehmigung unter Beteiligung der notwendigen mitentscheidungsberechtigten Behörden vorwiegend von außerrechtlichen Aspekten wie beispielsweise persönlichen Beziehungen oder ökonomischer Bedeutsamkeit ab.

Sämtliche beteiligten Emissionsgenehmigungs- und sonstigen Behörden müssen die Genehmigung *jährlich* erneuern. Dies bedeutet, dass alle technischen Messungen und Schätzungen durch die Unternehmen jährlich in ihrer Komplexität wiederholt werden müssen. Die Überlastung sowohl der Unternehmen als auch der finanziell und personell unterbesetzten Umweltverwaltungsbehörden macht die Umsetzung dieser Anforderung schwierig und öffnet „Tür und Tor" zur Umgehung. Die Emissionsgenehmigungen werden nicht nur von einzelnen Großemittenten der Industrie und Wirtschaft, sondern von sämtlichen auch klein- und mittelständischen Unternehmen mit jährlicher Wiederholung verlangt. Eine Umsetzungs- und Effizienzsteigerung könnte auf der Ebene der Emissionsgenehmigung somit schon dadurch erzielt werden, dass strengere

641 Dies verfügte der Präsidialerlass Nr. 649 vom 20.5.2004.

und regelmäßigere Emissionsgenehmigungsanforderungen an Großemittenten gestellt werden, an kleinere Unternehmen hingegen in größeren zeitlichen Abständen unter genauerer Prüfung der vorgelegten Daten. Problematisch an der tatsächlichen Umsetzung dieses Ansatzes ist aber, dass die Emissionsgenehmigungs- und -kontrollbehörden gerade bei kleineren Industrieanlagen mit höherer Wahrscheinlichkeit eine umfassende, schnellere und sichere Datenprüfung vornehmen können als dies angesichts des Emissionsumfangs bei Großemittenten möglich erscheint. Dies haben Implementationstheorien bereits prognostiziert. Im Übrigen befindet sich die Mehrheit der Unternehmen, die als Großemittenten galten, nach wie vor in staatlichem Eigentum, was eine objektive, kritische Prüfung als auch eine effektive Durchsetzung erschwert.

b. Die Kontrollbehörden

Die ersten gesetzlichen Regelungen der Umweltverwaltung zur Überwachung und Kontrolle von Emissionen waren sowohl im alten USG von 1991 als auch in der organisationsrechtlichen Verordnung zur Schaffung eines einheitlichen staatlich-ökologischen Monitoringsystems[642], vom 24.11.1993 enthalten. Schon diese beiden, teils noch übersichtlichen Regelwerke sahen eine komplexe Aufgabenverteilung vor, der die Gefahr von Unübersichtlichkeit bereits anhaftete. Durch die Verordnung vom 30.12.1998 „Über die speziell bevollmächtigten staatlichen Organe der Russischen Föderation auf dem Gebiet des Umweltschutzes" wurden folgende Einrichtungen mit der Umwelt*kontrolle* betraut: das Ministerium für Naturressourcen, das Landwirtschaftsministerium, der Föderale Bodenkatasterdienst, das damals noch existente Ministerium für Vermögensangelegenheiten, der Föderale Dienst für Hydrometeorologie und Umweltmonitoring sowie vier untergeordnete föderale Dienste im Bereich der Geodäsie, Fischerei, etc. Auch wenn eine Koordination über das Umweltministerium erfolgen sollte, ist unproblematisch erkennbar, dass die jeweilige Einrichtung spezieller Kontrollorgane zu einer starken Zersplitterung und Unübersichtlichkeit der Umweltverwaltung führten.

Die Aufgaben des Monitoring der Emissionen in die Atmosphäre wurden zwischen 2000 und 2004 mit den Regierungsbeschlüssen N 622[643] und N 117[644] der *Bundesagentur für Hydrometerologie und Monitoring der Umwelt* zugewiesen. Ge-

642 Später: Rosgidromet unterstehende naturwissenschaftlich orientierte Kommission „Staatlicher Dienst zur Beobachtung und Kontrolle des Umweltzustandes".

643 Vom 23. 8.2000.

644 Vom 31.3.2003, s.: SZRF RF (Gesetzgebungssammlung) 2003, Nr. 14, S. 1278.

mäß Art. 5 LuftSchG organisierten und finanzierten die staatlichen Organe ein System zum Monitoring der Atmosphäre und sicherten dessen Durchführung. Gemäß Art. 6 LuftSchG wurden die Organe der Föderationsgliedstaaten hieran beteiligt. Die Kontrollfunktionen sollten sich demgegenüber nach Art. 23 ff. LuftSchG richten. Art. 23 ff. konkretisierten die Monitoringaufgaben. Gemäß Abs. 2 ist das Monitoring der Atmosphäre als Bestandteil des „allgemeinen Umweltmonitoring" im USG geregelt. Seit dem 1.1.2005 ist die staatliche Kontrolle auf dem Gebiet des Umweltschutzes neu geregelt. Art. 64 USG sieht nun ganz allgemein vor, dass die ökologische Kontrolle durch die Bundesbehörden, die Behörden der Subjektsebene und der lokalen Selbstverwaltung stattfindet. Eine dem Bestimmtheitsgrundsatz gerecht werdende Kompetenzverteilung fehlt.

Zwei Kontrollarten werden neu unterschieden: einerseits die Kontrolle der Emissionsaktivitäten von Unternehmen (hier spielt die sogenannte Ökolizenz (ekologitscheskaja pasportisatzija) eine Rolle) und andererseits die generelle ökologische Überwachung. Die Zuständigkeiten sind unübersichtlich geregelt. Gemäß dem geänderten Art. 65 USG ist zunächst allgemein die Exekutive für die Umweltkontrolle zuständig. Einzelheiten zu den Verfahren, etc. sollen durch die Regierung geregelt werden, was mithin im Grunde keiner Neuregelung, sondern der gleichen unbestimmten Regelung des alten Rechts entspricht. Ausdrücklich wird in Abs. 5 von Art. 65 USG hervorgehoben, dass eine Vermischung von Funktionen staatlicher ökologischer Kontrolle einerseits und die gleichzeitige Wahrnehmung von Funktionen der wirtschaftlichen Ressourcennutzung andererseits durch die Umweltverwaltung unzulässig und rechtswidrig seien. Art. 66 USG regelt die Kompetenzen der staatlichen (föderalen) Umweltinspekteure, Art. 67 USG die konkreten Produkt- und Unternehmenskontrollen, Art. 68 USG schließlich die kommunale Umweltkontrollverwaltung. Diese Vorschriften bleiben ebenfalls völlig unbestimmt. Hier wird eine Fülle an Regierungsverordnungen und Präsidialerlassen die noch bestehenden Regelungslücken schließen müssen.

Neu und fortschrittlich ist, dass für die Umweltkontrolle und das Monitoring das Führen von Emissionsregistern[645] gesetzlich bestimmt wird. Gemäß Art. 21 LuftSchG sind schädliche Einwirkungen auf die Atmosphäre/Luft und die ursächlichen Emissionsquellen in einem Register zu erfassen. Außerdem wird nach Art. 21 Abs. 2 LuftSchG eine Liste der emittierenden Unternehmensanlagen erstellt. Näheres zum Emissionsregister und den Verfahren regelt die Regierungsverordnung N 373 vom 21.4.2000. Die Einrichtung, Gewährleistung

645 Zur Führung von sonstigen Umweltregistern allgemein s. bei Dubovik/Kreme/Lübbe-Wolff, „Ekologitscheskoje pravo" (Umweltrecht), Moskau 2005, S. 457 ff.

und Führung der Register hinsichtlich der tatsächlichen und potenziellen Schadstoffe obliegt gemäß Art. 13 LuftSchG den staatlichen Organen. Die Emissionsinventarisierung soll auf Grundlage von Art. 2 LuftSchG stattfinden. Dies wäre auch für den Klimaschutz und für die Inventarisierung der Treibhausgase unter dem Kyoto-Protokoll ein Ansatzpunkt. Allerdings wurden bisher nur in wenigen Regionen Inventarisierungen der Schadstoffemissionen vorgenommen, da es erheblich an Erfahrungen mit den Inventarisierungsmethoden fehlt, vor allem für Treibhausgasemissionen.[646] Ein großer Anteil beruht daher auf Kalkulationen der statistischen Bundeskommission.[647] Die Bedeutung dieser Emissionsregister wird zukünftig für eine nachhaltige Umwelt- und Klimaschutzpolitik Russlands noch eine bedeutende Rolle spielen.

c. *Sonderbehörden in der Emissionskontrolle*

Zur Durchführung der Emissionskontrollen werden die oben bereits erwähnten staatlichen Umweltschutzinspektoren eingesetzt, also Amtsträger, die als föderale Exekutivorgane mit Spezialbefugnissen[648] für den Bereich des Luftschutzes versehen sind, siehe Art. 7 Abs. 1 LuftSchG. Ihnen ist gemäß Art. 7 Abs. 2 LuftSchG freier Zugang zum Unternehmen und seinen Anlagen zu gewähren. Sie prüfen die Einhaltung der Standards und ermitteln und bestimmen die entstandenen Emissionsschäden oder -überschreitungen. Sie können Emissionsgenehmigungen annullieren und Klagen wegen der Verletzung umweltrechtlicher Vorschriften erheben. Das LuftSchG selbst enthält keine Regelung über die dazu erforderlichen Informationsansprüche der Inspektoren. Diese sind in Art. 66 Abs. 1 Nr. 1 HS 2 USG geregelt, wonach die staatlichen Umweltinspektoren berechtigt sind, alle notwendigen Dokumente des kontrollierten Unternehmens einzusehen und auf dieser Grundlage weitere Messungen vorzunehmen. Unklar ist das Verhältnis zu den Regelungen über wirtschaftliche Betriebs- und Geschäftsgeheimnisse sowie Datenschutz. Entsprechend dem Gesetz „Über unternehmerische Tätigkeiten" dürfen Unternehmen gegenüber Kontrollbehörden,

646 Auf regionaler Ebene haben erste Inventarisierungsprogramme in drei Etappen (finanziert durch US ERA) bereits begonnen. Die ersten beiden Etappen umfassten 1999–2000 und 2000–2001 Inventarisierungstests in drei russischen Föderartionssubjekten, durchgeführt und ausgewertet durch eine Petersburger und Moskauer Expertengruppe. Die dritte Phase untersuchte die Möglichkeiten der kommunalen Vertretungen zur Durchführung von Inventarisierungen, wobei mangels vorhandenen ausgebildeten Expertenpools hier die Hauptsprobleme im Inventarisierungsprozess liegen.

647 Korppoo, "Russia and Compliance under Kyoto: An Institutional Approach", Sustainable Development Programme; December 2004, S. 8 f.

648 Für Spezialbehörden im Bereich Luftschutz: Regierungsverordnung N 1292 von 1999, sowie – auch alt – Anordnung der Staatlichen Umweltkommission N 773 von 1999.

also auch Umweltinspekteuren, die Offenlegung solcher Informationen verweigern, die nicht Gegenstand der Kontrolle sein können. Konkretisierungen finden sich in der Verordnung „Über die Liste von Zeugnissen, die kein Geschäftsgeheimnis darstellen können".

3. Die Behörden im Einzelnen

a. *Umwelt- und Ressourcenministerium*

Das Ministerium für natürliche Ressourcen (mit der Umweltschutzagentur) ist in den sieben Föderalen Verwaltungseinheiten (Bezirken) durch Abteilungen und auf der Ebene der Föderationssubjekte durch Kommissionen vertreten. Auch die Kommunen verfügen über eine Untergliederungsebene. Nach dem sogenannten Prinzip der „doppelten Subordination" sind diese kommunalen Umweltverwaltungen sowohl dem Ministerium für natürliche Ressourcen als auch den Umweltverwaltungsorganen auf der entsprechenden territorialen Ebene (Gliedstaat) untergeordnet.[649] Das Umweltministerium und seine regionalen Untergliederungen waren lange Zeit für die Informationserhebung zu den industriellen Schadstoffemissionen zuständig. Die Informationen zu den Emissionen dienten als Basis zur Ermittlung der Abgabensätze und waren durch die Unternehmen im Wege der Selbstveranlagung zu ermitteln. Bis 2002 waren für diesen Bereich, insbesondere für die behördliche Kontrolle, Monitoring oder Umweltaudits, die Organe der Föderationssubjekte als speziell ermächtigte Umweltschutzbehörden zuständig. Im Rahmen der Strukturreform 2004 wurde der „Föderale Service zur Aufsicht im Bereich der Ökologie und der Natürlichen Ressourcen" eingerichtet, welcher die Genehmigungsverfahren, die Durchsetzung und die Umsetzung der Instrumente, beispielsweise die Umweltverträglichkeitsprüfungen durchführt, die Expertisen, die öffentlichen Informations- und Beteiligungsansprüche sichert und neue Umweltschutzprogramme entwickelt. Die Emissionsabgaben fallen aber ausdrücklich nicht in seine Kompetenzen.

b. *Roshydromet*

Das Roshydromet (Russischer föderaler Dienst für Hydrometeorologie und Umweltmonitoring) war auf föderaler Ebene mit der Ratifizierung der Klimarah-

649 Bogoljuobov, "Federalnui gosudarstvennui ekologitscheski kontrol" (Die föderale staatliche Umweltkontrolle), Moskau 2005, S. 15 ff.; Dubovik/Kremer/Lübbe-Wolff, „Ekologitscheskoje pravo" (Umweltrecht), Moskau 2005, S. 404 f., 442 f.

menkonvention (KRK) die für die Zusammenarbeit mit dem KRK-Sekretariat zuständige nationale (Bundes-)Behörde.[650] Roshydromet ist als Behörde mit Umweltverwaltungskompetenzen im Vergleich zu anderen staatlichen Institutionen, beispielsweise der früheren Umweltschutzkommission, von fast sämtlichen administrativen Strukturreformen und Umstrukturierungen verschont geblieben und zeichnet sich durch diese Kontinuität aus. Lediglich im August/September 1998 war es kurzzeitig in das staatliche Komitee für Umweltschutz eingegliedert. Seit der Einrichtung des Ressourcenministeriums 2000 ist Roshydromet wieder als unabhängige Institution für Umweltmonitoring (auch im Bereich der Treibhausgas-Emissionsentwicklung) und für Inventarisierungsfragen zuständig.[651] Weiterhin stellt Roshydromet für die Wirtschaft, für staatliche Organe und für die Bevölkerung etc. hydrometeorologische und geophysikalische Informationen zur Verfügung. Auch wenn dem Sektretariat der KRK durch Zuarbeit von Roshydromet drei nationale Berichte zu Daten der Treibhausgasemissionsentwicklung für den Zeitraum von 1990 bis 1999 vorgelegt wurden (1995, 1998, 2001), fehlt es bislang an einer normativen und methodischen Basis zur Erhebung und Registrierung von Treibhausgas-Emissionsdaten.

c. *Die Rolle der Steuerbehörden im Bereich des Emissionsabgabenvollzugs*

Bis 2005 waren die Steuerbehörden für die Einziehung der Emissionsabgaben zuständig, die fachlichen Grundlagen der technischen Erhebungsbasis zu THG-Emissionen konzentrierten sich hingegen bei den Umweltbehörden. Mit der letzten Reform 2005 wurden die technische Mess- und Überwachungskompetenzen mit der Abgabenvollzugskompetenz beim Bundesdienst für Umwelt-, Technik- und Atomaufsicht (Rostechnadsor) vereinigt. Die Steuerbehörden haben sich dabei gegen die in den vorhergehenden Reformen erfolgte Entziehung der Abgabenkompetenzen im Bereich der Emissionsabgaben stark gewehrt. Da dem neu ermächtigten Rostechnadsor die Erfahrungen in der Administration von Abgaben und Steuern fehlen, wird nach wie vor auf die Unterstützung durch die Steuerbehörden zurückgegriffen. Im Folgenden soll die frühere Funktion der

650 Kokorin, „Parnikovuije gasui – globalnui ekologitscheski resurs" (Treibhausgases und die globale ökologische Ressource), Moskau 2004, S. 49.

651 Im September 2003 wurde zusätzlich eine überbehördliche Kommission zu Fragen des Klimawandels, insbesondere mit dem Zweck der Konzeption der normativ-rechtlichen Basis zur Umsetzung der Klimarahmenkonvention und des Kyoto-Protokolls, gegründet, die ebenfalls den Aufbau einer administrativen Struktur zur Inventarisierung von Treibhausgasen forderte, mit dem Hinweis, dass hier auf die bereits vorhandene Struktur der Umweltbehörden, insbesondere jener im Bereich der Luftschadstoffemissionen, und der staatlichen Statistikkommission zurückgegriffen werden könne.

Steuerbehörden bei der Durchsetzung der Emissionsabgaben erläutert werden, da dies sich auch auf die bestehenden Vollzugsdefizite nach wie vor auswirkt.

Ursprünglich waren die beiden wichtigsten föderalen Steuerbehörden, die zwischenzeitlich auch mit Befugnissen im Bereich der Emissionsabgaben betraut waren, der staatliche Steuerdienst[652] und die föderalen Organe der Steuerpolizei.[653]

aa. Staatlicher Steuerdienst und Steuerministerium

Gemäß Art. 30 SteuerGB ist das Steuerministerium Russlands zentrale und einzige Steuerbehörde, die direkt dem Präsidenten untergeordnet ist. Die regionalen und lokalen Untergliederungen unterliegen dabei einer Fachaufsicht durch die föderale Ebene. Das Steuerministerium regelt neben der Aufsicht vorwiegend Auslegungsfragen der Steuergesetze. Hierbei handelt und verfügt es in Übereinstimmung mit dem Finanzministerium. Vor der höchstrichterlichen Entscheidung, wonach russische Umweltsteuern als Fiskalabgaben zu qualifizieren sind und vor der darauffolgenden Übernahme der Abgabeneinzahlungsfunktionen für Umweltabgaben durch Rostechnadsor, waren ausschließlich die Steuerbehörden für die Durchsetzung von Emissionsabgaben zuständig. Dies umfasste sowohl die Kontrolle der regelmäßigen Einzahlungen als auch Betriebsprüfungen, die gemeinsam mit dem Umweltministerium durchgeführt wurden.

bb. Die Befugnisse der Steuerpolizei

Die Steuerverwaltungsfunktionen werden weiterhin durch sogenannte Steuerinspektionen (die Steuerpolizei) wahrgenommen – organisatorisch selbständige Institutionen,[654] die für die Festsetzung und Erhebung von Steuern, die Kontrolle der Steuerzahlungen und die Durchführung von Betriebsprüfungen (gemäß Art. 11 altes SteuerbehördenG und nun entsprechend des SteuerGB 1. Teil 1999 alle zwei Jahre) zuständig sind. Die Steuerpolizei ist insbesondere Ermittlungsorgan der Steuerbehörden für Steuervergehen. Die früher in ihren Zuständigkeitsbereich fallenden Umweltabgaben wurden der Kompetenz der Steuerpolizei allerdings entzogen und den Behörden für innere Angelegenheiten unterstellt, später wurden sie auf Rostechnadsor übertragen. Damit sind jetzt zwar die technischen Kontrollmöglichkeiten bei den Emissionsabgaben verbes-

652 Gesetz vom 21.3.1991"Über den staatlichen Steuerdienst".

653 Gesetz vom 24.6.1993 „Über die föderalen Organe der Steuerpolizei".

654 Vergleichbar mit Finanzämtern; s. auch: Dmitrieva, „Das russische Bilanz- und Steuerrecht", FOWI, Wien 2000, S. 21.

sert worden und effektiver nachprüfbar. Demgegenüber sind unter der neuen Zuständigkeitsverteilung gerade steuer- und abgabenrechtliche Umgehungen und Hinterziehungen von Emissionsabgaben schwerer zu bekämpfen.

d. Neue Zuständigkeitsregelung: Rostechnadsor

Ebenso wie Roshydromet ist auch Rostechnadsor eine föderale Bundesagentur. Seine Mitarbeiter unterstehen bis hinunter auf die kommunale Ebene direkt der Föderation und sind gegenüber der Regierung rechenschaftspflichtig. Gemäß Punkt 2 der Regierungsverordnung N 401 vom 30.7.2004 zieht Rostechnadsor die anfallenden Emissionsabgaben ein, die damit seit Januar 2005 nicht mehr wie sonstige Abgaben und Steuern an die Steuerinspektion zu zahlen sind und nicht mehr von den Steuerorganen erhoben und eingetrieben werden, sondern von den regionalen Verwaltungseinheiten des Rostechnadsor. Kompetenzstreitigkeiten hinsichtlich der neuen Zuständigkeitsfragen im Klimaschutz, insbesondere der Einrichtung der Register und der Durchführung der Inventories, bestehen seitdem nicht mehr im Verhältnis zum Umwelt- und Ressourcenministerium, sondern vorwiegend zwischen Rostechnadsor und Roshydromet. Dies hat auch zu einer starken Umsetzungsverzögerung im Implementationsprozess geführt. Außerdem wurde im Rahmen der jüngsten Novellierungen durch Rostechnadsor auch ein abgabenfreier Emissionssockel eingeführt, wonach nunmehr nicht jegliche Emissionen einer Abgabenpflicht unterliegen, sondern vielmehr nur noch Emissionen, die die vorgeschriebenen Grenzwerte überschreiten.

4. Die Umweltverwaltungskompetenzen der Föderationssubjekte

Ursprünglich waren die allgemeinen Kompetenzen der Umweltverwaltung und -überwachung der Föderationssubjekte im alten USG (1991) geregelt. Auch das neue USG ermächtigt in Art. 6 die Gliedstaaten zur Durchführung von überkommunalen Umweltschutzprogrammen und -projekten (wozu aber Klimaschutzprojekte aufgrund der nicht regionalen, sondern überregionalen Wirkung nicht gezählt werden). Im Übrigen wurden sie in Art. 8 des alten USG (1991) auch an Aufgaben der Erfassung und Bewertung des Umweltzustandes, umweltschädlicher Anlagen, der Führung eines Ressourcenkatasters, der Erlaubniserteilung für die Ressourcennutzungen (ohne Bodenschätze), der Leitung des staatlichen Umweltdienstes, der staatlichen Umweltkontrolle und des Monitorings beteiligt. Mit der Novellierung des USG 2002 sind den Verwaltungsorganen der Föderationssubjekte kaum noch eigene Kompetenzen geblieben. Diese wurden vielmehr durch einige Novellierungen im Umweltschutzgesetz im Jahre 2005 direkt den kommunalen Verwaltungsorganen zugeordnet. Daher kommt der Umwelt- und Emissionsabgabenverwaltung durch eigenständige Organe der Föderationssubjekte heute keine Bedeutung mehr zu.

5. Umweltverwaltungskompetenzen in der Selbstverwaltung – Erstarkende Rolle der Kommunen?

Artikel 12 Verf RF weist den Kommunen ein Recht auf Selbstverwaltung zu, die eine gewisse Finanzhoheit, kommunales Eigentum, die Erstellung und Realisierung eines kommunalen Haushalts und die Festlegung lokaler Steuern und Abgaben umfasst. Auch wenn das Selbstverwaltungsgesetz diese Befugnisse teilweise noch erweitert, fehlt es an einer klaren Definition der kommunalen Haushalts- und Abgabenkompetenzen im Steuer- und Budgetrecht. Problematisch ist der nicht abschließend geklärte Status der kommunalen Selbstverwaltungseinheiten (lokal) innerhalb der regionalen Verwaltungszuständigkeiten (Föderationssubjekte). Vielerorts werden sie als interner Aufgabenkomplex der Regionen (Gliedstaaten) angesehen, wobei eine Tendenz zur Beschränkung lokaler Vollmachten durch den entsprechenden Gliedstaat besteht.[655]

Art. 10 des alten USG (1991) ermächtigte die Selbstverwaltungseinheiten zur Erfassung und Bewertung des Umweltzustandes in den Regionen sowie zur Realisierung der staatlichen Umweltkontrolle. Hervorzuheben ist, dass die Erteilung der Genehmigung einzelner (nicht konkretisierter) Umweltnutzungen, Schadstoffemissionen in Luft und Wasser sowie die Deponierung toxischer Abfälle ursprünglich in die Kompetenz der örtlichen Verwaltung fallen sollte. Auch die Planung, Finanzierung und materialtechnische Sicherstellung von Umweltschutzmaßnahmen sollte ihnen unterfallen. Dies scheiterte in der Praxis daran, dass die finanziellen Mittel hauptsächlich vom Bund (föderaler Umweltfonds) kamen und dieser sich damit einen starken Einfluss auf die Planung und Mittelverwendung im örtlichen Umweltschutz vorbehielt.

Seit der Novellierung des USG 2002 und durch weitere Änderungen zum 1.1.2005 sieht nun Art. 7 USG erweiterte Zuständigkeiten der Verwaltungsorgane der örtlichen Selbstverwaltung vor. Neben der neu auf kommunaler Ebene organisierten Abfallbeseitigung und der Wiederaufbereitung von Abfällen um-

655 Tschesov, „Munizipalnaja Reforma: sootnoschenije i evoljuzija pozicij vetvej i urovnej vlasti" (Die Kommunalreform: Zusammenhänge und Evolution der sich gegenüberstehenden Lager und Machtebenen), in: Rossijiskij ekonomitscheskij dzurnal (Russländisches Wirtschaftsjournal), 5-6/2001, S. 19-38, S. 30 f.

fasst dies auch die Umweltkontrolle. Demgegenüber sieht das LuftSchG eine Unterordnung der Kommunalverwaltungen unter die staatlichen Kompetenzen und eine innerbehördliche Bindung an Weisungen vor (siehe auch Art. 64 Abs.1 GebietsG[656]). Eine Klärung dieses Widerspruchs steht noch aus. Weiterhin sind die kommunalen Umweltverwaltungsorgane durch ihre Rechenschaftspflichten gegenüber übergeordneten Organen eingeschränkt (Art. 29 Abs. 2 SelbstVerwG). Allerdings besaßen sie gemäß Art. 51 und 61 des alten Gesetzes *„Über die kommunale Selbstverwaltung“* von 1991 das Entscheidungsrecht über die Auferlegung von Strafen für verursachte Umweltschäden.

Seit über einem Jahr ist im Rahmen der Reformierung des Selbstverwaltungsrechts eine Erweiterung der kommunalen Aufgabenzuständigkeit geplant (Stand: Mitte 2006), die sich auch auf umweltrechtliche Bereiche erstrecken soll. Problematisch ist, dass mit der Ausweitung der Umweltverwaltungskompetenzen zugunsten der örtlichen Selbstverwaltung auch die Aufgabenfinanzierung zulasten der Kommunen ausfallen wird. Die Reformvorschläge[657] sind daher einerseits zwar als Ansatz für die dadurch bewirkte stärkere Unabhängigkeit der kommunalen Gebietskörperschaften von den übergeordneten Verwaltungseinheiten zu begrüßen. Andererseits lassen die Reformen aber auch Raum für den Verdacht, dass sich die föderale Ebene einer aufwendigen und teuren Aufgabe entledigen will. Sofern daher mit der Zuweisung neuer Kompetenzen im Bereich der Umweltverwaltung auf der lokalen Ebene nicht auch neue Finanzierungsmöglichkeiten der Selbstverwaltung zur Wahrnehmung dieser neuen Aufgaben eröffnet werden, ist eine effektive Umweltverwaltung auch hier von vorneherein zum Scheitern verurteilt. Diesbezüglich könnte an eine lokale Emissionsabgabenerhebung zu denken sein. Zusammengefasst ist erkennbar, dass der Gesetzgeber den lokalen Gebietskörperschaften zwar neuerdings eine Vielzahl an Kompetenzen und Beteiligungsmöglichkeiten auch im Umweltschutz zuweist. Betrachtet man diese jedoch im Zusammenhang mit den vorrangigen Kompetenzen der Föderation und der mangelhaften finanziellen Ausstattung der Kommunen, ist erkennbar, dass die Selbstverwaltungsrechte im Bereich der Umweltverwaltung praktisch nahe an der Bedeutungslosigkeit liegen. Es bleibt abzuwarten, was der anstehenden Selbstverwaltungsreform hierzu zu entnehmen sein wird.

656 S. eingehender zum Selbstverwaltungsrecht: Schischkin, „Selbstverwaltungsrecht“; Kappeler, (Hrsg.), „Regionalismus und Nationalismus in Russland“, Baden-Baden 1996.

657 Umfassend zu den Kommunalreformansätzen auch: Tschesov, „Munizipalnaja Reforma: sootnoschenije i evoljuzija pozicij vetvej i urovnej vlasti“ (Die Kommunalreform: Zusammenhänge und Evolution der sich gegenüberstehenden Lager und Machtebenen), in: Rossijiskij ekonomitscheskij jurnal (Russländisches Wirtschaftsjournal), 5-6/2001, S. 19-38.

C. Die Vollzugsanreize: Die Aufdeckungs- und Durchsetzungswahrscheinlichkeiten

Nach dem Versuch, das System der an der Durchsetzung der Emissionsabgaben beteiligten Verwaltungsorgane und der sich daraus ergebenden Defizite darzustellen, folgt nun die ebenfalls der Vollzugsfrage zugeordnete Problematik, inwiefern die Sanktionsmechanismen geeignet sind, auf die Aufdeckungs- und Durchsetzungswahrscheinlichkeit einzuwirken.

I. Sanktionsabgaben bei Emissionsgrenzwertüberschreitungen

Sanktionen im Steuer- und Abgabensystem sollten Anreize enthalten, die Umgehung der Abgabenpflicht zu vermeiden. Diese Wirkung ist unter Zugrundelegung der ökonomischen Theorien dann zu erwarten, wenn die im Falle des Rechtsverstoßes zu erwartenden Strafen und damit verbundenen Kosten höher sind als die Kosten der Einhaltung der Emissions(-abgaben-)pflichten (rationales Nutzen- bzw. Gewinnmaximierungskalkül). Dabei werden sich die Normadressaten an der Überwachungsintensität und der Höhe der Strafen orientieren.[658]

Die schwächsten Sanktionen bestehen für den Fall der Überschreitung der Emissionsgrenzwerte. Sofern ein Emittent die Grenzwerte überschreitet, seine Emissionen aber innerhalb möglicher temporär höherer Emissionsgrenzwerte hält (die jedoch ausdrücklich behördlich vereinbart und genehmigt werden müssten[659]), ist der fünffache Abgabensatz zu zahlen. Bei einer Überschreitung auch dieser Grenzwerte, bzw. bei einem völligen Fehlen der Emissionsgenehmigung entspricht die Geldstrafe dem 25fachen Abgabensatz – allerdings unabhängig davon, wie stark die Emissionsgrenzwerte letztendlich überschritten worden sind, so dass keine tatsächliche Koppelung an die Intensität der Emissionen stattfindet. Da die Abgabensätze selbst dem Inflationsniveau nicht angepasst wurden, sind die sich hieran orientierenden Sanktionszahlungen kein Anreiz zu normgemäßem Verhalten. Sowohl die Emissions- als auch die Sanktionsabgaben liegen weit unter den zu erwartenden Vermeidungskosten (Emissionsreduktion), die bei einer Umstellung der Technologie oder dem Einhalten der Emissionsgrenzwerte anfallen würden. Auch die übrigen, bei der Bewertung der Homogenität der Emissionsabgaben im Instrumentenmix dargestellten Sanktionsmechanismen zeigen kaum Wirkung auf Unternehmen, da angesichts sozialer Missstände

658 Becker, "Crime and Punishment. An Economic Approach", in: Journal of Political Economy, 1968, S. 169 ff.

659 S. Kapitel 1 zur Emissionsgenehmigung und den temporären Sonderemissionsgrenzwerten auf S. 108 f.; 152 f.

sanktionierende Betriebsschließungen nicht im Interesse der Behörden liegen. Somit macht sich die unternehmerische Praxis die Zweitrangigkeit ökologischer Interessen in der Gesetzgebung unmittelbar zunutze.

Die bereits in Kapitel 2 erörterten Sanktionen für erhebliche Verstöße gegen das Umweltrecht ergeben sich im Wesentlichen aus Art. 246 ff. des Strafkodexes RF, insbesondere für Schadstoffemissionen in die Luft aus Art. 251 Strafkodex RF, daneben aus Art. 75 USG, Art. 31 LuftSchG sowie aus Kapitel 8 des VerwaltungsstrafG RF und richtet sich dort für Geldstrafen nach Sätzen, orientiert am sogenannte Mindestlohneinkommen. Da auch hier die Anpassung an das Inflationsniveau von 1998/99 nicht stattgefunden hat, sind die tatsächlichen Strafsätze gering und nicht geeignet, die Durchsetzung der umweltrechtlichen Vorschriften zu fördern. Daneben stellen die Stilllegung oder Beseitigung einer Emissionsanlage einschneidendere Sanktionen dar, die oben bereits angesprochen wurden, deren Durchsetzung nur in Ausnahmefällen unter gerichtlicher Anordnung möglich ist, Art. 34 USG. Damit haben die Umweltbehörden kein eigenes Ermessen, so dass die Rechtsprechung, der es vorwiegend an Sachnähe mangeln wird, mit der Entscheidung betraut wird. Der hierbei zu erwartende Zeit- und Kostenaufwand führt in der Praxis zu einer ineffektiven Durchsetzung der strengeren Sanktionen. Es mangelt erkennbar auch hier an einer vollzugsfördernden Durchsetzungskraft.

Eine weitere Gruppe von Sanktionsmechanismen zur Durchsetzung von Emissionsabgaben bezieht sich nicht auf die Emissionsmessungen oder die Umgehung der Genehmigungspflichten, sondern auf die Nichtzahlung oder Umgehung der konkreten Abgabenpflicht. Hierzu regeln Kapitel 15 und 16 des 1. Teils des SteuerGB RF Verstöße gegen das Steuerrecht und bestimmen in Art. 114 SteuerGB als Sanktion ausschließlich Geldstrafen. Der Literatur ist hierbei nicht zu entnehmen, ob auch bereits Einwirkungen auf die zugrundeliegenden Emissionsmessungen den Tatbestand eines Steuerrechtsverstoßes im Sinne des SteuerGB erfüllen. Gemäß Art. 118 SteuerGB ist bereits die verspätete Zahlung der Steuern und Abgaben mit einer Geldstrafe von 5000 Rubeln belegt, was aber für Großemittenten der Industrie und des Energiesektors wiederum keine anreizende Wirkung hat. Gleiches gilt für die gemäß Art. 122 Abs. 1 SteuerGB vorgesehene Geldstrafe für die Nichtzahlung von Steuern in Höhe von 20% der geschuldeten Steuersumme. Sofern Vorsätzlichkeit nachweisbar ist, erhöht sich die Geldstrafe bereits auf 40%. Verweigert ein Steuer- oder Abgabenpflichtiger den zuständigen Behörden die erforderlichen Dokumente oder sonstige Datengrundlagen, sieht demgegenüber Art. 126 Abs. 1 SteuerGB eine mehr als symbolische Geldstrafe in Höhe von 50 Rubeln je Dokument vor. Insgesamt bieten damit weder die umweltrechtlichen noch die steuerrechtlichen Sanktionsmechanismen einen ausreichenden Kostenanreiz zur Einhaltung der Emissionsabgabenvorschriften. Vielmehr sind die milden Sanktionen und die gleichzeitig geringe Aufdeckungswahrscheinlichkeit ein ökonomischer Anreiz für stark emittierende Unternehmen, die Emissionsvorschriften zu umgehen.

Bis 1999 waren im Steuerrecht kaum Sanktionsmechanismen für Steuervergehen geregelt. Eine der wichtigsten Änderungen durch die Einführung des 1. Teils des russischen Steuergesetzbuches betraf daher die Stärkung der Steuerbehörden gegenüber Abgabenrückständen oder -nichtzahlungen durch die Einführung der Möglichkeit der Pfändung von Bankkonten ohne gerichtliche Verfügung. Allerdings trafen Steuerbehörden hinsichtlich der Höhe von Steuerzahlungen vielfach willkürliche Entscheidungen.[660] Insofern wurden die staatlichen Akteure auch als „aktive Erpresser" von Zuwendungen bezeichnet, da Unternehmen nur hierdurch Abgabenermäßigungen oder eine Umgehung von Sanktionszahlungen erzielen konnten.[661] Aufgrund solcher Tendenzen enthält das SteuerGB nun auch Sanktionsregeln für Steuerbeamte, die ohne ersichtlichen Grund entstandene Abgabenpflichten nicht durchsetzen. Trotz der grundsätzlich geeigneten Sanktionsmechanismen ist es zu einer starken Umgehungspraxis gekommen. Allgemeine Studien haben ergeben, dass Steuerbehörden weniger an der Durchsetzung einer starken Steuerdisziplin als an der Aufdeckung einfach nachzuweisender, offensichtlicher Steuervergehen interessiert sind.[662] Auch der russische Fiskalföderalismus und die behördlichen „Rivalitäten" um regionale Steuereinnahmen zwischen einzelnen administrativen Einheiten, sowohl zwischen verschiedenen Fachbehörden als auch zwischen den unterschiedlichen föderativen Ebenen einer Behörde, ist Grund der schwachen Durchsetzung.[663] In der Russischen Föderation hat sich durch diese Vollzugsdefizite, insbesondere im Steuerrecht, eine Umgehungspraxis etabliert, die bereits Gegenstand wissenschaftlicher Untersuchungen war und im Folgenden in Bezug auf das Vollzugsdefizit im russischen Emissionsabgabensystem entsprechend eine große Rolle spielt.

660 Pleines, „Steuerhinterziehung in Russland", in: Höhmann/Fruchtmann/Pleines, Das russische Steuersystem im Übergang – Rahmenbedingungen, institutionelle Veränderungen, kulturelle Bestimmungen, Bremen, 2002

661 Dubovik, "Issledovanije korruptionnovo ekologitscheskovo lizensirovanija" ("Die Erforschung der Korruption bei ökologischen Genehmigungen/Lizenzen"), Juriditscheskii Mir (Juristische Welt), 2003, Nr. 3, S.45-53.

662 Bonus, „Marktwirtschaftliche Instrumente als Alternative zu hoheitlichem Vollzug", in: Barz, Wolfgang, u.a. (Hrsg.), „Vollzugsfragen im Umweltschutz", Münster 1994, S. 13 ff.

663 Allgemein hierzu Bell, „Der fiskalische Föderalismus in der Rußländischen Föderation. Finanzwissenschaftliche Analyse der föderalen Neuordnung in einer Transformationsökonomie", Baden-Baden, 1998, S. 296 f.

II. Die Umgehungspraxis

Zur Erklärung der regen Umgehungspraxis existieren verschiedene wirtschaftswissenschaftliche Erklärungsansätze. Einerseits verweisen Vertreter der Neuen Institutionenökonomie[664] auf die vergleichsweise starken indirekten Anreize und geringen Risiken von Umgehungen in den Sanktionsmechanismen des russischen Steuerrechts. Aber auch die verhältnismäßig hohe Gesamtsteuerlast und die Rechtsunsicherheit im Steuerrecht (unklare Rechtsbegriffe, Vielzahl untergesetzlicher Regelungen, Widersprüchlichkeiten, fehlende Auslegungs- und Ausführungsvorschriften für die Steuerbehörden, etc.[665]) fördern neben den nur geringen Sanktionskosten das Umgehungsverhalten der Unternehmen.[666] Anders formuliert, übersteigen die Kosten der Steuerehrlichkeit den Nutzen einer Steuerumgehung nicht nur geringfügig.[667] Gegenüber dem institutionenökonomischen Ansatz, der dem Steuerzahler eine rationale Folgenabschätzung unterstellt, weisen sozialwissenschaftliche Untersuchungen sogar auf tradierte Einstellungs- und Verhaltensmuster in der Unternehmenskultur Russlands hin.[668] Insbesondere die Rolle personalisierter Beziehungen zwischen staatlichen Akteuren und der Wirtschaft wird von diesem Ansatz zur Erklärung der starken Umgehungspraxis in der Russischen Föderation herangezogen. Seit 2002 greifen Steuerrechtsreformen diese Argumente auf und versuchen mithilfe klarer Kompetenzen der Steuerbehörden,[669] insbesondere der Steuerpolizei sowie durch starke Vereinfachungen des gesamten Steuerrechts, die steuerliche Umgehungspraxis einzudämmen.

In Bezug auf die Emissionsabgaben bestehen die Umgehungsanreize aus verschiedenen Gründen. Ein wesentlicher Grund der Umgehungspraxis ist das immer noch teilweise Auseinanderfallen der Erhebungs- und Kontrollkompetenzen. Derzeit liegt die Erhebungskompetenz für Emissionsabgaben bei der

664 S. bereits oben S. 208 ff.

665 Diese Mängel in den Rechtsgrundlagen bewirken eine sehr hohe Ineffizienz der Steuerbehörden. OECD, "Economic Surveys 1999–2000. Russian Federation", Paris 2000, S. 103.

666 Pleines, „Steuerhinterziehung in Russland", in: Höhmann/Fruchtmann/Pleines, Das russische Steuersystem im Übergang – Rahmenbedingungen, institutionelle Veränderungen, kulturelle Bestimmungen, Bremen, 2002, S.203 f.

667 Jakovlev, „Potschemu v Rossii vosmoshem besriskovyi uchod of nalogov?" (Warum ist in Russland die Steuerumgehung so leicht/risikolos?), in: Voprosui ekonomiki 2000, Nr. 11, S. 134-152.

668 Basierend auf einer empirischen Studie: Busse, "The embeddedness of tax evasion in Russia", in: Ledeneva/ Kurkchiayn (Hrsg.), Economic crime in Russia, Den Haag 2000, S. 129, 139 f.; vor allem bei: s. FN 666.

669 Daneben wurden international finanzierte Projekte zur Verbesserung der steuerlichen Datenverarbeitung durchgeführt, u.a.: World Bank, „Russia – Tax Administration Modernization", www.worldbank.org.ru/eng/projects; sowie EU-TACIS: Retraining and educational support for the Ministry of Tax of the Russian Federation, www.europa.eu.int/comm/external_relations/ceeca/news/03_11_00.htm.

staatlichen Technik- und Atomaufsicht (Rostechnadsor). Demgegenüber ist für die Abgaben*hinterziehung* allein die Steuerpolizei zuständig. Damit liegt auch die unmittelbare Sanktionskompetenz für die Umgehung der Abgabenkompetenz nicht bei der Erhebungsbehörde. Die sich daraus ergebenden Kommunikations- und Informationsdefizite vermindern eine effektive Durchsetzung. Weitere Umgehungsanreize bestehen aufgrund der selbst in der höchstrichterlichen Rechtsprechung bestehenden Unsicherheit zur Frage der Zulässigkeit des geltenden Emissionsabgabenrechts. Dies spiegelt sich auch in der noch immer ausstehenden Umsetzung der Reform des Emissionsabgabenrechts.

Zu unterscheiden sind bei den im Folgenden kurz erläuterten Umgehungspraktiken das sogenannte Bargaining, Lobbytätigkeiten im Rahmen von Steuerrechtsetzung sowie Barter, die Nichtzahlung von Abgaben und die Steuerhinterziehung.

1. Das „Bargaining"

Viele Unternehmen entziehen sich der Zahlung ihrer Emissionsabgaben durch sogenanntes bargaining – legale informale Absprachen auf lokaler und regionaler Ebene.[670] Entsprechend der Anordnung N 77 ist allerdings eine Herabsetzung oder Aussetzung der Emissionsabgabenpflicht auf Antrag zulässig.[671] Dabei werden zwischen Betreibern emittierender stationärer Emissionsquellen und den zuständigen regionalen oder lokalen Behörden Abgabenvergünstigungen, Steueraufschübe oder Steuerbefreiungen „ausgehandelt". Auf diese Möglichkeit wird zurückgegriffen, wenn ein emissionsabgabenpflichtiges Unternehmen für die Aufrechterhaltung der sozialen Infrastruktur einer Region aus sozialen Gründen wichtig ist. Die Absprachen können neben der sozialen Abhängigkeit der Regionen vom Erhalt der Wirtschaftskraft durch private Unternehmen aber auch noch einen anderen Grund haben: Mangels fachlich, insbesondere technisch oder naturwissenschaftlich, ausreichend ausgebildeten Personals haben die Behörden hinsichtlich der tatsächlichen Schadstoffemissionen ein erhebliches, kaum zu deckendes Informationsdefizit. Durch Abspra-

670 S. hierzu bzgl. Russland: Höhmann/Fruchtmann/Pleines (Hrsg.), „Das russische Steuersystem im Übergang – Rahmenbedingungen, institutionelle Veränderungen, kulturelle Bestimmungsfaktoren", Bremen 2002, S. 121 ff., 155 ff., 174 ff. Allgemeiner zu dieser Problematik bei Dreier, „Informales Verwaltungshandeln", in: Staatswissenschaften und Staatspraxis 1993, S. 647-681; Cansier, „Informal-kooperatives Verwaltungshandeln im Umweltschutz aus ökonomischer Sicht", in: Hill/Hof (Hrsg.), Wirkungsforschung zum Recht II – Verwaltung als Adressat und Akteur, Baden-Baden 2000, S. 285 ff.

671 Anordnung vom 26.1.1993; die methodische Instruktionsregel ist in Form der letzten Änderungen vom 15.12.2000 in Kraft.

chen und Aushandlungen lässt sich dieser Mangel umgehen und der für die Messungen und Kontrollen erforderliche Verwaltungsaufwand vermeiden. Eine Dokumentation der tatsächlich emittierten (THG-)Schadstoffmengen fehlt dann allerdings. Im Sinne eines lokalen Kosten-Nutzen-Kalküls erscheint diese Vorgehensweise zumindest für einen Teil der Emissionsabgaben als der günstigere Weg. Vergleichbar ist diese Vorgehensweise nach deutschem Verständnis etwa mit dem Abschluss eines öffentlich-rechtlichen Vertrages über die Höhe einer öffentlichen Abgabenpflicht. Hinzuzufügen ist noch, dass durch diese Verhandlungslösung auch das Risiko einer gerichtlichen Auseinandersetzung vermieden wird, die den lokalen und regionalen Haushalten für die Verfahrensdauer vorläufig die Abgabeneinnahmen entziehen würde, ohne dass wenigstens ein erfolgreicher Ausgang und eine Nachzahlung gesichert wären. Unklar ist, welche Regelung für solche behördlichen Verhandlungslösungen die zulässige Ermächtigungsgrundlage bildet. Ein für den Abschluss eines öffentlich-rechtlichen Vertrages erforderlicher Ermessensspielraum der Behörden, wie er nach deutschem Verwaltungsrechtsverständnis bekannt ist, lässt sich so im russischen Recht gerade nicht finden. *Steuer*rechtliche Absprachen über die zu zahlenden *Steuern* sind nur dann zulässig, wenn eine ausdrückliche gesetzliche Ausnahmeregelung vorliegt. Diese Einschränkung gilt aber gerade nicht für *Abgaben*. Sollte dieser Grundsatz aber auf die allgemeinen Abgaben erstreckt werden, stellt zumindest die Verordnung N 77 eine Ermächtigung dar, auch wenn der darin zugestandene behördliche Ermessensspielraum in dieser Form dem russischen Verwaltungsrecht bislang noch fremd ist. Damit ist das für Unternehmen zulässige Aushandeln der Emissionsabgabenlast rechtlich legitimiert,[672] steht aber in Widerspruch zu den Bemühungen um eine Verringerung des Vollzugsdefizits bei den Emissionsabgaben.

2. Lobbyismus

Insbesondere die industriellen Großkonzerne und die Erdölindustrie versuchen durch aktive Lobbytätigkeit günstige Ausnahmeregelungen im Steuerrecht zu erreichen. Dies bewirkt u.a. eine relativ schwache Stellung der Emissionsabga-

672 Im Jahre 1996 waren etwa 2500 Unternehmen von der Zahlung der Emissionsabgaben ganz oder teilweise befreit (darunter wiederum Großkonzerne auch der Erdölindustrie). Für viele Unternehmen hat dabei gerade auch das „erfolgreiche" Aushandeln anderer Unternehmen erst einen Umgehungsanreiz begründet. S. bei Komarov/Husnutdinov, „Analiz dejatelnosti territorialniuch komitetov po ochrane okruschajuschej sredui sistemy goskomekologij Rossii" (Analyse der Tätigkeit territorialer Umweltorgane im System der Umweltkommission Goskomekologia), 1998.

ben im Steuersystem und erklärt die Ablehnung der Einführung von CO_2-Steuern im Klimaschutzrecht.[673] Besonders starken Einfluss hat diese Lobby in der Duma und den regionalen Parlamenten.[674]

3. Zahlungsverweigerung gegenüber dem staatlichen Steueranspruch

Die schlichte Nichtzahlung von Steuern und Abgaben führt für den Staatshaushalt zu einem gravierenden Einnahmenausfall. Die für Nichtzahlung angesetzten Geldstrafen werden von vielen Unternehmen dabei über die Jahre hinweg summiert, der staatliche Steuer- und Abgabenanspruch nicht effektiv durchgesetzt. Dadurch haben sich trotz der anfänglichen Geringfügigkeit der „symbolischen" Abgaben für einige Unternehmen sehr hohe Abgabenschulden angehäuft. Die Gründe für die Zahlungsverweigerungen liegen entweder in der wirtschaftlichen Schwäche eines Unternehmens oder sind auf eine bewusste unternehmerische Entscheidung zurückzuführen. Im ersten Fall wird über sogenannte Restrukturierungsprogramme versucht, einen langfristigen, realisierbaren Rückzahlungsplan zu entwerfen und umzusetzen. Problematisch ist, dass hierzu zwar eine rechtliche Offenlegungspflicht für das Unternehmen besteht, in der Praxis die Behörden aber die bereits erwähnten Schwierigkeiten haben, die tatsächliche Solvenz zu ermitteln. Im Falle bewusster Zahlungsverweigerung stehen den Hoheitsträgern als Sanktionsmechanismen zwar eine vorübergehende Betriebseinstellung oder eine völlige Schließung zur Verfügung. Die Durchsetzung dieser Instrumente ist in der Praxis jedoch immer aushandelbar und wird aufgrund der Unverhältnismäßigkeit selten verhängt.

4. Die Steuerhinterziehung

Unter Steuerhinterziehung wird die illegale Manipulation von Informationen gegenüber den Steuerbehörden zur Erzielung einer geringeren Steuerlast verstanden. Da im Rahmen von Emissionsabgaben nur stichprobenweise Unter-

673 Studien zur Einführung sogenannter Kohlenstoffdioxid-Steuern haben gezeigt, dass hier aufgrund der Inputorientierung einerseits eine starke Lenkungswirkung erreicht werden könnte, andererseits, dass je nach zukünftigem Entwicklungsszenario CO2-Steuern eine stärkere Reduktionswirkung an Treibhausgasemissionen erzielen könnten als Emissionszertifikate.

674 Es lässt sich lediglich vermuten, dass aufgrund der einflussreichen Lobbytätigkeit der Emissionsabgaben-Gesetzentwurf, dessen 3. Lesung im Mai 2005 stattgefunden hat, noch immer nicht angenommen und in Kraft gesetzt werden konnte. Vergleichbare Hindernisse stellt dies auch für die zunehmenden Rechtsetzungsaktivitäten im Bereich des Klimaschutzrechts dar.

suchungen durch die Umweltbehörden vorgenommen werden können, sind die zuständigen Erhebungsbehörden hier auf die Informations- und Berichtspflichten (Kooperationspflichten) der Anlagenbetreiber angewiesen. Da aufgrund der Vielzahl besteuerter Schadstoffe sowie des Mangels an Fachpersonal in den Behörden die Aufdeckungswahrscheinlichkeit manipulierter Schadstoffemissionswerte sehr gering ist, ist diese Abgabenumgehung in Form indirekter Steuerhinterziehung weit verbreitete Unternehmenspraxis.[675]

5. Bartergeschäfte

Mit Bartergeschäften[676] sind Aufrechnungsabreden und Tauschvereinbarungen gemeint. Sofern ein Unternehmen seiner Zahlungsverpflichtung bezüglich Emissionabgaben in der Weise nachkommt, dass es wertäquivalente Güter liefert (beispielsweise Wärmeenergie, Strom) – im Grunde also die Aufrechnung mit Gegenforderungen erklärt –, spricht man von Barter.[677] Bartergeschäfte wurden Anfang 1998 auf föderaler Ebene gesetzlich verboten.[678] Die auf lokaler und regionaler Ebene stattfindenden, teilweise zulässigen Barter sind eine Ursache der Steuerausfälle und Steuerrückstände der lokalen Budgets gegenüber dem föderalen Haushalt.[679] Für russische Unternehmen bieten Bartergeschäfte eine Möglichkeiten, sich auf letztendlich „rechtmäßige" Weise doch noch effektiv ihrer Abgabenpflicht zu entziehen. Insofern sind die auf föderaler Ebene in Aussicht gestellten Sanktionsmechanismen auf regionaler und lokaler Ebene kaum von Bedeutung.

Als Bartergeschäfte gelten aber auch Tauschgeschäfte zwischen Unternehmen, um im Rahmen indirekter Umweltabgaben, insbesondere der Ressourcen-

675 Allgemein zur Steuerhinterziehung in Russland: Michaelev/Danikov/Kasjatina, „O kvalifikacii nalogovuich prestuplenii i pravonarushenii" (Über die Einordnung von Steuerstraftaten und sonstigen steuerlichen Rechtsverstößen), in: Nalogovyi vestnik 2000, Nr. 9.

676 Jakovlev, „Barter kak sredstvo suschestvovanija proizvodstvennovo biznessa v rossijskoj perechodnoj ekonomike" (Barter als Existenzmaßnahme der Unternehmenswirtschaft in der russischen Wirtschaftstransformation), Politekonom, Moskau 2001; Höhmann/Fruchtmann/Pleines (Hrsg.), „Das russische Steuersystem im Übergang – Rahmenbedingungen, institutionelle Veränderungen, kulturelle Bestimmungsfaktoren", Forschungsstelle Osteuropa, Bremen, 2002, S. 201 f.

677 Jakovlev, „Barter kak sredstvo suschestvovanija proizvodstvennogo bisznesa v rossijskoj perechodnoj ekonomike gody" (Barter als Existenzmaßnahme der Unternehmenswirtschaft in der russischen Wirtschaftstransformation), Politekonom, Moskau 2001.

678 Heinrich, „Das Steuerverhalten der russischen Erdölindustrie", in: Höhmann/Fruchtmann/Pleines (Hrsg.), „Das russische Steuersystem im Übergang – Rahmenbedingungen, institutionelle Veränderungen, kulturelle Bestimmungsfaktoren", Forschungsstelle Osteuropa, Bremen, 2002, S. 121 ff., 127.

679 Tambovtsev, „Tax Avoidance and Tax Arrears", St. Petersburg 2000, S. 10.

steuern und -abgaben, die sich am Unternehmensgewinn orientieren, nur möglichst geringe Steuern zahlen zu müssen. Mithin geht es um Scheingeschäfte zwischen Unternehmen, bei denen offiziell niedrigere Tauschwerte angegeben werden und somit eine Reduzierung des deklarierten Umsatzes und Gewinnes stattfindet. Diese Form des Barters findet vor allem bei Verbrauchsteuern statt, insbesondere für kohlenstoffhaltige Kraftstoffe wie Erdöl, Erdgas und Kohle.[680]

Zusammenfassung:
Die dargestellten Umgehungsmöglichkeiten der Emissionsabgabenpflicht verstärken die schwache Durchsetzungskraft der Verwaltungs- und Vollzugsregeln im Bereich der russischen Umweltabgaben. Sie sind damit ein Indiz des mangelnden gesetzgeberischen Willens einer effektiven Durchsetzung der Emissionsstandards und Emissionsreduktionen.

III. Vollzugshindernisse durch Selbstveranlagung und Mängel bei der Rechnungslegung

Grundsätzlich sind die abgabenpflichtigen Emittenten im Rahmen der Selbstveranlagung zur Ermittlung der Emissionen verpflichtet. Bei behördlichen Kontrollen besteht zusätzlich eine Mitwirkungspflicht, bei welcher der Emittent auch verpflichtet ist, seine Anlage für Messbeauftragte und Kontrollen zugänglich zu machen, Art. 66 USG. Diese Mitwirkungspflicht wirkt sich insofern vollzugsstörend bzw. -hindernd aus, als aufgrund des hochkomplexen Verfahrens zur Bestimmung des Emissionsumfanges und der Abgabensätze den Behörden eine Kontrolle der durch die Unternehmen unterbreiteten Informationen kaum möglich ist. Die Unternehmen nutzen dies durch Angabe falscher Emissionsbilanzen aus. Das sich noch in der Entwicklung und Anpassung an internationale Standards befindliche System der Rechnungslegung und Buchführung in Russland bietet russischen Unternehmen ebenfalls Umgehungsmöglichkeiten, auch in Bezug auf die Emissionsabgaben. In den ersten Jahren nach dem ökonomischen Umbruch und der Neuorientierung in Richtung freier Marktwirtschaft war die Buchführung in der Mehrzahl der russischen Unternehmen noch unterentwickelt und vielfach fehlerhaft.[681] Beispielsweise konnten gemäß der Verordnung

680 Ganeles, „Kontrol cen nalogovymi organami" (Die Preiskontrolle durch die Steuerorgane), Ekonomist 2000; Nr. 10, S. 66 ff.

681 Nikitina/Kotov, „Russia in transition: Obstacles to environmental protection", Environment, Washington 1993, S. 10 ff.

N 552 vom 5.8.1992 und der Instruktionsverordnung N 262 vom 3.3.1993 Emissionsabgaben (damals noch -steuern) als Produktionskosten abgesetzt werden, allerdings auch nur dann, wenn eine rechtswirksame Emissionsgenehmigung vorlag.[682] Mit Inkrafttreten des Steuergesetzbuches hat sich seit 1999 in diesem Bereich einiges geändert, auch wenn nach wie vor eine mangelnde Informationsstruktur zu beklagen ist. Bei der Rechnungslegung haben Unternehmen zu differenzieren, ob sich ihre Emissionen innerhalb der höchstzulässigen Grenzwerte bewegen, ob sie innerhalb der Übergangsgrenzwerte liegen oder ob sie auch diese überschreiten. Unabhängig von dieser Zuordnung sind sie, sofern sie genehmigt wurden, aus dem Gewinn des Unternehmens heraus zu zahlen.

D. Rechtsschutzmöglichkeiten bei Emissionsabgabenstreitigkeiten – Die Arbitragegerichte

I. Der Grundsatz des effektiven Rechtsschutzes

Grundsätzlich ist auch in der russischen Verfassung das Recht auf effektiven Rechtsschutz verankert: Art. 46 Abs. 2 Verf RF bestimmt, dass Entscheidungen und Handlungen bzw. auch ein Untätigbleiben von Organen staatlicher Gewalt, Organen der örtlichen Selbstverwaltung, öffentlich-rechtlicher Einrichtungen und von Amtsträgern vor einem Gericht angegriffen werden können. Sofern es zu einer Entscheidung des Verfassungsgerichts kommt, besitzt diese im russischen Recht rechtsetzenden Charakter.[683] Die gerichtliche Überprüfbarkeit sämtlicher Maßnahmen der Umweltbehörden ist in Art. 66 Abs. 3 USG ausdrücklich festgeschrieben. Die allgemeinen und besonderen Klagevoraussetzungen ergeben sich aus dem Gesetz[684] „Über die Einklagbarkeit der Verletzung bürgerlicher Freiheitsrechte durch behördliche Handlungen oder Unterlassen", welches dem russischen Bürger die Klagebefugnis gegenüber einem rechtswidrigen Tätigwerden oder Unterlassen eines Amtsträger gewährt.

Im russischen Recht sind folgende Gerichtsstände vorgesehen: Strafgerichte, Zivilgerichte und Arbitragegerichte. Letztere sind nicht mit den unter dieser Bezeichnung bekannten freiwilligen Schiedsgerichten zu verwechseln und ha-

682 Nikitina/Kotov, „Russia in transition: Obstacles to environmental protection", Environment, Washington 1993, S. 10 ff.

683 Dubovik, „Ekologitscheskoje Pravo" (Umweltrecht), Moskau 2003, S. 57.

684 Vom 14.12.1995. Konkreter dazu: Dubovik/Kremer/Lübbe-Wolff, „Ekologitscheskoje pravo" (Umweltrecht), Moskau 2005, S. 365 f.

ben mit ihnen auch nichts gemeinsam.[685] Es handelt sich vielmehr um einen Gerichtsstand für sämtliche wirtschaftsrechtlichen Streitigkeiten, unabhängig davon, ob sie dem Privatrecht oder dem öffentlichen Recht zuzuordnen sind. Der Gerichtszweig der Verwaltungs- und der Finanzgerichte befindet sich noch in der Entstehung und existiert nach europäischem Muster noch nicht im russischen Recht bzw. sind im Aufbau begriffen. Vielmehr werden die verwaltungsrechtlichen Streitigkeiten durch die Zivilgerichte sowie vorwiegend durch die Arbitragegerichte entschieden.

II. Die Arbitragegerichtsbarkeit

Die russischen „Wirtschaftsgerichte" haben ihren Ursprung im früheren sozialistisch-planwirtschaftlichen System und hatten dort gleichzeitig behördliche Funktionen.[686] Sie verhandel(te)n wirtschaftliche Streitigkeiten zwischen verschiedenen Rechtssubjekten. Eine Reform und Anpassung der Arbitrageprozessordnung an das transformierte Gerichtssystem fand 1995 durch das Gesetze „Über die Arbitragegerichte in der Russischen Föderation"[687] (ArbitrG) und das Wirtschaftgerichtsprozessgesetz[688] (APG/APO) statt. Diese wurden 1996 durch das Gesetz „Über das Gerichtssystem der Russischen Föderation" vom 31.12.1996 zusammengefasst. Der Instanzenzug ist dreistufig. Arbitragegerichte wurden auf Subjektebene, Territorialebene und Bundesebene eingerichtet. Die erste Instanz ist gem. Art. 65 der Verfassung RF das Wirtschaftsgericht der Föderationssubjekte. Das oberste Arbitragegericht fungiert gleichzeitig als sogenannte Kassationsinstanz,[689] vergleichbar der Revisionsinstanz nach deutschem Recht, dient darüber hinaus aber gleichzeitig als Aufsicht über die Untergerichte. Arbitragegerichte sind als Kollegialgerichte aufgebaut, denen ausschließlich Berufsrichter

685 Steininger, „Der Gerichtsaufbau der Russischen Föderation", Osteuroparecht 1997, S. 281 ff., 283.

686 Lipott, „Die Wirtschaftsgerichtsbarkeit in der Russischen Föderation", RIW 1996, S. 106 ff., 107.

687 Bundesgesetzessammlung SZ RF 1995, Nr. 18, Art. 1589.

688 Vom 1.7.1995, SZ RF 1995 Nr. 19 Art. 1709.

689 S. ausführlich hier auch: Starilow, „Gerichtliche Verwaltungskontrolle im System des russischen Staats- und Verwaltungsrechts", 1999, S. 57 ff., dort wird zudem erläutert, dass den Parteien mit dem Appellationsverfahren lediglich eine neue Tatsacheninstanz zur Verfügung steht, was nach deutschem Rechtsverständnis kein Rechtsmittel darstellt, da dasselbe Regionalgericht zuständig ist, das die angegriffene Entscheidung beschlossen hatte. Lippott, „Die Wirtschaftsgerichtsbarkeit in der Russischen Föderation", RIW 1996, S. 106 ff., 108 und Steininger, „Der Gerichtsaufbau der Russischen Föderation", Osteuroparecht 1997, S. 281 ff., 287 sehen hierin ein dem deutschen Widerspruchsverfahren ähnliches Verwaltungsverfahren. Dies lässt die Verknüpfung zu historischen Entwicklung und die Rolle der Arbitragegerichte im sozialistisch-planwirtschaftlichen System als gleichzeitige Verwaltungsbehörde erkennen.

vorsitzen. Es herrscht Anwaltszwang. Die Gerichtskosten betragen grundsätzlich 10% des Streitwertes. Vor einer Klageerhebung ist – ähnlich wie das deutsche Widerspruchsverfahren – die Durchführung eines außergerichtlichen Vorverfahrens erforderlich, um so die Gerichte zu entlasten.

Die Wirtschaftsgerichte Russlands (Arbitragegerichte) sind gemäß Art. 22 Arbitrageprozessordnung (APO) für Rechtsstreitigkeiten von Unternehmen im Bereich des Zivil- und Insolvenzrechts und bei verwaltungsrechtlichen Klagen gegen Verwaltungs- oder sonstige Rechtsakte sachlich zuständig. Die örtlichen Arbitragegerichte sind grundsätzlich erstinstanzlich sachlich zuständig, Art. 24 APO, wobei sich die örtliche Zuständigkeit nach dem Sitz des Beklagten richtet, Art. 25 APO. Bei den Klagen gegen Emissionsabgaben stehen vorwiegend Zuständigkeitsfragen, insbesondere die kommunalen Kompetenzen zur Gewähr von Steuerbegünstigungen,[690] in Streit.

III. Klagebefugnis und Rechtsschutzbedürfnis

Auch das russische Recht fordert für die Klageerhebung die Geltendmachung der Verletzung eines eigenen subjektiven Rechts des Klägers (Gesetz „Über die gerichtliche Anfechtung von Handlungen und Entscheidungen, die die Rechte und Freiheiten von Bürgern verletzen"[691]). Popularklagen sollen mithin auch nach russischem Recht vermieden werden. Es stellt sich somit auch in der Russischen Föderation die Frage, inwiefern gesellschaftliche Organisationen, Verbände, Umweltvereinigungen etc. aufgrund von Schadstoffemissionen gegen den entsprechenden Emittenten klagen können. Gemäß Art. 13 Abs. 1 Nr. 3 altes USG (1991) war eine Ausnahme vom Erfordernis der individuellen Rechtsverletzung für Naturschutzverbände gemacht worden. Diese waren zu einer unabhängigen Geltendmachung umweltschutzrechtlicher Belange berechtigt. Dieses Recht galt jedoch nur für als solche registrierte Umweltvereine und auch nur insofern, als es um den Ersatz von durch Umweltrechtsverstöße verursachte Gesundheits- und Vermögensschäden von Bürgern ging. Es fehlte dem alten USG RF dagegen an einer Klagemöglichkeit für Umweltschädigungen, bei denen keine unmittelbaren Schäden an Gesundheit und Vermögen von Menschen eingetreten waren, sondern wo es allein um die Wahrnehmung öffentlicher Interessen an der Erhaltung und Wiederherstellung von ökologischen Gütern ging. Diese Frage

690 Entscheidung des Föderalen Arbitragegerichts (FAG) des Volgo-vjatischen Bezirks v. 20. Januar 2003 N A79-4416/02-CK1-3756; FAG des Uralbezirks v. 28. April 2003 N F09-1172/03-AK.

691 VSND RF 1993 Nr. 19 Pos. 685.

nach dem Vorliegen der Klagebefugnis war lange umstritten, wurde von der russischen Literaturmeinung aber bejaht, in der Praxis hingegen verneint. Die Regelungslücke wurde auch durch das neue USG von 2002 nicht geschlossen. Darin sieht Art. 12 USG die Klagebefugnis von eingetragenen Naturschutzverbänden zwar allgemein vor. Auch wurde auf eine Beschränkung auf Gesundheits- und Vermögensschäden im Wortlaut verzichtet. Da das russische Umweltrecht aber insgesamt rein anthropozentrisch ausgerichtet ist, bleibt es dabei, dass die Natur und Umwelt nicht um ihres Eigenwertes Willen eingeklagt werden kann.

Bezogen auf die gerichtliche Durchsetzung von Klimaschutzaspekten ist die Entwicklung des Rechtsschutzes in der Russischen Föderation, wie auch in anderen Staaten, nach wie vor noch rückständig. Da es keine Haftungsnormen für exzessive Treibhausgasemissionen im nationalen Recht gibt und deren unmittelbare Gesundheits- und Vermögensschäden am Menschen nicht kausal nachweisbar sind, bleiben Treibhausgasemissionen noch ohne rechtliche Folgen. Sofern Behörden Emissionsabgaben einklagen wollen, ist zu berücksichtigen, dass diese, ähnlich wie im deutschen Steuerrecht, im unstreitigen Verfahren eingezogen werden können, ein gerichtliches Verfahren also keinen Suspensiveffekt auslöst. Folglich fehlt den Umweltbehörden das Rechtsschutzbedürfnis, wenn sie vor dem Arbitragegericht die Einziehung der Abgaben einklagen wollen. Den betroffenen Unternehmen steht der Klageweg gegen die Emissionsabgabenpflicht demgegenüber nach den allgemeinen Vorschriften vor den Arbitragegerichten offen.

E. Erfahrungen im Vollzug von Umweltrecht und Klimaschutz in anderen Staaten

Konstruktive Rückschlüsse auf Verbesserungsansätze beim Vollzug des russischen Emissionsabgabenrechts im Konkreten und des russischen Umweltrechts im Allgemeinen lassen sich von zwei Seiten gewinnen: einerseits aus dem Vergleich mit anderen Bundesstaaten oder Staatengebilden mit föderaler Struktur. Aus der föderalen Struktur ergeben sich Besonderheiten für den Verwaltungsaufbau eines Staates, das Verhältnis verschiedener Verwaltungseinheiten untereinander und für die entsprechenden Anforderungen an die Haushalte. Auf der anderen Seite ist die Russische Föderation durch die Transformationsphase in einer zusätzlichen besonderen Situation, für die sich ein Vergleich mit dem Vollzug von Umweltrecht in anderen Transformationsstaaten anbietet.

I. Bundesstaaten mit föderalem Gefüge: USA, Deutschland

Zu berücksichtigen bleibt bei aller Kritik an den Gründen der mangelbehafteten Umsetzung des russischen Emissionsrechts, dass weltweit im Umweltrecht ein starkes Vollzugsdefizit besteht. Dieses ist zwar nachweislich im Abgabenbereich geringer, aber empirisch evident. Hinsichtlich der Ursachen des Vollzugsdefizits in einer föderalen Struktur (Bundesrepublik Deutschland, USA, ähnlich auch die EU) könnte man zunächst vermuten, dass vor allem Parallelen zum amerikanischen Umweltverwaltungssystem erkennbar sein müssten. Der Umweltsektor scheint durch die Environmental Protection Ageny (EPA), deren föderale Untergliederungen und das Department of Energy (DOE) dominiert zu sein.[692] Tatsächlich werden aber 90% der Vollzugstätigkeit in den USA heute von den Bundesstaaten erfüllt.[693] Dies gilt insbesondere auch für die Genehmigungsverfahren. Das amerikanische Emissionsgenehmigungssystem ist ebenfalls sehr komplex. Allerdings ist die Umgehungspraxis trotz relativ geringer behördlicher Überwachungskapazitäten und niedriger Strafen in den USA verhältnismäßig gering und viele Unternehmen halten die umweltrelevanten Normen ein.[694] Dies wird auf das umfassende System an Subventionen und Steuerermäßigungen für den Fall, dass Emissionsvermeidungen angestrebt werden, zurückgeführt.[695] Ein zusätzlicher wirksamer Mechanismus vor allem in Industriestaaten sind die informellen Druckmittel, wie bspw. öffentlichkeitswirksame Umweltprozesse, das Konsumentenverhalten, etc. Derartige Mechanismen sind in Russland bisher kaum wirkungsvoll.

In Deutschland diagnostizierte der „Sachverständigenrat für Umweltfragen" bereits 1974 erstmals ein Vollzugsdefizit im Bereich der Umsetzung der umweltrechtlichen Vorschriften.[696] Seit den 90er-Jahren wird vor allem den mit dem Vollzug verbundenen Kosten stärkere Beachtung geschenkt, was breite Diskussionen über die Privatisierung und Deregulierung von Staatsaufgaben auch im

692 Dehmke, "Die Implementation von Umweltpolitik und -recht in den USA und der EU", Zeitschrift für angewandte Umweltforschung (ZAU) 2003/04, H. 1, S. 94 ff.

693 Ausführlich hierzu: Renner, „Föderalismus im Umweltrecht der Vereinigten Staaten und der Europäischen Gemeinschaft", Berlin 2002 m. w. N.

694 Russell et al., „Enforcing Pollution Control Laws", Resources for the Future", Washington, 1986; Harrington, "Enforcement Leverage when Penalities are Restricted", in: Journal of Public Economics, 1988, 37, S. 29-53. S. hierzu auch bei: www.complianceconsortium.org/public/con_001_00.html.

695 Downing/Kimball, 1982.

696 Lübbe-Wolff, „Vollzugsprobleme der Umweltverwaltung", NuR 1993, 217 f.; Mayntz, „Vollzugsprobleme der Umweltpolitik", Bonn 1978; Berendes, Das Abwasserabgabengesetz, 3. Auflage, München, 1995, S. 7.

Bereich des Umweltschutzes nach sich gezogen hat.[697] Dies betraf jedoch das Umweltverwaltungsrecht insgesamt, weniger die Emissionsabgabenregulierung.[698] Vor allem in der einzelfragenorientierten Entwicklung der Rechtsetzungsaktivitäten, die weit ins Detail gehen, wird ein Vollzugshindernis gesehen, da weder Emittenten noch Behörden über umfassende Kenntnisse und Zusammenhänge verfügen.[699]

Diesbezüglich hat der russische Gesetzgeber noch keine klare Entscheidung getroffen, welchem System die Föderation folgen wird (eine Zentralisierung birgt Vorteile für eine effektive Kontrolle; eine Dezentralisierung der Umweltverwaltung ermöglicht dagegen die Abwälzung der Kosten auf die Föderationssubjekte).

II. Vergleich mit anderen Transformationsstaaten

Ähnlich wie im russischen Emissionsabgabensystem fehlt es auch in den osteuropäischen Transformationsstaaten überwiegend an Abgaben oder Steuern, die ausschließlich eine Verringerung der THG-Emissionen zum Ziel haben. Im Rahmen der Rechtsanpassung an das Europarecht findet jedoch in diesen Staaten, anders als bei Russland, ein erhöhter politischer Druck im Bereich des Klimaschutzrechts statt. Insbesondere sind erste Gesetzesinitiativen auf den Weg gebracht bzw. angenommen, die sich auf die Besteuerung fossiler Energieträger konzentrieren.[700]

Des Weiteren existieren in den osteuropäischen Transformationsstaaten bisher keine klimaschutzorientierten Verbrauchsteuern. Je enger die Struktur einer Produktabgabe an der Verbrauchersteuer liegt, umso effizienter ist auch ihre Umsetzung.[701] Produktabgaben und Verbrauchsteuern sind vielmehr ein verhältnismäßig neues Instrument der osteuropäischen Umweltabgabenpolitik. Als einzige Ausnahme gilt hier das ungarische Verbrauchsteuersystem, aber auch in

697 Berendes, „Das Abwasserabgabengesetz“, 3. Auflage, München, 1995, S. 7.

698 Ebenda.

699 Lahl, "Das programmierte Vollzugsdefizit. Hintergründe zur aktuellen De-Regulierungsdebatte", in: Zeitschrift für Umweltrecht, 1993, 6, S. 580-588.

700 Hier ist beispielsweise Solvenien zu nennen, das bereits eine CO2-Steuer eingeführt hat.

701 Klarer, "Economic Instruments and Environmental Funds for Environmental Policy in CEE", in: Schlegelmilch, Green Budget Reform in Europe, 1999, S. 201 ff. (212).

Estland, Slovakien und Lettland wurden die ersten produktbezogenen Umweltabgaben erlassen,[702] allerdings noch nicht im Bereich des Klimaschutzes.

Die in den übrigen osteuropäischen Staaten vorherrschenden Umweltsteuersysteme sind entweder linear (so in Russland) oder progressiv ausgestaltet. In sämtlichen osteuropäischen Transformationsstaaten sind die Abgabensätze für Schadstoffemissionen linear gehalten, mit Ausnahme von Litauen und der Slowakei, wo sie progressiv gestaltet wurden. Außerdem haben neun von zwölf osteuropäischen Transformationsstaaten ähnlich wie Russland ein sogenanntes two-tiered system, d. h. verschiedene Abgabensätze für Emissionen unter oder über einer bestimmten Emissionsgenehmigung oder dem jeweiligen Grenzwert, einige höherliegend, aber mit temporärem Charakter.[703]

Weiterhin haben sich die Gesetzgeber osteuropäischer Staaten – wie in Russland – nicht auf wesentliche Hauptschadstoffe konzentriert, sondern besteuern in einer Art „Übereifer" so viele schädliche Substanzen wie möglich.[704] Wie auch in der Russischen Föderation ist die Anzahl der Schadstoffe, die dabei durch ein Umweltabgabensystem abgedeckt werden, um ein vielfaches höher als in den westlichen Industrienationen (bei Luftverschmutzung werden in Russland beispielsweise ungefähr 300 Schadstoffe, in Polen 30 Kategorien von Schadstoffen und Litauen 47 Schadstoffe besteuert).[705] In der Ausgestaltung der Emissionssteuern und -abgaben bestehen ebenfalls ähnliche Rechtsprobleme in Osteuropa, wie in der jüngsten Rechtsprechung der Russischen Föderation und ursprünglich auch im Grundsatz in Westeuropa: die formal-rechtliche Zuordnung, insbesondere das Kriterium der Gegenleistungsbezogenheit als Abgrenzungsfrage zwischen Steuern und Abgaben; die Kollision mit verfassungsrechtlich geschützten Eigentums-, Berufs- oder Gleichheitsrechten sowie schließlich auch mit der Leistungsfähigkeit.

---

702 Ders., S. 210.

703 Vincent/Farrow, "A Survey of Pollution Charge Systems and Key Issues in Policy Design", in: Controlling pollution in transition economies: theories and methods, Cheltenham 1997, S. 29, 30 ff., 32. Ausnahmen: Bulgarien: uniform non-compliance fee system; Ungarn: progressiv non-compliance fee system.

704 Ebenda, S. 27 f. Sieben ehemalige Ostblock- und heutige Transformationsstaaten besteuern allein bei der Luftverschmutzung mehr als 200 Schadstoffe.

705 „Experience with Environmental Taxation of Economies in transition", www.rec.org/REC/Publications/PaperSeries/Paper1/experience2.html.

Resümee: Die Effizienzfrage – Bewertung und Ausblick zu den russischen Emissionsabgaben im Kontext der Klimaschutzpolitik

Unter Bezugnahme auf das eingangs als Zielorientierung aufgestellte Effizienzraster, sollen zusammenfassend die wesentlichsten Erkenntnisse sowie ein Ausblick auf die Entwicklungstendenzen der Emissionsabgaben in der russischen Klimaschutzpolitik gegeben werden.

I. Rechtliche und tatsächliche Wirksamkeit (Effektivität und Treffsicherheit)

Ausgangspunkt der Kritik ist, dass das gesamte russische Umweltrecht ausschließlich anthropozentrisch orientiert ist und ein effektiver klimaschutzpolitischer Ansatz sich dadurch schwerlich einbringen lässt. Im Übrigen besitzt das russische Emissionsabgabenkonzept in seiner *theoretischen* Konzeption eine durchaus höhere ökologische Effektivität und Treffsicherheit als die bekannten Modelle der vorwiegend westeuropäischen Staaten. Insbesondere kommt sie dem Ideal der Pigou-Steuer am nächsten und bietet damit eigentlich die Möglichkeit einer vollständigen Internalisierung der negativen externen Effekte. Eine bloß theoretische Betrachtung verbietet sich jedoch – die tatsächliche Wirksamkeit der russischen Emissionsabgaben zeichnet ein anderes Bild: Wie bereits mehrfach erwähnt, machen Emissionsabgaben in Russland nur einen sehr geringen Anteil hoheitlicher Einnahmen aus und bilden aufgrund ihrer viel zu niedrigen Abgabensätze auch keinen Lenkungsanreiz. Hier fehlt es am politischen Willen, die Abgabensätze anreizorientiert zu erhöhen. Entsprechend den Untersuchungen von Vertretern der Neuen Institutionenökonomik erfordern ökonomische Instrumente außerdem einen funktionierenden Markt, auf dem die hoheitlichen Zuständigkeiten als auch die privatrechtlichen Pflichten erkennbar sind. Daran fehlt es in der Russischen Föderation teilweise noch.

Eine Anpassung der Abgabensätze an die Inflation erfolgte bis heute nur unzureichend. Im Allgemeinen kann man das Polluter-Pays-Prinzip im russischen Emissionsabgabenrecht hinsichtlich der Treibhausgasemissionen momentan noch als nicht umgesetzt betrachten. Wie schon mehrfach erwähnt, verlor das in seinem Ansatz hochdifferenzierende mit grundsätzlich hoher theoretischer ökologischer Treffsicherheit verbundene Abgabensystem durch die Nichtanpassung an die Inflationsindizes seine Wirkungskraft: Zwischen 1992 und 2000 hätten die Abgabensätze bei proportionaler Angleichung an die Inflation um das 900-fache erhöht werden müssen, tatsächlich wurden sie aber nur um etwa das 9-fache angehoben. Zwar wurden die Abgabensätze für Schadstoffemissionen bereits seit 1993 jährlich mit einem entsprechenden Inflationskoeffizienten verrechnet, dieser lag jedoch seit 1998 um ein Vielfaches unter der tatsächlichen Inflationsrate.[706] Dadurch sind die Emissionsabgaben – mit und ohne Klimaschutzrelevanz – zu einer eher symbolischen Abgabe degradiert worden, deren Anpassung der Gesetzgeber jedoch angesichts der vorrangigen volkswirtschaftlichen Ziele scheut.

Eine demgegenüber positive Entwicklung ist in der zunehmend stärkeren Differenzierung zwischen stationären und mobilen Emissionsquellen zu sehen. Hervorzuheben ist ebenso, dass seit der Einführung von Emissionsabgaben auch Kerosin für Inlandflüge besteuert wurde, der Besteuerungssatz allerdings verhältnismäßig niedrig ist und keine ökologische Anreizwirkung entfalten soll. Trotzdem ist die Berücksichtigung von Kerosin bei der ökologisch motivierten Kraftstoffbesteuerung eine in anderen OECD-Staaten, insbesondere der EU, noch fehlende und vor allem politisch hoch umstrittene Entwicklung. Kritisch ist allenfalls anzumerken, dass anstelle der Kerosinbesteuerung in Russland eine abgabenrechtliche Regulierung über Start- und Landegebühren oder andere ökonomische Instrumente ebenso oder noch effektiver wären.

Positiv, aber entwicklungsfähig ist, dass sich der Kreis der Adressaten bei jeder Reformetappe erweitert hat. Mittlerweile werden, wenn auch sehr niedrig, Emissionsabgaben teilweise von Privathaushalten gefordert, wo es jedoch aufgrund der reinen Symbolkraft der Abgabe an einer Anreizwirkung fehlt.

Ein weiterer allgemein-rechtlicher Problembereich berührt die ökologische Treffsicherheit der russischen Emissionsabgaben nachhaltig: Ein signifikanter Teil[707] der russischen Rechtsnormen hat einen rein deklaratorischen Charakter und ist nicht durch entsprechende untergesetzliche Rechtsakte konkretisiert worden; insbesondere mangelt es an einer Verwaltungsausführung. Als Hauptgrund gelten, wie aufgezeigt, die unklare Abgrenzung der Zuständigkeiten

706 Laut OECD betrug dieser Koeffizient 111 im Jahr 2002, was gegenüber einer faktischen Entwertung des Rubels um einen Koeffizienten von 1000 gerade mal etwa einem Neuntel entspricht, OECD, „Reform of pollution charges in the Russian Federation: assessment of progress and opportunities and constraints for further improvement", Paris, 2004, S.10.

707 Meissner zufolge etwa ein Drittel der gesetzlichen und untergesetzlichen Regelungen ; s. Meissner, „Rechtliche Grundlagen des Umwelt- und Naturschutzes in Russland", Berlin, 2002.

zwischen der Föderation und ihren Subjekten.[708] Zusätzlich steht aber auch ein Großteil der umweltschutzrechtlichen Normen im Widerspruch zum geltenden Wirtschafts- und Zivilrecht. Auch bewirkt die exzessive Regelungsfülle mittlerweile, dass selbst Fachleute sie nicht mehr überblicken können.

II. Kosteneffizienz

Auch die Kosteneffizienz ist vorwiegend negativ zu bewerten, da insbesondere der administrative Aufwand angesichts des hochkomplexen Emissionsgrenzwert- und Emissionsgenehmigungssystems sehr hoch ist.

Sämtliche OECD-Staaten, das Modell der EU und auch die Erfahrungen mit Emissionsabgaben in den USA zeigen, dass eine Konzentration auf wenige Schadstoffe und damit eine klare Struktur der angewandten Kontroll- und Messmethoden einen effizienteren Weg versprechen als ein nicht umsetzbares, in seinen Absichten den theoretischen Grundlagen jedoch am nächsten kommendes Emissionsabgabenrecht. Die praktische Nichtumsetzbarkeit der Pigou-Steuer wurde nachgewiesen und in der Umweltökonomie beispielsweise durch Pareto-Optimalität, Kaldor-Hicks-Kriterium und den Buchanan-Tullock-Ansatz als optimale Annäherungen an das Ideal weiterentwickelt. Für eine effektive Klimaschutzpolitik durch Emissionsabgaben sollte der russische Gesetzgeber die überschaubare Zahl der Treibhausgase in den größten Emissionsbereichen abdecken und dabei auf einen input-orientierten und nicht output-orientiert Ansatz zurückgreifen. Letzterer ist aufgrund der administrativ komplizierten Genehmigungs- und Überwachungsverfahren volkswirtschaftlich zu kostspielig. Immerhin ist eine Tendenz in Richtung einer stärkeren Konzentration auf ausgewählte Schadstoffe in den Reformen der letzten Jahre zu beobachten. Verfolgt man die Entwicklung der Emissionsabgabengesetzgebung seit 1991,[709] sind drei, eventuell vier Entwicklungsetappen erkennbar: Ausgehend von dem hochdifferenzierten Abgabenkonzept von 1991 hat bereits die erste Reform 1992–93 eine Erleichterung durch die Verminderung der besteuerten Schadstoffe bewirkt. Diese Tendenz setzte sich fort in der Gesetzgebung zwischen 2000 und 2002 und mündet schließlich in die letzte Reform, an deren Ende 2003 die Verordnung N 344 stand. Durch diese Verordnung wurde die Fülle an besteuerten Schad-

708 Bednyj et al 2001, 26.

709 S. zur Entwicklung auch: Lazajev/Lipatov, „Reschenje ekologitscheskich problem v Rossiiskoj Federacii s pomotschje ekologitscheskovo naloga“ (Die Lösung ökologischer Probleme der Russischen Föderation mithilfe von Umweltsteuern), Moskau 1998.

stoffen vor allem im Bereich der Luft- und Wasserverschmutzung wesentlich verringert und versucht, eine administrierbare Übersichtlichkeit in diesen Bereich einzubringen.

Wie in vielen anderen Staaten mangelt es auch im russischen Gesetzgebungsverfahren und späteren Gesetzesvollzug vor allem an einer Kosten-Nutzen-orientierten Rechtsfolgenabschätzung. Allerdings scheinen sich die in den Implementationsforschungen bekannten Formen der Gesetzesfolgenabschätzungen[710] in russischen wissenschaftlichen Fehleranalysen[711] zur gesetzgeberischen Gestaltung – zumindest ansatzweise – zu entwickeln. Es fehlen jedoch die politische Bereitschaft für die Umsetzung der dabei getroffenen Erkenntnisse sowie die Bereitschaft und der Wille des Gesetzgebers zur Berücksichtigung dieser Kriterien bei der legislativen Gestaltung. Die bisherigen Reformbemühungen in diesem Bereich gehen über politisch unverbindliche Absichtserklärungen bisher nicht hinaus.[712] Dieses allgemeine Problem der Gesetzgebungslehre betrifft mithin auch das russische Klimaschutz- und Umweltrecht als auch das Steuerrecht.

Die fehlende Effizienz zeigt sich schließlich auch darin, dass es an selbständigen, eigeninitiativen Organen fehlt, die mit einem wenn auch nur geringen eigenen Beurteilungs- oder Ermessensspielraum erforderliche Förderungsmaßnahmen koordinieren und insgesamt den staatlichen Verwaltungsapparat entlasten könnten.

III. Instrumentenflexibilität (dynamische Effizienz)

Allein dieses Merkmal scheint im Rahmen der Effizienzanalyse eine durchweg positive Bewertung zu erfahren. Die Emissionsabgaben passen sich, wie festgestellt, nahezu vollständig in das Rechtssystem ein, sind lediglich in wirtschaftsrechtlichen Zusammenhängen von auch rechtlicher Nachrangigkeit geprägt.

710 Böhret/Konzendorf, „Handbuch der Gesetzesfolgenabschätzung (GFA) – Gesetze, Verordnungen, Verwaltungsvorschriften", Baden-Baden 2001; Bizer/Führ/Hüttig, „Responsive Regulierung – Beiträge zur interdisziplinären Institutionenanalyse und Gesetzesfolgenabschätzung", Tübingen 2002; Hof/Lübbe-Wolff, (Hrsg.), „Wirkungsforschung zum Recht I – Wirkungen und Erfolgsbedingungen von Gesetzen", Baden-Baden 1999; Hill/Hof (Hrsg.), „Wirkungsforschung zum Recht II – Verwaltung als Adressat und Akteur", Baden-Baden 2000.

711 Insbesondere Pigolkin, „Zakon: Sozdanije i tolkovanije" (Gesetz: Entstehung und Auslegung), Moskau 1998 sowie 2000; Saveljeva, „Problemy sovershenstvovanija zakonodatjelnoj dejatelnosti v Rossii na federalnom urovnje" (Probleme der Verbesserung/Vervollständigung des Gesetzgebungsverfahrens in Russland auf der föderalen Ebene), in: Gosudarstvo i pravo (GiP) (Staat und Recht), 2001, Nr. 9 S. 5-10; Nadeev, „Zakonotvortscheskije oschibki" (Gesetzesanwendungs-/Gesetzgeberische Fehler), Rossijskaja Justicija 2001, Nr. 5, S. 20-22.

712 S. hierzu u.a. mit zusammenfassenden Übersicht über die verschiedenen Reformentwürfe: Pigolkin, „Zakon: Sozdanije i tolkovanije" (Gesetz: Entstehung und Auslegung), Moskau 2000 .

Dies zeigt sich insbesondere anhand der geringen Anzahl möglicher ökologisch motivierter Begünstigungstatbestände im Steuerrecht. Vor dem Hintergrund, dass dies bereits seit mehreren Jahren ein großer Kritikpunkt von Untersuchungen des russischen Umweltrechts durch internationale Organisationen ist, stellt sich auch die dynamische Effizienz in einem etwas anderem Lichte dar. Die an sich bestehende Flexibilität des klimaschutzpolitischen Instruments der Emissionsabgabe kann mithin nur dann für eine schnelle rechtliche Fortentwicklung genutzt werden, wenn der entsprechende politische Wille auf den Gesetzgeber einwirkt.

IV. Durchsetzbarkeit und Akzeptanz

Institutionelle Reformen, vor allem der Umbau von Verwaltungsstrukturen werden entscheidend durch frühere Regelungseinflüsse geprägt. Die Vertreter der Neuen Institutionenökonomik heben die rechtspolitische Bedeutung dieser informalen Strukturen besonders in Russland, anders als in anderen Transformationsstaaten, immer wieder als wichtiges Element für die Bewertungen im russischen Recht oder von marktwirtschaftlichen Entwicklungstendenzen hervor. Danach nehmen vor allem die aus der prä-transformatorischen Phase stammenden informellen Verhaltensregeln, Verwaltungs- und Entscheidungsstrukturen, die nicht mit dem neuen Rechtssystem korrelieren, noch immer als sogenanntes Schattenrecht auf die Rechtskultur des russischen Staates so starken Einfluss, dass neue Gesetzes- oder andere Regelwerke, die nicht mit diesen älteren informalen Institutionen übereinstimmen, nur begrenzten Durchsetzungserfolg haben.

Ein großes Problem des hochdifferenzierenden Umweltabgaben-Ansatzes in Russland ist dabei, dass versucht wird, den kaum zu bewältigenden administrativen Aufwand durch eine Informationspflicht der Emittenten zu kompensieren. Unternehmen kommen dieser Informationspflicht jedoch nicht nach – dafür existieren keine ausreichenden Sanktionsanreize. Folglich sind die behördlichen Emissionsschätzungen bzw. die durch die Unternehmen angegebenen Emissionsdaten wesentlich niedriger als sie sich in einem tatsächlichen Messverfahren herausstellen würden. Zwar werden durch die Umweltaufsicht stichprobenartige Kontrollen durchgeführt. Die personelle Besetzung und fachliche Ausbildung sind jedoch so gering, dass die Wahrscheinlichkeit einer Unternehmensprüfung auf Schadstoffemissionen niedrig ist und man für diesen Fall eher Geldstrafen in Kauf nimmt.

Nach wie vor sehen russische Akteure der Umwelt- und Klimaschutzpolitik die Rechtsbasis als wichtigstes Instrument zur Verbesserung des Umwelt- und Klimaschutzes, weniger hingegen den Mangel an tatsächlicher Durchsetzung durch die zuständigen Behörden. Dies ist ein allgemeines Phänomen der russischen Rechtskultur, die sich auch in anderen Rechtsgebieten zeigt.[713]

Schließlich lässt sich die erhebliche Regelungsfülle noch kritisieren, die es selbst Fachkräften nahezu unmöglich macht, das russische Emissionsabgabenrecht in seiner Komplexität richtig anzuwenden. Zwar wird auch in der Europäischen Union und den USA eine seit den 60er-Jahren anwachsende Regelungsdichte im Umweltrecht beobachtet, die steigende Kosten im Bereich Umweltmonitoring, Überwachung und Kontrolle verursacht.[714] Allerdings lief und läuft dieser Prozess in westlichen Staaten in einem angemessenen Tempo und mit dem erkennbaren gesetzgeberischen Willen zur Umsetzung der normativen Regelwerke. Hieran bestehen in der Russischen Föderation Zweifel, insbesondere bezüglich der Umsetzungs- und Vollzugsproblematik.

Angesichts der oben dargestellten unübersichtlichen, schwer überschaubaren, teilweise widersprüchlichen und viel zu stark zersplitterten Kompetenz- und Organisationsstruktur der gesamten Umwelt- und Emissionsabgabenverwaltung ist eine effektive Durchsetzung des ohnehin schon zu komplexen Emissionsabgabensystems nicht möglich bzw. seine Funktionsfähigkeit beschränkt. Diese Probleme werden durch die hohen Kosten für den administrativen Rahmen verstärkt. Die Einnahmenerzielung durch die Steuerbehörden war nur kurzzeitig durch die vorhandenen personellen Strukturen verhältnismäßig effektiv und konnte gegenüber der früheren Zuständigkeit der Umweltbehörden zwischen 2000 und 2002 von 60 auf 80% gesteigert werden.[715] Angesichts der ständigen Aufgaben- und Strukturänderungen hat es ansonsten kaum Kontinuität im Bereich der Umweltverwaltung gegeben. Es bleibt zu hoffen, dass sich die derzeitige Aufgabenverteilung zwischen dem Umwelt- und Ressourcenministerium, dem Roshydromet und dem Rostechnadsor verfestigt.

Die übertriebene Komplexität des Emissionsabgabensystems bedingt mithin in einem in der Entwicklung begriffenen Rechtssystem, wie man es in vielen Transformationsstaaten vorfindet, eine ineffiziente und ineffektive, dafür aber sehr komplexe Organisationsstruktur. Als einziger Ausweg aus dieser Ineffi-

713 Bell,, "Building Trust: Layinga Foundation for Environmental Regulation in the Former Soviet Bloc", Environment 42 (2), 2000, S. 20-32.

714 Demmke, „Die Implementation von Umweltpolitik und -recht in den USA und der EU", Zeitschrift für angewandte Umweltforschung (ZAU) 2003/2004, S. 94 ff., 98 f.

715 OECD/EAP-Bericht 2003, "Developing Effective Packages of Environmental Policy Instruments in Eastern Europe, Caucasus and Central Asia (EECCA): Experience and Directions for Reform", (CCNM/ENV/EAP(2003)4).

zienz und der hohen Finanzierungslast kann deshalb nur – dies sei hier wiederholt hervorgehoben – eine Vereinfachung des Emissionsabgabensystems i. V. m. einer klaren Behördenstruktur in Betracht kommen. Dies ließe sich bereits dadurch erreichen, dass eine stärkere Inputorientierung des Emissionsabgabensystems vorgenommen würde, es also nicht mehr auf die tatsächlichen konkreten Emissionen ankäme, sondern anhand des Einsatzstoffes feste Emissionsgrößen schon im Voraus bekannt sind.[716] Die Um- und Durchsetzung der erforderlichen Reformen wird allerdings Widerstand gerade bei den Behörden hervorrufen, deren Kompetenzen gekürzt werden.

Neben der in sich widersprüchlichen Vereinigung von Umweltschutz- und Ressourcennutzungsbehörden in einem Ministerium sind die vertikalen und horizontalen Kompetenzstreuungen, -überlagerungen, -doppelungen und -auseinandersetzungen – die fehlende Aufgabenkonzentration – Gründe der mangelhaften administrativen Durchsetzungskraft der russischen Emissionsabgaben. Fehlende Ermessens- und Beurteilungsspielräume und eine Überregulierung im untergesetzlichen Bereich fördern auf Seiten der Emittenten und der Behörden die Rechtsunsicherheit und verstärken damit einen Rückgang der Abgabenakzeptanz bzw. fördern Umgehungsbereitschaft.

716 Bluffstone, "Controlling pollution in transition economies: theories and methods", Cheltenham, 1997; Blackman/Harrington, "The use of economic incentives in developing countries: lessons from international experience with industrial air pollution", in: The journal of environment and development, 2000, 1, S. 5 ff., 9.

Fazit

1. Im Ansatz ist das russische Emissionsabgabensystem der Versuch einer direkten Umsetzung des *first-best* Ansatzes einer ökologischen „Pigou-Steuer“ in ein reales Steuerrechtssystem. Die rechtliche Ausgestaltung ist dabei an sich im Kontext zum übrigen Instrumentenbündel homogen.

2. Die russischen Emissionsabgaben sind aus ökonomischer Sicht ineffizient, was in der rechtlichen Konstruktion begründet liegt und eine stark eingeschränkte effektive Durchsetzbarkeit zur Folge hat. Die Überregulierung sowie die Vielzahl der Reformen der Emissionsabgaben, ihrer Aufkommensverwendung und des administrativen Rahmens sind der Hauptgrund dafür, dass die russischen Emissionsabgaben nicht effektiv durchgesetzt werden.

3. Die Nichtanpassung an die Inflationsindizes und die Nichtberücksichtigung ökonomischer Umsetzungsaspekte verstärken zudem eine negative Anreizwirkung. Dem russischen Gesetzgeber fehlt die notwendige Orientierung an der Implementierbarkeit und tatsächlichen Rechtswirkung der durch ihn erlassenen gesetzlichen und untergesetzlichen Normen. Er schafft Raum für Umgehungsanreize, die sich durch schwache Sanktionswahrscheinlichkeiten noch verstärken.

4. Die Gründe der administrativen Vollzugsdefizite liegen einerseits bei den unklaren, mehrfachen und teilweise gegenläufigen Kompetenzinteressen der zuständigen Verwaltungskörperschaften und Beamten, andererseits bei rechtssoziologischen Aspekten der russischen Verwaltungs- und Steuerkultur.

5. Das russische Steuerrecht verfolgt allenfalls symbolisch eine Ökologisierung bzw. eine Reduktion seiner Schadstoffemissionen. Tatsächlich hat eine ökologische Steuerreform, wie sie in vielen Ansätzen in der russischen rechts- und auch wirtschaftswissenschaftlichen Literatur vorgeschlagen wurde, bisher nicht stattgefunden. Für den Klimaschutz sind Emissionsabgaben in der Russischen Föderation daher bislang ohne Relevanz.

Literaturverzeichnis

Akischan, A. S., „Ekologitscheskaja politika zarubeschnuich stran i Rossii" (Die internationale und russische Umweltpolitik), Wolgograd, 2003; CENEf: CENEf-Bulletin 2002 Nr. 35 S. 8 ff.

Andersen, A., "Operational risk and financial institutions", London, 1998.

Ausubel, J. H., "Mitigation and Adaptation for Climate Change: Answers and Questions", in: Kaya et al. (Hrsg.), Costs, Impacts, and Benefits of CO_2 Mitigation, Luxemburg, 1993.

Awakjan, S., „Der Status der Subjekte und die Formierung der regionalen Politiken der Russischen Föderation", in:. Traut, J. C., Verfassung und Föderalismus Russlands im internationalen Vergleich, Baden-Baden, 1995.

Balks, M., „Umweltpolitik aus Sicht der Neuen Institutionenökonomik", Wiesbaden 1995.

Baller, O., „Rechtlicher Gewässerschutz in Russland: Geschichte, Theorie und Wirklichkeit", Berlin 1995.

Barde, J.-P., "Environmental Taxes in OECD-Countries: an overview", OECD-Studie, Paris 1998.

Bartmann, H., „Umweltökonomie – Ökologische Ökonomie", Stuttgart-Berlin-Köln, 1996.

Bashmakov, I., „Skol'ko stoit snichchenie antropogennogo vozdeistviia na ismenenie klimata?" (Wie hoch sind die Kosten einer Verringerung des anthropogenen Klimawandels?), Voprosy ekonomiki (Wirtschaftsfragen), 2003, Nr. 1, S. 104 ff.

Baumol, W. J.; Oates, W. E., "The Use of Standard and Prices for the Protection of Environment" in: The Swedish Journal of Economics, 1971, Nr. 73, S. 42 ff.

Baumol, W. J., "Welfare economics and the theory of the state", Cambridge, 1967.

Becker, G. S., "Crime and Punishment. An Economic Approach", in: Journal of Political Economy, 1968, S. 169 ff.

Bell, C., „Der fiskalische Föderalismus in der Rußländischen Föderation – Finanzwissenschaftliche Analyse der föderalen Neuordnung in einer Transformationsökonomie", Baden-Baden, 1998.

Bell, R. G., "Building Trust: Layinga Foundation for Environmental Regulation in the Former Soviet Bloc", Environment 42 (2), 2000, S. 20 ff.

Berdin, V.; Kokorin, A., “Implementation of UN-Framework Convention on Climate Change in the Russian Federation”, in: Climate Change: mobilising global effort, Paris 1997, S. 37 ff.

Berendes, K., „Das Abwasserabgabengesetz“, 3. Auflage, München, 1995.

Bernholz, P.; Breyer, F., „Grundlagen der Politischen Ökonomie“, Bd. 2,: Ökonomische Theorie der Politik, Tübingen, 1994.

Binswanger, H. C., „Eine umweltkonforme Wirtschaftsordnung“, in: Walterskirchen, Umweltschutz und Wirtschaftswachstum, München 1972.

Birnie, P. W.; Boyle, A. E., “International Law and the Environment”, Oxford 2002.

Bister, A., „Handlungsspielräume der zivilen Gesellschaft in Russland“, in: „Zur Demokratisierung Russlands – Band 2: Leadership, Parteien, Regionen und Zivilgesellschaft“, Mangott, G. (Hrsg.), Baden-Baden 2002, S.117 ff.

Bizer, K.; Führ, M.; Hüttig, C. (Hrsg.), „Responsive Regulierung – Beiträge zur interdisziplinären Institutionenanalyse und Gesetzesfolgenabschätzung“, Tübingen 2002.

Blackman, A.; Harrington, W., “The use of economic incentives in developing countries: lessons from international experience with industrial air pollution”, in: The journla of envrionment and development 2000, 1, S. 5-44.

Blank, J.; Ströbele, W., „Das CO_2-Problem aus umweltökonomischer Sicht“, WiSt 1994, 11, S. 552 ff.

Bluffstone, R., “Controlling pollution in transition economies: theories and methods”, Cheltenham 1997.

Bobuiljev, S. N.; Chodschajev, A. S., „Ekonomika prirodopolzovanija“ (Die Ökonomie der Umweltnutzung), Moskau 2004.

Bodansky, D., “The emerging climate change regime, Annual Review of Energy and Environment”, Vol. 20 (1995), p. 425 ff.

Boettke, P. J., “Coase, Communism and the ‚Black Box’ of Soviet-Type Economies“, in: Coasean economics: law and economics in the new institutional economics, Boston 1998, S. 193-207.

Bogoljubow, S. A., in: Okunkov, „Kommentarij k Konstitutcii RF“ (Kommentar zur Verfassung der Russischen Föderation), Moscow 1996.

Bogoljubov, S. A., „Konstitutcionnuije osnovui ochranui okruschajuschej sredui“ („Verfassungsrechtliche Grundlagen des Umweltschutzes“) Journal des Russischen Rechts, 2003, Nr. 11, S. 3 ff.

Bogoljubov, S. A., „Ekologitscheskoje pravo“ (Umweltrecht), Moskau 2004.

dies., „Federalnui gosudarstvennui ekologitscheski kontrol“ (Die föderal-staatliche Umweltkontrolle), Moskau 2005.

Böhm, M., „Die Wirksamkeit von Umweltlenkungsabgaben am Beispiel des Abwasserabgabengesetzes“, Düsseldorf, 1989.

Böhret, C.; Konzendorf, G., „Handbuch der Gesetzesfolgenabschätzung (GFA) – Gesetze, Verordnungen, Verwaltungsvorschriften“, Baden-Baden 2001.

Bonus, H., „Preis- und Mengenlösungen in der Umweltpolitik“, Jahrbuch für Sozialwissenschaften, 1990, Band 41, S. 343-358.

ders., „Marktwirtschaftliche Instrumente als Alternative zu hoheitlichem Vollzug“, in: Barz, W., u.a. (Hrsg.), „Vollzugsfragen im Umweltschutz“, Münster 1994, S. 13-22.

Bosquet, B., “The role of natural resources in fundamental tax reform in the Russian Federation”, Washington 2002.

Bothe, M.; Güdling, L., „Tendenzen des Umweltrechts im internationalen Vergleich“, Forschungsstelle Umwelt, Berlin, 1990.

Brincuk, M. M., in: Topornin: „Konstitucija Rossijskoj Federacii“, Kommentarij k ctatjei 42 (Die Verfassung der Russischen Föderation, Kommentierung zu Art. 42), Moscow, 1994.

ders., „Rasvitije pravovoi ochranui atmosfernovo vosducha“ (Die Entwicklung des Luftschutzrechts), Ekologitscheskoje pravo (Umweltrecht) 2002, Heft 4, S. 3 ff.

ders., „Ekologitscheskoje pravo: utschebnik“ (Umweltrecht: ein Lehrbuch), Moskau 2003

ders.; Kaverin; Kolbasov, „Ochrana atmosfernovo vosducha“ (Der Schutz der Athmosphäre/Luft), Moskau 1985.

Brunner, G. (Hrsg.), „Der russische Föderalismus“, Münster 2004.

Buchanan, J. M., “The Demand and Supply of Public Goods“, Chicago 1968.

Buchner, B.; Dall'Olio, S., “Russia: The long road to ratification. Internal institution and pressure groups in the Kyoto Protocol's aoption process”, Milano, 2004.

Busch-Lüty, C., „Umweltpolitik in sozialistischen Ländern im Überblick“, in: Schreiber, H., Umweltprobleme in Mittel- und Osteuropa, Frankfurt Main, 1989, S. 11 ff.

Busse, E., “The embeddedness of tax evasion in Russia”, in: Ledeneva/Kurkchiayn (Hrsg.), Economic crime in Russia, Den Haag 2000, S. 129 ff.

Cansier, D., „Die Bekämpfung des Treibhauseffektes aus ökonomischer Sicht“, Berlin, 1991.

ders., „Informal-kooperatives Verwaltungshandeln im Umweltschutz aus ökonomischer Sicht“, in: Hill/Hof (Hrsg.), Wirkungsforschung zum Recht II – Verwaltung als Adressat und Akteur, Baden-Baden 2000, S. 285 ff.

Cavaliere, A.; Ashiabor, H.; Deketelare, K.; Milne, J., "Critical issues in environmental taxation – International and comparative perspectives", Vol. III, Richmond 2006.

Center for Energy Efficiency: Bahsmakov, I., „Schto sdelal Rossia dlja snizhenija vuibrosov parnikovuich gasov?" (Was machte Russland zur Verringerung seiner Treibhausgasemissionen?), CENEf-Bulletin 2002 Nr. 35.

Četvernin, B. A., „Konstitutcija Rossijskoj Federacii – Problemnyj kommentarij" [Die Verfassung der Russischen Föderation – Problemorientierter Kommentar], Moskau 1997.

Chabrieva, T., „Tolkovanie konstitutcii RF, teoria i praktika" [Die Auslegung der Verfassung der RF: Theorie und Praxis], 1998.

Chramova, J. R., „K voprosu o pravovuich problemach osuschestvlenija ekologitscheskoi ekspertisui" („Zur Frage über rechtliche Probleme der Durchführung der Umweltexpertise"), GiP 2000, Nr.8.

dies. „Ekologitscheskaja otzenka i ekologitscheskaja ekspertiza" („Umweltbewerterung und Umweltexpertise"), Moskau 2001.

Cline, W. R., "The Economics of Global Warming", Washington: Institute for International Economics, 1992.

Coase, R. H., „The Problems of Social Costs", Journal of Law and Economics, 3, 1960, S. 1-44.

ders., "The Nature of the Firm: Origin", Journal of Law, Economics & Organization 1988, Nr. 4, S. 3 ff.

Cohen, M. A., "Monitoring and Enforcement of Envioonmental Policy", in: Folmer/Tietenberg (Hrsg.), The International Yearbook of Environmental and Resource Economics, Cheltenham/UK 1999, S. 44-106.

Conrad, K.; Schmidt, T., "Double Dividend of Climate Protection and the Role of International Policy Coordination in the EU – An Applied General Equilibrium Analysis", in: Hohemeyer, O./ Rennings, K. (Hrsg.), 1998.

Danilov-Danilyan, V. I., "Environmental Issues in the Russian Federation" // Materials of the All-Russian Congress of Nature Protection 1995, Moscow 1995.

Danilov-Danilyan, V. I.; Kozeltsev, „Vybrosui sa platu" (Emissionsabgaben), Moskau 1990.

Dehmke, C., „Die Implementation von Umweltpolitik und -recht in den USA und der EU", Zeitschrift für angewandte Umweltforschung 2003/2004, H. 1, S. 94-114.

Deily, M. E.; Gray, W. B., "Enforcement of Pollution Regulation in a Declining Industry", in: Journal of Environmental Economics and Management, 1991, 2, S. 260-274.

Diamond, J., "Reforming the Russian Budget System: A Move to More Devolved Budget Management?", IMF Working Paper WP/05/104, 2005.

Dmitrieva, I., „Das russische Bilanz- und Steuerrecht", FOWI, Wien 1999.

Downing, P.; Watson, W. D., "The Economics of Enforcing Air Pollution Controls", in: Journal of Environmental Economics and Management, 1974, 1, S. 219-236.

Dreier, H., „Informales Verwaltungshandeln", in: Staatswissenschaften und Staatspraxis 1993, S. 647-681.

Dubovik, O. L., „Ekologitscheskoje Pravo" (Umweltrecht), Moskau 2002.

Dubovik, O. L., „Issledovanije korruptionnovo ekologitscheskovo licenzirovanija" (Die Erforschung der Korruption bei ökologischen Genehmigungen/Lizenzen), Juriditscheskii mir (Juristische Welt), 2003, Nr. 3 S.45-53.

Dubovik, O. L.; Kremer, L.; Lübbe-Wolff, G., „Ekologitscheskoje pravo" (Umweltrecht), Moskau 2005.

Dudek, D.; Strukova, E., "Economics of the Kyoto Protocol for Russia", in: Climate Policy 2004, 2, S. 129-142.

Dudek, D.; Golub, A.; Strukova, E., "Ancillary benefits of reducing greenhouse gas emissions in transitional economies", in: World development: the mulit-disciplinary international journal of devoted to the study and promotion of world development, Amsterdam 2003, 10, S. 1759-1769.

Düngen, H.; Schmitt, D., „Konkurrierende Abgabenlösungen zur Reduzierung der CO_2-Emissionen", in: Zeitschrift für angewandte Umweltforschung, 1990, Heft 4, S. 258 ff.

Easter, G., "Institutional legacy of the old regime as a constraint to reform. The case of fiscal policy", in: Harter/Easter (Hrsg.), Shaping the economic space in Russia, Aldershot 2000, S. 296-319.

El-Shagi, S. „Die externen Effekte und ihre Wirkung auf das Marktergebnis", in: WISU 1982, 11, S. 137 ff.

Endres, A.; Finus, M., „Umweltpolitische Zielbestimmung im Spannungsfeld gesellschaftlicher Interessengruppen – Ökonomische Theorie und Empirie", in: Siebert, H., Elemente einer rationalen Umweltpolitik, Tübingen 1996, S. 35-133.

dies., „Zur Neuen Politischen Ökonomie der Umweltgesetzgebung – Umweltschutzinstrumente im politischen Prozess", in Gawel, E., Institutionelle Probleme der Umweltpolitik, Sonderheft 8 der Zeitschrift für Angewandte Umweltforschung, Berlin 1996, S. 88-103.

Endres, A., „Umweltökonomie: eine Einführung", Darmstadt 1994.

ders., „Marktwirtschaftliche Instrumente des Umweltschutzes", in: Umweltschutz und Marktwirtschaft, Wirtschaftspolitische Blätter 1989, 4, S. 381-501.

Enneking, U., „Ökonomische Verfahren im Naturschutz", Göttingen 1998.

Ermilova, G.; Chramova, I., „Steuern und Abgaben der Russischen Föderation 2002" in: Steuervestnik 1, 2002.

Erofejev, B. W., „Ekologitscheskoje pravo Rossii" (Das Umweltrecht Russlands), Moskau 2005.

Evdokimov, P., „Individualnaja vosmesdnostch kak prisnak sbora – na primerje platui za zagrjasnenije okruzhajuscheij prirodnoj sreduj" (Individuelle Gegenseitigkeit (Äquivalenz) als Merkmal von Abgaben – am Beispiel der Umweltemissionsabgaben), in: Pepljajeva, C. G. (Hrsg.), „Fiskalnuje sbori – pravovuje prisnaki i porjadok regulirovanija" (Fiskalabgaben – Tatbestandsmerkmale und Regelungsformen), Moskau, 2003.

Freytag, G., „Europarechtliche Anforderungen an Umweltabgaben – Dargestellt am Beispiel von Abgaben zur Reduzierung der Umweltbelastung durch den Straßenverkehr", Baden-Baden 2001.

Gabitov, P. Ch., „Vosduchoochrannoje pravo" (Luftschutzgesetz), Ufa 1999.

Ganeles, O., „Kontrol cen nalogovymi organami" (Die Preiskontrolle durch die Steuerorgane), Ekonomist 2000; Nr. 10, S. 66 ff.

Gawel, E., „Vollzug als Problem ökonomischer Theoriebildung", in: Zeitschrift für Wirtschafts- und Sozialwissenschaften, 1993, 113/4; S. 597-627.

ders., „Ökonomische Aspekt beim Vollzug von Umweltabgaben", Forschungsgruppe „Rationale Umweltpolitik – Rationales Umweltrecht" Zentrum für interdisziplinäre Forschung der Universität Bielefeld, 1999.

Gehring, T.; Oberthür, S., „Internationale Regime als Steuerungsinstrumente der Umweltpolitik", in: Internationale Umweltregime: Umweltschutz durch Verhandlungen und Verträge, 1997, S. 9-25.

Gerasimenko, V. V., „Nalogovuje sporui v sfere prirodopolzovanija" (Steuerrechtsstreitigkeiten auf dem Gebiet der Umweltnutzung), in: „Nalogovuje sporui: teorija i praktika" (Steuerstreitigkeiten: Theorie und Praxis), 2004, S. 24 ff.

Gerhard, M., „Theorie und Praxis einer nachhaltigen Umweltpolitik mit handelbaren Emissionsrechten", Berlin 2000.

Giesecke, B., „Die auswärtige Gewalt in der Russischen Föderation und die Rolle des Völkerrechts in der russländischen Rechtsordnung", Frankfurt a. M. 2004.

Gluschkova, W. G.; Makar, C. W., „Ekonomika prirodopolzovanija“ (Die Ökonomie der Umweltnutzung), Moskau 2005.

Gofman, G. K., “Transition to the Market and the Ecologization of Russia's Tax System” („Perekhod k rynku i ekologizatsiia nalogovoi sistemy“), EMM, vol 30, no. 4 (1994), S. 22-34.

ders., „Ekonomika prirodopolsovanija“ (Ökonomie der Umweltnutzung), Moskau, 1998.

Goldman, M. I., „Umweltzerstörung und Umweltvergiftung in der Sowjetunion“, in: Glagow, „Umweltgefährdung und Gesellschaftssystem“, München, 1972, S. 73 ff.

Golub A.; Gofman, K. G.; Groshev et al., “The System of Environmental Funds in the Russian Federation”, in: OECD, Environmental Funds in Economies in Transition, Paris 1995, S. 57 ff.

Golub, A. A. “Environmental Financing in the Russian Federation” in OECD Proceedings, Paris 1998, S. 16 f.

ders., „Ruinotschnuije metodui upravlenija okruzhajuscheij sredui“ (Martkwirtschaftliche Methoden der Umweltverwaltung), Moskau 2002.

ders., Safonov, G. W., „Ekonomika okruschajuschej sredui i prirodnuich resursov“ (Die Ökonomie der Umwelt und der natürlichen Ressourcen), Moskau 2003.

Goulder, L. H., “Environmental Taxation and the Double Dividend: A reader's Guide”, Paper presented to the 50th Congress of the International Institute of Public Finance, Harvard University 1994.

Graf, D., „Ökonomische Bewertungen der Naturressourcen im entwickelten Sozialismus“, Berlin, 1980.

Gray, D. F., “Evaluation of Taxes and Revenues from the Energy Sector in the Baltics, Russia and other Former Soviet Union Countries”, IMF: Washington DC, 1998.

Gurvich, E.; Golub, A.; Mukhin, A., u.a., “The Ecological Consequences of Subsidizing the Energy Sector in Russia”, in: “Problems of Economic Transition”, vol. 41 Nr. 7/8, 1998, S. 127-147.

Hampicke, U., „Naturschutzökonomie“, Stuttgart 1991.

Hanschel, D., „Verhandlungslösungen im Umweltvölkerrecht: eine Untersuchung verhandlungs-orientierter Institutionalisierungsformen anhand der Regime über weiträumige grenzüberschreitende Lustverschmutzung, zum Schutz der Ozonschicht und des Klimas“, Stuttgart 2003.

Hansjürgens, B., „Umweltabgaben im Steuersystem“, Baden-Baden, 1992.

Hansmeyer, K.-H.; Schneider, H. K., „Umweltpolitik: ihre Fortentwicklung unter marktsteuernden Aspekten“, Göttingen 1990.

Hansmeyer, K.-H., „Das Spektrum umweltpolitischer Instrumente“ in: König, H., Umweltverträgliches Wirtschaften als Problem von Wissenschaft und Politik, 1993, S. 64 ff.

Heinrich, A., „Das Steuerverhalten der russischen Erdölindustrie“, in: Höhmann/Fruchtmann/Pleines (Hrsg.), „Das russische Steuersystem im Übergang – Rahmenbedingungen, institutionelle Veränderungen, kulturelle Bestimmungsfaktoren“, Forschungsstelle Osteuropa, Bremen, 2002, S. 121 ff.

Hennecke, J., „Umweltökonomik, Umweltpolitik und Marktwirtschaft“, Pfaffenweiler 1999.

Herderer, C.; Herrmann-Pilath, C., „Fiskalischer Föderalismus“, in: Brunner, G. (Hrsg.), Der russische Föderalismus, Darmstadt 2004, S. 77 ff.

Heun, W., „Die Sonderabgabe als verfassungsrechtlicher Abgabetypus“, DVBl. 1990, 666 ff.

Hoch, H. J., „Die Rechtswirklichkeit des Umweltstrafrechts aus der Sicht von Umweltverwaltung und Strafverfolgung“, Freiburg 1994.

Hof, H.; Lübbe-Wolff, G. (Hrsg.), „Wirkungsforschung zum Recht I – Wirkungen und Erfolgsbedingungen von Gesetzen“, Baden-Baden 1999.

Hof, H. (Hrsg.), „Wirkungsforschung zum Recht II – Verwaltung als Adressat und Akteur“, Baden-Baden 2000.

Höhmann, H.-H.; Fruchtmann, J.; Pleines, H. (Hrsg.), „Das russische Steuersystem im Übergang – Rahmenbedingungen, institutionelle Veränderungen, kulturelle Bestimmungsfaktoren“, Bremen 2002.

Holmes, S., “Superpresidentialism and its problems”, East Europen Constitutional Review (EECR) 1993/94, S. 123 ff.

Hughes, G.; Magda, L., “Economic Reform and Environmental Performance in Transition Econoomies”, World Bank Technical Paper No. 446, Eastern Europe and Central Asia Pollution Management Series, 1999.

IEA/OECD „Dealing with Climate Change – Policies and Measures in IEA Member Countries“, Paris 2001.

Ignatjeva, I. A., „Ekologitschekoje strachovanije: soderzhanije i vosmozhnosti regulirovanija“ (Die ökologische Versicherung: Inhalt und Möglichkeiten ihre Regulierung), in: GIP (Staat und Recht) 2005, 52 ff.

International Energy Agency, “Russian Energy Survey 2002”, International Energy Agency, Paris 2002, (www.iea.org/books).

Jakovlev, A., „Potschemu v Rossii vosmozhem besriskovyi uchodof nalogov?” (Warum ist in Russland die Steuerumgehung risikolos?), in: Voprosui ekonomiki 2000, Nr. 11, S. 134-152.

ders., "'Black cash' tax evasion in Russia. Its forms, incentives and consequences at firm level", in: Europe-Asia Studies1/2001, S. 33-35.
ders., „Ekologitschekoje pravo" (Umweltrecht), Moskau.
Jalbulganova, A. A., „Prirodoresursnuije plateschui" (Umweltressourcenabgaben), Moskau 2004.
Jänicke, M., „Umweltpolitisches Staatsversagen im Sozialismus", in: Schreiber, Umweltprobleme in Mittel- und Osteuropa, 1989, S. 43 ff.
Jones, C. A.; Scotchmer, S., „The Social Cost of Uniform Regulatory Standards in a Hierarchical Government", in: Journal of Environmental Economics and Management, 1990, 19, S 61-72.

Karakejan, V. I., „Ekonomika prirodopolsovanija" (Die Ökonomie der Umweltnutzung), Moskau 1999.
Kitschalok, O., „Akty Presidenta Rossijskoj Federacii. Konstitucionny-pravovoj aspekt" [Akte des Präsidenten der RF. Der verfassungsrechtliche Aspekt], 1999.
Kirchhof, F., „Leistungsfähigkeit und Wirkungsweisen von Umweltabgaben an ausgewählten Beispielen", DÖV 1992, 233 ff.
Kirchhof, P., „Umweltschutz im Abgaben- und Steuerrecht", Köln 1993.
Kirsch, G., „Ökonomische Theorie der Politik", Tübingen, 1974.
ders., „Neue Politische Ökonomie", Düsseldorf, 2004.
Kjeldsen, S., „Financing of Environmental Protection in Russia: The Role of Charges", in: Post-Soviet Geography and Economics, 2000, 41, Nr. 1 S. 48-62.
Klarer, J., „Economic Instruments and Environmental Funds for Environmental Policy in CEE", in: Schlegelmilch, Kai, Green budget Reforms in Europe, 1999, S. 201 ff
Klocke, U., „Klimaschutz durch ökonomische Instrumente: finanzverfassungsrechtliche, europarechtliche und ökonomische Aspekte einer CO_2-Abgabe", Baden-Baden 1995.
Kloepfer, M., „Umweltrecht des Auslandes", Berlin 1995.
ders., „Zu den neuen umweltrechtlichen Handlungsformen des Staates", JZ 1991, 737 ff.
Knoefel, P., „Öffentliches Recht und Vollzugsforschung", Bern, 1979.
Kokorin, A. O., „Parnikovuije gasui – globalnui ekologitscheski resurs" (Treibhausgase und die globale ökologische Ressource), Moskau 2004.
Komova, N. A., „Brief des Finanzministeriums der Russischen Föderation" vom 17.5.2005 N 03-07-03-04/20.

Komarov, A.; Husnutdinov D., „Analiz dejatelnosti territorialniuch komitetov po ochrane okruschajuschej sredui sistemy goskomekologij Rossii" (Analyse der Tätigkeit der territorialen Umweltorgane im System des Goskomekologya), 1998.

Korppoo, A., "Russia and Compliance under Kyoto: An Institutional Approach, Sustainable Development Programme"; Mocow, December 2004.

Koschuar, W. M., „Praktikum po ekonomikje prirodopolzovanija" (Praktikum zur Ökonomie der Umweltnutzung), Moskau 2005.

Kosuirina, „Sistema nalogov i sporov Rossii" (Das System der Steuern und Abgaben in Russland), Moskau 2004.

Kotov, V.; Nikitina, E., "Environmental Protection and Capacity Building in Russia" in: Andersen, M., "Environmental Policy and the Role of Foreign Assistance in Central and Eastern Europe", 1998.

dies., "Reorganisation of Environmental Policy in Russia: The Decade of Success and Failures in Implementation and Perspective Quests", Milano 2002.

Kozlova, E. I.; Kutafin, O. E., „Konstitutcionnoe pravo Rossii" (Das Verfassungsrecht Russlands), Moskau 2000.

Kozeltsev, M.; Markandya, A., "Pollution Charges in Russia: The Experience of 1990-1995", S. 130 ff.

Kozulin, A. I., „Zakonodatelstvo o normativnych aktach kak sredstvo obespetschenija jedinstva ich sistemy" (Die Gesetzgebung über Normativakte als Mittel der Gewährleistung der Einheitlichkeit der Systematik), in: Russisches Rechtsjournal 3/2000, S. 82 ff.

Krasnova, I. O., „„Euroremont' rossiiskovo zakonodatelstva" (Europäische Reparatur der russischen Gesetzgebung), Ekologija i zhinzn (Ökologie und Umwelt), 2004, Nr. 5, S. 24-27.

Krassov, O. I., „Ekologitscheskoje pravo" (Umweltrecht), Kapitel 7: „Ekonomitshesko-pravovuje merui ochranui okruzhajuscheij sredui" (ökonomisch-rechtliche Maßnahmen des Umweltschutzes), Moskau, 2003.

Kruglov, W. W., „Sovremenoje organizatciojonno-pravovuije problemui ochrana okruzhajuschej sredui v promuischelnosti Rossii" (Neuere organisationsrechtliche Probleme des Umweltschutzes im Industriesektor Russlands), Ekaterinburg 2000.

Kubataev, M. G., „Pravotvortscheskaja dejatelnost Presidenta RF" (Die rechtssetzende Tätigkeit des Präsidenten der RF), Jurist 2000, Heft 5, S. 2 ff.

Kudrajvcev, Ju. V., „Kommentarij k Konstitutcii Rossijskoj Federacii" [Kommentar zur Verfassung der Russischen Föderation], Moskau 1996, Kommentierung zu Art. 90.

Kulessa, M. E., „Kompensationen als innovatives Instrument globaler Umweltschutzpolitik: Möglichkeiten einer Weiterentwicklung des Konzepts am Beispiel biologischer Vielfalt", Basel, 2003.

Kuraev, M.; Strukova, E., "Domestic Regulation of Greenhouse Gases and Problems of Initial Allocation of Emission Quotas", Russian Academy of Sciences, Moskau 1998.

Kutafin, O. E., Topornin, B. N. (Hrsg.), „Konstitutcija Rossijskoj Federacii – Nautschno-praktitscheskij Kommmentarij" (Die Verfassung der Russischen Föderation – ein wissenschaftlich- und praxisorientierter Kommentar), Moskau 1997.

Kutter, V. J.; Schröder, T., „Steuerrecht in der Rechtsprechung des russischen Verfassungsgerichts seit 1995", in: Wirtschaft und Recht in Osteuropa 2001, Heft 2, S. 37 ff.

dies., „Die Rechtsprechung des russischen Verfassungsgerichts 1995–1999: ausgewählte Entscheidungen", Berlin 2000.

Lahl, U., „Das programmierte Vollzugsdefizit. Hintergründe zur aktuellen De-Regulierungsdebatte", Zeitschrift für Umweltrecht 1993, 6, S. 249 ff.

Lang, J., „Entwurf eines Steuergesetzbuches", Schriftenreihe des Bundesministeriums für Finanzen, Bonn, 1993, Heft 49.

ders., „Der Einbau umweltpolitischer Belange in das Steuerrecht", in: Umweltschutz durch Abgaben und Seuern, 7. Trierer Kolloquium zum Umwelt- und Technikrecht, Heidelberg 1992, S. 55 ff.

ders., „Verwirklichung von Umweltschutzzwecken im Steuerrecht", in: Kirchhof, P. (Hrsg.), „Umweltschutz im Abgaben- und Steuerrecht", Köln 1993, S. 115-160

Lazarev, B. M., „Zakony v perechonyj period: Opyt sovremennoj Rossii" [Gesetze in der Übergangsperiode: Die Erfahrung des heutigen Russland] in: GiP (Staat und Recht) 10/1995, S. 42 f.

Lazajev, A. C.; Lipatov, I. V., „Reschenje ekologitscheskich problem v Rossiiskoj Federacii s pomotschju ekologitscheskovo naloga" (Die Lösung ökologischer Problem der Russischen Föderation mithilfe von Umweltsteuern), Moskau 1998.

Lee, D. R., "Monitoring and Budget Maximization in the Control of Pollution", in: Economic Inquiry, 1983, 21, S. 565-575.

Leijbo, J. I., „Semipräsidialrepublik in Russland: Theorie und Praxis", OER 1997, S. 33 ff.

Lessova, A. M., „Die allgemeinen Besteuerungsprinzipien in der russischen Verfassung und im russischen Steuerkodex", StuW 2000, 4, S. 475 ff.

Lipott, J., „Die Wirtschaftsgerichtsbarkeit in der Russischen Föderation", RIW 1996, S. 106-109.

Litovka, O. P.; Pavlov, V. V.; Fedrov, M. M., „Voprosui teorii i praktiki ekologizacii ekonomiki prirodopolzovanija" (Fragen aus Theorie und Praxis zur Ökologisierung der Ökonomie der Umweltnutzung), St. Petersburg, 1998.

Louppov, V., "Energy Country Report", Moskau, 1999, S. 107 ff.

Luchterhandt, O., „Russlands Finanzverfassung zwischen Unitarismus und Budgetföderalismus", in: Staat, Wirtschaft, Finanzverfassung, Festschrift für Selmer, Berlin, 2004.

ders., „Der Ausbau der föderalen Vertikale", in: Kappeler, A. (Hrsg.), Regionalismus und Nationalismus in Russland, Baden-Baden 1996, S. 250.

ders., „Zum Entwicklungsstand des Föderalismus in Russland", in: Kappeler, A. (Hrsg.), Regionalismus und Nationalismus in Russland, Baden-Baden 1996.

Lübbe-Wolff, G., „Vollzugsprobleme der Umweltverwaltung", Natur und Recht 1993, S. 217 ff.

dies., „Instrumente des Umweltrechts – Leistungsfähigkeit und Leistungsgrenzen", NVwZ 2001, S. 481 ff.

Lukjantschikov, N. N., „Prirodnaja renta i ochrana okruzhajuschej sredui" (Naturabgaben und Umweltschutz), Moskau 2004.

Lunev, A. E., „Priroda, Pravo, Upravlenije" (Natur, Recht, Verwaltung), Moskau, 1981.

Manstetten, R.; Faber, M., „Umweltökonomie, Nachhaltigkeitsökonomie, Ökologische Ökonomie", in: Jahrbuch Ökologische Ökonomik, Bd 1, Zwei Sichtweisen auf das Umweltproblem: Neoklassische Umweltökonomik versus Ökologische Umweltökonomik, Marburg 1999, S.53 ff.

Markandya, A., Golub, M. M., "The influence of climate change considerations on energy policy: the case of Russia", in: International Journal of global environmental issues, 2003, 3, S. 324 ff.

Markov, J. G., „Osnovui ekologitscheskovo prava" (Grundlagen des Umweltrechts), Novosibirsk, 2002.

Martinez-Vazquez, J.; Wallace, S., "The Ups and Downs of Comprehensive Tax Reform in Russia", in: Kenyon, D. A. (Hg.), "92nd Annual Conference on Taxation 1999, S. 6 ff.

Martinot, E.; Sinton, J.; Haddad, B., "International Technology Transfer for Climate Change Mitigation and the Cases of Russia and China", in: Annual Review of Energy and the Environment 1997, Heft 22, S. 357-401.

Mastepanov, A. and al. “Post-Kyoto Energy Strategy of the Russian Federation, outlooks and prerequisites of the Kyoto mechanisms implementation in the country”, in: Climate policy 1 (2001) S. 125-133.

Matrosov, J. A., “Current status of legal base for buildings energy efficiency in-Russia” (1999) CENEf, www.cenef.ru/home-pg/hp-48e.htm.

Mayntz, R., „Die Implementation politischer Programme: Theoretische Überlegungen zu einem neuen Forschungsgebiet“, in: Die Verwaltung, 1977, S. 51-66.

dies., „Vollzugsprobleme der Umweltpolitik. Empirische Untersuchung der Implementation von Gesetzen im Bereich der Luftreinhaltung und des Gewässerschutzes, Bonn 1978.

dies., „Implementation politischer Programme II – Ansätze zur Theorienbildung“, Opladen 1983.

Meinken, L., „Emissions- versus Immissionsorientierung“, Bielefeld 2001.

Meissner, C., „Rechtliche Grundlagen des Umwelt- und Naturschutzes in Russland“, Berlin, 2002.

Metschies, G., „GTZ-Studie zu internationalen Kraftstoffpreisen“, Eschborn, 2004, siehe auch: www.International-Fuel-Prices.com.

Michaelev V. V.; Danikov, P.; Kasjatina, R. V., „O kvalifikacii nalogovuich prestuplenii i pravonarushenii“ (Über die Differenzierungen von Steuerstraftaten und sonstigen steuerlichen Rechtsverstößen), in: Nalogovyi vestnik 2000, Nr. 9.

Michaelowa, A., „Übertragung des Demokratiemodells der Neuen Politischen Ökonomie auf die Klimapolitik“, HWWA – Diskussionspapier 53; Hamburg 1998.

Mitjukov, M. A., in: Tichomirov, Jurij A., „Konstitucija, zakon, podzakonnyj akt“ [Verfassung, Gesetz, untergesetzlicher Akt], Moskau, 1994, S. 86 ff.

Mitrochin, S., „Dic Zukunft der kommunalen Selbstverwaltung. Zum Verhältnis von Zentralstaat, regionalen Einheiten und Gemeinden“, in: Schwegler-Rohmeis: Russland, Stuttgart 2001, S. 122-125.

Mondshine, M., et al., “An Evalutaion of Existing Administrative Structures for Adressing climate change and Recommendations for Strengthening these Administrative Structures”, Washington, 2000.

Mojseenko, M. G., in: Karpovitsch, „Kommentarij k Konstitucii Rossijskoj Federacii“ (Kommentar zur Verfassung der Russischen Föderation), Moskau 2002.

Mössner, J. M.; Koslow, E., „Steuersystem der Russischen Föderation“, in: Internationale Wirtschaftsbriefe 1994, F. 5, Gr. 2, S. 1 ff.

Motkin, G. A., „Osnovui ekologitscheskovo strachovania“ (Grundlagen der Umweltversicherung), Moskau 1996.

Müller, C., „Möglichkeiten und Grenzen der indirekten Verhaltenssteuerung durch Abgaben im Umweltrecht", Studien zum öffentlichen Wirtschaftsrecht, Bd. 29, Köln (u.a.) 1994, S. 14 f.
Musgrave, R. A., "Public Finance in Theory and Practice", New York 1989.

Nadeev, V., „Zakonotvortscheskije oschibki" (Gesetzesanwendungs-/Gesetzgeberische Fehler), Rossijskaja Justicija 2001, Nr. 5, S. 20-22.
National Environmental Action Plan of the Russian Federation (NEAP), Chapter II: The environmental polic improvement in the Russian Federation, Moscow 2002, in: www.ecocom.ru.
Neumüller, A., „Umwelthaftung in Russland", Berlin 1997.
Nikitina E.; Kotov, V., "Transition in Russia. Implications on Climate Policy", siehe unter: http://www.iges.or.jp/en/cp/policy_design/final%20report/data/pdf/FR_Transition.pdf). Washington, 2003.
dies., "Implementation and Effectiveness of the Acid Rain Regime in Russia", In Victor, G. D./Raustiala, K./Shkolnikoff, E. B., „Implementation of Environmental Agreements: Theory and Practice", Cambridge, 1998.
dies., "Russia in transition: Obstacles to environmental protection", Environment 1993, S. 10 ff.
Niskanen, W., "Bureaucracy and Representative Governments", Chicago 1971.
ders. , "Politicians and Bureaucrats" in: Journal of Law and Economics, 1975, 18, S. 617 ff.
Nordhaus, W., "To slow or not to slow? The Economics of the Greenhouse Effect", The Economic Journal, 1991, (Vol. 101), S. 920-937.
ders., "Reflections on the Economic of Climate Change", The Journal of Economics Perspectives 1993 (Vol. 7) Nr. 4, S. 11-25.
Nußberger, A., „Die Entwicklung des russischen Rechts im Zeitalter von Rechts- und Sozialstaatsprinzip", in: JöR 46 (1998), S. 116 f.

OECD, "The Polluter-Pays-Principle", Paris, 1975.
OECD, "Pollution Charges in Practice", Paris 1980.
OECD, "Environment and Economics", Paris 1985.
OECD, "Economic Instruments for Environmental Protection", Paris 1989.
OECD, "International Economic Instruments and Climate Change", Paris, 1993.
OECD, "Environmental Taxes in OECD Countries", Paris 1995.
OECD, "Environmental Funds in Economies in Transition", Paris 1995.
OECD, "Environmental Performance Review – Russian Federation", Paris 1999.
OECD, "Economic Instruments for Pollution Control and Natural Resources Managament in OECD Countries: A Survey", Paris 1999.

OECD, "Economic Surveys 1999-2000. Russian Federation", Paris 2000.
OECD, "Environmentally related Taxes in OECD Countries – Issues and Strategies", Paris 2001.
OECD, "Economic Instruments for Pollution Control and Natural Resource Management: The Russian Federation – draft country chapter", Paris 2000.
OECD/ EAP-Bericht von 2003, "Developing Effective Packages of Environmental Policy Instruments in Eastern Europe, Caucasus and Central Asia (EECCA): Experience and Directions for Reform", (CCNM/ENV/EAP(2003)4).
OECD Report: "Renewables in Russia – From Opportunities to Reality", Paris, Moskau 2004.
OECD, "Reform of pollution charges in the Russian Federation: assessment of progress and opportunities and constraints for further improvement", Paris, 2004.
Okunkov, L. A., u.a., (Kommentar zur Verfassung der Russischen Föderation), Moskau 1996.
ders., „President Rossijskoj Federacii. Konstitutcija i polititscheskij sistem" (Der Präsident der RF. Verfassung und politisches System), Moskau 1996.
Oldfield, J. D., "Russian Environmentalism", The Journal of European Environmental Policy 12 (2002) 117-129.
Ossenbühl, F., „Zur Rechtfertigung von Sonderabgaben mit Finanzierungszweck", DVBl. 2005, S. 667 ff.
Ott, H. E., "Global Climate 2001/2002", in: Yearbook of Environmental Law Heft 12 (2001) S.211-221; 13 (2002).
ders., „Das internationale Regime zum Schutz des Klimas", in: Gehring/Oberthür, Internationale Umweltregime: Umweltschutz durch Verhandlungen und Verträge, Opladen 1997, S. 201 ff.
Owen, A., „The economics of climate change", London 2004
Owtscharova, E. W., „Zakonno li vzimanije platui zu zagraznenije okruzhajuschei prirodnoi sredui?" (Ist die Erhebung von Umweltabgaben rechtmäßig?) Ekologija i pravo (Umwelt und Recht) 2004, Nr. 1, S. 34 ff.

Pepljajeva, C. G. (Hrsg.), „Fiskalnuje sbori – pravovuje prisnaki i porjadok regulirovanja" (Fiskalabgaben – Tatbestandsmerkmale und Regelungsformen), Moskau, 2003
Peterson, D. J.; Bielke, E. K., "The Reorganization of Russia's Environmental Bureaucracy: Implications and Prospects", Post-Soviet Goegraphy and Economics, 2001, S. 65-76.

Petrova, W. T., „Pravovuje problemui ekonomitscheskovo mechanisma ochrana okruschajuschej sredui" („Rechtsprobleme ökonomischer Instrumente des Umweltschutzes"), Moskau 2000.

dies., „Ekonomitscheskii mechanism realisatzii ekologo-pravovuich norm" (Der ökonomische Mechanismus zur Realisierung umweltrechtlicher Normen"), Moskau 2000.

Pigolkin, A. S., „Zakon: Sozdanije i tolkovanije" (Gesetz: Entstehung und Auslegung), Moskau 1998 und 2000.

Pigou A. C., "The Economics of Welfare", London 1923.

Pitulko, W. M. (Hrsg.), „Ekologitscheskaja Expertisa" (Die Umweltexpertise), Moskau 2004.

Pleines, H., „Steuerhinterziehung in Russland", in: Höhmann/ Fruchtmann/ Pleines, Das russische Steuersystem im Übergang – Rahmenbedingungen, institutionelle Veränderungen, kulturelle Bestimmungen, Bremen, 2002.

Pluzhnikov, O., "Energy Strategy of Russia: Mechnisms of Kyoto Protocol and Energy Efficiency", Eco-Accord, Moscow 2001.

Pukhomova, N.; Richter, K., "Industrial transformation and business liability in the Russian Federation", Conference of the Human Dimensions of Global Environmental Change, Berlin 2003.

Rahmeyer, F., „Klimaschutz durch Steuern oder Lizenzen", Augsburg 1999.

Raschin, A. G., „Prjamuije i kossvennuije nalogi kak elementui nalogovoij sistemui" (Direkte und indirekte Besteuerung als Element des Steuersystems), Gosudarstvo i pravo (Staat und Recht) 2003, Nr. 3 S. 92 ff.;

Renner, W., „Föderalismus im Umweltrecht der Vereinigten Staaten und der Europäischen Gemeinschaft", Berlin 2002.

Rodi, M., „Umweltsteuern: das Steuerrecht als Instrument der Umweltpolitik", Baden-Baden 1993.

ders., "Ecological Tax Reform in Germany", Bulletin for International Fiscal Documentation, 2000

Rohner, M.; Edenhofer, O., „Ökonomie und Klimawandel: Klimapolitik und Nutzen-Kosten-Analyse", in: Brauch, Hans Günter (Hrsg.) „Klimapolitik", Berlin 1996, S. 155 f.

Romanovski, M. V.; Vrublovskaja, M. E. (Hrsg.), „Nalogi i nalogooblozhenie. Toerija i praktika nalogooblozhenija, nalogovoe pravo, nalogovoe planirovanie i kontrol" (Steuern und Steuererhebung. Theorie und Praxis der Besteuerung, Steuerrecht, Steuerplanung und Kontrolle), St. Petersburg, 2000.

Sabonis-Helf, T., "Catching air? Climate change policy in Russia, Ukraine and Kazakhstan", Climate Policy 3 (2003), S. 159-170.

Sachverständigenrat für Umweltfragen, Umweltschutz: Für eine dauerhaft-umweltgerechte Entwicklung, Stuttgart 1994.

Sasov, K. A., „Konstitutcionnui cud RF i plata sa zagrjaznenije okruzhajuschej sredui" (Das Verfassungsgericht der Russischen Föderation und die Emissionsabgaben), Nalogovuije spori (Steuerstreit), 2004, Heft 7, S. 7-11.

Saveljeva, E. M., „Problemy soverschenstvovanija zakonodatjelnoj dejatelnosti v Rossii na federalnom urovnje" (Probleme der Verbesserung/Vervollständigung der Gesetzgebungsaktivitäten in Russland auf der föderalen Ebene), in: Gosudarstvo i pravo (Staat und Recht), 2001, Nr. 9 S. 5-10.

Schaich, C., „Der Ukaz im russischen Recht", JöR 2000, S. 354 ff.

Schemschuschenko, „Pravovuije problemui ekologii" (Rechtsprobleme der Ökologie), Moskau 1989.

Schneider, E., „Die Kompetenzabgrenzungsverträge", in: Brunner, G. (Hrsg.), Der russische Föderalismus, Münster 2004, S. 61 ff.

Schmoll, M., „Die Dekretmacht des russischen Präsidenten", Berlin, 2003.

Scholz, C. M., "Environmental Tax Reforms and the Double Dividend – A Theoretical and Empirical Analysis for Germany", Kiel 2000.

Schröder, T., „Aktuelle Probleme der russischen Steuergesetzgebung", in: Höhmann/Fruchtmann/Pleines (Hrsg.), Das russische Steuersystem im Übergang, Bremen 2002, S. 88 ff.

Selden, T. M.; Terrones, M. E., "Environmental Legislation and Enforcement. A Voting Model under Asymmetric Information", in: Journal of Environmental Economics and Management, 1993, 24 (3), S. 212-228.

Sell, F.; Gehle, S., „Reformpolitik in Transformations- und Entwicklungsländern", München 1996.

Semlin, A. I., „Nalogovoje Pravo" (Steuerrecht), Moskau 2003.

Serov, G. P., „Ob aktualnuich voprosach soverschenstvovanija zakonodatelstva v sfere ekologitscheskovo strachovania" (Über aktuelle Probleme der Verbesserung der Gesetzgebung im Bereich der Umweltversicherungen), GiP 1997, Heft 12, S. 50 ff.

Shalatov, S. D., „Kommentarij k Nalogovomu Kodeksu Rossijskoj Federacii tschasti vtoroj" (Kommentar zum Steuergesetzbuch Teil 2), Moskau 2001.

Shalatov, S. D., "Reform of the Tax System", IWF-Konferenz vom April 2004, www.imf.org/external/pubs/ft/seminar/2000/invest.

Siebert, H., "Economics of the Environment: theory and policy", Berlin, 1995.

ders. (Hrsg.), „The transformation of socialist economies", Institut für Weltwirtschaft, Tübingen 1992.

Slocock, B., „Umweltpolitik und politischer Wandel in Osteuropa", in: Nissen, S., Modernisierung nach dem Sozialismus – Ökologische und ökonomische Probleme der Transformation, Marburg 1992, S. 49 ff.

Soares, C. D., "The Earmarking of Revenue Within Environmental Tax Policy", in: Cavaliere,A./Ashiabor, H./Deketelare, K./Milne, J., Critical issues in environmental taxation – International and comparative perspecktives: vol. III, Richmond 2006, S. 249 ff.

Söderholm, P., "Pollution charges in a transition economy: the case of Russia", in: Journal of Economic Issues, Lewisburg 1999, S. 375 ff.

Solovei, J. W., „Kioto na poroge Rossii – Osnovnui sistemui pravovovo regulirovanija vuibrosov parnikovuich gasov v Rossiijskoj Federacii" (Kyoto an der Schwelle zu Russland – Grundlagen des Systems der rechtlichen Regulierung von Treibhausgasen in der Russischen Föderation), Moskau 2003.

Starilow, J., „Gerichtliche Verwaltungskontrolle im System des russischen Staats- und Verwaltungsrechts", Speyer 1999.

Steininger, A., „Der Gerichtsaufbau der Russischen Föderation: unter Berücksichtigung der Wirtschafts- und Schiedsgerichtsbarkeit", Osteuroparecht 1997, S. 281 ff.

Stigler, G. S., "The Theory of Economic Regulation", in: Journal of Economic and Management Science, 1971, 2, S. 3-21.

Takamitsu S. (Hrsg.), "International Frameworks and Technolgical Strategies to Prevent Climate Change", Tokyo 2003.

Tambovtsev, V., "Tax Avoidance and Tax Arrears", Working Paper Series SPIDER, St. Petersburg 2000.

Tichomirov, Ju. A., „Konstitutcija, zakon, podzakonnyi akt" [Verfassung, Gesetz, untergesetzlicher Akt], Moskau 1997.

Titova, G., „Nalogi v graschdanskom obschestvje: komu prinadleschat vlast v Rossii" (Steuern in der Zivilgesellschaft: wem gehört die Zuständigkeit (Macht) in Russland), St. Petersburg 2003.

Topornin, B. N., „Konstitutcija Rossijskoj Federacii. Nautschno-praktitscheskij kommentarij" (Die Verfassung der Russischen Föderation. Ein wissenschaftlich praktischer Kommentar), Moskau 1997.

Trzaskalik, C., „Der instrumentelle Einsatz von Abgaben", Bemerkungen zum Entwurf des Abfallabgabengesetzes, StuW 1992, 135 ff.

Tschernobel, G. T., „Zakon i podzakonnyj akt. Retrospektivnyj aspekt problemy" (Gesetz und untergesetzlicher Akt. Retrospektive Aspekte des Problems), in: Pigolkin, A.S. (Hrsg.), Zakon: Sozdanie i tolkovanie (Gesetz: Entstehung und Auslegung), Moskau 1998, S. 49 ff.

Tschesov, A., „Municipalnaja Reforma: sootnoschenije i evoljuzija pozicij vetvej i urovnej vlasti“ (Die Kommunalreform: Zusammenhänge und Evolution der sich gegenüberstehenden Lager und Machtebenen), in: Rossijiskij ekonomitscheskij dzurnal (Russländisches Wirtschaftsjournal), 5-6/2001, S. 19-38.

Van Aaken, A., “Rational Choice”, Baden-Baden 2002.
dies., „Normative Grundlagen der ökonomischen Theorie im öffentlichen Recht“, in: van Aaken (Hrsg.) „Beiträge zur ökonomischen Theorie des öffentlichen Rechts“, Wiesbaden 2003, S. 89-118.
Vincent, J.; Farrow, S., “A Survey of Pollution Charge Systems and Key Issues in Policy Design”, in: Controlling pollution in transition economies: theories and methods, Cheltenham 1997, S. 29 ff.

Waechter, K., „Sonderabgaben sind normale Abgaben“, Zeitschrift für Gesetzgebung 2005, S. 97 ff.
Wedemeyer, G., „Kooperationen statt Vollzug des Umweltrechts. Eine empirische und rechtliche Untersuchung der Vollzugspraxis im Bereich der Luftreinhaltung unter besonderer Berücksichtigung informalen Verwaltungshandelns“, Aachen, 1995.
Weimann, J., „Umweltökonomik – eine theorienorientierte Einführung“, 3. Auflage, Berlin u.a. 1995.
Weißenburger, U., „Umweltprobleme und Umweltschutz in der Sowjetunion“, I–III, Bundesinstitut für ostwissenschaftliche und internationale Studien 52/53–1984, Köln, 1985.
ders., „Der Einsatz ökonomischer Instrumente zum Zwecke des Umweltschutzes in Russland und der Ukraine“, Berlin 1994.
Weitzmann, M., “Prices versus Quantities”, Review of Economic Nr.4, 1974, S. 477-491.
Weltbank, “Environmental Management in Russia: Status, Directions and Policy Needs”, 2004.
Wernstedt, K., „Environmental Management in the Russian Federation: A Next Generation Enigma“, in: Ressources for the Future, Washington 2002.
Werschok, I. L., „Ob ekologitscheskom pravososnanii“ („Über das ökologische Rechtsbewusstsein“), GiP 2003, Nr. 3, S. 42-49.
Weyant, J. P., “Costs of Reducing Global Carbon Emissions”, Journal of Economic Perspectives 1993, Nr. 7 S. 27-46.
Wicke, L., „Umweltökonomie: eine praxisorientierte Einführung“, München, 4. Aufl., 1993.
Winnitzki, D. W., „Nalogi i sbori“ (Steuern und Abgaben), Moskau 2002.

Winter, S., „Fondslösungen im Umweltrecht“, Heidelberg 1993.
Wünsche, A., „Umweltabgaben und Unternehmensbesteuerung: eine nationale und internationale Analyse der Belastungs- und Entscheidungswirkungen“, Baden-Baden 1999.

Zentrum für Umweltpolitik, „Upravlenije parnikovuimi gasami v Rossii – regionalnuije projektui i initiativui bisnessa“ (Die Verwaltung der Treibhausgasemissionen in Russland – regionale Projekte und Initiativen der Wirtschaft), Sozialforum für Klimawandel; Zentrum für Umweltpolitik Russlands; Zentrum für Umweltökonomie; Environmental defense (USA), Moskau 2004.
Zimmermann, H.; Hansjürgen, B., „Umweltpolitische Einordnung unterschiedlicher Abgabeformen“, in: Umweltabgaben – Grundsatzfragen und abfallwirtschaftliche Anwendung, Bonn 1993.